신화와 역사가 만나는 우리 신화 읽기

신화는 두껍다

신화와 역사가 만나는 우리 신화 읽기

신화는 두껍다

초판 1쇄 발행일 2018년 4월 25일

지은이 김진섭
펴낸이 이원중

펴낸곳 지성사 출판등록일 1993년 12월 9일 등록번호 제10-916호
주소 (03458) 서울시 은평구 진흥로 68 정안빌딩 2층 북측(녹번동 162-34)
전화 (02) 335-5494 팩스 (02) 335-5496
홈페이지 지성사.한국 | www.jisungsa.co.kr
이메일 jisungsa@hanmail.net

ISBN 978-89-7889-393-0 (03910)

「이 도서의 국립중앙도서관 출판예정도서목록(CIP)은 서지정보유통지원시스템 홈페이지(http://seoji.nl.go.kr)와
자료공동목록시스템(http://www.nl.go.kr/kolisnet)에서 이용하실 수 있습니다. (CIP제어번호: CIP2018011721)」

신화와 역사가 만나는 우리 신화 읽기

신화는 두껍다

김진섭 지음

지성사

신화 읽기는 끝이 없다

오랜 역사와 전통을 가진 민족은 모두 고유의 신화가 있다. 신화에는 대립과 갈등의 역사가 담겨 있으며, 이러한 과정을 극복해낸 승리담과 문화적 우수성에 대한 자부심도 담겨 있다. 비록 오랜 시간이 지났음에도 사람들이 끊임없이 신화에 관심을 갖고 후대로 이어지는 이유도 여기에 있다.

우리나라는 대부분 시조신화와 건국신화가 동일하다. 즉 고대국가 건국신화의 주인공들은 고대국가의 창건을 주도한 개국시조이면서 동시에 씨족의 시조로, 국가적 영웅이면서 동시에 가문의 문을 연 시조로서 씨족의 영웅으로 존경받고 있다. 따라서 정치적이기보다는 건국 주체와 건국 행위에 대한 역사적·문화적 해석을 동반하는 인물 중심의 이야기 구조로 이루어져 있다.

영웅을 주인공으로 하는 신화는 일반적으로 영웅신을 제향祭享하는 제전祭典을 통하여 전승되고 일반인들에게 전파된다. 신이한 능력을 지닌 영웅은 비과학적이고 단순히 물리적 통치력을 행사하기 위해 활용되는 도구가 아니라, 시간이 지나도 사람들에게 앞날에 대한 비전과 확신을 주기 때문이다. 반면 보통 인간의 성실함이나 뛰어난 능력으로 집단을 위해 공헌한다면, 이들은 영웅이 아니라 명신名臣·명관名官·명장名將 등으로 선양의 대상이지 무언가를 기원하는 대상은 아니다. 그리고 신화에서 영웅들의 활약상은 이들보다 내용이 풍부하고 다양한 상징적 의미들도 포함되어 있다.

그러나 안타깝게도 현재 전하고 있는 우리 신화는 대부분 축약된 내용으로 전하고 있다. 따라서 영웅들의 일탈이나 악惡의 세력에 맞서 이들을 물리치기도 하고, 악마의 저주로 혼란의 빠진 사회를 구출해내어 새로운 질서를 구축하는 등 다양하면서도 구체적인 활약상을 찾아보기 힘들다. 이에 따라 신화를 통한 풍부한 상상력이 제약받기도 하지만, 우리 신화에서 인간 영웅은 그가 싸워야 할 적대자를 원천적으로 상실해버렸기 때문에 신화 속에서 영웅의 소환을 어렵게 하기도 한다.

물론 우리 신화에 등장하는 영웅들의 이야기가 처음부터 이렇게 단순하지 않았을 것이다. 우리의 역사적 경험을 비추어보면 신화가 문헌으로 정리되어 전승되는 과정에서 많은 이야기들이 축약되거나 삭제되었을 가능성이 충분하기 때문이다. 문헌으로 전하는 신화와 달리 민간에서 구전으로 전하는 신화의 내용들이 더 풍부한 이유도 이러한 추론을 뒷받침해주고 있다.

현재까지 전하는 우리 고대국가 건국신화들은 자료에 따라 편차가 있기는 하지만, 오래전부터 우리나라와 중국의 역사서에서 전해오고 있다. 우리 신화와 관련한 기본적인 자료를 정리하면 다음과 같다.

⊙ 고대국가 건국과 관련한 자료 목록

국가명	구분	자료명
고조선	국내	『삼국유사』(고조선, 고구려) 『제왕운기』 『세종실록지리지』(평양) 『응제시주』 『신증동국여지승람』(문화·평양)
부여	중국	『논형』 『삼국지』(부여전) 『수신기』 『후한서』(부여국) 『법원주림』 『통전』(부여) 『한원』(부여) 『책부원귀』(종족 부여국) 『양서』(고구려) 『수서』(백제) 『북사』(백제)
북부여	국내	『삼국유사』(북부여) 『동국여지승람』(동명왕편) 『제왕운기』 『세종실록지리지』(평양)

동부여	국내	『삼국유사』(동부여) 『삼국사기』(고구려본기) 『동국여지승람』(동명왕편), 『제왕운기』 『세종실록지리지』(평양)
고구려	국내	「광개토대왕릉비」 「모두루묘지」 「천헌성묘지」 「천남산묘지」 「중화 고구려동명왕릉비」 『삼국사기』(고구려본기) 『삼국유사』(고구려) 『동국여지승람』(동명왕편) 『제왕운기』 『세종실록지리지』(평양) 『응제시주』 『신증동국여지승람』(영변·성천) 『동국통감』(삼국기)
	중국	『위서』(고구려) 『주서』(고구려) 『수서』(고구려) 『북사』(고구려) 『한원』(고려) 『통전』(고구려) 『책부원귀』(종족 고구려)
백제	국내	『삼국사기』(백제본기, 고구려본기) 『삼국유사』(남부여 전백제 북부여) 『제왕운기』 『응제시주』 『동국통감』(삼국기) 『신증동국여지승람』(인천·직산)
	중국	『수서』(백제) 『북사』(백제)
가야	국내	『삼국사기』(열전) 『삼국유사』(가락국기) 『고려사』(금주) 『세종실록지리지』(김해) 『신증동국여지승람』(고령현)
신라	국내	『삼국사기』(신라본기) 『삼국유사』(신라시조 혁거세왕, 감통) 『세종실록지리지』(경주) 『신증동국여지승람』(경주, 경주사묘) 『동국통감』(삼국기)

* ( ) 안은 세부 목록 제목

위 자료들은 상대적으로 풍부한 내용이 전하기도 하고, 간략하게 축약되어 있거나 서로 다른 내용이 전하기도 한다. 그리고 때로는 국내 자료에는 전하지 않지만 중국 자료에 전하는 내용도 있고, 반대의 경우도 있어 논란을 일으키기도 한다. 위 표에서 보는 바와 같이 중국 자료에서는 고조선과 북·동부여 그리고 가야와 신라의 개국신화를 찾아보기 힘들며, 국내 자료의 경우 부여의 자료가 미약한 것이 그 예이다.

그럼에도 암흑에서 천지가 개벽하는 개국신화를 시작으로 단군, 주몽, 박혁거세, 김수로 등 익히 알고 있는 영웅들뿐만 아니라 실질적인 백제의 건국시조였으나 오랜 시간 주목받지 못했던 온조, 뛰어난 책략으로 이주민에서 왕의 자리까지 오른 신라의 탈해, 남성 중심의 시각으로 소외되었던 유화, 알영, 소서노, 허황옥 등 여성 인물들을 소환하여 한바탕 글판을 벌이고 싶은 욕구를 떨쳐버릴 수가 없었다.

하여 여러 문헌에 기록되어 있는 역사적 사실을 날실로 삼고, 이들의 신화 곳곳에 감춰져 있는 상징적 의미를 씨실로 삼아 역사 속의 신화, 신화 속의 역사를 다양한 시각에서 비교하는 작업을 세 번의 겨울을 넘기고서야 마무리 짓게 되었다.

우리 신화에 대한 원고를 쓴다고 하니 모두들 대단히 재미있고 의미 있는 작업을 한다며 격려해주었다. 실제로 이 책을 쓰면서 무척 재미있는 시간을 보냈다. 우리 신화는 진부한 것 같으면서도 구체적으로 파고들어 가면 새롭고 재미있는 이야기들이 곳곳에 숨어 있고, 그 이야기들은 단순히 재미를 위해 소비되는 이야기가 아닌 삶의 의미들을 품고 있기 때문이다.

이 책을 통해 최소한 몇천 년 전, 어쩌면 1만 년이 넘었을지도 모르는 옛이야기들을 다시 쓰면서, 몇백 년 또는 몇천 년이 넘는 시간에 걸쳐 완성된 우리 고대국가의 건국신화들을 한 곳에서 만날 수 있는 기회를 만들어보고자 했다. 그리고 좀 더 친숙한 방법으로 우리의 상상력을 풍부하게 해주는 그런 신화를 이야기하고자 신화와 역사의 만남을 시도해 보았다. 신화와 역사는 결코 별개가 아니기 때문이다.

달리 말하면 신화는 단순히 재미를 추구하는 이야기가 아니며, 역사는 단지 과거의 사건과 사고들이 나열된 건조한 이야기가 아니다. 따라서 신화가 역사를 만나고, 역사가 신화로부터 출발할 때 사회는 더욱 풍성해지고, 그 구성원들의 삶도 더욱 윤택해질 수 있을 것이다. 이러한 의미에서 우리 민족의 오랜 전통만큼이나 우리의 신화는 두껍다!

이 책에서는 그러한 의미를 담아내기 위해 관련 연구 논문 등 많은 분들의 연구 성과들을 참고했다. 이 지면을 빌려 다시 한 번 감사의 말씀을 드린다. 다만 전문 연구서가 아니라 대중서이기에 가독성을 고려하여 일일이 주를 달지 않고, 책 뒤의 참고문헌으로 목록을 정리해놓은 점에 양해를 구한다. 앞으로 기회가 되면 본격적으로 꼬리에 꼬리를 물고 이어지는, 더 풍족한 이야기가 담긴 신화 관련 서적을 쓰는 데 도전해보고 싶다.

마지막으로 이 책이 출간되기까지 많은 관심을 기울여주신 지성사 이원중 대표님과 지성사 가족 여러분께도 감사의 마음을 전한다.

경기도 일산에서

김 진 섭

차례

4장 고구려 건국, 역사와 문명을 뒤바꾸다

5장

백제 건국, 기억에서 사라진 신화

6장

신라 건국, 축제로 이어지다

1장

천지창조, 세상이 열리다

신화는 없다?

신화를 찾아서

신화에서는 세상의 모든 만물이 탄생하기 이전의 시기를 '혼돈' '무질서' '암흑' 등으로 표현한다. 이러한 상태에서 벗어나 하늘과 땅이 갈라지고, 빛과 생명체들이 생겨나는 이야기가 '천지창조신화' 또는 '창세신화'이다. 따라서 여기에는 우주와 인간을 포함한 다양한 생명체와 모든 자연환경의 근원이 담겨 있다.

그리스신화의 첫머리에 보이는 '천지분리신화'는 우리에게 가장 친숙한 창세신화로, 신화 중에서도 뿌리에 해당한다. 그러나 우리나라의 문헌신화에서는 창세신화나 우주기원신화宇宙起源神話 등 태초의 천지개벽이나 우주창조에 관한 신화를 찾아보기 어렵다. 물론 현재 전하지 않는다고 해서 창세신화가 없었다고 단정할 수는 없다. 신화는 전승되는 과정에서 유실되는 경우가 더 많기 때문이다. 『삼국사기三國史記』와 『삼국유사三國遺事』에서 다양한 이야기가 전하기는 하지만, 이 문헌들 역시 12세기에 역사를 저술할 목적으로 작성되었기 때문에 우주의 기원까지 담기에는 한계가 있었다.

또한 동양사회에서의 신은 서양 기독교의 하나님과 같이 천지창조를 주관하는 능력을 지닌 유일무이한 절대신이 아니다. 명분상 최고의 신이라는 상징적 의미로 전승되기는 하지만, 절대적인 권력을 행사하는 유일신은 아니기 때문이다.

이러한 특징은 중국이 신화의 유산이 빈곤하다는 평가를 받고 있는 것과도 연관이 있다. 이와 관련해서 중국 출신의 저명한 학자이자 자유주의 정신을 소유한 정치인으로 평가받는 호적(胡適, 1891~1962) 박사는 "중국은 자연의 혜택이 적은 나라이고, 항시 자연과의 투쟁이 필요해서 궁핍한 생활을 해왔기 때문에 공상空想이 불가능하도록 통제했다"라고 평했다. 그리고 중국의 현대문학을 대표하는 소설가이자 혁명가인 노신(魯迅, 1881~1936)은 "천혜의 빈곤으로 인해 사람들이 근면하고 현실을 존중했으며, 또한 유교의 이지적인 실리성이 공상적인 신화를 배격했다"라고 지적했다. 그러나 보다 근본적으로는 오래전부터 신화를 허황된 것으로 비판하며 유교를 숭상했던 사회적 분위기가 '신화의 빈곤'에 결정적인 영향을 미쳤다고 볼 수 있다.

일찍부터 중국 유교의 영향을 받은 우리나라에서도 비합리적인 요소를 배격하고 이지적인 성격을 강조함으로써 신화가 지니고 있는 공상적 성격을 배제했다. 여기에 문자가 관료집단과 당대 지식인들의 전유물이었던 사회적 여건도 큰 영향을 미쳤다. 이른바 '신성한 지식의 소유자'

로 자부했던 이들은 유학儒學으로 무장하고 구술口述에 의한 가변성을 문자로 통제했다. 심지어 이들은 구술만으로는 기대할 수 없는 지배이데올로기까지 창출해냈다. 즉 권력을 지닌 집단이 문자를 독점했기 때문에 이들의 의식이 사회를 통제하는 수단이 되었던 것이다. 일찍이 중국에서 "가장 묽은 먹으로 쓴 문자도 가장 날카로운 기억보다 낫다"라는 격언이 전하는 것은 이러한 사회상을 정확하게 반영하고 있다.

따라서 유학이 사회에 뿌리를 내리면서 신화의 배격을 통한 문자의 권력화 현상은 더욱 강화되었다. 문헌 기록을 담당하는 관리뿐만 아니라 지식인들은 한문을 정확하고도 충분히 이해했으며, 이렇게 유학으로 무장한 지식인과 지배계층들은 "신화는 황당무계하다"라며 공개적으로 비판했다. 조선시대에는 이러한 인식이 더욱 강화되어 신화가 문헌상으로 정착하지 못하고 배제되었으며, 때로는 구전되는 과정에서 단순한 웃음거리로 전락하기도 했다.

그러나 유교가 자리 잡기 이전에는 사회적 필요에 따라 신화는 역사적인 관점에서 재정리되기도 했다. 안으로는 왕의 권위를 높이고, 밖으로는 국가의 위상 제고 등을 확인하려는 의도에서 고대국가의 제도 정비기인 율령반포기에 신화의 정리가 이루어졌고, 이후에도 국가적 필요에 따라 신화를 주목하기도 했다. 그럼에도 신화는 주로 민간에서 구전으로 전승되는 과정에서 국가의 건국보다는 인간을 포함한 세상, 즉 우주의 연원에 대한 관심으로 확장되었다. '창세신화'가 구전으로 전승되는 것도 그 예이다.

기억되는 신화, 기록되는 역사

우리 신화에서 천지를 창조하는 창세신화는 문헌상에서 찾아보기 힘들지만, 민간에서는 우주기원신화가 현재까지 구전으로 전승되고 있다. 그 대표적인 예로 제주도에서 전하는 「천지왕본풀이」와 함께 함경남도 함흥의 '셴굿'과 경기도 오산의 「시루말」 등을 꼽을 수 있다. 이 신화들은 표현 방식 등 구체적인 내용에는 차이가 있지만 전국적으로 넓게 분포하고 있으며, 동일한 주제를 담은 신화라는 점에서 주목받고 있다.

특히 「천지왕본풀이」는 천지분리신화가 오랜 시간에 걸쳐 전승되면서 무속과 결부되기도 했다. 내용이 구체적으로 잘 짜여 있다고 평가받는 「천지왕본풀이」의 첫 시작은 다음과 같다.

> 태초에 천지가 혼합되어 있었는데, 갑자년甲子年 갑자월甲子月 갑자일甲子日 갑자시甲子時에 자방子方으로 하늘이 열리고, 을축년乙丑年 을축월乙丑月 을축일乙丑日 을축시乙丑時에 축방丑方으로 땅이 열리고, 인방寅方으로 사람이 나서 천지가 개벽하였다. 한 덩어리가 되어 암흑으로 휩싸인 천지는 시루떡의 층계처럼 금이 나서 떨어졌고, 하늘로는 청이슬이 내리고, 땅으로는 흑이슬(또는 물이슬)이 솟아나 서로 합수하여 만물이 생겨나기 시작했다. 이어서

제주굿 제주굿에서 서사무가로 구연되는 「천지왕본풀이」는 오랜 시간에 걸쳐 전승되면서 무속과 결부되기도 했다.

하늘에는 먼저 별이 생기고, 아직 해가 생기지 않았을 때 천황天皇 닭이 목을 들고, 지황地皇 닭이 날개를 치고, 인황人皇 닭이 꼬리를 치니 먼동이 트기 시작하여 암흑은 밝아갔다. 그러나 하늘의 '천지왕'이 해와 달을 두 개씩 내보내어 천지는 밝아졌지만, 낮에는 사람들이 더워서 살 수 없게 되고, 밤에는 추워서 살 수 없게 되었다.

천지창조 이전에는 하늘과 땅의 구분도 없는 암흑뿐이었고, 세상의 만물은 물론 하늘의 해와 달 그리고 별도, 우주도 없는 혼돈 그 자체였다. 이후 천지가 "시루떡의 층계처럼 금이 나서 떨어짐"으로써 비로소 하늘과 땅이 생겨나고, 어둠을 밝히는 해와 달, 별 등 우주가 생성되면서 빛과 세상 만물이 생겨나게 된다. 그리고 태고시대의 중국 등 동아시아 지역을 통치했다는 삼황오제三皇五帝의 천·지·인 삼황이 등장하여 시간적으로 아주 오래전에 천지가 창조되고 질서가 잡혔음을 강조하고 있다. 또한 "하늘로는 청이슬이 내리고, 땅으로는 흑이슬이 솟아나 서로 합수하여 만물이 생겨난" 것은 '없는 것에서 있는 것'을 의미하는 무無에서 유有라는 단순한 변화가 아니라, 음陰과 양陽의 조합으로 만물과 자연이 생명을 갖게 되었음을 의미한다.

「복희 여와도」 중국 고대 전설상의 삼황에 속하는 복희씨(양)와 여와씨(음)

따라서 모자라거나 지나치다는 것은 음양의 부조화에 의한 질서의 혼란을 의미하며, 혼란과 무질서는 사람들은 물론 만물의 생명까지 위협한다.

이처럼 지상의 만물은 영원불멸하는 존재가 아니라 삶과 죽음을 겪는 유한한 존재이며, 생명의 탄생과 세상의 질서는 지상에 존재하는 생명체들의 힘으로 유지하기에 한계가 있었다. 따라서 천지창조 이후에도 초월적인 권능을 지닌 신 또는 신격이 주기적으로 인간 세상에 호출되면서 새로운 신화가 탄생된다. 이와 관련해서 「천지왕본풀이」에는 다음과 같이 전하고 있다.

> ❙ 어느 날 천지왕은 욕심쟁이이며 불효자인 수명장자를 벌주기 위하여 지상에 내려왔다가 총맹부인과 동침하고 돌아갔다. 그 후 부인은 아들 쌍둥이를 낳았는데, '대별왕'과 '소별왕' 형제가 그들이다. 형제는 성장하면서 아버지의 부재를 인식하게 되었고, 어머니에게 그 이유를 묻자, 천지왕이 "아들이 성장하면 박씨를 심어 나를 찾아오게 하라"라는 말과 함께 박씨를 전해주었다. 형제는 아버지를 찾아가기 위해 천지왕이 남기고 간 박씨를 심었고, 박씨가 자라나 줄기가 하늘까지 뻗어가자 줄기를 타고 아버지를 찾아갔다. 두 아들을 만난 천지왕은 대별왕에게 이승을 맡겼고, 소별왕에게 저승을 맡겼다. 그러나 욕심이 많은 소별왕이 이승을 차지하고 싶어서 형에게 수수께끼와 꽃 가꾸기 등의 내기를 해서 이기는 쪽이 이승을 차지하자고 제안했다. 그러나 소별왕은 재능이 형보다 못했기 때문에 매번 질 수밖에 없었다. 결국 소별왕은 속임수를 써서 형을 이기고 이승을 차지하게 되었다. 형은 이 사실을 알았지만 이승을 양보하면서 "이승은 질서가 매우 혼란한 세계가 될 것이다"라고 예언하고는 저승으로 떠났다. 그

런데 형이 떠난 후 이승은 해와 달이 낮과 밤으로 두 개씩 떴고, 초목과 동물들이 말을 했다. 그리고 사람들 사이에 불화가 잦았으며, 도둑과 간음 그리고 역적들이 빈번하게 발생했다. 그뿐만 아니라 사람이 부르는데 귀신이 대답을 하고, 귀신이 부르는데 사람이 대답을 하는 등 무질서와 혼돈이 지배하게 되었다. 이에 소별왕은 하는 수 없이 형에게 혼란을 바로잡아줄 것을 부탁하게 되었다.

여기서 '천지왕'은 하늘에서 지상의 모든 일을 관장하는 최고의 신으로, 천지창조 후에 지상의 일들을 심판하기 위해 때때로 다시 등장하고 있다. 천지왕과 총맹부인의 만남도 이러한 과정에서 이루어졌고, 총맹부인과의 결합으로 쌍둥이를 낳음으로써 신화에서 하늘은 아버지, 땅은 어머니를 의미하는 천부지모의 원리가 탄생하게 된다.

이후 최고의 신은 자신의 분신을 의미하는 아들이나 하위신 또는 신격을 부여받은 영웅들에게 지상의 일을 맡기고, 세상에서 일어나는 일에 직접 나서는 횟수를 점차 줄인다. 「천지왕본풀이」에서는 천지왕의 아들인 대별왕과 소별왕이 그 소임을 맡게 된다.

그러나 지상에서 발생한 갈등과 대립이 심화되면 혼란은 한 번에 수습되지 못하고 몇 단계의 절차를 거치게 되며, 이때 지상의 생명체들은 대가를 지불하는 등의 시련이나 통과의례를 치르기도 한다. 그럼에도 질서 회복에 실패하면 절대신이 다시 호출되어 세상의 질서를 바로잡는데, 이 과정에서 신화는 풍부해지기도 하고, 세상을 살아가는 데 필요한 교훈을 남기기도 한다.

「천지왕본풀이」에서도 천지왕이 두 아들로 하여금 이승과 저승을 다스리도록 한 것은 세상의 질서를 유지하기 위한 조치였지만, 욕심과 술수 그리고 모자람과 지나침으로 인해 자연의 질서가 파괴되었다. 이에 해결 능력이 없는 동생은 다시 형을 호출하여 다음과 같이 문제를 해결한다.

> ▌ 형은 큰 활을 쏘아서 해와 달을 하나씩 바다에 떨어뜨렸다. 덕분에 세상에 해와 달이 하나씩만 남게 되었고, 소나무 껍질 가루 닷 말 닷 되를 뿌려서 초목과 금수가 말하는 것을 바로잡았다. 귀신과 인간은 저울로 달아서 백 근이 넘는 것은 인간으로, 그렇지 못한 것은 귀신으로 분리하였다. 그러나 구체적이고 세부적인 질서들까지 바로잡아주지 않았기 때문에 인간들 사이에서 불화와 도둑질 그리고 간음 등의 죄악은 오늘날까지 여전히 남아 있게 되었다.

이처럼 혼돈과 무질서를 바로잡기 위해 형이 나서서 큰 혼란을 수습했지만, 형도 절대신은 아니었기 때문에 완전하게 질서를 회복하기에는 한계가 있었다. 불화와 도둑질, 간음 등의 죄악이 오늘날까지 남게 된 것도 이러한 이유 때문이다. 달리 말하면 이는 절대신이 창조한 원초적 질서를 어겨 발생한 욕심과 술수 그리고 대립과 갈등이라는 원인 제공자의 원죄에 대한 대가에 해당하며, 저승의 법과 질서는 맑고 정직하지만 이승의 법과 질서는 문란하다는 것을 말한다. 그래서 지상에서는 제의와 같은 다양한 방식을 통해 주기적으로 절대신에게 무질서를 바로잡아줄 것을 호소하게 된다. 이로써 신화는 절대신의 존재를 계속해서 확인해줌과 동시에 살아 숨쉰다.

신들의 역할이 분화되다

절대신은 인간이 호출한다고 해서 언제나 등장하지는 않는다. 그렇다고 절대신이 천지창조 이후에 지상에 대한 관심을 완전히 접은 것도 아니다. 절대신은 기회가 있을 때마다 세상에 혼돈과 무질서가 극에 달하면 다시 등장할 것이라는 예고를 하며 지속적으로 자신의 존재감을 알리고 있다.

세계적으로 분포되어 있는 '홍수신화'가 대표적인 예이다. 홍수신화는 지상의 혼란과 무질서를 물로 심판하여 유일하게 살아남은 인간을 통해 새롭게 질서를 잡아가는 이야기이다. 그러나 홍수신화 이후에도 세상에는 반복적으로 무질서가 찾아오고, 이를 바로잡기 위한 다양한 신화들이 등장한다. 특히 세상이 양적·질적으로 확대되면서 신들의 위상과 역할에도 분화현상이 일어나고, 이에 따라 절대신에 대한 기억은 희미해진다. 이는 사람들이 집단을 이루며 정착생활을 하는 과정에서 새로운 질서를 세우기 위해 다양한 사회상을 반영하여 그들만의 집단신화를 만들어낸 것과도 연관되어 있다.

우리나라의 경우 창세신화 이후에 일어난 고대국가 건국기를 담은 신화들은 민족 이동의 기억이 반영된 내용이 압도적으로 많다. 이러한 현상은 빙하기가 지나간 이후 대륙의 기후변화에 따라 아무르강 중상류의 주민들이 파상적으로 남하하여 이동하던 시기의 기억이 주된 신화소(神話素, mythmes)로 작용한 것으로 보는 견해도 있다.

이 견해에 따르면 시기적으로 대략 기원전 12세기에 추장사회 단계로 들어서는 것을 시작으로, 고조선을 비롯해 북방 지역으로부터 이주민들이 계속해서 들어와 정착하면서 지배집단을 형성하게 된다. 그러나 기원전 4세기 말에서 3세기 초에 연燕의 침입으로 고조선은 그 중심을 평양 지역으로 옮기고, 이후 위만조선이 들어서면서 고조선계의 주민 중 일부가 한반도 남쪽으로 이주하게 되면서 또다시 변화가 일어난다. 당시 남쪽으로 이동한 이주민들은 고조선이라는 국가체제를 이미 경험한 상태였고, 여기에 더해진 중국의 진·한 교체기의 이주민들 역시 새로운 국가체제를 경험한 집단들이었다. 그리고 이들이 지니고 있던 선진문화인 철기문화는 새로운 정착지에서 새로운 정치조직인 고대 국가체제를 세우는 데 좀 더 유리한 조건을 갖추고 있었다.

이러한 현상은 신화에도 영향을 미쳤다. 사회적으로는 좀 더 설득력을 갖춘 수준 높은 이야기가 필요했고, 정치적으로는 더욱 강력한 통치자의 카리스마를 보여줘야 했다. 따라서 원시문화 단계에서 우주창조와 대지의 풍요를 책임지는 등 신성한 역할을 수행했던 절대신을 포함한 신들의 사회에 변화가 일어나게 된다. 그리고 이 과정에서 절대신은 구체적인 역할보다는 존재 그 자체로 인간 세상에 영향을 미치는, 이른바 원격신이 되기도 한다. 또한 절대신에 의한 창세신화 이후에는 '절대적인' 또는 '최고 지존'이라는 존재를 대신해서 하늘과 땅(天地), 해와 달(日月), 산과 바다(山海) 등 다양한 상징적 요소가 동원되어 신과 인간의 관계가 형성·유지된다. 이로써 부여의 영고迎鼓·고구려의 동맹東盟·예의 무천舞天 등 봄과 가을에 무리가 모여 하늘에 제사를 지내는 천제의식天際儀式이 생겨나게 되었다.

또한 사회가 양적·질적으로 확장되면서 하늘로부터 신성한 권위와 초월적인 능력을 부여받은 절대신의 대리인들은 하늘의 명을 받고 지상에 내려왔으며, 이들이 지닌 능력 중에는 월등한 문화적 능력도 포함되어 있었다. 따라서 신화에서 영웅의 탄생은 일종의 선진문화를 지닌 문화영웅의 등장을 의미했다. 우리 신화에서는 지상에 내려온 환인의 아들 환웅이 최초의 문화영웅이자 절대신의 대리인이었다. 그리고 그 뒤를 이어 고조선의 건국을 비롯하여 대부분의 고대국가 건국신화에도 문화영웅의 자격을 지닌 신의 대리인들이 등장한다. 이들이 선진문화를 기반으로 인간세계의 질서를 바로잡도록 형성된 이야기가 바로 고대국가의 개국신화이다. 따라서 고대국가의 개국신화에는 국가의 건국이 하늘의 뜻에 의해서 이루어진다는 내용과, 우주와 자연의 질서 속에서 인간세계의 질서를 잡기 위해 절대자의 존재감이 영웅을 통해 반복적으로 드러나고 있음을 확인할 수 있다. 하늘이 숭배의 대상이 된 것도 이러한 이유 때문이었다.

일반적으로 신화에서 하늘은 동·서양을 막론하고, 종교는 물론 정치적으로도 최고의 숭배 대상이었다. 특히 고등종교가 등장하기 이전의 고대사회에서는 하늘의 신은 신 중에서도 최고의 신이었다. 하늘이 다양한 숭배 대상들을 모두 통합하기도 하고, 소멸시키기도 한다고 믿었던 것이다. 따라서 하늘을 숭배하는 사상은 인간세계의 질서는 물론 우주와 자연의 질서와도 무관하지 않았다. 그리고 이를 위해 수행되는 국왕의 통치행위는 사회 구성원들의 삶과도 밀접한 연관이 있었다. 「천지왕본풀이」 신화에서 두 개의 태양과 달로 인한 피해를 막고자 각각 하나씩 떨어뜨린 것 역시 해가 더위와 가뭄을 조절하고, 달이 추위와 홍수를 조절하여 농사가 풍요롭기를 바란다는 기원의 의미가 담겨 있었다. 그리고 이러한 의미는 농경사회에서 봄철에 정기적으로 행하는 의식으로 이어졌고, 고대국가의 경우 세상을 다스리는 자는 '기후를 조절할 의무와 권능을 갖춘 존재여야 한다'는 통치철학으로 연결된다. 농경사회에서 가뭄이나 홍수 등 천재지변이 일어났을 때 지상의 절대 권력자인 국왕이 백성들에 의해 쫓겨나거나 처형당했던 것도 바로 이러한 이유에서였다.

우리 개국신화 중 최초의 신화인 단군신화에서도 하늘의 존재가 가장 먼저 등장한다. 단군신화의 주인공은 단군이지만 절대자의 존재 없이는 이야기가 성립되지 않는다. 물론 단군신화에서 환인은 곧 천지창조신화에서 주신主神인 절대신에 해당한다. 그런데 단군신화에서 환인은 특이하게도 원격신으로 남아 있지 않고 지상에 새로운 질서를 구축하는 과정에서 주도적인 모습을 보여준다는 점에서 대단히 흥미롭다.

환인, 신화의 문을 열다

건국신화가 시작되다

환인은 신들의 본고장인 하늘에서도 최고의 신으로, '하늘님' 또는 '하느님' '수릿님' 등으로도 표기된다. '환인'은 우리 고유신의 명칭을 한자로 표현한 것으로 '환하다', 즉 광명光明이라는 의미와 함께 태양신 숭배사상을 담고 있다. 또한 환인은 한자로 상제上帝·천제天帝·제석帝釋 등으로도 표기하며, 민간신앙에서는 생명을 갖고 있는 천상신으로 옥황상제玉皇上帝나 해의 창조신인 일광제석日光帝釋, 달의 창조신인 월광제석月光帝釋, 그리고 해와 달의 인격화로 형성된 일월성신日月聖神 등으로도 전한다. 그뿐만 아니라 환인은 '지고至高·최고最高·진리眞理·완전完全·태양(광명)' 등 시대적 변화에 따라 다양하게 해석된다. 『삼국유사』와 『제왕운기帝王韻紀』에서 환인을 상제·석제釋帝·제석 또는 '환인제석' 등

대구 동화사 「칠성도」 불교와 민간신앙이 결합되어 인간의 수명을 관장하는 칠성신앙을 표현한 탱화로, 오른쪽은 일광보살, 왼쪽이 월광보살이다.

으로 표기한 것은 불교가 도입된 이후 민중이 마음의 안식처로 삼는 최고의 종교가 되었기 때문이다.

환인이 등장하는 단군신화는 우리 역사에서 최초의 고대국가 건국기를 전하고 있으며, 고대국가의 건국은 하늘의 뜻이 있어야만 가능하다는 믿음에서 출발하고 있다. 그리고 환인이 세운 나라가 기반이 되어 단군에 의해 고조선이 건국되고, 이어서 동명왕 세력이 부여를 세운다. 또한 부루가 부여를 떠나 동부여를 건국하며, 동부여를 탈출한 주몽이 고구려를 세운다. 고구려를 떠난 비류와 온조 형제는 백제를 건국하고, 가야와 신라의 건국 과정에서도 고조선에서 비롯된 이주민들과 그들의 후예들, 그리고 고구려와 백제의 유이민들이 합류한다.

이처럼 우리의 고대국가는 동북아시아 지역의 정치적 변동이 있을 때마다 발생한 유이민 집단이 새로운 지역으로 이동했고, 그들 중 일부가 한반도의 남쪽으로까지 이동했던 사실과 연관되어 있었다. 그리고 이들 유이민 중에는 원래 자신들이 살던 지역에서 취득한 정치적 경험은 물론, 선진문물과 정보 등을 가지고 새로운 터전에서 고대국가의 건국에 성공했고, 그 결과 다양한 신화가 탄생하게 되었다.

물론 새로운 신화의 탄생은 영웅의 탄생담으로 이어지고, 영웅의 활약은 어떤 방식으로든 다시 역사로 이어진다. 따라서 신화 속 주인공들의 이야기 역시 단순히 허구의 이야기만으로 채울 수 없다. 특히 새로운 국가체제의 구축이라는 거대한 물결을 일으키는 건국신화의 문을 최초로 연 환인의 존재는 한국·한국인·한국문화·한국사의 태동과 형성을 알리는 출발점이라는 평가받는다.

단군신화는 시기적으로 신석기시대에 해당하는 기원전 5000년에서 기원전 1000년 사이의 이야기로 추정된다. 특히 국가 형태의 발생시기가 청동기문화와 연관되어 있다는 사실을 감안하면, 기원전 1000년에서 기원전 300년 사이로 보인다. 하지만 단군신화와 관련하여 전하는 자료가 대단히 미약해서 구체적인 내용 파악에는 한계가 있다. 그럼에도 단군신화는 오랜 시간 동안 전승되면서 다양한 의미와 상징성을 포함하고 있어 역사와 문학은 물론, 사상과 종교 심지어 정신분석학에 이르기까지 여러 분야에서 연구가 진행되고 있다.

또한 단군신화는 다양한 논쟁의 중심에 서 있다. 기본적으로 단군신화는 보는 관점에 따라 '신성성을 지향하는 신화적 관점'과 '사실성을 지향하는 역사적 관점'으로 구분할 수 있다. 특히 역사적 관점에서 보면 환인은 상상의 존재이지만, 신화적 관점에서 보면 단순히 신성한 존재감만으로 등장하는 것이 아니라 구체적인 내용을 전하고 있다는 점에서 논쟁의 대상이 되기에 충분하다. 따라서 일반적으로 '누가·언제·무엇 때문에·어디서·어떻게 나라를 세웠는가'에 대한 설명을 포함하는 건국신화의 관점에서 단군신화 속 환인의 존재를 살펴볼 필요가 있다.

지상을 주목하다

원시시대의 신권사회에서는 신이 직접 인간을 지배한다고 믿었다. 이후 고대사회에 들어서면서 새로운 정치체제를 갖춘 국가가 건국되고, 신권의 대행자로 왕이라는 특권계층이 등장하여 집단을 통치한다. 그리하여 사람들, 하늘(天)은 최고의 숭배 대상이며, 최고 권력은 백성이 아닌 신으로부터 부여받는다고 믿었다. 고대국가 건국시조들은 물론, 이들을 지원하거나 협력관계를 맺은 유력 집단 대부분이 시조를 받들며 지배 집단의 자격을 내세웠다. 따라서 고대사회에서는 시조신始祖神을 비롯해 경외의 대상이 되는 다양한 신 또는 신격들이 등장하기에 이른다. 이들 중에서 최고의 신은 하늘과 연관되어 있다. 이와 관련해서 서양의 종교학자 미르체아 엘리아데Mircea Eliade는 "하늘은 인간이 범접할 수 없는 지고한 존재자의 위치에 있으며, 최고의 선신善神이다"라고 정의한다.

그럼에도 일반적으로 천지창조가 끝난 이후의 신화에서 절대신은 원격신의 성격을 띤다. 즉 절대신은 원시 단계에서는 우주창조 등의 주요 역할을 직접 수행하지만, 사회형태가 선진문화를 기반으로 발전하는 과정에서 신의 기능이 분화하여 여러 신들이 등장하자 역할을 잃고 배후에 숨어버리는 원격신으로 존재하게 된다. 이 때문에 절대신은 구체적인 형태로 등장하지 않고 이름만으로 존재하는 듯하며, 때때로 빛이나 말씀 등의 상징성으로 우주의 질서가 혼돈에 빠지지 않고 원활하게 돌아가도록 중심을 잡아준다. 그런데 특이하게도 단군신화에서는 절대신인 환인이 직접 등장한다.

『삼국유사』에는 "환웅이 지상의 세계에 관심을 보이자 환인이 이에 응해서 그를 지상에 내려보냈다"라고 전하며, 『제왕운기』와 『동국여지승람東國輿地勝覽』에는 "환인이 아들에게 명령하여 지상에 내려보내 세상을 다스리게 했다"라고 전한다. 또한 『삼국유사』에는 다음과 같은 내용도 전한다.

> 『고기古記』에 이르기를 "옛날 환인의 서자庶子 환웅이 있어 늘 천하에 뜻을 두고 인간 세상을 탐구하였다. 아버지가 아들의 뜻을 알고 아래로 삼위태백을 내려다보니 가히 인간들을 이롭게 할 만한 곳이었다. 이에 천부인天符印 세 개를 주면서 가서 다스리게 하였다"라고 한다.

이처럼 인간 세상에 관심을 둔 것은 환웅이었지만 그가 지상에 내려오게 된 것은 환인의 의지가 절대적인 영향을 미쳤다. 여기서 환웅이 '서자'라는 기록은 환웅이 격이 떨어지는 존재가 아니라 장남이 아닌 둘째 이후의 아들임을 의미한다. 장남은 환인의 뒤를 이어 하늘을 통치해야 했으므로 장남 이외의 아들 중에서 누군가를 인간세계로 내려보내는 것이 자연스러웠다.

그뿐만 아니라 환인은 아들인 환웅이 먼저 말하지 않아도 '지상에 관심을 기울인 아들의 뜻'을 알고 먼저 인간 세상을 살펴보는 사전조사를 했고, 삼위태백산이라는 장소까지 선정해주었다. 그리고 천부인을 주어 신성성과 절대적 통치권을 부여했고, 무리 3천의 지원세력까지 주었다. 환인이 아들을 적극적으로 지원한 것을 넘어 직접 인간 세상을 통치하기 위해 능동적으로 나서고 있다는 느낌이 들 정도이다. 이 때문인지 단군신화에는 다른 신화와 적지 않은 차이점이 발견된다.

단군신화에는 하늘의 질서가 지상세계로 옮겨져 내세來世에 대한 이야기가 나오지 않으며, 다른 신화에서 볼 수 있는 신들 사이에서의 부조리한 행동 등도 전하지 않는다. 즉 단군신화에서 환인과 환웅의 이야기는 서양 신화에서 흔히 볼 수 있는 반역·대립·갈등·투쟁 등의 관계를 보여주는 것이 아니라 환인으로 하여금 '널리 인간 세상을 이롭게 한다'는 '홍익인간弘益人間'이라는 최고의 이데올로기까지 제시할 정도로 조화와 화합 그리고 평화를 바탕에 두고 있다. 따라서 환웅이 지상에 내려올 때 하늘나라에서 특별히 인간 세상에 필요한 것을 훔쳐올 필요도 없었고, 그에 따른 하늘과의 갈등으로 어떤 시련이나 인간 세상이 짊어져야 할 원죄도 발생하지 않았다. 간단히 말하면 이는 천상과 지상이 평화롭게 공존함을 의미했다.

역사 속으로

단군신화는 우리의 『삼국유사』『동국여지승람』『세종실록지리지世宗實錄地理志』『응제시주應製詩註』『제왕운기』 등에서 전하고 있다. 그리고 이 역사서들에서 인용하는 다음의 표로 정리한 자료들도 주목받고 있다.

그러나 이 인용자료들은 모두 현재 전하지 않아 구체적인 내용은 알 수 없다. 인용자료가 독립된 단행본으로 편찬된 것인지, 또는 동일한 부류의 자료를 의미하는지에 대해서도 확실하지 않다. 예를 들면 『고기』는 특정 책의 제목인지, 아니면 고기古記·고전古傳·고전기古典記 등 '옛날 기록'을 의미하는지 확실히 알 수 없다. 다만 인용된 내용의 비교·분석

⊙ 단군신화와 인용자료

자료명	『삼국유사』	『제왕운기』	『세종실록지리지』	『응제시주』
인용자료	『고기』 『단군기』	『본기』 『단군본기』	『단군고기』	『고기』

을 통해 『고기』를 『단군고기檀君古記』의 준말로 보는 견해가 있다. 그런데 『삼국사기』의 저자 김부식金富軾은 『고기』를 다음과 같이 혹평한다.

> 『고기』는 문자가 거칠고 졸렬하며 사적事蹟이 빠지고 없어져서 임금의 선악善惡과 신하의 충사(忠邪, 충직함과 간사함)와 나라의 안위와 인민의 치란(治亂, 잘 다스려진 세상과 어지러운 세상)을 다 드러내어 권계(勸誡, 잘못을 지적하고 가르침)로 드리우지 못한다.

이처럼 김부식이 사료史料로서의 가치를 의심하는 『고기』가 『삼국유사』에서 가장 많이 인용되고 있다는 점은 흥미롭다. 하지만 『삼국사기』와 『삼국유사』에서 인용된 『고기』가 동일한 자료라고는 확신할 수 없다. 특히 『삼국유사』에서 인용한 『고기』는 신화나 불교 연기설화 등이 담긴 설화집일 수도 있다는 점에서 단일한 서책이라 해도 여러 권으로 이루어졌을 가능성이 충분하다. 따라서 『삼국유사』에서 인용한 『고기』를 평가할 때 김부식의 비판을 전적으로 수용하기에는 무리가 있다.

한편, 고조선을 건국하기 이전의 환웅과 그를 따르는 집단을 역사적 관점에서도 살펴볼 수 있다. 예를 들어 환웅과 그를 따르는 무리는 은나라가 망하고 요서 지역으로 이주한 은나라 유민과 연관 지으면 곰이 먹었던 마늘과 쑥은 이들이 가지고 온 선진문물로 볼 수도 있으며, 웅녀를 은나라의 문명을 받아들인 요동 지역의 토착세력으로 볼 수도 있다. 즉 곰과 호랑이로 상징되는 집단이 추장사회를 이루고 살았으며, 이는 요동 지역의 추장사회가 고조선 건국 이전인 기원전 20세기경부터 기원전 12세기경까지 존속했던 것과 무관하지 않은 것으로 보인다. 하지만 중국의 역사서에서 단군신화를 찾아볼 수 없는 등, 이와 관련해 역사적 근거를 제시하기에 무리가 있는 것은 분명하다. 그러나 이러한 추측 역시 빈약한 자료의 한계를 극복하기 위한 노력이라는 점에서 전혀 의미가 없는 것은 아니다.

추장사회는 대체로 벼·보리·수수·조·기장 등의 곡식을 경작하는 원시적 농경사회를 기반으로 가축 사육·채집·수렵·어로 등을 병행했다. 이러한 기반은 후에 단군이 세운 고조선의 건국 기반과도 연관이 있었고, 단군신화 이후 '천상계는 신의 세계이고, 지상의 인간세계는 신의 뜻을 받든 통치자에 의해 지배를 받는다'는 의식이 확장되면서 지배층과 피지배층이 구분되는 등 고대국가의 사회질서가 확립된 것도 이와 무관하지 않다. 따라서 단군신화에서 환인은 정치적으로도 최고의 가치를 상징했고, 이후 고대국가들은 역대 왕조의 조상이 천신天神인 환인에서 환웅으로, 그리고 다시 단군으로 이어지는 하늘의 직계 자손임을 내세움으로써 최고의 위엄과 권위 그리고 역사적 정통성을 강조했다. 『제왕운기』에서 신라·고구려·남옥저·예와 맥 등을 모두 단군의 후예라고 주장하며 확장된 역사의식을 잘 보여주고 있는 것처럼, 고조선 이후 역대 왕조들의 조상신화인 '국조신화國祖神話'에서 고귀한 혈통을 증명하기 위해 신화의 서두에 하늘과 관련한 내용이 압도적인 분량을 차지하고 있는 것도 그 예라 하겠다.

또한 건국신화에서는 고귀한 혈통을 증명하기 위해 영웅이 하늘로부터 부여받은 신이한 능력을 발휘하는 내용이 등장한다. 때로는 그 내용에만 치중한 결과 영웅의 활약상을 구체적으로 전하지 않기도 한다. 그렇다고 우리 신화가 서양 신화보다 수준이 낮은 것은 아니다. 우리 신화에서 영웅들의 구체적인 활약상이 전하지 않는 것은 활약상이 없어서가 아니라 전승되는 과정에서 축약되고 생략되었기 때문이며, 또한 하늘과 연관된 혈통을 증명하면 악을 물리치고 선을 세우는 영웅상을 구체적으로 설명하지 않아도 당연히 보증되었기 때문이다.

영웅의 일대기라는 관점에서 보면 단군신화에서도 백성을 괴롭히거나 지상의 무질서와 혼란을 조장하는 요인을 통쾌하게 제압하는 구체적인 활약상은 나오지 않는다. 그럼에도 환웅은 환인이 주었다는 풍백風伯·우사雨師·운사雲師 그리고 3천의 무리 등 대규모의 지원세력과 선진문화를 가지고 지상에 내려와 나라를 세우고 통치했으며, 웅녀와 결혼하여 단군을 낳았다. 이후 단군이 다시 도읍을 옮겨 고조선을 세우게 되었다는 이야기만으로도 그들의 활약상을 압축적으로 대변한다.

명산名山은 명군名君을 배출한다

일반적으로 고대신화에서는 신이 산의 정상으로 내려와 거처한다. 따라서 정상에 우뚝 솟은 바위가 있거나 정상 주위에 널찍한 바위가 있고, 동굴과 옹달샘 등이 있는 곳은 신화와 관련한 이야기들이 전해온다.

환웅이 지상의 인간들을 가르치고 이끌어서 올바른 방향으로 나아가도록 하늘에서 지상으로 내려와 첫발을 내디딘 곳 역시 삼위태백, 즉 태백산으로 전한다. 따라서 태백산은 분명 명산이었다. 환인이 인간 세상에 관심을 두었던 환웅을 대신해서 삼위태백을 살펴본 데에는 명산을 확인하려는 의도가 포함되어 있었던 것이다. 그런데 환웅이 내려왔다는 태백산이 어느 곳을 말하는지는 구체적으로 알 수 없고, 현재까지도 태백산의 위치에 대한 견해가 다양하다.

태백산이 어느 곳이든 간에 고대인들의 사고에서 그곳은 하늘과 땅을 이어주는 신성한 장소를 의미했다. 즉 태백산은 최고의 산신신앙을 지닌 곳이었으며, 신이 정치를 펼치기에 가장 적합한 공간이면서 동시에 백성들의 입장에서는 보다 윤택하고 평화로운 삶을 기원하는 신앙의 터전이었다. 따라서 태백산은 특정한 산의 이름이 아니라 '신령스러움을 지닌 성산聖山' 또는 '신산神山으로 숭배하는 산'을 의미하는, 하늘과 대별되는 공간으로도 해석된다.

그리고 삼위태백은 삼위산의 태백봉우리로도 해석되며, 삼위를 중국 고전에 나오는 옛 지명과 연결 짓기도 한다. 중국의 『상서尙書』에 "삼묘족을 삼위산으로 쫓아냈다"라며 삼위에 대한 기록이 처음 등장하는데, 여기서 삼위는 현재 중국 돈황敦煌의 남쪽에 있는 산의 이름이라고 한다. 그리고 『산해경山海經』에는 "삼위산에 서왕모西王母에게 먹이를 갖다주는 파랑새 세 마리가 있으며, 산의 둘레는 백여 리이다"라고 하여 이 산을 아주 오래된 신성한 산으로 전하고 있다. 그러나 중국에서 전하는 삼위산은 단군신화에 등장하는 삼위산과 신화적 의미에서는 유사성이 있어도 동일한 산으로 보기에는 여러 면에서 무리가 있다.

특히 태백산은 모든 면에서 우리 민족의 시작이라는 상징성을 지니고 있어 학자들은 일찍부터 태백산에 주목하여 다양한 해석을 시도했다. 『응제시주』에서는 태백산을 묘향산이라 하였으며, 『제왕운기』에서는 궁휼이나 아사달과 같은 우리 토박이말을 한자로 쓴 것으로 해석하면서 별도의 주를 달아 구월산으로 해석하기도 했다. 그러나 이러한 견해는 이 책들이 저술된 시대적 상황을 고려할 때 완전히 옳다고 확신할 수는 없다.

그 예로 고려시대에는 민족의 영산이라는 백두산의 의미를 묘향산이 대신하였다. 그렇다고 묘향산이 임의적으로 대신하게 된 것은 아니었다. 묘향산 역시 높이가 2000미터에 가까운 높은 산으로, 예로부터 동쪽의 금강산, 남쪽의 지리산, 서쪽의 구월산, 북쪽의 묘향산을 4대 명산으로 꼽았다. 그리고 빼어나게 아름답고 웅장한 모습을 지닌 묘향산은 "산세가 기묘하고 향기를 내는 산이라고 해서 고려시대 이전부터 묘향산이라 했다"고 전해질 만큼 오래전부터 영험한 산으로 대우받았으며, 고려 중엽 이후에는 "묘향산의 바위들이 희고 정갈하다고 해서 태백산이라고 했다"는 이야기도 전한다. 여기서 '백(白 또는 伯)'은 광명을 뜻하며, 우리 조상에게 신앙의 대상으로 숭배되었다는 점에서 늦어도 고려 중기 이후에 묘향산이 단군신앙과 결부되었을 것으로 보인다. 묘향산에는 단군이 태어났다는 '단군굴'과 단군이 활쏘기 연습을 했다는 '단군대', 그리고 과녁으로 쓰였다는 '천주대' 등이 전해진다. 또한 『동국여지승람』에 의하면 묘향산에는 300여 암자가 있었고, 승려들과 관련해서도 많은 일화가 전하고 있을 정도로 불교와도 밀접한 연관이 있었다. 따라서 승려 일연이 『삼국유사』에 단군신화를 기록하면서 묘향산에 주목하였을 가능성은 충분하다.

그러나 최근에는 고조선의 시대적 배경과 단군신화의 내용 등을 고려하여 태백산을 백두산으로 보는 견해가 주목받고 있다. 물론 백두산은 화산으로 정상에 있는 천지 주위에 16기봉奇峰이 솟아 있고, 백두산 정상은 1년 중 대부분의 기간이 영하의 기온으로 눈과 비가 내리거나 강풍이 몰아치는 악천후가 이어져 인간이 거처하기에는 무리가 있다는 지적을 받기도 한다. 그러나 환웅이 지상에서 열었던 신시神市는 인간이 거처하며 생활하는 공간이 아니라 신이 하늘과 소통하며 거처하는 공간이었다. 즉 천하의 높은 곳에서 신인神人이 새로운 세계를 열기 위해 천상계와 지상계의 소통을 시도하며 다스리는 신성한 공간을 말한다. 따라서 지상에서 가장 높은 곳이면서 하늘과 가장 가까운 거리에 있는 백두산을 사제가 거처하면서 천신에게 제향을 올리던 신성한 공간으로 생각해볼 수 있다.

백두산은 동북아시아에 거주하던 각 민족들의 산악숭배사상과도 밀접한 연관이 있었다. 특히 동이족東夷族의 거주지에 많이 분포된 '백산白山' 역시 태양신에 제사 지내던 곳을 의미했다. 고대사회에서 백두산을 본원本源으로 하는 나라는 고조선, 부여와 고구려가 있었으며, 그 밖에도 중국의 금과 청나라 등에서 백두산과 관련한 건국시조신화가 전하고 있다. 중국의 역사서인 『위서魏書』 『북사北史』 『금사金史』 등 고대문헌에 보이는 불함不咸·개마蓋馬·도태산徒太山·장백長白·태백太白 등도 모두 산신과 연관된 백두산의 별칭이다.

우리나라도 지명이나 산의 이름에 가장 많이 쓰이는 '천天'과 '백(白 또는 伯)' 역시 동일한 의미를 지니고 있다. 백白은 백색으로 태양과 밝음을 의미하며, 태백은 지상과 천상을 이어주는 성스러움을 상징했다. 따라서 백산 역시 광명신 신앙, 즉 태양숭배와 관련된 산의 이름이었고, 이외에도 장백산·태백산·소백산·백운산·백월산·백암산·백마산 등에서의 '백' 역시 태양을 숭배하는 의미를 포함해 하늘을 숭배하는 제천의식의 의미도 담고 있다.

특히 백두산은 우리나라에서 가장 높은 산으로 하늘과 맞닿아 있다는 상징적 의미를 지니고 있으며, 백두산의 옛 이름이 태백산으로 전하기도 한다. 그리고 산 정상에 항상 눈이 덮여 흰색으로 보인다는 사실도 백두산의 이름과 연관이 있으며, 오래전부터 사람들이 백두산에 오를 때 '산에 오줌을 누면 산이 더럽혀진다'고 해서 용변을 본 뒤 그릇에 담아 가지고 돌아갔다는 속설이 전하는 것도 민간에서 백두산의 신성함을 숭배하는 예이다. 따라서 백두산은 숭배의 대상인 신성한 공간으로 산 정상은 신이 머무는 공간이었고, 산 아래에서 사람들이 삶의 터전을 이루며 살았을 가능성이 충분하다. 이러한 추론과 관련해서 이능화는 『조선도교사朝鮮道教史』에서 태백산이 백두산이라는 북애자北崖子의 『규원사화揆園史話』의 주장을 다음과 같이 인용하고 있다.

> 대개 동방의 모든 산은 태백太白이라 이름한 산이 많지만, 보통 사람들은 으레 영변 묘향산으로만 간주한다. 그러나 실은 일연의 『삼국유사』의 설명에 따른 것일 뿐이니 저들의 안목을 어찌 논할 대상이 되겠는가? 지금 백두산 위에는 큰 못이 있는데, 이곳이 신시씨가 구름을 타고 하늘로 올라간 곳이다. 묘향산에는 예부터 작은 웅덩이 하나가 없으니 환웅이 처음 하강하신 태백산이라고는 얘기할 여지조차 없다.

이능화 역시 “동북 만주 일대의 지형을 살펴보면 백두산을 성산으로 보는 견해에는 무리가 없다”라며 백두산이 단군신화의 발원지이고, 민족이 시작되는 명산이라 확신하고 있음을 알 수 있다.

최초의 이데올로기를 전하다

환인이 환웅에게 주었다는 천부인天符印이 인간 세상의 통치에 필요한 것을 의미한다는 점에서는 이견이 없지만, 천부인에 대한 구체적인 내용은 전하지 않아 이와 관련해서 현재까지도 다양한 견해들이 있다. 고대 중국에서는 우주를 형성하는 다섯 개의 큰 기운을 신격화하여 숭배하면서 그들을 보좌하는 신들이 컴퍼스를 의미하는 그림쇠와 직각자를 의미하는 곱자, 그리고 저울 등을 지니고 다녔다고 전해진다. 이에 천부인이 연상되기도 한다. 측량도구로 세상을 조절하고 다스린다는 것은 통치자가 갖추어야 할 중요한 능력이었다. 천부인에 대한 현재까지의 견해들을 구체적으로 살펴보면 다음과 같이 정리할 수 있다.

첫째로 천부인을 청동기문화와 연계하여 신성한 도구로 보는 견해가 있다. 당시 청동기 제조기술은 선진문화에 해당했고, 이를 기반으로 농업기술이 향상되고 국가의 통치체제를 구축하는 고조선만의 독특한 정치와 문화가 발전했을 것이라 추측한다. 비파형동검이 고조선의 독특한 청동기문화를 상징한다고 평가받는 것이 그 예이다.

둘째는 천부인을 정치와 종교적 의미에서 고대사회의 통치권과 사제권司祭權을 상징하는 신성한 기물로 보는 견해이다. 이 견해에 따르면 천부인은 고대국가에서 왕권을 상징하는 최초의 신성징표로, 제정일치祭政一致의 신정시대神政時代에 제의를 집행하는 신성한 권한과, 통치행위에서 정치적 권위를 상징하는 신기神器를 뜻한다.

비파형동검

셋째는 환웅이 절대신인 환인으로부터 신탁을 받아 인간 세상을 통치하면서 신과 소통할 수 있는 경전이거나 풍백·우사·운사를 거느릴 수 있는 신표, 또는 신성한 결재권을 행사할 때 사용되는 일종의 도장 같은 것으로 천부인을 해석하는 견해도 있다.

넷째는 이러한 의미들을 복합적으로 설명하는 견해이다. 예를 들면 천부인은 제의에 사용하던 신경神鏡·신모神帽·신검神劍을 의미하는 무구巫具로, 현대적 의미로 해석하면 거울·모자·칼을 말한다. 그러나 무구로 보는 견해는 동일하지만 거울·신칼·방울 등 무구의 구체적인 내용에는 차이를 보이기도 한다. 우리 무속에서 무구는 신을 대할 수 있는 무당의 권능을 세습할 때 함께 물려주는 것으로, 거울·신칼·방울에서 거울은 내부적인 인간 심리의 자기성찰에 대한 상징으로, 칼은 외향적인 인간 심리가 갖는 사회정의의 상징으로, 방울은 하늘과 소통하기 위한 주술적 제의의 상징이라는 의미로 해석된다.

그뿐만 아니라 군장사회 이후에 발달한 문화의 흔적을 추적해보면 천부인이 지배자의 권위를 반영하는 의식용이었음을 보여주는 특징을 발견할 수 있는데, 당시의 유적에서도 이러한 유물이 출토되고 있다. 검

제주굿에 쓰이는 신칼(왼쪽)과 요령(오른쪽)

劍·경鏡·옥玉 등의 유물이 함께 출토되는 고대사회의 석관묘가 그 예이다. 이 시기의 출토품 중에서 다뉴세문경·8주령·동검 등은 대단히 정교하게 만들어져 있어 종교적 신성함을 느낄 수 있으며, 당시의 시대적 상황을 고려하면 이러한 유물들은 실제 생활에서 대량으로 생산되어 사용한 기구가 아니라 제정일치사회의 제사장 겸 군장의 권위를 나타내는 주술적 상징물임을 보여준다.

또한 거울(鏡)·방울(鈴)·칼(刀)·북(鼓) 등은 무속기구로 동아시아의 샤머니즘과도 연관이 있다. 일본 황실에서 거울은 종교, 칼은 전투, 옥은 도작稻作, 즉 농경사회에서의 식량 생산을 상징하며, 우리나라를 포함해 동아시아에서 방울 소리는 악마들이 가장 싫어하는 소리로 전하기도 한다. 무당들이 방울을 허리에 차고 기도할 때 지속적으로 흔들어 소리를 내면서 귀신을 쫓아내는 것도 이러한 의미가 담겨 있다. 그리고 북은 그 소리가 지닌 신비스러운 위력으로 악마를 쫓고 선신善神을 불러들여 기쁘게 한다고 전한다. 이 때문에 북을 부락의 신성물로 여겨 엄숙하고 깨끗하게 공동 보관했다고 한다. 「호동왕자와 낙랑공주」에 등장하는 '자명

다뉴세문경, 8주령, 한국식동검
초기 철기시대의 유물들로 제정일치사회의 모습을 잘 보여주고 있다.

고'도 이러한 원시적인 신앙을 토대로 하고 있으며, 『삼국지三國志』「위지魏志 동이전東夷傳」에 소도蘇塗와 관련해서 "나무를 세우고, 거기에다 방울과 북을 매달아 놓고 귀신을 섬긴다"는 내용이 전하는 것도 이러한 신앙행위를 말해준다. 또한 종래의 해석에 따르면 '나무를 세우고 북과 방울을 단다'는 의미는 대나무를 사용하여 소도에 세우는 입간 또는 신간 등으로 일종의 신성한 경계의 표시로 이해되었으나, 최근 민속학적 연구에서는 그 자체에 신앙적 의미가 담긴 현재의 솟대로 보기도 한다.

이상에서 살펴보았듯이, 비록 구체적인 내용은 알 수 없지만 환인이 환웅에게 지원한 신성한 의미들이 지상을 통치하기 위한 권위와 정통성을 뜻한다는 것만은 확실하다. 신성한 의미들은 그 의미가 강화되면서 일찍부터 민간신앙으로 형성되기도 했고, 또 한편으로는 선진문화를 뜻한다는 점에서 단군신화에서의 환인은 최고의 존재감을 보여준다.

금월리 대각 마을 짐대(솟대)

환웅, 신화의 다리를 놓다

하늘의 뜻을 받들고 내려오다

단군신화는 『삼국유사』에서 『고기』를 인용하여 전한다. 그러나 『고기』에서의 내용이 처음부터 단군신화라는 제목으로 전승되었는지는 확실하지 않다. 그리고 단군신화에 환인과 함께 환웅의 존재감에도 특별한 의미가 있다는 점에서 '환웅신화'가 독립적으로 전해졌을 가능성도 추론해볼 수 있다.

단군신화에서 환웅이 '인간 세상에 관심을 갖고 탐색하였다'는 의미는 '나라를 세워 통치하겠다'는 의지의 표현이었다. 특히 국가의 건설과 통치에 대한 의지는 단군보다 환웅에게서 더 강하게 느껴지기도 한다. 비록 단군신화가 축약되었다고는 하지만 단군이 고조선을 건국하는 과정과 비교하면 환웅이 보여준 의지와 실현방식은 상당히 구체적이다.

따라서 고조선보다 앞서서 신화체계로서의 환웅신화가 존재했으나, 고조선의 발전에 따라 단군신화의 중요성이 확대되는 과정에서 단군신화에 흡수되었을 가능성도 없지 않다.

하지만 엄밀하게 말하면 환웅신화는 고대국가의 건국신화에 속하지 않는다. 환웅은 건국을 의미하는 신시를 열어 백성들을 다스리는 국왕의 형상으로 묘사되지만, 그가 구체적으로 어떤 나라를 세웠는지에 대해서는 확인할 수 없기 때문이다. 그럼에도 부족의 시조신화로서의 환웅신화가 고대국가의 건국신화로서의 단군신화에 계기적으로 결합하여 이중 신화적 성격을 보여주고 있다는 해석은 가능하다. 즉 환웅신화가 고조선 건국 이후 후대에 국가적 제전을 동반한 의례에서 건국서사시의 일부로 편입되었고, 단군이라는 건국주의 형상이 투사되어 건국신화의 형태를 지니게 되었을 가능성이다. 따라서 환웅은 고조선이라는 고대국가의 개국신화가 탄생하는 다리를 놓아주었고, 이를 토대로 단군은 고조선을 세운 건국시조로서 신성성과 정통성을 인정받을 수 있었던 것이다.

단군신화에서 환웅의 존재는 '혈통의 신성함'을 스스로 증명하는 것에서부터 시작된다. 특히 환웅이 하늘의 자손, 즉 천손天孫이라는 혈통을 내세워 "하늘의 뜻을 받들고 지상에 내려왔다"라는 천명설天命說을 분명하게 전하고 있다. 이러한 의미와 절차는 이후 고대국가의 건국시조들이 가장 먼저 거쳐야 하는 신화의 기본 구조가 된다. 그리고 이를 통해 왕의 권위와 절대적 통치권, 국가의 정통성을 내세움은 물론 국가적인 통합 기능까지 수행하게 된다.

환웅은 『삼국유사』와 『제왕운기』에서 환웅·천왕天王·신웅神雄·단웅천왕 등으로 전한다. 여기에는 모두 신성함과 함께 그를 신으로 추앙하는 의미가 담겨 있다. 그럼에도 신화에 등장하는 환웅은 절대신인 환인의 아들이었기에 신성한 혈통을 증명하는 절차가 복잡하지는 않았다. 즉 환웅은 다른 건국신화에서 보이는 신이한 탄생 과정이나 개인적 시련 등의 통과의례를 거치지 않았고, 초월적인 능력을 발휘하지 않아도 환인의 절대적인 지원에 힘입어 신성성이 강화되었다. 이와 관련해서 『삼국유사』에서는 다음과 같이 전한다.

> 환웅이 무리 3천을 이끌고 태백산 꼭대기—태백은 지금의 묘향산이다—의 신단수神檀樹 아래에 내려와 신시라 일컬었으니, 그가 이른바 '환웅천왕桓雄天王'이다. 그리고 풍백·우사·운사를 거느리고 곡식·생명·질병·형벌·선악 등 무릇 인간의 360여 가지 일을 주관하면서 세상에 머무르며 다스리고 교화教化하였다.

환웅이 지상에 내려오는 과정은 신비한 현상 등 다른 신화에서 보이는 절차적 의식이나 상징적 묘사가 대단히 축약되어 있다. 그뿐만 아니라 혈통의 신성함을 입증함으로써 자신의 권위와 정통성 등의 상징적 의미를 강조하기보다는 하늘에서 내려오면서 통치에 도움을 주는 요건들이 구체적으로 보인다는 차이점도 발견된다.

이처럼 하늘의 뜻에 따라 지상으로 내려오는 신화를 '천강신화天降神話'라고 한다. 그리고 하늘에서 지상으로 내려오는 과정은 최초로 그 신성함을 증명한다는 점에서 신성한 의미를 지닌 동물들이 지상에 등장하거나, 특이한 자연현상이 발생하는 등 신이한 사건을 통해 신비한 색채를 더하고 초월적인 존재들의 등장을 예고한다. 이때 지상에서는 고대국가의 건국과 관련해서 인격을 갖춘 천신의 탄생을 맞이하는 의식을 통해 새로운 시조와 국가의 탄생을 적극적으로 수용하는 절차를 수행하게 된다.

우리 신화에서는 하늘에서 내려온 신성한 존재를 산에서 맞이하는 의식을 거행하기도 한다. 즉 하늘을 숭배하는 천신관념과 산신신화를 습합習合하여, 천신이 지상에 하강할 때 산을 매개로 하는 전형을 보여준다. 따라서 산은 천신이 하강하는 장소이면서 동시에 천상과 지상을 이어주는 통로 역할을 담당하며, 이후 통치행위와 관련해서 신성한 공간을 상징한다. 이를 기반으로 천신의 자손이 지상에서 왕권을 장악함으로써 사회구조의 변혁을 동반하는 새로운 권력의 탄생이라는 의미를 강화한다. 그런 점에서 환웅이 지상에서 처음으로 열었던 신시는 단순히 신화적 상징만이 아니라 앞으로의 통치행위와 관련해서도 대단히 중요한 의미를 지니고 있었다.

신들의 도시, 신시에서 올림포스까지

환웅에서 환桓은 '하늘' 또는 '빛(광명)'으로 태양신의 의미가 담겨 있고, 웅雄은 글자 그대로 남자를 의미한다. 따라서 환웅은 남신男神으로, 단군신화에서는 하늘의 질서를 최초로 지상에 펼치기 위해 스스로 내려온 전설 속의 신이다. 그럼에도 현실사회에서 보면 환웅은 실존하지 않는 최초의 문화영웅이다.

문화영웅이란 신이 인간화되는 과정에서 형성되거나 파생된 변형물로, 절대신에 의해 천지창조가 이루어진 후에 선진문화를 가지고 지상에 등장하는 존재를 말한다. 특히 단군신화에서 문화영웅의 의미를 지닌 환웅은 기존 질서에서 일정한 자기 위치의 확보가 어려운 존재가 선진문화를 기반으로 낡은 질서에서 탈피하여 새로운 세상을 건설하기 위해 외부에서 들어온 이주자이자 개척군주이기도 했다.

환웅은 환인의 명을 받고 무리 3천을 거느리고 지상으로 내려와 태백산 꼭대기에 신시를 열었고, 풍백·우사·운사와 함께 인간세계의 360여 가지의 일을 주관했다. 즉 곡식·생명·질병·형벌·선악 등의 일을 주관하여 일상에서도 획기적인 변화를 꾀할 정도로 지상에서 구체적인 통치행위를 이루었던 것이다.

특히 환웅이 거느렸던 무리 3천과 풍백·우사·운사 등은 환웅을 지원하는 세력이면서 동시에 통치행위와 관련된 새로운 관료조직을 의미했다. 따라서 신시는 환웅이 하늘과 소통하는 신성한 공간이었고, 3천의 무리 등 하위신 또는 신격들을 통솔하는 신들이 거주하는 공간이었다. 그리고 동시에 인간세계를 위해 농사에 필요한 자연현상 등 360여 가지 인간사에 대한 일들을 주관하여 선진문화를 전달함으로써 신성한 권위와 통치권의 정당성을 확인하는 정치적 공간이었다.

환웅이 산 정상으로 내려와 신정神政을 펼쳤다는 신단수 역시 우주의 중심을 상징하는 우주수宇宙樹를 의미했다. 달리 말하면 이는 지상에서 가장 높은 곳에 위치하여 하늘과 땅을 연결해주는 우주산의 가장 중심인 '대지의 배꼽'이나 '세계의 기둥' 또는 '신령스러운 나무'를 의미했다. 따라서 신단수는 후에 하늘과 소통을 시도하는 수목신앙으로 발전하게 된다.

나무를 숭배하는 신앙은 숲이나 큰 나무 밑에서 행하는 부락제에서 신비한 수목을 대상으로 하늘에 축원하는 신앙을 말한다. 따라서 신단수와 관련한 나무숭배사상은 환웅이 세운 신시를 도시나 국가가 아닌 '신성한 숲'으로 보며, 신단수의 '단'이 '박달나무 단檀'을 쓴다는 점에서 신단수를 박달나무와 연관 지어 민간신앙으로 해석하기도 한다.

하지만 우리 민간신앙에서 박달나무를 신목神木으로 섬기는 마을은 찾아보기 어려운 탓에 환웅이 이끌고 내려온 무리 3천과 신단수를 연계하여 고조선을 세운 박달이라는 부족의 명칭으로 보기도 하고, 박달나무를 '밝다'는 뜻으로 해석하여 태양숭배나 현재까지 전하는 솟대문화와 연관 짓기도 한다.

이외에도 신단수를 후세의 삼한 별읍의 소도와 연관 짓기도 하고, 오늘날까지 전해지고 있는 마을의 신을 모시는 당나무와 비교하면서 환웅이 샤먼의 자격으로 신시에 거주하며 제사장의 역할까지 수행한 것으로 해석하기도 한다. 그리고 이후 지배집단은 제천의식을 통해 사람은 하늘과 소통할 수 없고, 오직 천자인 왕을 통해서만 소통할 수 있도록 제도화함으로써 지배권력을 독점하게 된다.

이처럼 환웅이 세운 신시는 그의 우월한 존재감과 초월적인 능력을 확인할 수 있는 신성한 공간임과 동시에 통치행위와 관련하여 복합적 의미가 담긴 정치와 문화의 공간이었다. 좀 더 구체적으로 말하면 신시는 환웅의 강림처이자 거처였고, 집무를 보았던 공적 공간이었으며, 신들의 집회 장소인 성지聖地였다. 한편으로는 웅녀의 기원처이면서 고조선의 시조 단군이 태어난 고향이기도 했다. 따라서 신시는 정무적 기능과 제의 기능, 그리고 시조와 관련한 삶의 흔적이 혼합된 신권정치의 중심

경상북도 칠곡군의 안배미마을 당나무

지였다. 물론 신시가 지닌 이러한 의미는 우리 신화에서만 볼 수 있는 특징은 아니다. 중국의 고대에도 신이 강림하는 신성한 공간에서 태양신의 권위를 바탕으로 정치적 집회가 이루어졌고, 불교의 도리천 역시 신들이 거주하는 공간으로 전한다.

이렇듯 신시는 간단하게 설명하기 힘들 정도로 복합적인 의미를 지니고 있다. 특히 고대국가 건국 이후 사회의 체계가 원시시대보다 복잡해지고 운영체제가 강화되면서 신과 관련한 시간과 공간에 대한 인간의 상상력도 확장되어 신시에는 더욱 풍부한 상징적 의미들이 더해지게 된다. 그러나 아쉽게도 신화가 전승되는 과정에서 역사와 혼동되기도 하고, 유학에 경도되어 지나칠 정도로 객관적이고 경건한 인식이 반영되면서 신화에서 낭만적이거나 예술적인 요소들을 찾아보기 힘들게 되었다. 따라서 신시와 관련하여 다양한 상상을 펼쳐보는 것도 흥미로울 것이다.

예를 들면 신시에는 하늘을 왕래하는 신은 물론, 사람들이 사는 세상과 신시 사이를 왕래하는 신과, 이들을 통솔하거나 지원하며 신시에 자리 잡고 사는 신 등 다양한 신들이 거주하며 낙원을 이루었을 것이다. 따라서 신시는 서양의 신화에 등장하는 산과도 비교할 수 있다. 즉 그리스·로마신화에 등장하는 올림포스 산은 신들이 거주하는 낙원이었고, 『성경』의 「창세기」에 나오는 에덴동산은 인류의 조상인 아담과 이브가 잠시 머물렀던 낙원이었다. 또한 중국신화에서 황제와 서왕모가 살았으며 3000년마다 한 번 열리는 복숭아를 먹으면 3000년을 산다는 불로장생의 불사약이 등장하는 서방의 낙원 곤륜산과, 동방의 낙원 삼신산 등과도 비교할 수 있다.

또한 신시는 신들이 모이는 장소라는 점에서 서양의 시온성이나 올

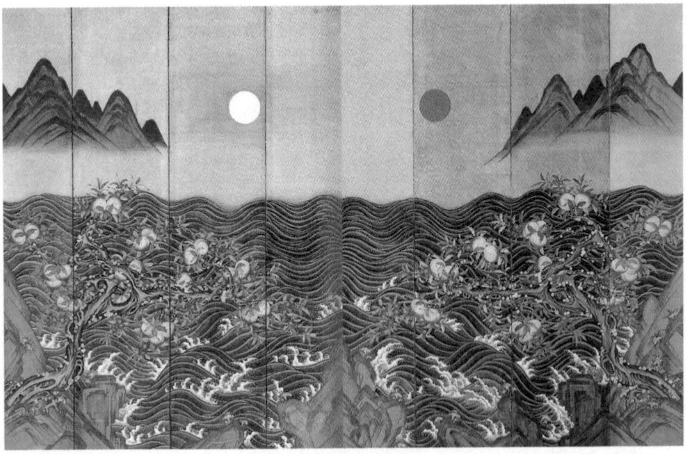

「일월반도도 팔첩병」 중국의 신화와 전설에 등장하는 불로장생의 복숭아를 소재로 제작된 조선시대 궁중장식화 병풍

림포스의 제우스 궁전과 같은 산정천궁山頂天宮과도 비교된다. 비록 신들이 하늘에서 내려왔다고는 하나 모두 하늘을 떠다닌 것이 아니라 해당 지역에서 가장 크고 높은 산의 정상에 위치한 신성한 공간에서 거처했다는 공통점이 있다. 따라서 신시와 관련하여 서양의 산정천궁에서 전하는 일들과 비교해보는 것도 충분히 가능하다. 예를 들면 그리스의 올림포스 궁전은 세상에서 일어나는 분쟁을 조정하고 해결하는 심판이 이루어지기도 했고, 이와 관련한 신들이 소집되어 회의가 열리는 등 막강한 권력이 행사되는 공간이었다. 때때로 신들이 모여 사교社交와 연락宴樂, 심지어 연애 등을 벌이는 공간으로, 신의 세계에서도 사랑과 질투, 평화와 전쟁 그리고 예술과 향락 등이 벌어졌다. 그뿐만 아니라 지상의 신들도 올림포스의 향연에 참가할 정도로 다양한 신들이 공존하고 왕래하는 개방적인 공간이기도 했다.

한편, 환웅은 지상세계를 직접 통치한 것이 아니라 신들의 도시인 신시를 통해 신정을 펼쳤다. 따라서 신시는 신의 세계와 인간세계에 모두 연계되지만, 엄밀한 의미에서는 성역 또는 신성한 지역에 속했기에 신화적 공간에서 완전히 벗어난 것은 아니었다. 그럼에도 역사적 관점에서 보면 이는 환웅이 선진문화를 기반으로 무리 3천의 지원세력을 이끌고 지상에 내려와 토착씨족의 통합에 성공했음을 의미한다. 또한 당시의 토착씨족을 시베리아 인종인 숙신족肅愼族으로, 환웅족을 북몽골 인종인 알타이어족으로 보기도 하고, 또는 전자를 고아시아족으로, 후자를 알타이 또는 동이족으로 보는 견해도 있다.

숙신족은 중국 동북방에 위치한 종족의 이름으로, 고대 압록강 상류와 송화강 일대에서 참나무 화살을 생산하고, 자작나무 껍질로 생활용품을 잘 만들었다고 전한다. 『삼국유사』에는 중국의 『후위서後魏書』를 인용하여 숙신족을 말갈靺鞨과 물길勿吉족이라 일컫고 있으며, 이들을 후대에 숙신·읍루挹婁·물길 등으로 변천한 동이족으로 보는 견해도 있고, 숙신·읍루·물길·말갈·여진女眞·만족滿族을 하나의 민족으로 보는 견해도 있다. 중국의 『산해경』에는 "숙신은 백민의 북쪽에 있다. 대황의 가운데 산이 있으니 이름은 불함이다. 이곳에 숙신국이 있다"라고 전하며, 진晉의 곽박郭璞은 이에 대해 주를 달아 "지금의 숙신국은 고지에 상경용천부上京龍泉府를 두었다"고 했다. 이러한 점을 고려하여 숙신의 위치를 모란강(牡丹江) 중류 지역으로 보고 우리와 같은 민족으로 보기도 하지만, 전혀 별개의 민족으로 보는 등 견해가 다양해 속단하기는 어렵다.

신화에 담긴 일상, 일상을 지배하는 신화

환웅이 지상에 관심을 기울인 이유는 원대한 포부가 있었기 때문이다. 환웅은 신시를 열어 우주의 보편적 질서인 천상의 지배원리를 지상에 실현함으로써 질서가 영원히 위협받지 않는 세상을 만들겠다는 꿈을 갖고 있었다. 그리고 이러한 환웅의 포부는 웅녀와 결혼하여 단군을 낳고, 단군이 고조선을 건국하여 환웅의 뜻을 이어받음으로써 오랜 시간에 걸쳐 이루어졌다.

일반적으로 하늘에 거처하는 신이 인간 세상에 관여하는 이유는 크게 두 가지로 구분할 수 있다. 하나는 극심한 혼돈이 인간 세상을 지배할 때이고, 또 다른 하나는 그 반대로, 인간 세상에 새로운 문화를 기반으로 하는 획기적인 질서가 필요한 경우이다. 전자는 '홍수신화'처럼 질서를 바로잡기 위한 극단의 조치가 취해지지만, 후자는 선진문화와 같은 신의 선물을 기대할 수 있다.

단군신화에서 환웅이 적극적으로 관심을 보였던 인간 세상에 대해서는 전하는 내용이 없어 어떤 상태였는지 구체적으로 알 수 없다. 그럼에도 환웅이 지상세계를 다스리기 위해 직접 내려왔다면, 환웅을 매료할 만한 대단히 긍정적인 요인이 있었을 가능성은 충분하다. 환인이 환웅을 통해 제시한 '홍익인간'이라는 최초의 국가 이데올로기에는 질적으로 차원이 다른 세상을 만들 수 있다는 기대가 담겨 있었으며, 이를 실천하기 위해 일상까지도 지배할 수 있는 선진문화를 가지고 지상으로 내려왔다는 것도 이러한 추론을 뒷받침해주고 있다.

환웅과 함께 지상에 내려온 삼사三師의 존재 역시 이러한 의미를 확인해준다. 이들은 모두 원시사회의 산물로, 민간에서 구전되어오다가 도교가 유입되면서 영향을 받기도 했다. 그러나 무엇보다 중요한 것은 단군신화에서 삼사의 존재는 고조선 사회가 수렵문화에서 농경문화로 변천하는 과정을 보여준다. 예를 들면 삼사의 풍백은 바람, 우사는 비 그리고 운사는 구름을 의미하며, 이들은 환웅을 도와 인간 세상에서 자연현상을 다스리는 데 필요한 세 가지 기능을 각각 담당한 신하로, 수렵민들이 기울였던 관심을 야수주의적 관념이라고 한다면 이들은 곧 자연현상과 기후의 변화에 민감했던 농경문화로 변천하는 과정에서 바람과 비와 구름 등을 주술사로 의인화한 존재였다.

환웅이 거느리고 내려온 무리 3천과 곡식·생명·질병·형벌·선악 등 무릇 인간의 360여 가지의 일을 관장하였다는 것도 이러한 의미를 더욱 구체적으로 전하고 있다. 여기서 무리 3천은 단순히 환웅을 따르는 3천 백성을 의미하는 것이 아니라, 환웅의 통치를 보좌하는 대규모의 지원세력을 말한다. 따라서 백성을 다스리는 관료집단의 성격도 지니고 있었다. 『제왕운기』에서는 무리 3천을 '솔귀삼천率鬼三千', 곧 '3천의 귀신 무리'라고 일컫는다. 이는 그들이 평범한 집단이 아니라 초월적인 능력을 지니고 있었음을 의미한다. 여기에 인간의 360여 가지 일을 주관했다는 의미를 더하면 그들이 1년 360여 일, 사람들의 일상을 주관하였음을 알 수 있다.

그들은 농경사회에서 가장 중요한 주곡主穀에 관한 일도 관장했다. 씨를 뿌리고 곡식을 거두어들이기까지 농경과 관련된 모든 일을 지휘·감독했고, 여기에는 흉년을 막고 풍년이 들도록 비와 바람을 조절하는 등의 풍요를 기원하는 의미가 담겨 있었다. 국가에서 농경생산신에 대한 제전을 첫 번째로 중요하게 여겼던 것도 이와 무관하지 않다.

또한 만물의 생명을 관장하는 일도 중요했다. 이는 생로병사生老病死, 즉 생명의 탄생·혼례의식·자손의 양육·병을 다스리는 일·사망했을 때 장례의식 등을 관장하는 것을 말한다. 이와 관련해서 북애자의 『규원사화』에서는 환웅이 신교神教를 선포하고, 병기를 제조하는 치우씨蚩尤氏, 농업과 목축을 주관하는 고시씨高矢氏, 문자를 발명한 신지씨神誌氏, 혼례 제도를 만든 주인씨朱因氏, 팔괘를 만들어 음양과 역학의 시조가 된 복희씨伏羲氏 등의 보좌를 받아 나라를 다스렸다는 이야기도 전한다.

이들은 선과 악도 맡아 다스렸다. 이는 당시의 통치가 전쟁보다는 평화와 안정을 기반으로 하고 있음을 의미한다. 다시 말해 법과 제도만이 아니라 도덕이나 윤리 차원에서의 선악의 판별이 통치행위에 주요 항목이었을 정도로 수준 높은 통치행위가 이루어졌던 것이다.

이상에서 살펴보았듯이, 환웅이 지상에서 실현하려는 이상이 어느 정도였는지를 다시 한 번 확인할 수 있다. 그러나 환웅의 신화는 그가 웅녀와 혼인하여 단군을 낳음으로써 막을 내린다. 단군은 환웅이 세운 신시에서 환웅의 왕위를 계승하지 않았기 때문이다. 단군은 환웅과 웅녀를 통해 고귀한 혈통을 지닌 시조의 탄생이라는 신성성을 보장받았지만, 신시와 웅녀 집단을 통합하여 도읍을 옮겼다. 그리고 그곳에서 새로운 나라 고조선을 건국하여 새롭게 출발한다. 이때 웅녀는 신화를 통해 환웅과 단군을 이어주는 존재임과 동시에 또 하나의 신화를 탄생시킨 주인공이기도 하다.

주요 고전 문헌 살펴보기

『동국여지승람』 조선 전기前期 사회를 이해하는 데 중요한 자료로, 성종의 명으로 노사신盧思愼 등이 각 도의 연혁·풍속·무덤·사당·관청·토산품·학교·성곽·산천 등과 역대의 인물을 기록한 인문지리서이면서 지방사회에 대해서도 다양한 내용을 확인할 수 있는 백과사전이다.

『고기』 단군신화 등이 수록되어 있는 것으로 알려진 우리 고대 역사서로, 현재 전하지 않는다. 김부식의 『삼국사기』에 기록되어 있으며, 이외에도 『해동고기』 『삼한고기』 『본국고기』 『신라고기』 등 다양한 문헌이 함께 수록되었으나 대부분 내용이 전하지 않아 구체적인 내용은 알 수 없다. 조선 정조 때 안정복安鼎福은 『동사강목』에서 『고기』를 『단군고기』의 약칭이며 단군의 사적을 기록한 문헌으로, 그리고 이승휴는 『제왕운기』에서 인용한 『단군본기檀君本紀』와 같은 책으로 보았다.

『단군고기』 단군신화와 관련해서 『제왕운기』 『응제시주』 『세종실록지리지』에서 거의 비슷하게 인용되지만, 『응제시주』 『세종실록지리지』에는 각각 『고기』 및 『단군고기』의 인용으로 기록되어 있다. 단군을 부여계로 연결시키는 등 우리 민족문화의 전승 차원에서 중요한 자료로 주목받지만 『삼국유사』와 이전의 자료에서는 찾아볼 수 없다. 이러한 이유로 일제강점기에는 일본인 학자가 단군신화를 부정하는 근거로 제시하기도 했다.

『응제시주』 권람權擥이 조부 권근權近의 응제시應製詩에 주석을 붙인 책으로, 1462년(세조 8)에 간행하였다. 1396년(태조 5) 권근이 표전문사건表箋文事件, 즉 조선에서 명에 보낸 외교문서 글귀 중에 불손한 말이 있다고 명나라 황제가 트집을 잡아 글을 쓴 정도전을 소환한 사건을 해결하기 위해 그 글의 윤색潤色에 참여했다며 자원해서 명나라로 간다. 그때, 중국에 대한 조선의 사대적 입장에서 황제의 덕을 칭송하고, 우리나라 역사의 유구함과 독자성을 시로 표현한 작품이다. 여기에는 우리 고대사와 관련한 신화·전설·설화와 역사지리에 관한 기록 등 상당한 분량의 주석이 포함되어 있다. 주석에 인용하거나 참고한 자료들은 『삼국

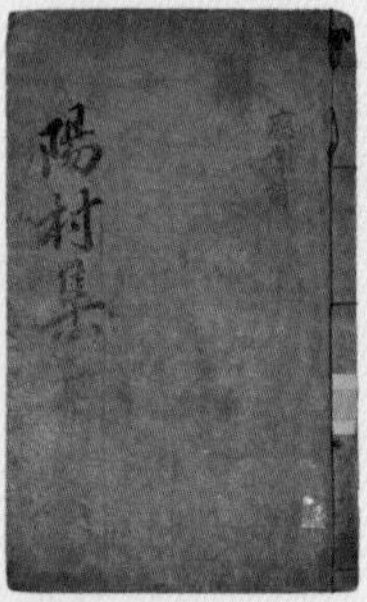

사기』『삼국유사』『고기』『도선기道詵記』『도선답산가道詵踏山歌』「동명왕편」『제왕운기』『용비어천가』『고려사』 등이다. 중국 자료로는 『요동지遼東誌』『습유기拾遺記』『속수신기續搜神記』『신당서新唐書』『주례周禮』『문헌통고文獻通考』『열자列子』『위서』 등이며, 정사正史보다 잡록雜錄이 많다.

『세종실록지리지』 각 도道의 연혁·고적·물산·지형 등이 자세하게 기록된 지리지로, 1454년(단종 2년)에 완성되었다. 조선 초기의 지리지 편찬체계가 당시의 통치체제 확립에 주력하였고, 각 지역의 산업과 특이한 민속 등 15세기 사회를 각 분야별로 상세하게 기록하였다는 점에서 역사지리학과 지방사 연구에 귀중한 자료로 평가받는다.

『삼국지』 후한後漢 말기부터 진(晉, 220~280)이 중국을 통일한 시기까지의 역사를 다룬 중국 삼국시대 역사서로, 서진의 진수(陳壽, 233~297)가 쓰고 송나라 배송지(裴松之, 372~451)가 주를 달아 내용을 보충했다. 『사기』『한서漢書』『후한서後漢書』와 함께 중국 전사사前四史로 불리며 위나라를 정통 왕조로 보았다. 진수가 참고한 자료의 수가 많지 않아 배송지가 200여 권이 넘는 사서史書를 인용하여 주를 달아 내용을 보충하였고, 진수의 인물평과 함께 자신의 평을 넣기도 하였다. 현재 전하지 않는 많은 자료들을 인용하여 삼국시대 연구의 귀중한 자료로 평가받는다.

『산해경』 중국 최고最古의 대표적인 신화집으로, 사마천의 『사기』에 처음 등장하지만, 제작시기는 정확하지 않다. 신화의 연구에 중요한 자료집이자 고대 천문학의 개론서로, 고대 중국의 사회·역사·지리·민속·종교 등 다양한 분야의 생생한 증언과 불로불사의 신선, 영생의 유토피아 등 유학과 함께 중국 문화의 한 축을 이루는, 낭만적이고 신비한 내용들이 담겨 있다. 이 때문에 고대인의 꿈과 무의식에 뿌리를 둔 원형적 이미지들을 집대성한 상상력과 환상의 결정체로 평가받고 있다. 이후 풍부한 상상력으로 후대의 중국 작가·시인들에게 많은 영향을 주었으며, 중국소설의 발전에도 중요한 역할을 했다. 또한 중국과 그 주변 지역을 방위에 따라 다섯으로 구분하여 모두 447곳의 산을 수록하였고, 각 산마다 산천의 형세, 산출되는 광물·동식물·괴물·신령을 설명하면서 각 편의 끝부분에는 제사 드리는 방법을 소개해놓았다. 내용이 포괄적이어서 이국의 풍속·사물·영웅의 행적·신들의 계보·괴물 등 다양한 내용을 비교할 수 있다. 이외에도 고대인들의 세계관을 엿볼 수 있고, 조선·숙신·맥 등 옛 한국과 관련된 지명도 등장하고 있어 우리 상고사에 해당하는 동이계 문화에 대해서도 살펴볼 수 있다.

2장

고조선 건국, 역사가 시작되다

웅녀, 최고의 성취와 신화 쓰기

신화 속으로

단군신화에는 웅녀신화도 발견된다. 웅녀신화의 이야기 구조는 그녀가 지녔던 염원을 실현하는 과정이 핵심으로, 그녀의 염원은 인간 세상에서 가장 구체적이면서도 동시에 실현 불가능한 것이었다. 하지만 그녀는 결국 성취해냈고, 이 과정에서 보여준 그녀의 실천 의지는 그야말로 치열함 그 자체였다. 때문에 웅녀신화는 가장 많은 교훈을 전하기도 한다.

웅녀신화에 담긴 의미와 교훈은 크게 두 가지 관점에서 살펴볼 수 있다. 개인적 관점에서는 어두운 굴속에서 쓰고 매운 것만 먹으며 인간이 되기 위한 통과의례를 치러야 했음에도 새로운 것에 도전하는 용기와 마침내 목표를 성취해내는 굳은 실천 의지를 발견할 수 있다. 여기에는 불가능할 것 같은 목표를 향해 도전하면서도 결코 허황되지 않는 성실함으로 고난과 시련을 극복해내는 은근과 끈기 등 자신이 할 수 있는 모든 것을 동원하는 웅녀의 비범함이 담겨 있다. 사회적 관점에서 보면 기존의 낡은 질서를 극복하고 환웅이 새롭게 구축한 질서에 웅녀가 완전하게 적응하였음을 의미한다.

무엇보다도 웅녀는 절대신의 아들인 환웅을 조력자로 하여 단군이 고조선의 건국시조로 등장하는 데 필요한 '고귀한 태생' 또는 '비범한 혈통'이라는 최고의 조건을 만들어줌으로써 본인의 존재감은 물론 국가적으로도 질적인 변화를 성공시킨다. 이와 관련해서 『삼국유사』에는 다음과 같이 전한다.

> 곰 한 마리와 범 한 마리가 있었는데, 같은 굴에 살면서 신령스러운 환웅에게 사람으로 탈바꿈하게 해달라고 빌었다. 그러자 환웅은 영험이 있는 쑥 한 줌과 마늘 20개를 주면서 말하기를 "너희들이 이것을 먹고 백일 동안 햇빛을 보지 않으면, 곧 사람의 형체를 얻을 것이다"라고 하였다. 곰과 범이 이것을 받아서 먹으며 3·7(21)일 동안 금기하였는데, 곰은 여자의 몸이 되었으나 범은 금기를 지키지 못하여 사람이 되지 못하였다. 웅녀는 더불어 혼인할 사람이 없으므로 매번 신단수 아래에서 아이를 갖게 해달라고 빌었다. 환웅이 이에 잠시 사람으로 변하여 그와 혼인하여 아들을 낳으니, 이름을 단군왕검이라고 하였다.

여기서 곰과 호랑이는 자연적 존재이면서 구세계의 존재를 의미했다. 따라서 그들의 염원은 환웅이 다스리는 새로운 세계 속으로 편입되는 것이었다. 달리 말하면, 각자의 염원을 이루기 위한 적극적인 실천을 통해 새로운 문화적 가치를 획득하는 존재론적 변신에 대한 도전을 의미했다. 이 과정에서 웅녀는 스스로 적극적인 실천 의지를 통해 온갖 시련을 극복해내고 마침내 사람으로 다시 태어나게 된다. 그러나 호랑이는 시련을 이겨내지 못하고 염원을 포기함으로써 낙오하게 된다. 문화적인 관점에서 보면 곰의 성공은 호랑이와 달리 천신신앙을 기반으로 하는 선진문화에 확실하게 적응했음을 의미하며, 한편으로는 호랑이에 대한 곰의 승리라는 점에서 단군신화는 민족의 기원과 함께 곰이 호랑이를 이긴 역사상 최초의 승리담을 담고 있다고 할 수 있다.

그럼에도 우리나라에 '곰부족 승리신화'와 같은 곰을 시조로 하는 신화가 별도로 전승되지 않는다는 점은 의문이다. 반면, 오늘날까지도 호랑이를 숭배하는 다양한 의미가 전승되고 있다. 특히 오래전부터 호랑이는 우리를 지켜주는 친근한 수호자이며, 산을 지키는 산신 등 신성한 영물로 전한다. 또한 민간에서는 다양한 이미지를 담은 민화를 통해 호랑이에 대한 공포를 극복하고자 하였고, 지금까지도 호랑이와 관련한 다양한 이야기가 전국적으로 전한다.

「운포필호도」 우리나라 민화는 사나운 맹수인 호랑이를 친근하고 우스꽝스럽게 표현한 작품이 많다.

이러한 현상은 신화에서 패자의 이야기가 사라지거나 부정적인 이미지로 전하는 것과도 비교되며, 곰부족이 승리했음에도 호랑이를 숭배하는 현상은 '신화에는 승리한 부족들의 신앙적 요소가 담긴다'는 일반적인 개념 정의에도 맞지 않는다. 이처럼 이율배반적인 현상이 나타나게 된 이유와 관련해서 '공포의 대상이었던 호랑이를 극복하려는 염원이 웅녀의 탄생으로 이어졌다'는 신화적 관점을 적용해볼 수 있다.

옛날부터 사람들은 호환虎患을 가장 두려워했다. 호랑이로 인해 수많은 피해를 입었지만 특별한 대책이 없었을 정도로, 호랑이는 인간이 극복하기 힘든 지상에서 최강의 존재였다. 반면 곰은 사람들에게 특별한 피해를 입히지 않았다. 또한 혹독한 추위 속에서 겨울잠을 자고 생명이 솟아나는 봄에 깨어나는 곰의 생태적 특성에서 죽음과 재생을 반복하는 신화적인 상징성도 발견할 수 있다. 겨울에 죽었다가 봄에 다시 살아난다는 것은 '삶과 죽음'을 연속적인 것으로 생각하는 재생 모티브의 가장 전형적인 양상이기 때문이다. 따라서 공포의 대상인 호랑이를 상대하여 극복할 수 있는 대상으로 곰을 신화 속으로 호출했을 가능성을 생각해볼 수 있다. 신화는 과학이 생겨나기 이전의 과학으로 사건의 해결책을 모색하고 있으며, 특히 그 개연성으로 집단적 상상을 구성하고 신성화가 이루어지는 과정을 통해 크고 작은 신화적 서사 단위들이 유기적으로 엮인 구조물이었다.

하지만 이러한 이유만으로 웅녀가 자신의 신화를 갖기에는 한계가 있었다. 이 때문인지 웅녀는 사람이 되고 나서도 새로운 세상에 완전하게 편입하기 위해 자신과 혼인할 배우자와 아이를 갖기 위한 도전에 나선다. 그리고 마침내 성취해냄으로써 신화에서 자신만의 위상을 확보하게 된다. 특히 웅녀의 혼인은 단순한 결혼이 아니라 절대신의 아들인 환웅이 조력자가 되었다는 점에서 지상에서는 최고의 신성혼에 해당했다. 그 결과 고조선의 개국시조인 단군이 탄생하였고, 문화적으로는 물론 정치적으로도 획기적인 변화를 일으켰다.

시련과 통과의례를 극복하다

웅녀가 사람이 되기 위해 거쳐야 했던 금기사항 등의 시련과 통과의례는 단순히 고난의 극복 과정이 아니었다. '100일 동안 햇빛이 차단된 동굴에서 마늘과 쑥만을 먹어야 한다'는 금기는 시간과 공간적으로 그동안 익혀온 모든 문화와의 단절을 의미했고, 동시에 이를 통해 다시 태어난다는 재생의식을 담고 있었다. 이와 관련해서 좀 더 구체적으로 살펴보면 다음과 같은 의미를 발견할 수 있다.

첫째, 마늘과 쑥에는 다양한 문화적 의미가 담겨 있다. 예로부터 마늘과 쑥은 민간의술에서 약재로 사용되었고, 고기를 주식으로 했던 유목사회에서는 식생활과 관련한 향신료 문화와도 연관이 있었다. 특히 당시의 향신료는 음식의 맛을 내기보다는 고기의 부패를 방지하고 소독하는 역할을 했고, 풍성한 사냥감의 획득을 염원하는 동시에 사냥에 참여하는 집단의 안전을 기원하는 등 공동체의 안녕과 복을 불러오는 주술적 의미도 갖고 있었다. 또한 "병이 많은 절기에 약으로 쓰는 쑥이 먼저 돋아난다"라는 속설이 있을 정도로 쑥에는 신령스러운 약효가 있는 것으로 전한다. 단오날 닭이 울기 전에 쑥을 뜯어서 뜸을 뜨면 효험이 있다고 하며, 난치병을 치료하는 약으로 쓰였다고 전해지는 것도 그 예이다.

따라서 단군신화에서 사람이 되기를 원하는 곰과 호랑이에게 마늘과 쑥을 먹게 한 데에는 뛰어난 약효는 물론, 하늘의 뜻을 담은 신성함과 인간으로 변신하려는 염원을 실현하는 주술적 의미, 그리고 인간이 되기 위해서는 쓰디쓴 맛조차 인내하고 극복해낼 수 있어야 한다는 개인적 고행 등 복합적 의미가 담겨 있었다. 물론 이러한 해석은 우리만의 특징은 아니다. 과학적 의미에서 종교적 의미에 이르기까지 마늘과 쑥의 다양한 효능은 서양에서도 발견된다. 마늘은 알리신Allicin이라는 강력한 살균 성분 등 페니실린에 버금가는 효능을 지니고 있어 결핵균·임질균·이질균 치료에 사용되었으며, 서양의 성직자들은 의료기술이 발달하지 못한 시기에 마늘로 드라큘라와 잡귀를 퇴치하는 등 종교의식을 거행할 때 마늘을 사용했다고 전하는 것이 대표적인 예이다.

둘째, 햇빛이 차단된 동굴에서 생활해야 하는 금기 역시 새로운 삶의 탄생과 연관이 있다. 동굴은 격리와 단절을 의미하기도 하지만, 동시에 사람이 죽으면 영혼이 지하의 세계 또는 하늘로 올라가는 통로를 의미한다. 즉 동굴은 죽음과 재생을 가르는 공간이었고, 한편으로는 신을 모셔놓은 신성한 장소이기도 했다. 따라서 동굴에 들어갔다가 다시 밖으로 나온다는 것은 '사람의 몸을 얻어 갱생한다'는 의미로 해석할 수 있다는 점에서 동굴은 새로운 삶이 탄생하는 신성한 공간이었다. 이러한 의미는 농경사회로도 이어졌다. 어둠에 묻힌 굴속의 곰을 땅 속에 뿌려진 한 알의 씨앗에 비유하는 것이 그 예이다. 즉 땅 속의 씨앗이 썩지 않고 싹이 되어 땅을 뚫고 나왔고, 이것이 자라서 곡식으로 성장하는 것은 생명력과 함께 생산성을 의미했다. 따라서 곰은 굴속에서 고난과 시련의 고통을 통해 자기부정이라는 죽음을 경험하고 나서 비로소 전혀 다른 세상에서 사람으로 다시 태어나 지모신의 자격을 획득했던 것이다.

셋째, 곰과 호랑이에게 주어졌던 금기의 기간도 신화로서의 의미를 더해주고 있다. 환웅이 제시한 100일과 곰이 실천에 옮긴 기간이었던 3·7일, 즉 21일 역시 단순히 물리적 시간을 의미하는 것이 아니라 신화성·종교성·사회성·문화성 등 복합적인 의미를 담고 있다. 그뿐만 아니라 100일과 3·7일은 생명체의 탄생과 관련하여 우리 고유의 민간신앙과도 밀접한 연관이 있다. '100년 묵은 용이 승천한다'거나 '100년 묵은 여우가 자유자재로 변신하는 이야기' 등에서 100은 완전성과 영원성을 뜻하는 상징수였다. 그리고 부모의 100일 기도 끝에 영웅이 탄생했다거나 사람이 죽은 후 백일재를 지내는 풍습 등에서도 100에 사람의 탄생이나 죽음이 비로소 완결된다는 의미가 담겨 있음을 알 수 있다.

또한 아이가 태어난 후 백일잔치를 특별히 치르는 것은 지상에서의 삶이 비로소 시작됨을 의미했다. 특히 의술이 발달하지 못했던 옛날에는 유아 사망률이 높아 100일을 무사히 넘기면 생존 가능성이 훨씬 높다고 해서 이를 축하하는 잔치를 벌였다. 백일 떡은 100집이 나누어 먹고, 100집에서 얻어온 100조각의 천으로 옷을 해 입히면 아이가 건강하게 오래 산다고 믿었다. 그리고 100일이 되려면 먼저 3·7일의 통과의례를 무사히 거쳐야 했다. 이 기간은 산모가 기력을 회복하는 데 필요한 절대적인 시간이었고, 동시에 아이의 생명과도 밀접한 연관이 있었다. 하여 아이가 태어나면 이 기간 동안 대문에 금줄을 쳐서 가족이나 이웃 주민의 출입을 금기하는 풍습이 전하며, 또한 이 기간에는 부정한 곳에 다녀온 사람의 출입을 금기로 삼아 혹시라도 아기에게 부정 타는 일이 없도록 각별하게 조심했다. 그리고 아이가 태어난 후 7일과 14일 그리고

21일에 대한 풍습도 전한다.

예를 들면 첫 7일 동안은 흰 밥과 미역국을 삼신에게 올리고, 이 기간이 지나야 할아버지가 아기와 첫 대면할 수 있었다. 그리고 세 번째 7일에는 금줄을 내리고 비로소 이웃 사람들의 출입이 허용되었다. 따라서 3·7일은 아기가 세상에 태어나서 처음으로 겪는 삶의 험난한 고비임과 동시에 이를 극복하면 비로소 세상에서 삶의 지속성이 보장되는 경계선이었다. 탄생한 지 21일이 되면 형편에 따라 떡과 음식을 장만해서 이웃들과 나누어 먹었으며, 축하 잔치를 벌인 것도 이러한 이유에서였다. 그리고 3·7일, 즉 21일이라는 통과의례를 극복한 뒤에 찾아오는 의례가 백일이었고, 백일은 다시 첫돌을 맞이하기 위한 예비관문에 해당했다.

또한 3과 7은 각각 특별한 의미를 지닌 상징수이기도 했다. 7의 경우 달의 주기와도 비유되었다. 달의 기울기와 차오름의 단위는 7일을 기점으로 한다. 즉 첫 7일에 반달이 되고, 다음 7일에 보름달이 된다. 그리고 다시 7일이 지나면 반달로 돌아온다. 이렇게 해서 달은 멈춤이 없는 영생을 누리는 상징이 된다. 그리고 3은 우주 구성에 가장 근본이 되는 숫자로, 모든 수 가운데 으뜸인 길수였다. 고대신화에 등장하는 다리가 셋 달린 까마귀, 즉 삼족오三足烏는 태양을 상징하는 신성한 의미를 담고 있었다. 또한 점 세 개를 이으면 가장 안정적인 삼각형이 되며, 삼각형은 흐트러짐이나 어긋남이 없는 충족성과 자체 속의 통일성을 지니고 있다. 이러한 의미는 생성과 창조의 원리로 이어졌다. 그뿐만 아니라 3은 각각 순수 양수와 순수 음수의 시작인 1과 2가 결합한 최초의 결과물로, 포용·안정·조화·완성·변화의 시초를 의미했다. 이는 하늘과 연계되어 삼위일체라는 종교적 카리스마를 성취하는 것으로 이어졌으며, 정치적으로는 체계적 계통을 확보함으로써 통치를 정당화하는 데 기여했다.

단군신화에서도 천신인 환웅과 지모신인 웅녀가 결합하여 신인神人 단군을 낳는데, 여기서 환웅·웅녀·단군은 천·지·인이라는 삼재三才를 표상한다. 즉 건국시조인 단군이 하늘과 땅을 부모로 하여 초자연과 자연의 지지를 동시에 받으며 탄생하는 삼각구도를 보여주고 있다. 이런 의미에서 단군신화를 삼신三神사상에 태양신화와 토테미즘이라는 두 계통의 신화가 섞여 있는 것으로 해석하기도 한다. 그리고 '삼세 번'이 완결적 구조라는 믿음과 민간에 전하는 '삼년고개 이야기' 역시 이러한 신화 속 구조가 지금까지 우리의 무의식 속에 자리 잡은 결과물이다.

이외에도 홀수인 1·3·7은 성스럽고 의례적인 수이면서 동시에 길한 수로, 단군신화에서 처음으로 한국적인 '문화의 수'라는 관념이 싹텄다고 볼 수 있다. 이후 세시풍속에서도 거시적인 시간 개념은 홀수를 기준으로 삼았기에 명절이나 절후節候는 대부분 홀수가 겹친다. 한 해를 시작하는 1월 1일을 비롯해서 삼짇날인 3월 3일, 그리고 단오인 5월 5일과 칠석인 7월 7일, 중구절인 9월 9일이 이에 해당한다. 짝수 달 가운데 예외적인 명절은 8월 15일 추석이 유일하다.

이처럼 곰과 호랑이가 지켜야 했던 수數와 관련된 금기와 실천기간은 인간으로서의 탄생과 생명을 유지하며 살아갈 수 있는 기본적인 조건을 의미했다. 그런데 환웅은 100일이라는 금기기간을 제시했는데 곰이 21일 만에 사람이 되었다는 점도 흥미롭다. 100은 완전성과 영원성 등의 의미를 지닌 숫자로, 환웅이 100일 동안의 금기를 곰과 호랑이에게 제시한 것은 완벽한 인간의 탄생을 의미했다. 그럼에도 곰이 신과의 약속에 관계없이 21일 만에 사람이 된 것은 아마도 곰과 호랑이의 관계와 연관이 있는 듯하다. 즉 환웅이 제시한 의미와는 별개로 곰과 호랑이 사이에 그들만의 경쟁적인 관계가 작용했던 것이다. 고통을 참지 못하고 뛰쳐나간 호랑이는 경쟁에서 탈락하고, 곰이 승리함으로써 21일 만에 인간이 될 수 있는 최소한의 조건을 획득하게 된다. 그러나 처음에 환웅과 약속했던 완벽한 인간이 될 수 없었기에 웅녀의 도전은 계속되었던 것이다. 다시 말해 웅녀에게는 완전한 인간으로서의 삶을 회복해야 하는 과제, 즉 결혼을 하여 자식을 낳아 정상적인 가족을 꾸리는 일이 남아 있었다.

웅녀가 신단수를 선택한 이유는?

웅녀는 배우자를 찾기 위해 소원을 들어줄 대상으로 신단수를 선택했다. 웅녀가 자기 부족에서 배우자를 찾지 않았고 환웅이 지상으로 내려와 신단수에서 신정을 펼쳤다는 사실을 생각해보면, 웅녀가 환웅보다 상위의 신, 즉 하늘의 환인과 직접 소통을 시도했다는 것을 알 수 있다. 따라서 웅녀가 환웅과 결혼에 성공했다는 것은 하늘의 허락을 받았음을 의미했다. 따라서 웅녀의 결혼은 개인뿐만 아니라 부족 등 사회·문화적으로도 커다란 의미가 있었다. 무엇보다도 종교적 신성혼에 해당하는 이류교혼異類交婚으로 웅녀는 다시 한 번 상위의 문화적 가치 획득에 성공하였고, 최고의 신성혼을 통해 집단적인 면에서도 문화 상승의 기회를 마련하게 된다. 웅녀와 환웅의 결합을 지모신과 천신을 숭배하는 집단 간의 결합으로 해석하는 것이 바로 그 예이다.

한편, 역사적 관점에서 보면 곰은 대지大地의 어머니를 의미하는 지모신의 성격을 갖기까지 최소한 세 차례의 의미 변화를 거친다. 1차적으로 신석기문화와 밀접한 관련이 있는 집단이 수렵과 산림山林을 위주로 하는 문화 단계에서 곰을 숭배하게 됨으로써 생물학적인 의미의 곰이 존재한다. 그리고 2차적으로 시간과 공간의 이동과 인문人文의 변천에 따라 곰은 신神·무巫·군君·인人 등의 상징성을 지닌다. 이러한 상징성을 지닌 '곰'이라는 언어가 농경문화의 개시와 함께 생물학적 특성인 재생관념으로 인하여 지신地神의 의미를 갖게 되면서 3차적 의미 변화를 거친다. 특히 농경문화 단계에서 지신은 생산기능을 가진 대지를 상징하기에 일반적으로 여성의 성격을 지닌 지모신이다. 따라서 농경사회를 배경으로 할 때 단군신화는 곰을 숭배했던 씨족이 환인과 환웅으로 이어지는 하늘을 숭배하며 선진화된 문화를 지녔던 부족과 연계했음을 의미한다. 환웅의 세력이 선진 농경문화를 지닌 부계사회였다면, 웅녀의 집단은 곰을 토템으로 하여 먼저 정착한 어렵 또는 수렵부족의 모계사회로 해석하는 것도 이러한 이유에서다.

한편, 동물과 관련한 시조 탄생신화가 많은 이유는 고대사회에서 인간보다 동물을 더 신성하고 우월한 존재로 여겼던 것과도 연관이 있다. 동물을 종족의 조상으로 삼는 신화를 수조신화獸祖神話라고 하는데, 이 수조신獸祖神 관념은 동북아시아의 돌궐족·몽골족·퉁구스계 등 일찍부터 가축을 기르며 유목경제를 영위했던 지역과 북아메리카 인디언의 다양한 신화를 비롯해 북유럽 등 지구의 절반에 해당하는 지역에서 찾아볼 수 있을 만큼 대단히 광범위하게 분포되어 있다. 이들은 수렵의 역사를 지니고 있으며, 이후 반농반렵半農半獵, 즉 농사와 수렵을 겸하게 된다.

특히 곰을 숭배하는 사례는 크게 두 가지 유형으로 나뉜된다. 야생 곰을 종족의 수호령 또는 수렵신으로 간주하는 유라시아와 아메리카 등지와, 다른 하나는 의례적으로 곰을 사육하고 죽이는 방법을 통해 곰을 조상으로 간주하는 아이누계통이다. 전자는 시베리아 산림지대에 편재해 있으며 시대적으로 오래된 측에 속하고, 후자는 연해주에서부터 북해도에 걸쳐 발견되는 후기적 양상에 해당한다. 하지만 동북아시아에서 곰은 수조신이 아니며, 부계가 수신水神으로 전승되고 있다는 점에서 단군신화와는 큰 차이가 있다.

따라서 웅녀의 결혼은 시조신을 숭배하는 관점에서 보면 논란의 여지가 있다. 일반적으로 농경사회에서의 종교적 특징 중 하나는 혈연적으로 연관이 있는 조상숭배 관념과 지상의 어머니인 지모신의 위치가 확고하다는 것이다. 농경신화에서 대지의 여신인 지모신은 부족의 기원은 물론, 모든 것을 관장한다고 믿었다. 그러나 웅녀의 경우 이러한 특징과는 어느 정도 거리가 있기에 역사적인 사실을 좀 더 구체적으로 살펴볼 필요가 있다.

역사에서는 홍적세 중·후기에 네 번에 걸친 빙하기를 따라 북상과 남하를 거듭하던 고아시아족이 후빙기에 순록을 따라 북쪽으로 이동한 것으로 알려져 있다. 그리고 적어도 후빙기 초기의 2000~3000년 동안 한반도에는 사람이 살지 않았던 것으로 보고 있다. 이 시기에 해당하는 유물과 유적이 확인되지 않는 것도 이를 뒷받침해주고 있다. 이후 기온이 따뜻해지는 아틀란틱기에 접어든 기원전 5500년경부터 기원전 3000년경 우리나라에 새로운 신석기 주민이 등장한다. 이들은 시베리아로 북상하는 퉁구스족에 밀려 동북아시아, 특히 북태평양 연안으로 자리를 옮겼던 고아시아족의 일부이다. 선사학이나 고고학에서도 이들을 신석기인 또는 빗살무늬 토기인이라 하여 우리와 관련이 있는 시조로 보고 있고, 국어학에서도 원시한어를 사용했던 주민으로 보고 있다. 이에 따라 이 시기의 고아시아족을 단군신화에 등장하는 집단으로 보는 견해도 있다.

그런데 시베리아 북쪽에 잔존한 종족과 베링해를 지나 아메리카 북부로 이동한 종족은 곰을 보호령이나 수렵신으로 숭배하는 수렵채취문화의 단계에 머물렀지만, 새로운 환경으로 이주한 집단은 풍부한 순록이 없는 상황에서 가축 사육이나 간단한 농경생활만을 영위하면서 한편으로는 작은 동물을 사냥하는 수렵생활을 병행했다. 따라서 원래 그들의 신앙에 뿌리 깊게 자리했던 곰신앙이 수조신으로 변형되면서 그들만의 반농반렵의 생산경제를 영위한다. 그러나 더 남하하여 남만주와 한반도에 정착한 또 다른 고아시아족은 본격적으로 농경생활을 시작하게 되었고, 이러한 경제 형태의 변화는 필연적으로 그들의 세계관과 종교적인 내용에 혁신을 가져왔다. 즉 곰을 수조신으로 삼았던 연해주형 농경의 재생관념이 재해석되어 지모신이 출현하게 된 것이다.

가장 보편적인 방식이 가장 완벽하다

신석기를 사용하던 고아시아족에게 위기이자 기회가 찾아온 것은 환웅 집단과 같은 청동기라는 선진문화를 지닌 알타이족 집단의 이주였다. 그리고 여기에 토착집단인 곰 토템집단이 동참했다면 이는 문화복합과정으로 해석할 수 있다. 즉 단군신화에서 웅녀의 상위신격이 따로 없을 정도로 곰 토템집단의 문화 수준은 낮았지만, 새로운 이주집단의 문화에는 성공적으로 적응했던 것이다.

반면 호랑이를 토템으로 하는 집단이 금기를 지키지 못했다는 것은 새로운 문화에 적응하지 못했음을 의미했다. 그 결과, 상대적으로 세력이 위축된 호랑이 토템집단은 환웅부족에게 밀려났다. 이후 세력판도의 변화는 웅녀의 결혼이 결정적인 계기로 작용한다. 신성혼의 성립으로 환웅의 천신숭배집단과 웅녀의 곰 토템부족이 통합하여 하나의 통치집단이 형성되었다.

그런데 웅녀가 고조선의 개국시조인 단군을 낳는 과정이 이후에 등장하는 고대국가 개국시조들의 탄생담과는 차이를 보인다는 점도 흥미롭다. 단군의 탄생 과정에는 비정상적이거나 의도하지 않은 사건 등을 찾아볼 수 없으며, 단군은 지극히 정상적인 결혼을 통해 탄생했다.

우리나라는 물론 동양 신화에서 신이나 영웅의 탄생은 처녀가 햇빛과의 접촉으로 잉태하거나 어떤 자연현상이나 신령스러운 동물 또는 거인 등을 만나 그 기운에 의해 잉태한다는 이야기가 대부분을 차지하고 있다. 특히 태양을 의미하는 빛에 의해 잉태하는 감응感應신화의 경우 아버지는 구체적으로 알 수 없고, 어머니만 전하는 모계사회의 특징을 반영하기도 한다.

이와 관련하여 원시사회에서 '태양이 회임懷妊의 능력을 가지고 있다'고 믿어 소녀들에게 햇빛을 접하는 것을 금기했던 일종의 소녀들의 성년식이 전하며, 고대 인도의 결혼 풍습에서는 아이를 갖는 의례로 신부에게 햇빛을 쬐게 하는 풍습도 전한다. 그리고 남미 콜롬비아의 한 마을에서는 처녀가 매일 아침 언덕에 올라 해 뜨는 쪽을 향해 있으면 아이를 갖게 된다는 속설도 전하고 있다.

또한 고대국가 건국신화에서 건국시조들이 탄생하는 방식도 특이하다. 고구려의 건국시조인 주몽은 유화의 왼편 겨드랑이에서 알로 태어났다고 하며, 신라시조 혁거세의 부인 알영 역시 계룡의 왼편 겨드랑이에서 태어났다고 전한다. 여기서 겨드랑이는 생명과 광명의 자리를 의미한다는 점에서 알영이 신성한 힘을 지니고 탄생했음을 강조한다.

물론 이러한 특징은 우리 신화에서만 보이는 것이 아니다. 그리스신화에서 아르고스의 왕 아크리시오스는 손자가 태어나 자기를 죽일 것이라는 신탁을 듣고 딸 다나에를 청동탑에 가두었으나 다나에는 제우스의 화신인 황금비를 맞고 아들 페르세우스를 낳았다. 그리고 지혜의 여신 아테나는 아버지 제우스의 이마에서 튀어나왔고, 술과 연극의 신 디오니소스는 제우스의 허벅지에서 탄생했다.

이처럼 신화에서 영웅의 탄생은 전혀 의도하지 않은 잉태와 비정상적인 출산 등에서 신성함과 세속적인 것, 정신적인 것과 육체적인 것, 하늘의 신과 인간 세상과의 결합이라는 상징성을 강화함으로써 고귀한 혈통과 초월적인 능력 그리고 통치의 정통성 등을 부여한다.

그러나 단군의 탄생 과정은 지극히 정상적이라는 점이 오히려 특이하다. 그뿐만 아니라 단군의 성장 과정에는 대부분의 영웅들이 아버지의 부재에서 겪는 시련과 통과의례도 보이지 않는다. 오히려 단군은 아버지, 어머니가 명확하게 드러나 신성성을 확인받는 절차 없이도 하늘과 소통할 수 있음은 물론, 지상에서 군왕으로서 통치의 정당성을 부여받는 등 신성한 능력이 의심받지 않았다.

어쩌면 웅녀가 겪었던 시련과 통과의례가 궁극적으로 단군의 시련

흑회식 (여성용) 삼각 화장통
Exaleiptron tripode à figures noires
아테네가 제우스의 이마에서 탄생하는 장면이 묘사되어 있다.

과 통과의례를 대신한 것인지도 모른다. 웅녀의 시련은 극에 달했지만 단군을 잉태하는 과정에서 환웅이 인간이 됨으로써 지극히 정상적인 방식으로 결혼했고, 곧 단군의 탄생으로 이어졌다. 그리고 웅녀가 이러한 과정에서 비정상적인 것을 정상적인 것으로, 불가능한 것을 가능한 것으로 바꿈으로써 그녀의 위상은 신성한 존재로 다시 한 번 격상된다.

단군신화에서 웅녀의 존재는 중국신화에 등장하는 곤鯀의 죽음과도 비교된다. 곤은 중국의 요堯임금 때 20여 년 동안 지속되었던 홍수를 다스린 전설 속의 인물이다. 그는 천제가 소중하게 간직하던 '끊임없이 흙이 불어나는 식양息壤'을 훔쳐와 지상에 둑을 쌓음으로써 홍수를 다스렸는데, 곤이 식양을 훔쳐간 사실을 알게 된 천제가 그를 처형하라고 명하여 결국 북방의 음습한 땅 우산에서 축융에게 죽음을 당했다. 하지만 그의 시체는 3년이 넘도록 썩지 않았고, 이를 이상하게 여긴 천제가 천신에게 직접 확인할 것을 명했다. 이에 지상으로 내려온 천신이 예리한 칼로 곤의 배를 가르자 그 속에서 외뿔이 달린 용이 튀어나왔고, 곤의 시체는 누런 곰으로 변하여 우연羽淵이라는 인근의 연못 속으로 들어가 버렸다고 한다.

외뿔 달린 용은 훗날 사람으로 변하여 곤의 치수사업을 이어받았는데, 그가 바로 우이다. 우는 불어나는 물을 다스리기 위해 둑을 쌓아 물길을 막아 가두어두는 것이 아닌, 여러 곳으로 물길을 새로 터줌으로써 20여 년 동안 계속된 대홍수를 성공적으로 막아낸다. 따라서 곤이 기이한 방식으로 아들을 낳고(우), 곤의 시체가 곰이 되어 연못 속으로 사라진 것은 그의 죽음으로 뛰어난 재능을 지닌 영웅이 탄생하게 되었음을 의미했다. 즉 곤은 지상의 질서 회복을 위해 하늘에서 소중한 것을 훔쳤고, 덕분에 혼란을 수습하여 질서를 회복하였지만 그 대가로 목숨을 내놓아야 했다. 그리고 다시 혼란해진 질서는 그의 목숨과 바꾼 아들이 회복함으로써 새로운 영웅이 탄생되었다.

명나라 호문환胡文煥의 『산해경도山海經圖』에 실려 있는 응룡으로, 곤의 아들 우의 치수 사업을 도왔다고도 한다.

반면 웅녀는 스스로의 실천으로 시련을 극복하여 더 이상의 대가를 지불하지 않고도 새로운 세상을 여는 영웅을 탄생했다. 이러한 특징은 신비함을 통해 상징적 의미를 강조하기보다 지극히 평범한 인간 세상의 일을 좇음으로써 더욱 신화다워지기를 시도하고 있다는 점에서 흥미롭다. 다시 말해 가장 보편적인 방식으로 신화의 완벽성을 갖춘 경우라고 할 수 있다.

단군, 3대에 걸쳐 건국신화를 완성하다

신화와 세속의 경계에 서다

단군신화는 역사적 위기에 처할 때마다 우리 민족의 정체성과 동질성을 강화해주는 소중한 정신적 자산으로 기능해왔다. 그리고 민간에서는 영원한 생명으로써 인간 세상을 보살펴주는 신앙의 대상으로 전승되어왔으며, 현대사회에서도 여전히 그 의미가 살아 있다.

특히 단군신화가 지닌 의미는 모든 면에서 '최초'라는 점에 주목받는다. 웅녀가 환웅과 결혼하여 고조선의 개국시조인 단군을 낳았고, 단군이 세속에서 새로운 질서를 갖춘 최초의 국가를 건국하는 등 단군신화는 우리 역사에서 최초의 새로운 출발을 의미한다.

최근에는 중국이 '동북공정'이라는 연구프로젝트를 통해 고구려사는 물론 고조선까지 자신들의 역사에 편입시키려 한 탓에 단군신화가 다시 주목받고 있다. 이러한 논쟁은 신화가 단순히 태고의 이야기가 아닌 역사의 일부분임을 말해주고 있다.

고구려의 박작성으로 추정되는 현재의 호산장성
중국은 동북공정의 하나로 만리장성의 동쪽 기점을 이곳 호산장성이라 주장하며 고구려와 발해 역사를 부인하고 있다.

단군은 하늘의 신인 환인의 손자로, 단군왕검檀君王儉 또는 단웅천왕檀雄天王이라고도 불린다. 여기서 '왕검'은 임금을 의미하는 이두자로, 특정한 권력을 표시하는 존칭 또는 존호이며, '단군'은 종교적으로 군장의 의미로 해석한다. 따라서 '단군'에는 제사를 주관하는 제주祭主라는 의미가 포함되어 있으며, 고조선의 도읍인 왕검성(또는 왕험성)이라는 명칭도 여기서 기원한 것이다.

이처럼 단군신화는 왕의 권위와 정통성을 확보하기 위해 하늘에서 그 기원을 찾는 가장 보편적인 신화이다. 특히 고조선의 건국은 천상天上의 세계에 존재하는 환인이 가장 먼저 등장하고, 그의 아들 환웅이 태백산 신단수 아래로 내려와서 신정을 베풀었으며, 그 손자인 단군에 이르기까지 무려 3대에 걸쳐서 왕권의 기원이 신성한 하늘에 있음을 보여주고 있다. 단군신화에서 단군의 고귀한 혈통은 그의 구체적인 통치행위가 전하지 않음에도 그의 모든 신성한 통치행위를 대변해주고 있을 정도이다. 따라서 우리 신화에서 고귀한 혈통은 대단히 중요한 의미를 지니고 있으며, 동시에 서양 신화와의 차이점이기도 하다.

서양의 신화에는 불사불멸不死不滅의 존재, 즉 영원히 죽지 않고 사라지지도 않는 무한無限의 힘을 지닌 신 또는 영웅이 등장한다. 반면, 우리 신화에서는 유한有限한 존재가 등장하여 사망 후에 신 또는 신의 자격을 지닌 신격으로 추앙받기도 한다. 또한 우리 신화는 가장 먼저 이들의 혈통을 추적하고 있으며, 고대국가 건국신화는 지상에서 이를 증명하는 과정에서 확보하는 시간과 공간이 바로 건국의 토대가 된다. 따라서 건국시조에게 건국 과정의 시간과 공간은 그 자체로 신성한 의미를 지니며, 때로는 민간신앙으로 발전하기도 한다. 단군신화에서 시간과 공간적으로 신의 세계와 세속적인 세계가 공존하는 것도 이 같은 맥락이다.

현재 우리가 말하는 단군이 세운 '고조선'은 1392년 이성계가 초대 왕으로 즉위한 조선과 구별하기 위한 명칭이며, 왕검조선이라 하여 위만 조선보다 먼저 존재했다는 의미로도 쓰인다. 고조선과 단군에 대한 최초의 기록은 중국의 『위서』와 우리의 『고기』에 전하고 있지만, 현재 실제 자료는 전하지 않아 구체적인 내용은 알 수 없다. 그럼에도 중국 산동성 가상현에 있는 무씨사석실武氏祠石室의 화상석畵像石에 그려진 그림이 단군 신화의 내용과 일치한다는 사실이 밝혀지면서 기원전 2세기 무렵에 이미 단군신화와 유사한 내용이 이 일대에 전해졌던 것으로 추정하고 있으며, 단군에 대한 역사적 해석이 여전히 유효하다는 점에서 주목받고 있다.

하지만 단군신화가 수천 년 동안 전승되어오면서 우리 역사에서 지속적으로 주목받은 것은 아니다. 단군신화에 대한 관심은 시대적 상황에 따라 편차가 컸다. 현재 전하는 우리나라를 대표하는 최고의 역사서인 『삼국사기』와 『삼국유사』에서도 이러한 차이가 명확하게 드러나고 있다.

『삼국사기』가 단군신화를 주목하지 않은 이유는?

현재 우리나라에서 단군신화를 전하는 가장 오래된 자료는 고려 충렬왕 7년(1281)에 일연이 저술한 『삼국유사』이다. 그리고 『삼국유사』에서 1차 자료로 가장 많이 인용하고 있는 『고기』는 단군의 고조선 건국과 관련해서 주목받고 있다. 반면 『삼국사기』는 이성과 지성을 중시하는 김부식의 유학자적인 시각에 따라 단군신화를 주목하지 않았다. 『삼국사기』가 합리적인 사실들만 선택하여 기록했다면 『삼국유사』는 『삼국사기』가 배제한 신기하고 기이奇異한 일들도 기록으로 남겼고, 이 덕분에 우리는 우리 고대신화를 접할 수 있게 되었다. 다음은 단군신화에 대한 이해를 돕기 위해 『삼국사기』와 『삼국유사』의 기본적인 차이점을 정리한 표이다.

◉ 『삼국사기』와 『삼국유사』 개요 비교

편찬시기	『삼국사기』	고려 인종 2년인 1145년
	『삼국유사』	고려 충렬왕 대인 1281년경(『삼국사기』가 간행되고 135년 후)
편찬자	『삼국사기』	• 문신 김부식이 자료 수집과 정리에 어느 정도 독자적으로 활동 • 간관·내시 등 10인의 김부식의 사람들이 편찬 보조자로 참여 • 조선의 마지막 간행본은 영조 36년인 1760년 판으로, 현재 러시아과학원 동방연구소 상트페르부르크 도서관에서 소장
	『삼국유사』	• 승려 일연이 청년 시절에 수집한 자료를 84세로 죽기 전까지 작성 • 작성된 원고가 바로 출간되었는지는 불확실하며, 제자 무극이 1310년경 간행한 것으로 추정되는 등 일연 계통의 인물이 13세기 중반 대장경 조판에 가담한 것으로 추정

편찬의도	『삼국사기』	• 통일신라를 멸망시키고 고구려 계승을 자처한 고려는 묘청의 난에서 김부식이 승리한 후 '역사 바로 세우기' 차원에서 고구려 중심의 삼국사를 신라 중심의 『삼국사기』로 수정하는 시도를 함
	『삼국유사』	• 오랜 대몽항쟁으로 지친 민중을 위해 신앙적 활로를 찾기 위한 현세 구원적 의미와 민족의 자주성, 문화의 우위성을 강조
서술방식 및 평가	『삼국사기』	• '삼국시대'라는 명칭이 생겨났을 정도로 삼국시대 정사로서 우리나라의 가장 오래된 역사서로 평가 • 사실적 연관관계 기술에 중점을 두어 역사와 신화를 엄격히 구분하는 등 역사학의 수준을 한 단계 높였다고 평가
	『삼국유사』	• 『삼국사기』에 비해 복고적 또는 진보적이라고 평가 • 내용을 면밀히 비교·분석하면 당대 세력집단의 부침이 추적 가능 • 우리나라 고대의 역사·지리·문학·종교·언어·민속·사상·미술·고고학 등 총체적인 문화유산의 원천적 보고로 평가 • 유사遺事라는 제목에서 알 수 있듯 『삼국사기』에서 축소하고 제외한 사실들을 남기기 위한 기록으로 평가 • 허구서사인 설화 등 정사 이외의 내용을 포함하여 상징적 의미들을 추적함으로써 역사와 신화의 접합을 추구 • 토착신앙이나 가공되지 않은 불교사상의 원형을 보여주는 사료로, 고대의 사회상을 상상으로 재구성해내는 데 소재를 제공 • 불교사관에 의거해서 현실세계의 논리로는 설명할 수 없는 신앙의 세계를 재현한 귀중한 자료로 평가 • 총 9편으로 「왕력편王歷編」「기이편奇異編」만 역사이고, 7편은 불교 관련 내용으로 구성
비판	『삼국사기』	• 유교의 합리주의와 인본주의를 담아 고구려·백제·신라의 역사를 기전체紀傳體로 편찬했으며, 사대주의적 성격이 강하다는 비판을 받음 • 고유문화·불교문화 등에 상당히 소홀했다는 비판을 받음
	『삼국유사』	• 허황되어 믿기 어렵다는 비판을 받음

이처럼 『삼국사기』와 『삼국유사』는 문신과 승려라는 편찬자의 개인적 환경에서부터 편찬의도·주요 내용·서술방식 등 모든 면에서 차이가 있다.

『삼국사기』는 편찬 과정에서 김부식이 생존했던 시기의 정치적 환경과 고려사회를 지배했던 유학의 큰 영향을 받았다. 특히 고려 광종 때 과거제도가 실시된 이후 김부식 대에 이르면 고려의 지식인들은 유학을 바탕으로 하는 한문 실력과 문장력이 중국과 견줄 수 있을 정도로 상당한 수준에 이르게 되고, 역사서의 서술방식도 자리 잡는다. 때문에 당시 문인들은 유학적 지식은 물론 역사서에 대한 자부심이 대단했다.

여기에 당시의 정치적 역학관계도 영향을 미쳤다. 다시 말해 왕과 관련한 정사를 취사선택하여 권력을 유지하는 데 활용하려는 왕실세력과 이를 견제하려는 문신세력의 대립, 그리고 정치권력을 유지하려는 문벌귀족과 기득권 세력을 견제하려는 개혁세력들과의 정치적 대립과 무반에 대한 문반의 견제 등 정치적으로 복합적인 관계가 영향을 미쳤다. 고구려의 계승을 천명하며 서경천도론을 주장하는 강경론자들에 맞서 김부식을 중심으로 개경에 정치적 기반을 둔 문벌귀족세력들의 견제가 이루어진 것도 그 예라 할 수 있다. 그뿐만 아니라 당시 고려사회는 자연재해와 질병 등으로 유랑민이 속출했고, 지방관들의 탐학이 심해 사회적으로 관리의 청렴과 인재의 양성이 동시에 요구되었다. 이러한 당시의 사회적 분위기도 역사서술 방식에 영향을 미쳤다.

김부식은 또한 당대의 학자들이 중국 역사에 대해서는 정통하면서 정작 우리 역사에 대해서는 무지한 것을 개탄하면서 삼국의 역사를 '우리나라의 일'로 범주화했다. 그리고 "그 역사를 기억하기 위해 『삼국사기』를 편찬한다"라고 집필의도를 천명했지만, 이러한 김부식의 역사적 자의식은 중국사와 대등한 고려사가 아닌 중국사라는 대문자 역사(History)를 거대담론으로 전제하는 것에서 출발한다는 한계가 있었다. 물론 이러한 역사의식은 김부식만이 아니라 고려시대 지식인들의 전반적 인식이기도 했다. 그 예로 고려왕조의 전 기간을 통해 국가에서 제사지냈던 역대 왕조의 시조는 동명과 기자箕子였다. 고려가 고구려의 계승왕조로 주몽을 의미하는 동명왕에게 제사를 지낸 것은 당연한 일이지만, 우리 역사에 포함되지 않는 기자에게 제사를 지낸 것은 다른 의미로 볼 수 있다.

기자조선箕子朝鮮은 중국의 은나라가 망할 때 기자가 조선에 망명하여 세운 나라로 전한다. 그럼에도 유학을 공부한 지식인들은 전통시대의 중국을 나침반으로 하여 우리의 정체성을 표현할 때 '동이족에게 기자는 문명의 징표'라고 하였다. '기자의 유교적 교화로부터 동이족의 문명화가 시작되었다'는 의식은 근대 이전까지 지식인들의 의식을 지배했다. 백제나 신라의 시조에 대해 국가적인 차원에서 제사를 지냈다는 기록을 『고려사』에서 찾아볼 수 없는 이유도 여기에 있다. 물론 우리 고대신화 역시 이러한 시대적 상황에 큰 영향을 받아 기록으로 정리하는 과정에서 탈락되기도 하고, 축약되는 등의 고초를 겪게 된다.

반면, 민간에서는 고조선과 단군을 민간신앙의 형태로 전승하였다. 그리고 몽골의 침략을 받아 시련을 겪으면서 일부 각성한 지식인들은 단군신화의 문자화를 시도했다. 김부식이 축소한 우리 역사의 범주를 『삼국유사』에서 단군조선까지 확장시킨 것이 대표적 예이다. 특히 『삼국유사』는 왕의 업적보다 각 시대의 숨은 진실과 상징적 이야기, 그리고 다양한 인물들의 대화체 등에 주목하여 정치적이기보다는 불교적 초월주의와 신화적인 세계관 등 종교적이고 문화적인 관점에서 영향력을 발휘했다. 특히 일연은 선승이면서도 도교와 유학에도 조예가 깊어 무巫·불佛·도道·유儒의 사상까지 『삼국유사』에 담아내 우리 문화와 민속종교의 연구에도 귀한 자료를 제공한다.

일연은 『삼국유사』의 서문에서 "괴력난신을 말하지 않는다"라는 공자孔子의 사관을 비판하면서, 국가의 흥망에는 초인적인 힘이 작용하고 있다는 점을 스스로 밝히고 있다. 이러한 인식을 바탕으로 『삼국유사』는 중국의 사례들을 포함해 고구려·백제·신라 삼국의 시조가 전하는 신이한 이야기 등 총 5권 9편으로 이루어져 있다. 그리고 총 9편 중에서 왕조국가의 세계世系를 다룬 「왕력편」을 제외하면 문장으로 서술된 첫 편의 신기한 일들을 기록한 「기이편」이 전체 분량의 절반가량을 차지하고 있다. 또한 불교사화 등 다른 내용의 서술도 이러한 원칙에 입각하여 상당히 유연한 태도를 보여주고 있는 등 『삼국유사』는 우리 고대사 연구에 대단히 귀한 자료이다. 그럼에도 『삼국유사』와 관련하여 다음과 같은 기본적인 의문들이 제기되어 학자들의 논쟁이 이어지고 있다.

먼저 『삼국유사』는 처음부터 일연에 의해 단행본으로 작성되어 '삼국유사'라는 제목으로 전하게 되었는지가 확실하지 않으며, 최초로 인쇄된 시기 등에 대해서도 정확히 알 수 없다. 동시대의 불교서적 등 일연이 편찬한 다른 서적에는 권마다 적혀 있는 찬자명이 『삼국유사』에서는 제5권에만 있으며, 「왕력편」 제일 뒤에 서문이 적혀 있는 것도 이러한 의문을 더하고 있다. 그뿐만 아니라 조목이나 편목명에 일관성이 없고, 수많은 오탈자가 있어 누가 책임지고 편찬과 간행을 주관했는지 의심스러울 정도이다. 이로써 『삼국유사』는 일연 한 사람에 의해 완성된 것이 아니라고 보는 견해도 있다. 즉 일연이 시작하여 그의 제자 무극이 수정 보완하였지만 여전히 미완의 작품으로 전해졌으며, 이후 주로 승려들이 포교 자료집으로 활용하기 위해 필사본으로 전하는 과정에서 다시 수정이 가해졌고, 조선시대인 1394년에 비로소 인쇄본이 발간되었다고 보는 것이다. 일연의 능에 세워진 비문에는 물론 그의 제자 무극의 비문에도 『삼국유사』에 관한 내용이 없으며, 『삼국사기』와 달리 『삼국유사』에는 고려에서 출판되었다는 흔적을 찾아볼 수 없다는 점도 이러한 추론을 뒷받침해주고 있다.

신화와 역사 사이에서

단군신화는 『삼국유사』보다 약 10년 후에 편찬된 이승휴의 『제왕운기』(1287년)에도 담겨 있다. 그리고 조선 초기의 『세종실록지리지』(1454년)와 권람의 『응제시주』(1462년) 등은 단군 이야기를 비교적 길게 전하고 있지만, 『응제시주』는 『삼국유사』와 내용이 거의 같고 『세종실록지리지』는 『제왕운기』와 비슷하다. 중국의 역사서인 『위서』와 우리 역사서인 『고기』를 인용한 『삼국유사』에는 고조선의 건국에 대해 다음과 같이 전하고 있다.

▌『위서』에 이르기를 "지금부터 2천 년 전에 단군왕검이 있어, 아사달—경經에는 무엽산이라고도 하고 또 백악이라고도 하였는데 백주 땅에

있다. 혹은 개성 동쪽에 있었다고도 하며 지금의 백악궁이 이것이다—에 도읍을 정하고 나라를 세워 조선이라 이름하니 요임금과 같은 시대이다" 라고 하였다.

▌『고기』에 이르기를 "단군은 당고唐高가 즉위한 지 50년—경인년, 당나라 요임금이 즉위한 첫 해는 무진년인바, 50년은 정사년이요 경인년이 아니다. 이것은 의심스러운 대목이다—에 평양성—지금의 서경—에 도읍하고 비로소 조선이라 칭하였다. 뒤에 도읍을 백악산 아사달에 옮겼는데, 그곳을 궁홀산 또는 방홀산이라고도 하고, 금미달이라고도 하며, 1500년 동안 나라를 다스렸다. 주나라 호왕이 즉위한 기묘년(기원전 1122년)에 기자를 조선에 봉함으로써 단군은 장단경으로 옮겼다가 후에 아사달에 돌아와 숨어서 산신이 되었는데, 그때 나이가 1908세였다"라고 하였다.

이렇듯 기원전 2333년에 단군이 고조선을 건국하여 평양성에 도읍하였다가 다시 백악산 아사달로 옮겨 1500년 동안 나라를 다스렸고, 주周의 무왕이 기자를 조선에 봉하자 장당경으로 옮겼다가 산신이 되었다고 한다. 따라서 단군신화는 고조선을 세운 건국신화이지만 종교적 의미를 지닌 산신신화의 요소도 발견된다. 또한 요임금은 공자가 인문의 세상을 처음으로 연 성군聖君으로 높이 칭송하는 왕으로, 중국사에서 '요순시대'라고 하면 가장 이상적인 통치가 이루어졌던 시기를 의미한다. 따라서 이러한 시기에 단군이 고조선을 개국하여 왕으로 즉위하였다는 것은 '중국과 대등한 시기에 역사가 시작되어 수준 높은 정치를 펼친, 역사와 전통을 지닌 문명국이 개국하였다'는 자부심을 보여주는 것이었다.

사마천이 쓴 『사기』에서 “고조선이 기원전 108년 한漢의 무제가 보낸 군대에 의해 멸망했다”라는 기록을 참고하면, 고조선은 남만주, 즉 중국 동북 지방에서 청동기문화가 개화하여 발전하기 시작하는 기원전 10세기 이후부터 한나라 군대에 의해 멸망하는 시기까지의 역사를 갖고 있다고 보는 견해도 있다. 선진시대先秦時代 문헌인 『관자』에서 고조선이 등장하는 시기를 중국 동북방에서 청동기문화가 개화하는 기원전 8~7세기 이후로 보는 것도 그 예이다. 여기에 고조선의 건국이 청동기문화와 연관이 있다는 사실을 감안하면 고조선은 최소한 기원전 10세기를 전후해서 건국되었고, 부여족과 함께 고구려인도 같은 맥족貊族으로 보기도 한다. 그리고 맥족과 함께 병칭되는 예족濊族이 있는데, 이들은 언어와 풍속이 서로 비슷했고, 일찍부터 한반도 서북부와 남만주 발해만 일대를 중심으로 퍼져 살았던 것으로 전한다.

고조선과 관련하여 구체적인 기록은 찾아보기 힘들지만 고고학 자료에 따라 그들이 남긴 생활의 흔적을 추적할 수 있다. 특히 요동 지역과 한반도 서북 지방에 살았던 예맥족과 고조선 사람들이 남긴 대표적 문화로는 비파형동검과 지석묘 그리고 미송리형토기 등이 있으며, 탁자식 고인돌도 요동반도 이남에서 한반도 서북 지역에 걸쳐 일정한 범위를 형성하고 있다. 따라서 이 지역에서 하나의 세력을 형성한 특정 집단이 존재했음을 알 수 있다. 청동기시대에 이 지역에 형성된 정치체제로는 고조선 외에 달리 언급할 세력이 없다는 사실도 이에 관한 근거로 제시되고 있다.

따라서 고조선은 문헌상 가장 오래된 성읍국가였으며, 연나라의 전성기에 해당하는 기원전 4세기경에는 주변의 여러 성읍국가들을 정복하

강화 부근리 고인돌군의 탁자식 고인돌

거나 또는 연합하여 거대한 왕국을 건설한, 한국사상 최초의 연맹 형태의 성격을 지닌 왕국이었을 것으로 보고 있다. 이후 고조선이 중국이나 주변의 종족집단에 정치체제를 갖춘 국가로 인식되기 시작한 것은 철기시대에 들어와서이다. 『사기』 등의 문헌자료에도 철기문화가 남만주 지역에 전래되기 시작한 기원전 4~3세기 이후에 이르러야 관료체제 등의 고조선 사회의 모습을 확인할 수 있다.

이처럼 고조선은 청동기문화를 기반으로 하는 사회에 철기를 비롯한 금속문화가 보급되면서 농업생산력이 더욱 발전했고, 이 과정에서 국가를 형성한다. 이와 관련해서 중국의 『위략魏略』에 의하면 기원전 4세기에 "조선후국朝鮮侯國이 왕을 칭하고, 연나라를 공격하려고 했다"라는 내용도 전한다. 따라서 단군신화는 우리 역사에서 초기 국가가 출현하는 단계의 역사적 경험을 신화의 형태로 해석한 것으로 볼 수 있다.

고귀한 혈통을 위하여

단군신화에서 단군의 가족관계는 부계의 경우 단군을 포함해서 위로 3대가 정확하게 전한다. 그러나 단군의 모계는 기록에 따라 다음 표와 같은 차이가 있다.

⊙ 단군의 부모

사료명	인용자료	단군의 부모	모계
『삼국유사』	『고기』	환웅과 웅녀	마늘·쑥을 먹고 동굴에서 금기를 지킨 곰
『응제시주』	『고기』	환웅과 웅녀	마늘·쑥을 먹고 동굴에서 금기를 지킨 곰
『제왕운기』	『본기』	단수신과 환웅의 손녀	환웅이 손녀에게 약을 먹여 사람이 됨
『세종실록지리지』	『단군고기』	단수신과 환웅의 손녀	환웅이 손녀에게 약을 먹여 사람이 됨

『삼국유사』와 『응제시주』는 『고기』를 인용하여 환웅과 웅녀를 단군의 부모로 전하지만, 『제왕운기』는 『본기本紀』, 『세종실록지리지』는 『단군고기』를 각각 인용하면서 환웅이 약을 먹여 사람이 된 환웅의 손녀와 단수신이 혼인하여 단군을 낳았다고 전한다. 단군의 부모가 이처럼 차이를 보이는 이유는 조선시대의 사회사상과도 연관이 있다. 즉 조선시대는 인본주의를 추구하는 유교사회였으므로 곰이 사람이 되고, 천신인 환웅이 동물과 결혼하여 단군을 낳았다는 이야기를 수용하기에는 무리가 있었다.

하지만 『제왕운기』의 기록도 합리적으로 보이지는 않는다. 환웅의 손녀가 '약을 먹고 사람이 되었다'면 환인의 4대손까지 지상에 살면서 상당히 오랜 시간 동안 지상의 세계와 하늘의 세계가 병존하고 있었고, 환웅의 손녀가 '단수신과 혼인하여 단군을 낳았다'면 단군은 환웅의 아들이 아니라 증외손자가 된다는 설정도 자연스럽지 않다. 그렇게 되면 환웅은 인간이 아닌 다른 신과 결혼하여 자손을 낳았고, 그 직계 자손 역시 인간이 아닌 또 다른 신과 결혼하여 딸을 낳았으며, 그 딸 역시 인간이 아니었다. 그리고 그 딸이 약을 먹고 인간이 되어 단수신과 결혼하여 단군을 낳았다면 단군의 신성한 혈통을 환인과 환웅이 아닌 모계사회에서 찾아야 한다. 그러나 부계혈통은 물론 환웅의 배우자를 포함해 3대에 걸친 모계혈통에 대해 구체적인 설명이 없어 단군의 고귀한 혈통에 균열이 생긴다. 특히 환웅의 손녀가 약을 먹고 사람이 되었다는 것과 환웅이 직접 사람이 되었다는 것은 혈통적으로 신화적 의미에 큰 차이가 있다.

또한 단군신화에는 단군의 배우자와 아들에 대한 직접적인 언급이 없지만, 다른 신화에 전하는 내용에 따라 큰 차이를 보이고 있다. 심지어 『삼국유사』에도 전하는 내용에 따라 서로 다른 내용이 기록되어 있는 등, 단군과 고대국가 건국시조들과의 관계는 복잡하게 얽혀 있다. 다음의 표는 이와 관련해서 『삼국유사』와 『세종실록지리지』를 예로 들어 정리한 표이다.

『삼국유사』와 『세종실록지리지』에서는 단군의 배우자로 서하의 하백녀 또는 하백의 딸이 등장한다. 서하의 하백녀와 하백의 딸을 동일인으로 볼 경우 하백의 장녀인 유화를 연상할 수 있겠다. 하지만 유화는 해모수와의 사이에서 고구려의 건국시조인 주몽을 낳은 어머니로 전한다.

◉ 현전하는 자료에 나타난 단군의 배우자와 후손에 대한 기록

서명	인용자료 및 세부 항목	단군의 배우자	단군의 아들
『삼국유사』	『단군기』	서하의 하백녀	부루
	「왕력편」	–	주몽
	「고구려조」	–	주몽과 해부루는 어머니가 다른 형제
『세종실록지리지』	『단군고기』	하백의 딸	부루

그뿐만 아니라 두 문헌에서는 부루가 단군과 하백녀 사이에서 태어났다고 전하는데, 이러한 관계가 성립되려면 시간과 공간적인 문제 등 고대국가 건국신화에 등장하는 주인공들의 관계가 복잡하게 얽힌다. 해모수신화가 주몽신화보다 시기적으로 한 시대 앞선 청동기시대의 단군신화와 유사한 구조를 지녔다면, 주몽신화는 영웅전승적 성격을 갖춘 철기시대를 배경으로 하기 때문이다. 그리고 단군과 해모수가 동일인이 아니라면 단군-해모수-유화의 관계는 물론, 그들의 후손인 부루와 주몽의 관계가 2중, 3중으로 얽히게 된다. 따라서 이러한 관계는 사실 여부에 주목하기보다 당시의 사회상을 먼저 살펴볼 필요가 있다.

신화에서 건국시조의 출생을 하늘의 절대신과 연결 짓는 것은 일반적인 현상이었다. 이를 통해 얻게 되는 고귀한 혈통은 고대국가의 건국시조들이 일종의 초자연적인 위력, 주술 능력 등과 더불어 만인을 감복시키기에 충분한 지혜를 인정받을 수 있는 가장 원초적인 방식에 해당했다. 이후 일반인들에게 신앙으로 확대되기도 했다. 하지만 신화의 주인

공인 건국주에 대한 이러한 신앙에 균열이 생기면 곧바로 다른 추종자가 그 지위를 빼앗기도 했다. 특히 농경사회에서는 신앙의 대상으로 천신 이외에 수신의 능력까지 더해져 건국주에게 사회적인 책임을 묻기도 했다.『삼국지』「위지 동이전」에 따르면 "부여 초기의 풍속에는 장마와 가뭄으로 사정이 순조롭지 않아 오곡이 제대로 익지 못할 때 그 허물을 왕에게 물어서 왕을 바꾸거나 왕을 죽이는 경우도 있었다(구부여속舊夫餘俗 수한부조水旱不調 오곡불숙五穀不熟 첩귀구어왕輒歸咎於王 혹언당역或言當易 혹언당살或言當殺)."

따라서 천신계열에 속하는 단군 또는 해모수가 수신계인 하백녀와 결합했다는 것은 단군족과 해모수족이 동일한 종족기원을 지녔다는 해석이 가능하다. 그리고 이러한 인식을 바탕으로 동일족의 전설적 신화가 전해지게 되었고, 이 과정에서 수신계인 하백녀가 반복적으로 등장하는 이유 역시 농경문화와 관련해서 그녀가 수신계를 대표하는 상징성을 지닌 존재임을 의미했다. 즉 그녀의 위상이 어느 시기부터 여신으로 자리 잡게 되어 시간과 공간을 초월하는 존재가 되었을 가능성을 말한다.

일반적으로 유목과 수렵을 병행하는 사회가 산과 계곡을 중심으로 형성되었다면, 농경사회는 하천 변으로 국토의 중심이 이동하면서 물을 관장하는 다양한 신이 등장한다. 즉 농경사회가 발전하면서 수신에 대한 믿음이 다양하게 분화되었던 것이다. 물의 양은 물론 물의 흐름 등에 대한 관심을 수신과 연관 짓고, 각 지역에 위치한 강과 하천마다 이를 관장하는 신들이 등장하게 된 것도 그 예이다. 그러나 부루와 주몽 등 부여계의 개국시조들이 등장하던 시기에는 이 정도까지 분화된 수신의 역할을 기대하지는 않았기 때문에 수신계를 대표하는 존재는 하백녀만으로도 충분했던 것이다.

시간과 공간을 초월하다

단군신화에서는 단군의 아들 등 후손과 관련한 내용이 전하지 않지만, 다른 신화에서는 단군의 후손에 대한 내용이 전한다. 예를 들면 『삼국유사』에서 "제1 동명왕 갑신에 왕이 되어 18년간 다스렸다. 성은 고高요, 이름은 주몽 또는 추몽이라고 하는데, 단군의 아들이다"라며, 고구려의 개국시조 주몽을 단군의 아들로 전하고 있다. 이 기록이 사실이라면 주몽은 하늘의 절대신인 환인의 증손자이고, 환웅의 손자이다. 그러나 주몽의 어머니에 대해서는 언급이 없다. 또한 『삼국유사』에는 고구려와 관련하여 일연이 별도로 『단군기檀君記』를 인용하여 달아놓은 주에서 다음과 같은 내용도 전한다.

> 단군과 서하 하백녀가 친하게 지내서 아들을 낳아 부루라고 했다. 이제 이 기록을 보면 해모수가 하백의 딸과 사통하여 뒤에 주몽을 낳았다고 하였다. 『단군기』에서 낳은 아들 이름을 부루라고 하니 부루와 주몽은 어머니가 다른 형제(異腹兄弟)이다.

이 내용에 따르면 단군과 하백녀 사이에서 동부여의 왕 부루가 태어났고, 부루와 주몽은 아버지는 같고 어머니가 다른 이복형제가 된다. 이는 주몽의 어머니가 하백녀가 아님을 의미한다. 뒤에서 구체적으로 살펴보겠지만 이렇게 되면 일반적으로 전하는 고대국가 건국시조들의 가족관계를 설명하기 위해서 시간적으로나 공간적으로 상당한 공백을 뛰어넘어야 한다는 문제가 발생한다. 따라서 이해를 돕기 위해 다음과 같은 두 가지 관점에서 이들의 관계를 살펴볼 필요가 있다.

먼저 신화에 등장하는 모계의 명칭을 구체적으로 구분해볼 수 있다. 즉 하백녀와 하백지녀 그리고 유화는 동일인이 아니거나, 이 명칭들이 한 개인을 지칭하는 고유명사가 아니라 특정 집단이나 보통명사화된 여성 신격을 의미한다면, 시간과 공간적 공백을 뛰어넘을 수 있는 단초가 될 수 있다. 그리고 일종의 '신화 만들기'라는 관점도 적용해볼 수 있다. 다시 말해, 고조선의 건국시조 단군은 역사가 열리면서 가장 신성하고 오랜 정통성을 지닌 존재였다. 따라서 고조선의 뒤를 이어 북부여와 동부여로 나누어지는 부여계는 물론, 부여에서 갈라져 나온 고구려의 건국신화에도 단군신화의 계승의식이 어떤 방식으로든 담겼을 가능성은 충분했다. 물론 이러한 인식은 이미 『삼국사기』와 『삼국유사』가 작성되기 이전부터 전승되었을 것이다. 현재는 전하지 않지만 『삼국유사』에서 단군신화를 기록하면서 『고기』나 『단군기』 등을 인용했다는 사실을 밝혀놓은 것도 이러한 추론을 뒷받침해주고 있다.

또한 1287년에 저술된 『제왕운기』에는 단군이 북부여나 고구려만의 조상이 아니라 한국사 전체의 조상으로서 그 존재감을 역사의식으로 확대하고 있다. 따라서 단군과 관련한 복잡한 혈연관계는 사실 여부와 관계없이 단군의 후손이라는 신화적 요소를 강화하려는 의도로 해석할 수 있다. 특히 고대국가 이후에도 우리 역사는 필요에 따라 단군을 주목하고 호출했으며, 그때마다 편찬자의 문장에 대한 취향과 시대적 요구

등이 신화에 영향을 미쳤다. 물론 여기에는 단군의 후손이라는 고귀한 혈통을 강조함으로써 역사적 정통성과 자부심을 찾는 동일한 목적의식이 작용했다.

후백제의 저항을 물리치고 건국에 성공한 고려도 예외는 아니었다. 특히 고려는 진정한 통일국가를 내세웠지만, 13세기 전반기에 들어서면서 국가적 통합력이 취약해져 정치적인 통합을 위한 새로운 돌파구가 필요했다. 고려 조정에서는 이를 타개하기 위해 삼국시대보다 연원이 장구한 고조선과 그 시조인 단군을 정점으로 하는 겨레의식을 조성했다. 심지어 고려는 후백제의 유민들을 융합하기 위해 우리 신화에 등장하지 않는 부루의 서손으로 우태優台를 등장시켜 백제의 시조인 비류를 그의 아들로 전했다. 그리고 더 나아가 비류의 선조인 부루를 단군의 아들이라 하여 고조선과 연계하여 백제와 고구려의 시조들을 궁극적으로 단군으로 귀결시켰다.

신화의 시간과 역사의 시간

신화 속의 시간은 분명 역사 속의 시간과는 동일하지 않다. 역사는 신화 속의 시간적 변화를 허용하지 않지만, 신화에서는 때때로 역사의 시간은 물론, 공간까지 확대한다. 따라서 고대국가 건국신화에서 나타나는 연대年代를 모두 그대로 수용하기에는 무리가 있다. 그럼에도 신화의 해석에 역사의 시간을 적용하여 혼동을 일으키기도 한다. 단군신화 역시 아래 표와 같이 자료에 따라 단군의 나이와 통치기간에 차이가 있다.

◉ 자료에 나타난 단군의 나이와 고조선의 역사 비교

자료명	『제왕운기』	『응제시주』	『세종실록지리지』	『삼국유사』
단군의 나이	1028세	1048세	1038세	1908세
고조선의 역사	1028년	1048년	1038년	1500년

『삼국유사』에서는 단군이 1908세에 사망했고 1500년간 고조선을 통치했다고 전하지만, 자료에 따라 단군의 나이는 최소 10년에서 900여 년 가까이 차이가 나고, 고조선의 역사는 약 500여 년의 차이가 있다. 또한 비록 신화라고는 하지만 단군 한 사람이 1500여 년을 통치했다는 내용도 그대로 수용하기에는 무리가 있다.

그럼에도 신화에서 다양한 수치들이 구체적으로 제시되고 있는 이유는 따로 있다. 무엇보다도 수천, 수백 년의 일을 다루고 있는 신화에서 구체적인 수치를 제시한다는 것은, 그것이 사실인가의 문제와 관계없이 신화의 유구한 역사성과 함께 신뢰를 구축하려는 의도로 해석할 수 있다. 또한 기록을 정리하고 남기기 어려웠던 고대사회에서 등장하는 시간적 의미는 특정한 사람이나 특정한 시기로 구분하기보다는 국가적으로 전체 시기를 의미하기도 한다. 따라서 단군이 1500년 동안 고조선을 다스렸다는 기록은 한 사람의 통치기간을 말한다기보다 고조선의 모든 왕들이 통치했던 전체 기간으로 해석할 수 있다.

이러한 해석은 역사에서 국가의 주요 업적을 특정 왕 대에서 모두 완성된 것으로 기록하는 것과도 비교할 수 있다. 즉 고대국가의 건국은 일반적으로 하나의 소국에서 출발하여 이웃한 소국들을 병합하면서 소국연맹체를 형성하는 과정에서 정복과 피정복의 관계를 거쳐 통합의 길을 걷게 된다. 그리고 이러한 과정은 건국시조 대에 마무리될 수도 있지만 몇 대에 걸쳐 이루어지는 경우도 적지 않다. 그럼에도 건국과 관련한 주요 치적들이 시조 또는 가장 결정적인 역할을 했던 왕에 집중하는 것은 이들에게 건국의 대표성을 부여하기 위함이었다.

이와 관련해서 단군신화에서 '단군왕검'이라는 호칭의 의미에 주목할 필요가 있다. 앞서 말했듯 '단군왕검'은 어느 특정한 개인을 가리키는 고유한 명칭이 아니라 당시 사회에서 통용되던 보통명사로 '단군'은 제의를 주관하는 제사장과 같은 종교적 의미를, '왕검'은 통치자인 왕과 같은 정치적 의미를 지니고 있었다. 따라서 단군왕검은 신성한 종교적 기능과 세속의 정치적 기능을 한 몸에 지닌 지배자로, 제정일치 사회의 최고 지배자였다.

『환단고기』에서는 단군의 나이와 관련하여 고조선을 제1왕조에서 제3왕조까지 3단계로 구분하고 있다. 즉 『응제시주』 등에서 단군의 나이를 1048세라고 한 것은 고조선이 송화강 아사달에 도읍하여 기원전 2333년부터 기원전 1286년까지 초대 단군에서 21대까지 1048년간 존속했던 제1왕조에 해당한다.

그리고 『삼국유사』 등에서 단군의 나이를 1908세라고 한 것은 고조선이 제1왕조에 이어 기원전 1285부터 기원전 426년까지 백악산 아사달에 도읍하여 860년까지의 22대부터 43대까지 존속한 제2왕조를 포함한 1908년에 해당한다.

또한 『규원사화』 등에는 시조인 단군부터 마지막 왕까지 47대에 이르는 역대 왕들이 1195년간 고조선을 통치한 것으로 전한다. 이 기록에 의하면 한 사람당 평균 재위기간은 25.6년이 된다. 고조선과 거의 비슷한 시기에 존재했던 중국의 고대왕조인 한나라 때부터 서주시대에 해당하는 기원전 2205년에서 기원전 770년까지 1435년 동안 48대에 이르는 역대 왕들의 평균 통치기간은 35.7년이었고, 고구려는 945년 동안 33대에 이르는 역대 왕들의 평균 통치기간은 36.3년이었다. 따라서 고조선 왕들의 재위기간은 현실성이 있음을 알 수 있다. 다음 표는 단군 관련 비사에서 전하는 고조선의 역대 왕들의 명단이다.

자료에 따라 4대 왕 오사와 오사구, 8대 왕 서한과 우서한, 15대 왕 벌음과 대음, 19대 왕 후모소와 종년, 23대 왕 아물과 아홀, 44대 왕 구홀과 구물 등의 차이를 보이기는 하지만, 필사 등 전승 과정에서의 오류로 볼 수 있다는 점을 감안하면 역대 고조선 왕들의 명단이 거의 일치한다고 봐도 무리가 없다.

그리고 고조선의 마지막 도읍지였던 평양과 인접 지역인 평안남도 성천군에는 역대 왕들의 호칭인 부루·다물·솔나·연나·고불 등의 지명이 전하고 있으며, 부루골·비류강·솔나마을·다물샘 등 고조선의 역대 왕이나 주요 인물들과 관련된 전설이 전하는 지역이 여러 곳 있다는 사실도 이러한 추론에 힘을 실어주고 있다. 지명에는 일정한 역사적·사회적·문화적 요구 등이 반영된다는 점에서 고조선과의 연관성을 확인할 수 있다.

⊙ 단군 관련 비사에서 전하는 고조선 제1대~47대 왕들의 명단

	『규원사화』	『단군세기』	『단군고사』
1	단군	단군	단군
2	부루	부루	부루
3	가륵	가륵	가륵
4	오사	오사	오사구
5	구을	구을	구을
6	달문	달문	달문
7	한률	한률	한률
8	우서한于西翰	우서한	서한西翰
9	이술	이술	이술
10	로을	로을	로을
11	도해	도해	도해
12	아한	아한	아한
13	흘달	흘달	흘달
14	고불	고불	고불
15	벌음伐音	대음代音	벌음
16	위나	위나	위나
17	여을	여을	여을
18	동엄	동엄	동엄
19	후모소糇牟蘇	후모소	종년縱年
20	고홀	고홀	고홀
21	소태	소태	소태
22	삭불루	삭불루	삭불루
23	아물阿勿	아홀阿忽	아홀
24	연나	연나	연나
25	솔나	솔나	솔나
26	추로	추로	추로
27	두밀	두밀	두밀
28	해모	해모	해모
29	마휴	마휴	마휴
30	나휴	나휴	나휴
31	등을	등을	등을
32	추밀	추밀	추밀
33	감물	감물	감물
34	오루문	오루문	오루문
35	사벌	사벌	사벌
36	매륵	매륵	매륵
37	마물	마물	마물
38	다물	다물	다물
39	두홀	두홀	두홀
40	달음	달음	달음
41	음차	음차	음차
42	을우지	을우지	을우지
43	물리	물리	물리
44	구홀丘忽	구물丘勿	구물
45	서루	서루	서루
46	보을	보을	보을
47	고열가	고열가	고열가

*최인철, 「『규원사화』의 사료적 가치」, 『한민족연구』 제2호, 2005

신화를 확장하다

단군이 세운 고조선은 하늘을 대표하는 천상계와 인간 세상인 지상계의 원리가 결합하여 출발한다. 따라서 여기에는 천상계의 완전무결하고 영원한 원리와 불완전하고 비영속적인 지상계의 조화로운 결합이라는 의미가 담겨 있다. 달리 말하면 단군신화를 통해 완벽한 질서 속에서 풍요롭고 평화로운 이상세계를 지상세계에 실현하려는 원대한 이상을 발견할 수 있다. 환웅이 베푼 신정을 이어받은 고조선이 천상계의 이상인 '홍익인간'을 실험한 나라였다는 사실도 이를 뒷받침해준다. 그리고 이러한 이상을 실천하기 위해 고조선이 건국되기까지 3대에 걸쳐 오랜 시간이 걸렸을 정도로 단군신화에는 거대한 서사구조가 담겨 있다. 아마 단군신화의 본문이 있었다면 보다 풍부한 내용들이 전승되어 우리의 상상력을 자극했을 것이다. 비록 축약되어 있지만 현재 전하는 단군신화에서 민족의 형성 과정 등 우리 문화와 관련하여 복합적인 상징성을 발견할 수 있는 것을 보면 이를 충분히 알 수 있다.

그러나 고조선은 신정에 의해 통치된 것이 아닌 지상의 질서를 기반으로 하여 통치되었으므로 영속하지 못했지만, 단군신화에는 정치·경제·사회·문화적으로 다양한 의미가 담기게 되었다. 대표적인 예로 고조선의 멸망은 곧 '세상에 다시 혼돈과 무질서가 찾아왔다'고 해석할 수 있다. 단군신화를 전하는 『제왕운기』에는 당시 사회상을 "그 후 164년 만에 비록 아버지와 자식 사이의 관계는 있어도 임금과 신하 사이의 관계는 없었다"고 기록하면서 단군은 "나라를 내놓고 산신이 되었다"고 전한다.

또한 단군이 '산으로 들어가 산신이 되었다'는 표현은 '사망하여 하늘로 올라갔다'는 의미로, 일반적으로 '산으로 돌아갔다'는 것은 '산을 통해 하늘로 올라갔다'는 뜻이며, 보통 사람의 경우 죽음을 의미했다. 우리말로 '뫼'는 산山과 묘지墓地를 의미하며, '사망했다'는 의미로 쓰이는 '돌아가셨다'는 표현에는 산을 거쳐 '원래 있던 곳으로 돌아갔다'는 의미가 담겨 있다. 이는 곧 사람이 죽으면 영혼이 편하게 하늘로 올라가기 위해 후손들이 할 수 있는 최대의 예우라고 믿어 산에 시신을 묻는 우리만의 특이한 장례문화로 이어진다.

산 정상에 묘를 쓰지 않는 풍습 역시 단군신화에서 그 연원을 찾아볼 수 있다. 단군신화에 의하면 산 정상은 신들이 머물면서 신정을 베푸는 신성한 공간이었다. 따라서 산의 정상은 죽은 사람의 시신이 들어가는 자리가 아니었다. 산 정상에 무덤을 쓰면 비가 오지 않는다고 해서 여름철에 가뭄이 심하면 산 정상에 있는 남의 무덤을 파헤치는 소동이 일어났다는 일화가 전하는 것도 이와 무관하지 않다. 즉 산 정상이라는 신성한 공간을 일반인이 차지함으로써 신들의 노여움을 사 대가를 치르게 된다고 생각했던 것이다. 그런가 하면 '산 정상에 무덤을 쓰면 자손이 잘된다'는 속설이 전하기도 한다. 신들의 공간에 묻힌 조상을 신들이 좋은 곳으로 안내하여 잘 보살펴줄 것이라는, 지극히 주관적이고 이기주의적인 기대심리가 작용했던 것이다.

그러니 단군이 본래 자신의 고향인 하늘로 올라갔다는 것은 이상한 일이 아니다. 하지만 단군이 하늘로 바로 올라간 것이 아니라 '산신이 되었다'는 표현을 덧붙여 묘한 여운을 남기고 있다. 산신은 산을 지키며 하늘을 왕래하기도 하기도 하지만, 산신이 된다고 해서 모두 하늘로 올라가는 것은 아니기 때문이다. 대표적인 예로 오랜 시간 동안 산을 지키며

산신으로 대접 받았던 호랑이는 산에서 누구도 대적할 수 없는 최강의 맹수였지만, 하늘로 올라가지 못하고 산을 지키는 산신으로 오늘날까지 남아 있다. 금강산 호랑이 이야기에서는 호랑이가 완전히 사람으로 변신하지 못하고 일부분이 호랑이로 남아 결국 포수에게 잡혔고, 「해와 달이 된 오누이」 등의 설화에서는 호랑이가 하늘에 올라가려고 여러 번 시도했으나 번번이 하늘에 의해 거절당해 산을 지키고 있다는 이야기가 전하는 것도 그 예이다.

물론 단군을 호랑이와 비교할 수 없지만 단군의 사망과 관련한 내용은 단군이 언제든지 다시 지상에 내려올 수 있다는 여지를 남겼다는 점에서 흥미롭다. 실제로 단군은 고조선이 멸망한 후에도 우리 역사에서 주기적으로 호출되었고, 천신의 혈통을 이어받은 단군이 산신이 됨으로써 산신신앙과 접목된 단군신앙이 민간차원에서도 전승되고 있다.

이렇듯 현재까지도 단군의 존재감은 여전히 우리 주변에 머물며 신화를 확장하고 있다. 예를 들면 평안도 묘향산에는 단군이 탄생했다는 단군굴이 있고, 『제왕운기』에 의하면 황해도 구월산 삼성리에는 환인·환웅·단군을 모신 삼성사三聖祠라는 신묘神廟가 있으며, 국조國祖인 삼성三聖을 모신 삼성각三聖閣도 전하고 있다. 그뿐만 아니라 단군신앙을 가미한 독성당獨聖堂은 우리나라 특유의 사찰 전각 중 하나로, 한국불교의 토착화 과정을 보여주고 있으며, 한편으로는 단군을 낳은 웅녀가 시조신의 자리에 있던 모계사회에 부계사회의 관념이 반영되면서 시조신이 환웅으로 바뀐 흔적도 발견할 수 있다. 그리고 고조선의 지배이데올로기였던 '홍익인간' 이념이 현재까지도 유효하다는 점에서 단군신화가 지속적으로 확장되고 있음을 확인할 수 있다.

갑사 삼성각(위)과 내부 모습　충남 공주시 계룡면 갑사 경내에 있는 전각으로, 한국불교의 토착화 과정에서 토속신앙이 불교와 합쳐진 삼성 신앙의 신, 산신(山神)과 칠성(七星), 독성(獨聖)을 함께 봉안한 것이 특징이다. 세 신을 따로 봉안하기도 한다.

역사가 호출한 신화, 신화가 확장한 역사

역사는 왜 단군을 호출했을까?

단군신화가 언제부터 문자로 정리되었는지는 알 수 없다. 다만 고조선의 경우 중국과의 접촉을 통해 일찍부터 문자를 사용하였을 가능성이 있으므로 이 시기에 이미 단군신화가 문자로 정착되었거나 또는 고조선보다 조금 늦은 위만조선 시기에 정리되었을 것으로 보는 견해도 있다. 그러나 우리나라는 물론 중국의 자료에서도 이와 관련한 구체적인 내용은 찾아볼 수 없다. 이는 단군신화보다 후대의 신화인 주몽신화가 중국의 사서史書에 자주 등장하고 있다는 점과도 비교된다. 그렇다고 단군신화가 없었다고 단정하기에는 무리가 있다. 중국은 우리의 오랜 역사와 정통성에 관심을 두지 않았기 때문이다.

기원전 2세기까지 동북아시아 지역에서 가장 앞선 사회였고, 우리 역사상 처음으로 국가를 형성했던 고조선은 부여·동옥저東沃沮·삼한을 비롯하여 주변 국가와 많은 문화적 교류를 이루는 과정에서 영향력을 미치며 그 존재감을 전하고 있다. 또한 고조선은 멸망 후에도 고구려·백제·신라 삼국의 국가 형성과 정치적 성장에 영향을 미치는 등, 고조선과 관련한 파장은 오랜 시간에 걸쳐 전개되었다. 다시 말해 고조선 이후에 건국된 고대국가들은 고조선을 출발점으로 하여 때로는 서서히, 때로는 빠르게 고조선의 영향을 받았으며, 강약의 차이가 있기는 하지만 그 영향력은 마치 물결이 퍼져나가듯 파상적으로 전개되었다.

그 결과, 이주민 집단은 고조선을 통한 국가 단계의 정치적 경험과 전쟁 경험, 그리고 청동기와 철기문화와 같은 선진문화를 기반으로 하여 새로운 정착지에서 유리한 입지를 구축할 수 있었다. 그리고 고조선 이후 각지에 단군사당이 설치되어 단군은 국조國祖로서 신앙의 대상이 되었고, 지배세력은 고조선 건국을 신화화하여 시조 단군에게 제사를 지내는 등 국가적인 의식을 통해 왕의 권위와 국가의 정통성을 강화하기도 했다. 그러나 각 시대마다 단군신화에 보인 역사적 반응에는 적지 않은 차이가 있었다.

뿌리를 찾아서

『삼국유사』에는 고구려를 세운 주몽을 단군의 아들로 전하는 내용이 있다. 이 내용은 사실 여부를 떠나 고구려가 단군신화를 긍정적으로 전승했음을 의미한다. 이와 관련하여 고구려 건국 과정에서 주몽에게 항복했던 비류국沸流國의 존재도 주목된다. 이승휴의 『제왕운기』에는 『구삼국사』를 인용하여 다음과 같이 말하고 있다.

▌ 비류왕 송양松讓이 일러 말하길 "나는 선인仙人의 후예로 대대로 왕이 되었다. 금일 그대(주몽)는 나라를 세운 지 얼마 되지 않았으니 나의 부용(附庸, 작은 나라가 큰 나라에 속함)됨이 어떠하겠는가?"라고 한 것은, 이 또한 단군의 후손이 아니겠는가?

여기서 송양이 말하는 '선인의 후예'를 단군이 말년에 '신선이 되었다'는 내용과 연계하여 단군을 비류국 송양의 조상으로 해석하기도 한다. 이는 곧 고구려 건국을 전후한 시기에 고조선의 후손들이 이 지역에 터를 잡고 살아가면서 단군에 대한 인식이 전승되었을 가능성을 말한다. 이러한 추론은 당연히 집단과 통치의 정통성에도 영향을 미쳤다. 그리고 이 과정에서 단군신화가 단순히 고대국가 중 하나였던 고조선의 건국신화에 머물러 있는 정체된 신화가 아니라 우리 역사의 출발점이라는 역사의식이 싹트게 된다. 비류국을 통합한 고구려 역시 단군신화를 주목하였고, 이후 고구려는 건국 초기에 『유기留記』 등의 역사서를 편찬하여 고구려 이전부터 전해오던 역사를 정리하면서 단군신화를 포함시켰으며, 『고기』에도 단군신화가 실리게 된다. 단군신화를 소개하지 않았던 『삼국사기』에도 동천왕 21년(247)에 선인왕검仙人王儉의 존재를 언급한 점에서 김부식 역시 단군신화를 인식하고 있었으며, 김부식 이전에 단군신화에 대한 자료가 전승되고 있었음을 알 수 있다.

그뿐만 아니라 중국 길림성吉林省 집안集安의 「각저총角抵塚」 벽화에

각저총

는 나무 아래에서 씨름을 구경하는 곰과 호랑이의 모습을 확인할 수 있다. 그리고 장천長川 1호분 안의 「백희기악도百戲伎樂圖」로 알려진 벽화에서 중앙의 나무를 향한 여인의 모습이 웅녀가 신단수 아래서 단군의 잉태를 기원하는 모습으로 연상되는 등, 단군신화와 직결된 유적들이 발견되기도 했다. 게다가 두 벽화 모두 제작시기가 5세기경으로 추정된다는 점에서 단군신화는 이미 5세기보다 훨씬 이전부터 전승되었음을 알 수 있다. 다만 고조선이 멸망한 이후로 단군신화를 유지하여 계승하는 세력이 사라졌고, 단군의 후계자를 자처하며 등장한 새로운 건국시조들은 필요에 따라 단군의 신화적 요소들을 이어받았으므로 온전한 단군신화가 아닌, 축약되고 변형된 내용으로 전하게 되었을 것이다.

이처럼 신화는 그 자체가 역사적 사실이 될 수 없음에도 우리는 신화에 내재된 역사성을 발견할 수 있다. 따라서 이러한 의미를 제대로 읽어낼 때 신화는 물론 역사에 대한 해석이 더욱 풍부해진다. 고구려의 건국 과정에 등장하는 비류국 이야기에서, 먼저 정착하여 생활하던 비류국 지도부의 적극적인 지지를 이끌어내기 위해 이주민 주몽이 그들의 선조에 대한 인식을 수용했던 것도 그 예라 할 수 있다. 즉 주몽 집단에 앞서 존재했던 비류국 집단의 시조 단군 인식이 비주류적 인식으로 유지되다가, 시간이 지나면서 국가적 차원에서 주목하게 된 것이다. 그리고 신라의 경우 삼국을 통일한 이후 고구려·백제·신라 삼국이 동족이라는 삼한일통三韓一統 의식이 등장하면서 단군을 주목했고, 고구려를 계승한 고려는 후삼국을 통일한 후 시조 단군이 전 민족의 시조라는 인식을 확장하는 과정에서 국가는 물론 민간 차원에서도 단군에게 제사를 지내기도 했다. 이에 따라 강원도 태백산 정상에 있는 천제단과 그 아래의 당골에 있는 단군 성전에서는 해마다 개천절에 단군과 하느님에게 제사를 지냈다

강원도 태백산의 천제단

강화도 마니산의 첨성단

고 전하며, 단군이 하늘에 제사를 지냈던 곳으로 전하는 강화도 마니산 정상의 첨성단에서는 지금도 개천절에 제사를 지낸다.

역사인식의 변화로 다시 호출되다

고려는 어렵게 후백제의 저항을 물리치고 왕조 창업에 성공하게 되면서 단군에 주목할 필요성을 느꼈다. 이에 따라 부루와 주몽을 단군의 아들로 설정하는 등 동·북부여와 삼국을 비롯한 정치세력을 모두 단군의 후예로 설정하였다. 이러한 민족적인 통일 과업을 추진하면서 단군을 민족의 공동 조상으로 강조하였으며, 이 과정에서 왕조 정통성의 근거로 삼한의 기원을 고조선에서 찾는 역사의식이 구체화되었다.

고려에서 단군신화가 주목받은 또 다른 이유는 수도를 새로 옮긴 것과도 연관이 있었다. 고려는 통일국가의 중심지를 신라의 수도였던 경주가 아닌 개경으로 정하면서, 개경의 인근 지역인 황해도 지방에 전승되던 단군신화를 부족 단위가 아닌 전체 민족의 시조신화로 삼아 대통합을 시도했던 것이다. 또한 고구려의 계승을 공식적으로 내세웠던 고려는 고구려의 옛 국토 회복을 내걸면서 단군신화에 더욱 주목하였다. 『제왕운기』에서 단군을 만주와 한반도 전체를 망라한 민족의 시조로 확대하고 있는 것도 그 예이다.

그러나 고려에 유학이 자리 잡으면서 단군에 대한 비판적인 인식이 싹트게 된다. 김부식은 단군신화를 "황당무계하다"고 비판하면서 『삼국사기』에 기록하지 않았으며, 유학으로 무장한 고려의 지식인들은 심지어 중국의 문헌에서 현인賢人으로 떠받들었던 기자를 우리 역사의 첫 왕조로 삼기까지 했다. 이러한 분위기는 신화의 재편에 적지 않은 영향을 미쳤고, 단군신화는 고려 중기를 거치면서 유학의 이념에 의해 삭제 또는 축소되었다.

그럼에도 단군신화는 다시 역사로 호출되면서 그 존재감을 드러내게 된다. 김부식의 『삼국사기』보다 100여 년 뒤에 편찬된 일연의 『삼국유사』나 유학자이면서 동시대의 지식인이었던 이승휴의 『제왕운기』는 단군신화에 대한 인식의 변화를 보여주는 대표적인 예이다. 물론 이러한 변화는 각각의 시대적 상황과 무관하지 않으며, 무엇보다도 당시의 국제정세에 따른 국가의 위기 상황에서 그 이유를 찾을 수 있다.

고구려의 옛 강토 회복을 내걸고 북방의 거란(契丹·글안, 요, 907~1125)·여진(금, 1115~1234)·몽골(원, 1296~1368)족들의 공략에 나선 고려는 이후 강대해진 그들의 군사력에 굴복당하는 치욕을 겪기도 했다. 고종 4년(1217)에는 거란병이 쳐들어와 개성까지 위협하였고, 고종 18년(1231)부터 시작된 몽골군의 침입으로 고종이 백성을 버리고 강화도로 천도한 탓에 개성은 물론 멀리 전주와 경주까지 유린당하기도 했다. 이후 고려는 원나라의 부마국으로 전락하면서 자주국으로서의 존립마저 위태로운 상태에 놓이게 된다. 여기에 원나라의 세력에 편승한 부원세력가의 반사회적인 책동이 더해져 고려사회는 국내외적으로 더욱 혼란이 가중되었다. 이에 일부 지식인들이 난국을 극복하기 위한 대안을 찾는 과정에서 우리 역사에 대한 인식의 변화가 일어난다.

특히 일연과 이승휴는 고려의 피난 수도인 강화도에 출입하면서 이러한 전란을 직접 체험한 당사자들로, 이제까지 역사에서 체험할 수 없었던 민족의 수난기를 극복하기 위해 단군신화에 주목했다. 따라서 그들의 글에는 시조로서의 성격을 명백하게 지닌 단군신화를 통해 민족국가에 대한 자부심과 끈질긴 저항정신을 이끌어내려는 의도가 담기게 된다. 처음에는 신화의 다양성에 주목하지 않았던 이승휴가 『제왕운기』에서 “김부식이 국사를 편찬할 때 단군신화를 매우 간단하게 생략했다”라고 비판한 것은 이러한 인식의 변화를 잘 보여주고 있다.

특히 이승휴의 『제왕운기』는 위기에 처한 현실을 직시하고 지식인으로서의 비판의식을 담아 당시의 국내외적인 상황에 대한 깊은 통찰력을 보여준다는 점에서 높이 평가되고 있다. 이승휴는 무엇보다도 ‘우리 민족은 단군을 시조로 하는 하늘의 자손’임을 분명히 했고, 단군신화를 한국사 체계의 제일 앞에 편입함으로써 우리 역사의 유구성을 알렸다. 그뿐만 아니라 발해를 고구려의 계승국으로 인정하여 최초로 우리 역사에 편입하는 등 중국과 구별되는 독자성·자주성·주체성·우수성 등을 담아 우리 역사를 분명하게 서술함으로써 몽골의 정치적 지배에 대항하는 정신적 지주로 삼았다.

삼척 두타산 이승휴 유적
이승휴는 강원도 삼척의 두타산 귀동에 거처를 마련하여 용안당(容安堂)이라 하고 이곳에서 『제왕운기』를 찬술했다. 용안당은 후에 간장사로 이름을 고쳐 지었으며, 현재 천은사 경내이다.

이처럼 이승휴의 역사의식의 변화를 담은 『제왕운기』는 그가 두 차례에 걸쳐 원나라에 사신으로 다녀온 경험에도 큰 영향을 받았다. 당시 동아시아 전역에 걸쳐 대제국을 형성해가던 원나라의 위력을 직접 목격한 후 '우리 문화까지 흡수할 수 있겠다'는 위기의식을 느낀 그는 우리의 강역疆域과 역사에 주목했던 것이다.

또한 단군신화는 무신집권 이후 유학의 퇴조와 유·불·선(도) 3교의 절충주의적 사상 풍조와 관련된 신비주의적 신화관의 영향도 받게 되었다. 당시의 이러한 분위기는 신화에 담긴 신이한 내용들에 주목하게 된 또 다른 이유이기도 했다.

패러다임의 전환으로 소외되다

『삼국유사』와 『제왕운기』에 담긴 단군 기원의 역사인식은 고대국가 건국신화에 대한 관심의 확장에 영향을 미쳤다. 이러한 인식의 변화는 고려 말 개혁파 신진사대부에게 전승되었고, 조선의 개국 초기에는 단군을 국가적 차원에서 정리하고 기록하였다. 정도전이 『조선경국전』에서 국호와 관련해 단군·기자·위만 등 세 조선의 이름을 거론한 것도 그 예이다. 그리고 세종 때는 평양에 사당을 지어 고구려 시조 동명왕과 함께 단군을 조상신으로 모시면서 우리 민족의 시조로 숭앙하였다.

또한 세종·문종·단종·세조·예종·성종으로부터 두터운 신임을 받았던 양성지의 단군관도 주목할 만하다. 양성지는 단군을 신화상의 인물이 아니라 실존 인물로 보고 우리 역사가 중국과 대등한 시기에 시작되었음을 강조하면서 국가적 차원에서 천제天祭의 거행을 주장하였다. 물론 여기에는 중국과는 별개로 독자적으로 제천행사를 치름으로써 조선이 중국에 예속되지 않은 자주독립국가임을 강조하려는 의도가 담겨 있었다. 그뿐만 아니라 그는 지리적으로 요동에 이르는 광활한 영토가 우리 땅임을 주장하면서 언젠가는 수복해야 할 지역으로 일찍부터 주목했다. 양성지가 편찬을 주도한 『동국여지승람』은 조선 전기의 역사학·시문·지리학의 업적이 종합적으로 응축된 지리지 편찬의 완결편이자 한편으로는 그의 강력한 자주의식을 바탕으로 한 민족주의적 역사인식과 지리인식이 그대로 반영되었다는 평을 받고 있다.

그럼에도 조선 초기에 보인 단군에 대한 관심은 정치적 목적이 우선되기도 했다. 『제왕운기』에 기록된 단군신화에서 '목자위왕木子爲王'에 주목한 것도 그 예이다. 목자木子를 이李씨를 의미하는 것으로 해석하여 '이성계가 왕이 된다'는 근거로 활용함으로써 이씨에 의한 조선 건국의 정당성과 신성성을 동시에 부각시켰다.

세종은 단군에 대한 관심이 컸지만 고조선의 개국시조인 단군에 대한 인식은 단군묘의 존재를 언급하는 정도에서 더 이상의 진전을 이루지 못했다.

물론 세조는 즉위 이듬해 '조선단군'에서 '조선시조 단군'으로 표기를 고쳐 단군을 국조로 예우하였고, 직접 평양에 가서 단군묘에 제의를 올리기도 했다. 역대 조선 왕 가운데 시조묘에 직접 행차해서 제사를 지낸 왕은 세조가 유일했다. 하지만 세조의 이러한 조치는 시조에 대한 확고한 역사인식보다는 자신을 정점으로 하는 새로운 통치체제의 구축이라는 집권 의지가 작용한 결과였다. 계유정난으로 왕위에 오른 세조는 즉위 직후 성삼문을 비롯한 집현전 학자들이 단종의 복위를 꾀하는 등 정치적 저항에 직면하자 자신의 왕위 계승에 대한 정당성과 존엄성을 구축하기 위한 제반 조치들을 국정 운영에 적극적으로 반영했던 것이다.

이처럼 조선 초기에 이루어진 단군신화에 대한 인식은 고조선과 시조 단군에 대한 확고한 역사인식의 바탕 위에서 이루어진 것이 아니었다. 고려에서 조선으로의 왕조 교체는 1000년 이상의 긴 시간 동안 사회와 정신을 지배했던 불교에서 유교로의 사상적인 패러다임의 전환이었으므로 많은 것들이 묻혀버렸고, 단군신화도 예외는 아니었다. 특히 성리학을 이해하는 바탕 위에서 중국사학을 모방하는 유교사관이 강화됨에 따라 단군과 고조선의 건국을 신화가 아닌 역사로 부각하여 단군을 군주로서 인간화하는 데 주목했고, 우리 역사가 단군-기자-위만으로 이어진다고 주장하는 3조선 설이 등장하기도 했다. 심지어 중국 중심의 역사관과 유교사상으로 무장한 지식인들은 단군보다 기자에 더 주목했다. 『조선왕조실록』에 단군에 대한 언급이 121회에 지나지 않는 데 비해, 기자에 대한 기록은 무려 468회나 된다는 사실도 조선왕조에서 단군보다 기자에 대한 역사인식이 더 활발했음을 보여준다.

조선 전기를 넘기면서 단군신화는 설 자리가 더욱 위축된다. '신화는 비합리적이며 황당무계하다'는 비판이 유학을 공부한 지식인사회에서 확대되었기 때문이다. 안정복은 단군이 비범한 인물로 존재한다는 사실은 인정했지만, 『동사강목』에서 "단군의 이야기는 모두 황당무계한 일이다"라며 유교의 합리주의적 해석으로 단군신화를 가볍게 물리쳤고, 심지어 기자에게 한국사상의 정통적인 지위를 내주기까지 했다.

그러나 17·8세기에 실학이 대두되면서 역사서술방식에도 변화가 일어나 단군을 다시 주목하게 되었고, 조선 말기에는 민족의식이 대두되면서 단군에 대한 관심이 더욱 확대되었다. 특히 근대라는 대격변기와 동시에 일제강점기라는 정신적·물질적 침탈의 역사를 겪으면서 단군은 빈번하게 호출되었다. 그리고 이 과정에서 단군과 단군신화는 '이천만 동포', '삼천 리 강토' '사천 년 역사' 등과 함께 '단군의 자손', '한 핏줄', '한겨레' 등으로 표상되면서 우리 역사의 출발점이면서 민족의 기원이라는 공동체의 상징으로 떠올랐다.

신화도 역사다

단군신화가 학문적 차원에서 체계적으로 연구된 것은 근대에 들어와서이다. 이 시기에 '신화'라는 개념이 외부에서 유입되면서 비로소 학문적 연구가 시작된 것이다. 그러나 단군신화에 대한 학문적 연구는 일본이 먼저 시작했다. 일본 학계에서는 1894년 〈사학잡지〉에 이미 연구 결과를 발표했을 정도로 일찍부터 단군신화에 주목했다. 그러나 일본은 김부식의 『삼국사기』에 단군신화가 없다는 이유로 고조선의 존재를 부정하는 데 적극적인 관심을 기울였다. 일본은 『삼국유사』에서 단군신화가 전하는 것과 관련해서는 "『삼국유사』가 편찬되면서 비로소 단군신화가 성립되었다"라며 단군신화는 일연 등에 의해 불교의 영향을 받아 만들어진 착오 또는 날조라고 비판했다. 이와 관련해 나가유키오那阿通世는 다음과 같이 주장하였다.

▌ 단군신화는 승려의 망언을 역사상의 사실로 삼은 것으로, 이 전설은 불법佛法이 들어온 후 승려의 날조로 나온 허망한 거짓말이다. 이는 조선의 고전이 아니라는 것을 한눈에 알 수 있다.

이처럼 일본은 일종의 '음모론'까지 제기하면서 단군신화를 부정했다. 물론 일본이 단군신화를 부정한 데에는 분명한 이유가 있었다. 19세기 후반으로 들어서면서 일본의 제국주의는 조선에 대한 침략과 지배를 정당화하기 위한 도구로 역사를 주목했다. 이들은 연구논문을 통해 한국사에 대한 왜곡을 시도했고, 그중에서도 단군신화는 대단히 중요한 연구주제였다. 단군신화를 부정함으로써 한국사의 오랜 역사와 전통을 부정하고, 한국사를 일본 역사에 예속하려 했기 때문이다. 게다가 단군을 통한 역사인식이 독립운동과 직결되자 일본은 물리적인 탄압까지 동원하였다. 특히 1910년 한일병탄과 1919년 3·1만세운동 등 한일관계에서 중요하고 민감한 사건이 있을 때마다 더욱 치밀하고 집요하게 탄압했다. 이후 일본의 단군 통제는 날이 갈수록 극심해졌고, 1931년 이후에는 조선총독이 직접 나서서 '단군'이라는 말까지 사용을 금지했다.

일본인 동양사 연구자들은 한국사를 비하하려는 목적에서 단군의 고조선을 부정하면서 조선의 가장 오래된 역사로 한사군漢四郡과 신라를 제일 먼저 다루었고, 만선사관滿鮮史觀을 내세워 한국과 만주를 하나의 종족과 영역으로 묶기도 했다. 또한 일본은 동양 고대사를 통해 식민지 지배의 정당성을 획책하려는 의도에서 대륙에서 패배한 만주계와 중국계 무리들이 한국으로 도망쳐 와서 한국의 지배세력이 되었으므로 한국사의 시작은 기자조선이나 위만조선이며, 한국사는 위만조선과 한사군 설치에 의해 비로소 문명의 단계로 들어섰다고 주장했다. 또한 일본이 한반도에 임나일본부를 설치했다고 주장하면서 한국은 지정학적으로 외세의 침략에 시달렸기에 일본의 통치를 받을 수밖에 없었다는 역사적 숙명론을 내세워 일본에 의한 식민지 근대화를 찬양했다.

당시 단군신화 말살을 위한 총독부의 정책에 많은 일본인 어용사학자들이 동원되었고, 한국사의 부정을 통한 정신적 말살에 동참한 한국인들도 적지 않았다. 그러나 한편으로는 민족주의 사학자들을 중심으로 식민사학자들의 단군 부정론에 대한 적극적인 반론을 제기하면서 근대시기에 한국의 신화학이 태동하게 되었다. 특히 이 시기에 호출된 단군은 기존의 유교적 역사관의 한계를 극복하는 등 새로운 역사인식의 확장을 이루게 된다.

민족과 국가 그리고 단군신화

근대 이전의 단군신화 속의 단군은 고조선이라는 고대국가를 표상하는 존재였다. 따라서 신화 속 단군은 이러한 표상을 지지하는 일단一段의 이야기를 거느리고 있었다. 그러나 근대적 의미의 단군은 이와 다른 단군으로 거듭나게 된다. 특히 무속적인 제의나 종교적인 주술의 의미 등 비현실적인 요소들이 사라지고, 단군은 현실을 담보하는 인물로서 역사서술의 주체로 등장한다. 1900년대를 전후하여 홍익인간의 구현이라는 교육이념이 학교 교육에서 강조되면서 등장하게 된 단군신화가 그 대표적 예이다. 이 시기에 단군을 신인神人계열로 본 교과서는 『조선역사』(1895년), 『조선역대사략』(1895년), 『동국역사』(1899년), 『대동역사략』(1906년)인 반면, 인人계열로 본 교과서는 『동국역대사략』(1899년), 『역사집략』(1905년), 『대동역사』(1905년), 『동국사략』(1906년), 『초등소학』(1906년), 『초등본국역사』(1909년), 『초등본국사략』(1909년), 『신찬초등역사』(1910년) 등 다수를 차지하고 있을 정도이다.

〈독립신문〉과 〈황성신문〉에서는 단군의 고조선 개국을 개척자의 관점에서 접근하여 근대적 시각에서 새로운 해석을 시도하기도 했다. 1900년에 단군을 주신으로 모시는 민족 고유의 종교인 대종교大倧敎가 문을 열었고, 고조선의 건국을 기념하는 개천절을 제정했다. 이후 개천절은 상해임시정부에서 국경일로 삼았으며, 광복 후에도 계승되어 오늘날에 이르고 있다. 신흥 종교의 기념일을 넘어 국가적 차원에서의 기념일로 확장된 것이다. 그뿐만 아니라 대종교 2대 교주 김교헌은 대종교의 교리라 할 수 있는 『신단실기』를 썼고, 이를 통해 일본을 제외한 극동 지역에 오랫동안 거주해온 민족은 모두 단군의 자손인 '배달민족'이라는 이론을 내세워 포교활동을 벌였다. 또한 그는 3·1만세운동 이후 만주로 이주한 동포들을 규합하여 항일구국운동에도 적극적으로 나섰다. 대종교는 종교로 출발하였지만 일본제국주의에 맞서 민족의식을 일깨우는 등 항일독립운동에 더 많이 공헌하였다는 평가를 받고 있다.

이처럼 구한국말 이후 일제의 침략이 노골적으로 드러난 국가적 위기 상황에서 독립사상은 단군신화를 통해 맹렬한 기세를 올렸다. 특히 단군신화는 근대의 애국계몽과 연계되면서 역사 속으로 더욱 깊숙이 들어오게 된다. 민족이 수난을 당할 때마다 새롭게 인식되었던 단군신화가 다시 한 번 국가로부터 호출되어 근대적 사상을 담은 획기적인 변신을 꾀하게 된 것이다.

일제의 단군신화 말살론에 반기를 들며 민족운동을 펼쳤던 주류는 민족주의 사학자들이었다. 그 대표적인 인물로 한국 근대 역사학을 수립한 단재 신채호(1880~1936)를 꼽을 수 있다. 그는 『독사신론』을 발표하면서 단군-기자-삼한의 정통론을 거부하고, 단군-부여-고구려로 이어지는 한국 고대사의 구성체계를 제시하면서 새롭게 단군론을 제기했다. 또한 그는 『조선상고사』에서 송화강변은 고대의 부여이며, 이 지역이 조선민족의 발상지라고 지목하면서 우리 민족의 공통적 신앙으로 태백산 광명신을 주목했다. 이러한 인식을 기반으로 신채호는 단군신화를 왕조의 교체를 초월하여 존재하는 민족 역사의 선험적 주체로 상정하면서 우리 역사를 민족의 역사로 규정하는 국사의 효시로 삼았다. 또한 그는 한국사의 계보를 왕조의 역사가 아닌 민족의 역사로 재정립함으로써 민족으로서 한국인의 정체성을 세우는 근대 한국사의 기획을 완성하였다. 그가 한국 근대 역사학의 아버지로 평가받고 있는 것도 바로 이러한 이유 때문이다. 그러나 아쉽게도 신채호는 1936년 여순감옥旅順監獄에서 옥사하여 그의 학설을 완전하게 정립하여 확산시키지는 못했다.

박은식 역시 고조선 건국사의 기초를 닦은 인물이다. 단군을 우리 역사의 시작으로 하는 민족사의 기원과 확장을 시도하면서 역사서적은 물론 논설과 소설을 집필하는 등 다양한 방식으로 단군을 다시 호출하였다. 그리고 김교헌·정인보·안재홍·문일평·권덕규, 초기의 최남선 등도 시간과 공간적으로 확장된 단군에 주목하여 한국사에 주목할 만한 업적을 남겼다. 그 밖에도 1930년대에 들어서면서 백남운을 필두로 김태준과 이청원 등 유물사관론자들의 단군 연구가 활발하게 진행되면서 단군은 다양한 관점에서 조명받기에 이른다.

일제강점기에는 일반인들을 대상으로 단군과 관련한 다양한 행사를 통해 민족의식의 확장이 이루어졌다. 〈동아일보〉는 창간한 지 10일 만인 1920년 4월 1일에 단군 영정을 현상 모집하였다. 단군 영정은 신라 시대에 솔거가 꿈에서 본 단군을 그렸다고 전해지며, 현재 대종교 총본사에 봉안된 영정이 진본으로 전한다. 그리고 서울 사직공원의 단군성전에 조성된 단군 소상塑像을 원본으로 하여 그린 영정이 국가 표준영정으로 지정되었고, 전북 이리시 천진전 소장의 단군 영정은 광복 때 이시영 박사가 만주에서 가져온 것으로 전한다. 이 영정은 현재 서울에 있는 단군성전의 영정과 유사하다.

곡성 단군전의 단군 영정　단군왕검의 영정을 봉안한 사당으로, 3·1운동 당시 전남 곡성에서 만세를 주도했던 신태윤(1885~1961)이 1931년에 건립하였다.

我民族의 發祥地!

神話傳說의 白頭山에

본사특파원과 사진반은 금일상오십시 남문출발

1921년 8월 6일자 기사 발췌

단군과 함께 그 발원지로서 백두산도 주목받았다. 1921년 백두산운동을 펼친 〈동아일보〉는 함경남도 도청에서 백두산 탐험대가 발족되자 기자 민태원을 파견하여 「아민족我民族의 발상지! 신화전설의 백두산에」라는 제목으로 탐험기사의 연재와 함께 강연회와 사진전 등을 개최했다. 1926년 〈동광〉 7호에 안확은 고조선을 논하면서 도읍지인 평양의 위치가 만주 요양이라는 근거를 제시하며 방대한 고조선의 영토를 구체적으로 밝혀 역사적 자부심을 불러일으켰다. 1928년 최남선은 「단군급기연구」를 발표하여 『삼국사기』 「동천왕조」의 "평양은 본래 선인왕검이 살던 곳이며, 혹은 왕의 도읍을 왕검이라고 이른다"라는 기록을 제시하면서, 김부식도 단군신화에 대해서 인식하고 있었다는 사실을 밝혀냈다. 이를 통해 단군신화는 날조가 아니며, 『삼국사기』 이전에도 전승되고 있었다는 사실을 입증하는 등 역사적 사실과 연계한 단군신화의 연구도 진행했다.

이외에도 근대 계몽기에는 영토와 국경 등에 주목하여 단군담론은 공간적인 개념까지 관심을 넓혔다. 1935년 1월 16일~22일자 〈동아일보〉에 정인보가 「시조단군」의 발표를 통해 백두산과 송화강을 시발점으로 하여 단군이 나라를 세웠고, 도읍지였던 평양은 지금의 평양이 아닌 국도國都를 일컫는 고어古語라는 논증을 제시하는 등 단군신화를 지리학과 연계하여 영토의식과 함께 그 학문적 영역을 넓혔다. 그리고 장지연은 구체적인 지명과 국호에 대한 연구를 통해 시조로서의 단군과 고조선의 존재를 역사적으로 규명하는 실증주의적인 연구방법을 도입하여 근대적 지리서인 『대한신지지大韓新地誌』를 발간했다.

단군에게 길을 묻다

근대 이후 단군은 민족의 시조로서 정치적으로 황제의 권력을 초월하는 존재로까지 확장되어 국조로서의 위상이 새롭게 정립되었다. 즉 단군담론은 애국계몽의 측면과 구국활동의 과정에서 민족과 국가의 개념으로 이어져 국조의 개념으로 탈신화화되었다. 국조에서 국國은 국가와 국민의 개념을 의미하는 것으로, 봉건주의적인 국왕 중심의 개념에서 탈피하여 국민이 주권을 소유하고 있는 근대국가로의 새로운 출발이 단군으로부터 시작된 것이다. 그리고 이를 통해 단군은 단순히 과거의 역사적 기원에 머무는 것이 아니라 근대 애국계몽기에 국조를 중심으로 한 민족의 탄생을 강조함으로써, 단일한 핏줄로 표상되는 순수성의 관념을 강화하여 민족의식을 일깨웠다. 그뿐만 아니라 단군신화를 역사적 사실로 수용하는 과정에서 고조선의 영토가 만주와 중국 대륙에까지 걸쳐 광활했다는 대륙사관에 기반을 두고 민족정기를 선양하려는 움직임도 활발하게 이루어졌다. 특히 광복 후에는 단군담론이 민족주의 사관과 연계되어 국가적 과제를 해결하기 위한 담론으로 강화되었다.

단군신화와 관련해서는 『규원사화』 『단기고사檀奇古史』 『환단고기桓

檀古記』 등 20세기 초부터 알려지기 시작한 단군 관계 비사들이 전한다. 그러나 단군 관계 비사들에는 신뢰하기 힘든 내용들이 대단히 많아서 사료적 가치에 한계가 있다는 비판을 받기도 하지만, 오랜 역사적 전승을 통해 현재에 이르렀다는 점에서 이 책들에서 전하는 내용들을 완전히 부정할 수 없으며, 나름의 가치를 지니고 있다는 점에서 주목하기도 한다.

『단기고사』는 발해를 건국한 대조영의 아우 반안군왕 대야발이 8세기경에 편찬한 것으로 추정되는 역사서이다. 그리고 『규원사화』는 조선 숙종 2년(1675)에 북애자가 저술한 역사서로, 당시 북애자는 전국에서 수집한 여러 종의 국내 문헌과 30여 종의 중국 사서 등 40여 종에 달하는 많은 자료를 참고하여 책을 집필한 것으로 전한다. 『규원사화』는 고조선을 통치한 1대에서 47대까지의 역대 단군의 이름과 재위기간, 그리고 치적 등 중요 사실들에 대해서도 다루고 있다. 또한 중국에 대한 사대주의에 빠진 유학자들을 비판하면서 주체의식이 부족한 민족의 장래를 걱정하고 있으며, 청나라와 연합하여 우리의 옛 땅을 되찾자는 연청북벌론에 대한 주장도 담고 있다.

『환단고기』는 1911년에 계연수桂延壽가 『삼성기三聖紀』(상·하), 『단군세기檀君世紀』『북부여기北夫餘記』『태백일사太白逸史』 등 옛 서적들을 하나로 묶어 편집한 것으로, 우리 상고사와 고대의 신앙·풍습·정치·경제·예술·철학에 대한 내용을 담고 있다. 그러나 문헌적 근거가 미약하고, 후세의 중국 사서들이나 국내 문헌에 나오는 인명이나 지명은 물론, 근대 시기의 용어까지 등장하고 있어 신뢰할 만한 자료는 아니라는 비판을 받기도 한다.

이외에도 1993년 평양시 강동군 대박산 기슭 고분의 무덤 벽에서

'옛 선인'과 '신기한 장수'가 그려진 벽화와 금동 허리띠 장식편·금동관 파편·고구려 토기 파편 등과 함께 남녀 2인의 인골 등이 발굴되어 단군릉으로 주목을 받았다. 특히 단군릉의 발견으로 신화적 존재로만 전하던 단군이 실재 인물로 밝혀짐으로써 단군과 고조선 역사에 관한 새로운 관심을 불러일으켰다. 하지만 북한 학계에서 이를 토대로 평양이 한국민족의 발상지이자 인류 문명의 발상지라고 확대 해석하는 등, 강한 국가주의적 역사인식을 반영하면서 북한체제의 안정과 결집을 도모했다는 지적을 받기도 했다.

주요 고전 문헌 살펴보기

『위서』 중국 북제의 위수魏收가 방연우房延祐·신원식辛元植·배앙지裴昂之 등의 사관을 이끌고 편찬한 북위의 정사로, 『북위서』 또는 『후위서』라고도 한다. 「본기」와 「열전」은 554년(천보 5)에, 그리고 「지」는 559년(천보 10)에 완성했다. '위서'라는 같은 제목으로 편찬되었다고 전하는 사서는 모두 아홉 가지나 되며, 『삼국지』의 「위서」와 위수의 『위서』가 현재까지 전하고 있다. 그러나 나머지 7종의 『위서』는 일부 단편적인 내용 외에는 전하지 않으며, 편찬자와 시기가 미상인 『위서』의 일부 구절이 『삼국유사』에도 전하지만 편찬 당시부터 공정하지 못하다는 비난을 받아 예사(穢史, 더러운 역사서)라는 별명이 있다.

『사기』 사마천이 기원전 90년경에 저술한 중국 역사서로, 유려한 필치와 문체로 문학으로서의 가치도 인정받고 있다. 고대 중국을 무대로 '역사와 인간'을 탐구한 명저로 꼽힌다. 연대를 따라 평면적으로 기록하는 편년체編年體가 아닌, 역사를 입체적으로 부각한 기전체로

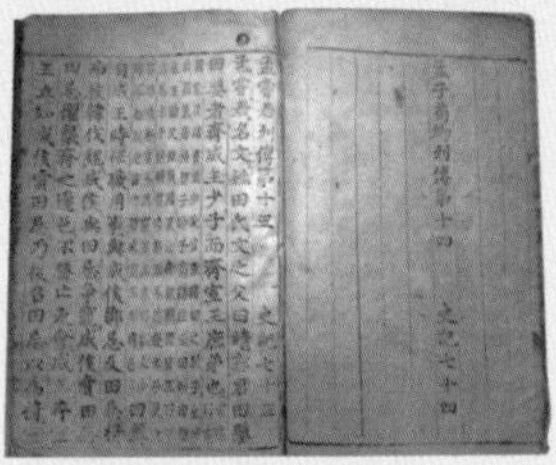

작성되었고, 서술 범위는 전설로 전해지는 오제五帝의 한 사람인 요(기원전 22세기)에서부터 기원전 2세기 말의 전한 무제까지이다. 이 책은 '사실'을 추구한다는 역사서 편찬 목적에 기반하여 유교 사상을 기둥으로 하면서도 다른 사상도 포함하고 있다. 또한 왕후를 중심으로 추악한 권력 다툼, 관리들의 선행과 악행 등을 다루고 있으며, 한편으로는 민간의 인물을 다룬 「유협열전遊俠列傳」 「화식열전貨殖列傳」, 암살자의 전기傳記를 다룬 「자객열전刺客列傳」 등 영웅 중심의 역사관에 치우치지 않고 정치권력과 거리가 멀었던 인물들에 대해서도 다루고 있다. 또한 당시 한의 숙적이었던 흉노를 비롯한 주변 기마민족 등의 이민족에 대해서도 한의 가치관을 기준으로 논평하는 것이 아니라 기본적인 사실만을 담담하게 서술하는 태도로도 주목받고 있다.

『관자』 기원전 600년경 춘추시대 제齊의 재상이면서 전설적 인물이었던 관중管仲의 저작으로 전하며, 제나라의 법가를 위주로 여러 학파의 학술사상 논

문을 모아 저술했다고 한다. 따라서 법가·도가·명가의 사상과 천문·역수·지리·경제·농업 등 풍부한 내용들이 포함되어 있다. 총 86편으로 정리되었지만 현재는 76편만이 전하며, 직접 정치에 관여한 사람만이 체득할 수 있는 현실주의적 경제 정책과 지배 정책도 많이 담겨 있다.

『위략』

중국 삼국시대 위나라를 중심으로 쓰인 역사서로, 위나라 말기부터 진나라 초기에 편찬된 것으로 추정되지만 구체적으로는 여러 이설이 있다. 저자는 어환魚豢으로, 위략의 저작가라는 사실 외에는 전하지 않는다. 후에 책이 유실되어 청나라 때 왕인후王仁俊가 남아 있는 글을 모아 집본을 펴냈지만, 매우 간략했기 때문에 장붕일張鵬一이 민국民國 11년에 다시 편집했다. 중국에서는 로마 제국(대진국)에 관한 현존하는 사료 중 최고의 사료라고 평가받고 있을 만큼 외국에 관한 기술이 상당히 자세하다. 특히 『사기』에는 고조선의 존재에 대해 언급하지 않지만, 이 책에서는 연나라 역왕 때의 고조선 국왕이 왕을 칭하자 대부 예濊가 고조선 국왕에게 칭왕을 말렸다는 일화와 함께 고조선 부왕의 치세, 위만에게 축출되는 준왕, 고조선 왕족의 성씨가 한씨韓氏라는 기록이 전한다.

『삼국지』 「위지 동이전」

서진西晉의 진수가 편찬한 『삼국지』의 「위지」에 부속된 고대 동방의 여러 종족과 국가에 관한 기록이다. 서序·부여·고구려·동옥저·읍루·예·한韓·왜인倭人의 순서로 기록되어 있으며, 부여전에는 순장과 옛 부여의 관행으로써 가뭄이나 장마가 들어 오곡이 익지 않으면 국왕을 죽이거나 바꾸자는 논의가 있었다는 기록도 있다. 이 내용은 프레이저J.G.Frazer가 그의 저서 『황금가지』에 소개했을 정도로 유명하다. 또한 일찍이 고구려에 복속하여 맥포貊布·생선·소금·해초 등의 공납을 바친 내용을 포함해 우리 고대 종족들의 생활상과 풍속 등을 비교적 상세히 전하는 고대사 연구에 중요한 문헌이다. 그러나 「동이전」은 어디까지나 중국인의 눈에 비친 한국 고대사회의 특성에 대한 기록이라는 점에서 한계가 있다.

『단군세기』

계연수의 『환단고기』에 수록되어 있으며, 서문에 1363년(공민왕 12) 10월 3일 강화도 해운당海雲堂에서 저술했다고 기록하고 있다. 이암은 고려시대 『진역유기震域遺記』를 저술한 이명李茗과 『북부여기』의 저자 범장范樟 등과 더불어 경기도 양주 천보산天寶山에 올라갔다가 태소암太素庵

에서 진기한 고서를 얻어서 읽고 난 후 이 책을 엮은 것으로 추정하고 있다. 1세 단군(기원전 2333년)부터 47세 단군(기원전 295년)까지의 2000여 년의 실록을 기록하고 있으며, 북부여 해모수의 건국(기원전 239년) 사실로 이어지고 있다.

『제왕운기』

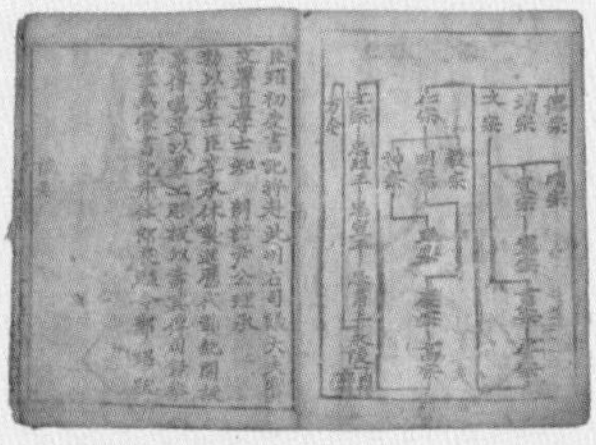

고려시대의 학자 이승휴가 충렬왕의 실정과 부원세력가들의 폐단을 비판한 10여 건을 상소했다가 왕의 미움을 사서 파직되었을 때, 강원도 삼척 두타산 아래 용안당(현재 천은사 경내)에서 작성한 책으로 전한다. 1287년(충렬왕 13)에 출간되었으며, 한국과 중국의 역사를 시로 쓴 역사책이다. 특히 단군부터 신라·고구려·백제의 삼국과 후고구려·후백제·발해가 고려로 통일되는 과정 등을 포함해 충렬왕까지의 역사를 칠언고시 264구 1460언으로 기술했다. 이승휴는 무신란과 몽골과의 항쟁으로 왕권이 약화되고, 정치기강이 해이해지는 등 국내외적으로 혼란한 정국을 바로잡으려는 의도에서 이 책을 저술했다고 밝히고 있다.

『구삼국사』

『동국이상국집』에 『구삼국사』로 기록된 것은 김부식의 『삼국사기』가 나온 이후에 '구舊' 자를 붙인 것으로, 고려 초기에 '삼국사'로 편찬된 것으로 추정하고 있다. 그러나 현재는 전하지 않아 구체적인 내용은 알 수 없다. 그리고 『대각국사문집大覺國師文集』에서는 '해동삼국사海東三國史'라고 하였는데, 여기서 '해동'은 중국이 아니라 우리나라의 '삼국사'를 밝히기 위해 의천義天이 덧붙인 것으로 해석하고 있다.

『동사강목』

안정복이 45세의 나이인 1756년(영조 32)에 편찬을 시작해 3년 만에 초고를 완성했고, 편찬을 시작한 지 22년 만인 1778년에 완성한 실학기의 대표적 역사서이다. 편찬 동기는 우리 역사서의 서술과 연구에 대한 불만과 함께 우리나라 사람은 아무리 훌륭해도 우리나라 사람에서 벗어날 수 없기에 우리의 역사를 연구하는 것이 중요한 일이라는 생각에서 출발하고 있다. 중국 은왕조의 기자가 주에서 고조선으로 망명한 시점으로 알려진 기원전 1122년(주 무왕 13, 기묘년)부터 고려 마지막 왕인 제34대 공양왕恭讓王까지 2514년에 걸치는 역사를 수록하였다. 또한 저자는 신라 이후 고려까지의 도표 뒤에 역대 왕의 치적을 평가한 사론과 지리고를 실었다. 특히 지리고는 강역과 옛 도읍의 위치, 그리고 산과 강의 이름과 위치 등을 고증한 역사지리학적 연구를 반영하고 있으며, 조선 후기 역사지리학 연구의 영향을 받았다. 서양 지식에 의해 세계관의 변화를 가져왔음을 의미하는 것으로 상편에 「단군기자전세지도(檀君箕子傳世之圖 : 附 衛氏)」·「신라삼성전세지도(新羅三姓傳世之圖 : 附 駕洛國·大伽倻國)」·「고구려전세지도(高句麗傳世之圖 : 附 夫餘國·渤海國)」·「백제전세지도」·「고려전세지도」를 싣고 있다. 지금까지의 사료를 광범위하게 수집해 사료를 비교·검토한 고증학적考證學的 역사방법歷史方法과 기왕의 한국사에 관한 연구를 모두 수렴했다는 점에서 전통시대의 가장 대표적인 역사서로 평가받고 있다.

『조선상고사』

신채호가 저술한 한국 상고사로, 총론은 1924년에 완성되었으며, 1931년부터 〈조선일보〉에 연재되었다. 그 이전에 〈대한매일신보〉에서 연재하였던 『독사신론』에 제시한 민족 중심의 진보적 역사관의 완성본으로도 전한다. 하지만 내용이 불완전하여 연재를 중지하고 수정한 후 발표할 계획이었으나 건강 악화로 실현되지 못했다. 단군시대에서부터 백제의 멸망과 부흥운동까지 서술하고 있으며, 역사는 "아我와 비아非我의 투쟁"이며, 묘청의 난은 "조선역사상 일천년래 제일대사건"이라 주장하였고, 김부식의 『삼국사기』를 "춘추필법의 노예성에 근거한 사대주의"라 비판하면서 『천부경』 『서곽잡록』 등 상대적으로 비유교적인 사서를 민족주체적 사료로 중시하였다. 이렇듯 실학자들의 역사인식을 비판적으로 계승하여 한백겸韓百謙·안정복의 연구방법론과 이종휘李種徽의 부여·고구려 중심의 한국사 인식을 그대로 수용했다. 반제반봉건의 민족주의에 입각하여 전통적인 유교 사학과 개화기 사학, 일본황국 사학의 한국사 왜곡을 시정하고, 이들의 역사인식 및 역사연구방법을 극복하려 한 한국근대 역사학의 중요한 저작으로 평가받고 있다.

『규원사화』

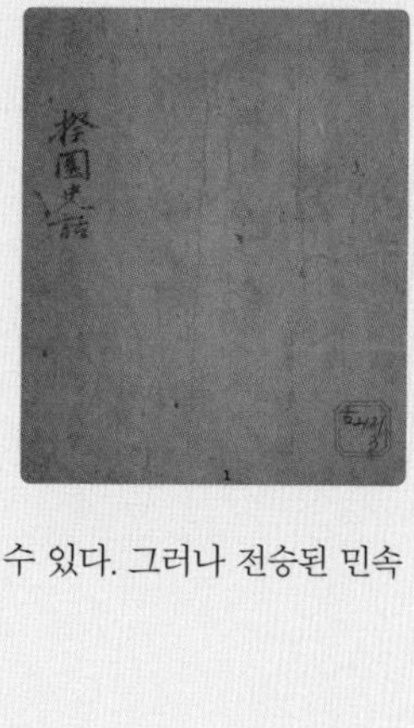

1675년에 북애자가 저술한 역사서 형식의 사화史話로, 상고시대와 단군조선에 대해 상세하게 기술되어 있다. 북애자는 "유학자들의 사관은 주체성 없는 존화사대사상에 젖어 있다"라고 비판하면서 유학자들이 외면한 옛 기록들을 참고하여 우리나라 상고사를 재구성했다. 특히 상고사의 역사자료로서의 가치보다는 한국문화의 뿌리에 해당하는 민속적 역사인식을 담고 있다는 점에서 그 가치를 찾을 수 있다. 그러나 전승된 민속

자료를 바탕으로 엮은 책으로, 민족고유신앙의 입장에서 쓴 일종의 종교 사화로 볼 수 있어 엄밀히 말하면 문헌고증의 토대 위에서 구성한 역사책은 아니다. 저자의 도가적인 우주관과 인생관, 그리고 문화의식이 담겨 있는 이 책은 환인과 환웅이 천지를 여는 과정, 환웅이 동방의 군장이 되어 수천 년을 다스린 역사, 환웅의 아들 환검이 최초의 단군이 된 뒤로 마지막 왕인 고열가가 아사달의 당원경에 들어가 나라가 망하기까지의 47대에 이르는 왕명과 재위기간, 그리고 각 왕대의 치적 등 1195년의 역사를 다루고 있다. '규원'은 저자가 부아악(負兒岳, 지금의 북한산) 기슭에 지은 자신의 서재 이름에서 따온 것으로, 저자는 효종~숙종시대에 과거에 급제하지 못한 선비라고 스스로를 소개하면서 과거시험에 낙방한 후 울적한 심기를 달래고, 왜란과 호란을 겪은 뒤의 민족적 울분을 극복하기 위해 이 책을 쓰게 되었다고 서문에서 밝히고 있다.

『단기고사』

발해를 건국한 대조영의 아우 반안군왕般安郡王 대야발大野勃이 8세기경에 편찬한 것으로 추정되는 역사서이다. 저자가 흩어진 자료를 모아 발해어로 작성했고, 830년경에 황조복皇祚福이 한문으로 번역하였으며, 이후 구한말 학자인 윤웅두가 중국에서 발견하여 이시영이 국학문으로 번역한 것으로 전한다. '단기고사'란 '단군과 기자의 옛 역사'라는 의미로, '전단군조선前檀君朝鮮'과 '후단군조선後檀君朝鮮'으로 구분하여 47대 단군의 재위기간과 각 시대의 주요 기록 등을 포함한 약 2000여 년에 걸친 역사와 전단군조선보다 늦게 시작된 기자조선의 42대에 이르는 1000여 년의 시간을 시대 순으로 기술하고 있다. 현재의 국한문본은 1959년 정해박鄭海珀이 한문본을 다시 번역한 것으로 전하지만 발해본은 물론 한문본은 현재 전하지 않는다. 또한 국한문본의 내용이 각 시대 상황과 전혀 맞지 않아 사료적 가치가 의문스럽고, 다른 상고사서와 비교해도 기본 틀에 큰 차이가 없어 국사학자들은 일반적으로 구한말 이후에 만들어진 위서로 평가하고 있다. 서문, 제1편 전단군조선, 제2편 후단군조선, 제3편 기자조선 순으로 구성되어 있고, 대한제국 학부 편집국장 이경직李庚稙의 중간서重刊序와 신채호의 중간서가 부록으로 있다.

3장

부여 건국, 잃어버린 역사의 뿌리를 찾아서

동명왕, 부여 역사와 함께 묻히다

동명신화와 잊힌 부여 역사

동명신화는 부여를 건국한 시조 동명을 주인공으로 하고 있다. 태양과 광명을 뜻하는 동명이 건국한 부여는 길림 지방을 중심으로 기원전 3세기에서 기원전 2세기 말에 국가를 형성하여 4세기 중반에 농안 지방으로 중심지를 이동했다. 이후 494년까지 존속한 부여를 북만주 지역에 있던 예맥족의 국가로 보는 견해도 있다.

동명신화는 중국의 역사서 『논형論衡』을 비롯해 『삼국지』 『수신기搜神記』 『후한서』 『법원주림』 『통전』 『한원』 『책부원귀冊府元龜』 등에서 다양하게 전하고 있다. 대표적인 예로 1세기 초에 작성된 『논형』에 다음과 같이 전하고 있다.

▍탁리국 왕의 시비가 임신을 하였는데, 왕이 그녀를 의심해서 죽이려고 했다. 이에 시비는 "달걀과 같은 기운이 하늘로부터 저에게 내려와 임신을 하였습니다"라고 해명하여 살아날 수 있었다. 후에 시비가 아들을 낳았으나 왕이 불길하게 여겨 돼지우리에다 버렸더니 돼지가 입김을 불어주어 죽지 않았다. 다시 마구간으로 옮겨 말에 깔려 죽도록 하였으나, 말 또한 입김을 불어주어 죽지 않았다. 왕은 하늘이 내린 아이라고 두려워하여 어미에게 거두어 기르게 하여 종으로 삼았다. 이 아이의 이름을 동명東明으로 짓고, 소와 말을 기르도록 하였다. 동명은 활을 잘 쏘았다. 때문에 왕은 장차 나라를 빼앗길 것이 두려워서 동명을 죽이려고 하였다. 동명이 이를 알고 도망가다가 남쪽의 엄표수掩淲水에 이르러 활로 물을 치자 물고기와 자라가 떠올라 다리를 만들어주었다. 동명이 이들을 밟고 건너가자 물고기와 자라가 흩어져 동명을 추격하던 병사들은 물을 건너지 못했다. 그리하여 도읍을 정하고 부여의 왕이 되었다. 이것이 북이北夷에 부여국이 있는 이유이다.

탁리국 왕의 시비에게서 태어난 동명은 모계혈통을 제외하면 햇빛에 의해 잉태되는 등 영웅신화의 주인공을 입증하는 고귀한 혈통을 전하고 있다. 또한 그는 탄생이 불길하다며 인간에 의해 버림을 받지만 신성한 기운의 보호로 시련을 극복하여 영웅으로서의 존재감을 증명하고, 성장 과정에서 위기가 닥치자 비범한 능력으로 고향을 탈출하여 마침내 부여국의 건국에 성공하는 등, 동명신화에는 전형적인 신화의 구조를 담고 있다.

동명이 엄표수에서 추격자들에게 잡힐 위기에 처했을 때 활로 물을 치는 행위 역시 신과의 소통을 시도하는 주술적 행위였고, 동시에 인간의 능력을 초월하는 응답을 하늘로부터 이끌어냄으로써 미지의 정령들이나 지상세력에게 복종을 요구하는 제의적 선언이었다. 그리고 부여에서 왕은 주술적 능력을 지닌 제사장의 성격을 지녔다고 전해지는 것도 이와 무관하지 않다.

또한 동명신화에는 부여 지역의 문화적 특성도 담겨 있다. 버려진 아기에게 '돼지와 말이 숨을 불어 넣어주었다'는 의미는 목축경제의 신화적 상징으로, 지역의 토착신앙에 해당하는 토템사상을 발견할 수 있다. 부여 지역과 관련된 퉁구스의 어원적 의미가 본래 돼지 또는 '돼지를 기르는 사람'을 뜻할 만큼 부여에서는 돼지의 사육을 중시했다. 『삼국지』 「위지 동이전」의 "돼지를 사육하여 그 살은 먹고, 가죽으로 옷을 해 입으며, 겨울에는 기름을 몸에 발라 추위를 막았다"라는 내용에서도 부여에서 오래전부터 돼지를 사육하며 다양한 용도로 활용했음을 알 수 있다.

그리고 부여가 '평야'를 의미하는 벌伐에서 연유하였다는 설과 사슴을 뜻하는 만주어의 'puhu'에서 비롯되었다는 설이 있을 정도로 부여의 대평원에서는 기마 풍습이 일반화되어 있었고, 명마名馬를 생산하고 말을 기르는 능력이 뛰어났다. 또 3세기를 전후한 시기에는 사방 2000리에 달하는 광활한 평야지대에서 농업과 목축이 성행했다. 『후한서』에는 마가(馬加, 말)·우가(牛加, 소)·저가(豬加, 돼지)·구가(狗加, 개) 등 왕의 지배하에 여섯 관직명을 여섯 가지의 동물 이름으로 전하고 있는데, 관직명에 말과 돼지가 포함되어 있을 정도로 국가적으로도 중요하게 여겼음을 알 수 있다.

동명이라 불러다오

『삼국지』「위지 동이전」에 의하면 "부여인들은 스스로 옛적에 다른 곳에서 옮겨온 유이민의 후예이다"라고 전한다. 따라서 유목과 수렵생활을 기반으로 하는 부여국의 중심세력이 이동 과정에서 선진문화인 농경문화를 수용했음을 알 수 있다. 부여에서 여름에 시체의 부패를 방지하기 위해 얼음을 사용했다는 기록도 이를 뒷받침해주고 있다.

또한 부여는 지리적으로 남으로는 고구려와 이웃하고, 서남으로는 요동의 중국 세력과 연결되어 있어 이들 양대 세력의 위협으로부터 자국을 보호하기 위해 군사력 확충에도 적극적인 관심을 기울였다. 한편으로는 부여왕이 중국 한나라의 수도를 직접 방문한 적도 있었고, 관구검은 고구려를 침공할 때 중국에 군량을 제공하는 등 긴밀한 관계를 유지했을 정도로 중국과의 적극적인 외교활동을 펼쳤다.

이처럼 부여는 고대사회에서 존재감이 분명했음에도 건국시조인 동명과 관련한 기록은 대단히 미약하다. 심지어 고구려의 건국시조인 주몽과 동명을 동일인으로 볼 정도로 동명신화는 크게 주목받지 못했고, 최근까지도 부여에 대한 역사인식이 부족하다. 『삼국유사』에서 동명왕과 관련한 내용이 전하기는 하지만, 그 역시 중국의 『주림전珠琳傳』을 인용하면서 고구려의 건국과 혼동하고 있다. 또한 『삼국유사』에는 일연의 무리한 해석이 더해져 다음과 같이 모순된 이야기도 전하고 있다.

▌옛날 영품리왕寧稟離王의 시비가 임신하자, 관상쟁이가 점을 쳐서 "귀하게 되어 반드시 왕이 될 것이오"라고 했다. 이에 왕은 "내 자식이 아니니

> 마땅히 죽여야겠다"라고 했다. 이에 시비가 "기氣가 하늘에서 내려왔기 때문에 임신한 것입니다"라고 하여 죽음을 면하고 사내아이를 낳게 된다. 그러나 왕이 상서롭지 못하다며 짐승우리에다 버리니 돼지가 기를 불어넣어 주었다. 다시 외양간에다 버리니 말이 젖을 먹여서 죽지 않았다. 마침내 동명제東明帝가 졸본부여의 왕이 되었다. 졸본부여 역시 북부여의 별도인 고로 부여왕이라고 했다. 영품리는 곧 부루의 이칭이다.

일연은 중국의 사료를 인용하면서 졸본부여와 부여는 물론 영품리왕과 부루왕을 동일하게 해석하면서 결국 동명왕을 고구려의 개국시조인 주몽으로 연결시키고 있다. 이와 관련한 어떤 구체적인 근거도 제시하지 않았으므로 그가 무리한 해석을 시도하고 있음을 알 수 있다. 물론 일연이 이렇게 기록하게 된 원인은 그의 주관적인 판단이라기보다는『삼국유사』를 편찬하면서 참고한 자료들의 영향이 컸다고 볼 수 있다. 이러한 사실은『삼국사기』를 통해서도 확인할 수 있다.

『삼국사기』의 경우 부여에 대해서는 전혀 언급하지 않고 신라·고구려·백제 삼국의 역사만을 중심으로 다루고 있다. 그리고 고구려의 시조인 주몽을 동명왕이라고 하여 주몽과 동명을 동일인으로 기록하고 있다. 또한 이규보(李奎報, 1168~1241)가「동명왕편」을 쓰면서 참고했다고 밝힌『구삼국사』에도 주몽을 동명왕으로 표기하고 있다. 따라서『삼국사기』와『삼국유사』가 편찬되기 이전부터 동명과 주몽은 동일인으로 전해졌을 가능성이 크다.

그러나 고구려인들은 멸망하기 전까지 국조에 대한 의식이 분명했기에 동명과 주몽의 명칭을 구분했다. 대표적인 예로 현재 주몽과 관련한 고구려 최초의 공식 문헌자료인 「광개토대왕릉비」에서는 주몽을 '추모'라고 표기할 뿐 동명이라는 표현은 물론 별도의 왕호도 부여하지 않았다. 따라서 고려시대를 거쳐 조선시대에 들어와서 동명과 주몽을 동일시하는 인식이 확산되었다는 추론이 가능하다.

조선시대에 편찬된 『동국통감』에서도 이러한 인식을 확인할 수 있다. 조선이 건국되고 100여 년이 지난 1485년에 서거정徐居正이 찬술한 『동국통감』은 조선 전기의 대표적인 정사이다. 그러나 이 책 어디에도 부여에 대한 기록은 없다. 첫머리에 기술된 「외기外紀」 부분도 단군조선-기자조선-위만조선으로 이어지고 있으며, 고구려 건국신화를 기록하면서 주몽을 '시조 동명왕'으로 기록하고 있다. 또한 한치윤韓致奫의 『해동역사』에는 부여와 동명왕에 대한 다음과 같은 일화를 전한다.

> ▎조선 초기에 『성종실록』 편찬에도 참여했던 김천령이라는 문신이 있었다. 과거에서 장원급제할 정도로 수재였던 그는 "동명은 그 밝은 위업을 열었고, 주몽은 그 나머지를 이어받았네"라며 동명과 주몽을 각각 구분하여 추모하는 글을 남겼다. 그런데 후에 김정국은 김천령에 대해 "우리 역사를 제대로 알지 못한 것이니 우습다"라고 비판하면서 "장원급제한 자격을 박탈해야 한다"라고 주장했다.

이후 조선 후기에 들어서면서 동명과 부여의 신화에 관한 실학자들의 역사적인 논의가 시작되었다. 한백겸은 『동국지리지』에서 동명왕을 고구려의 시조라고 하는 데 의문을 제기하였고, 신경준은 해모수와 동명을 동일인으로 보면서 동명과 주몽은 별개의 인물임을 중국과 국내 자료를 분석하여 논증했다. 그리고 정약용과 한진서는 각기 『강역고』와 『해동역사』에서 "우리나라 사람들이 부여에 동명이 존재한다는 사실을 모르게 된 것은 바로 김부식의 『삼국사기』 때문이다"라고 비판했다.

이처럼 조선 후기에 부여의 건국신화에 대한 논의가 활발하게 전개된 이유는 지식인들 사이에서 실학시대의 고증정신이 역사 연구로 투영됐기 때문이다. 이로써 그동안 아무런 비판 없이 수용해왔던 역사적 사실에 의문과 비판을 제기하면서 새로운 해석을 시도했다. 물론 이러한 과정에서 중국 대륙으로 이어지는 우리의 광활한 영토와 유구한 역사에 대한 인식도 확대되었다.

동명신화와 활

동명신화는 동명왕의 모계혈통을 시비 출신이라고 기록하는 등 건국신화에서 강조되는 신성함이 상당히 미약하고 전체적으로 내용이 축약되어 전한다. 반면 상대적으로 내용이 풍부하게 전하는 주몽신화에서도 동명왕이라는 동일한 호칭을 사용하고 있고, 두 신화 모두 동일한 이야기 구조를 지니고 있다. 이 때문에 부여의 건국시조인 동명과 고구려의 건국시조인 주몽을 동일인으로 보아 동명신화를 주몽신화의 축약된 신화로 보기도 한다.

그러나 동명과 주몽을 동일인으로 보려면 먼저 해결해야 할 과제가 있다. 무엇보다도 동명이 주몽과 동일인이라면 700년 역사를 지닌 부여의 존재가 실재하지 않았다는 의미가 되며, 부여가 실재했다면 건국신화가 없는 유일한 고대국가가 된다. 하지만 부여는 분명히 존재했고, 역사적으로 그 존재감을 전하는 부여에 건국신화가 없다고 보는 것도 무리가 있다. 따라서 다음과 같은 이유에서 부여의 건국신화가 축약되거나 삭제되었을 가능성은 있어도, 신화가 없다고 단정적으로 말할 수는 없다.

첫째, 건국신화란 '국가를 창건한 군주에 관한 신화'이기도 하다. 따라서 비록 동명신화와 주몽신화가 내용적인 측면에서 유사하다고 해도 신화의 가장 기본적이면서도 중요한 요소인 군주와 국가의 이름이 서로 다르다. 또한 부여에서 스스로 기록한 자료가 현재 전하지 않으며, 부여와 관련해서 『삼국사기』 이전에 기록된 것으로 전하는 신화가 모두 중국 자료라는 점도 감안해야 한다. 중국은 다른 나라의 연원과 신이하거나 괴이한 현상 등에 대해 구체적인 관심을 기울이지 않았을뿐더러 사실 확인에 미흡했을 가능성이 충분하기 때문이다.

둘째, 부여의 동명신화에서 모계혈통을 단지 '왕실 시녀'로 전하는 등 신화적 요소가 미약한 것은 동명왕이 실재하지 않았다는 근거가 아니라, 부여의 건국과 관련해서 신화화되지 않은 사실을 어느 정도까지는 그대로 반영했다는 해석이 가능하다.

셋째, 두 신화에서 주인공이 모두 동명왕이라는 동일한 호칭을 사용하는 것은 그 호칭이 고대국가의 개국시조를 호칭하는 의미로 일반화되었거나, 고구려의 시조인 주몽을 통해 특별히 부여의 동명왕이 지니고 있는 개국시조의 의미를 강조하기 위해 해당 호칭을 사용했을 가능성도 충분하다. 즉 어느 시기부터 '동명'이 특정한 인물을 지칭하는 고유명사에서 벗어나 천제의 아들로서 '광명이 동방에서 오는 신성함'의 상징으로 수용했을 가능성을 말한다.

넷째, 부여와 고구려의 건국주체에도 분명한 차이가 있다. 고구려의 주몽은 부여로부터 나왔지만, 부여의 건국세력은 요동의 고조선 지역으로부터 송화강 북쪽에 위치한 북방계통 또는 발해 연안을 중심으로 하는 세력 등에서 나왔다고 보기도 한다. 동명신화는 부여의 북쪽에 위치한 어떤 지역에서 출생한 동명이라는 영웅이 남쪽으로 이동하여 부여라는 나라를 세우고 왕이 되었다는 기본 골격을 갖추고 있기 때문이다. 그리고 동명신화는 고구려와 다른 귀족사상이 발견되는 등 당시 사회와 경제적 여건에서도 주몽신화와 차이가 있다. 예를 들면 부여의 기본적 지배질서와 관련하여 중국의 『삼국지』「위지 동이전」에서 "(부여의) 읍락에는 호민이 있고, 민은 하호였으며 모두 노복이 되었다. 제가諸加들은 별도로 사출도四出道를 다스렸는데 대자大字는 수천 가를, 소자小子는 수백 가를 다스렸다"라고 전하는 것으로 보아, 북부여의 기본적 지배질서가 왕을 최고 정점으로 하여 계급사회를 이루고 있었음을 알 수 있다.

다섯째, 부여와 고구려가 동일 혈족이었고, 고구려 지배계급의 일부가 부여로부터 남하였다는 사실을 고려하면 동명신화와 주몽신화에서 공통점이 발견되는 것은 이상한 일이 아니다. 또한 고대국가의 건국시조들에게 필요한 신이한 능력과 시련, 그리고 통과의례 등의 상징적 의미들이 시기와 지역에 따라 구체적인 차이가 있기는 하지만, 신화의 관점에서 보면 공통적인 요소들이 발견된다는 점도 주목할 필요가 있다. 즉 활을 잘 쏘고 말을 잘 타는 능력은 고대국가의 영웅이라면 기본적으로 지녀야 할 자질이자 하늘과 연관하여 신성함을 입증해주는 징표였다.

그 예로 고대사회에서 명사수로 인정받았다는 것은 활이 상징하는 신능神能을 보유하고 있다는 의미로 해석된다. 특히 우리 신화에서 명사

「수렵도」 평남 남포시 강서구역 덕흥동(옛 지명은 평남 대안시 덕흥리)에 있는 덕흥리 고분의 벽화로, 앞방 남쪽 활 모양의 천장부 하단에 말을 타고 질주하는 수렵도가 산악과 함께 그려져 있다.

수인 영웅을 신궁神弓으로 소개하는 것은 영웅이 하늘로부터 신성한 명을 받았으며, 동시에 하늘과 소통할 수 있는 능력까지 보유하고 있다는 의미였다. 따라서 고대사회에서 활은 대중의 추앙을 받을 수 있는 영웅의 자질이며, 정치적으로는 왕위에 오를 수 있는 자격을 의미했다. 이와 관련해서 단군이 창건한 고조선의 도읍인 아사달은 활의 나라를 의미하는 '궁홀弓忽'이라 했으며, 제주도에서 구전으로 전하는 고高·부夫·양良이라는 세 성씨의 시조가 도읍을 정할 때 활을 쏘아 자신이 다스릴 이상적인 지역을 찾았다는 다음과 같은 이야기도 전한다.

> 세 사람은 나이순으로 세 처녀와 각기 결혼하여, 물이 좋고 땅이 기름진 곳으로 나아가 활을 쏘아 거처할 땅을 점치니, 양을나가 거처하는 곳을 제일도第一都라 하고, 고을나가 거처하는 곳을 제이도第二都라 했으며, 부을나가 거처하는 곳을 제삼도第三都라 하였다. 그리고 오곡의 씨앗을 뿌리고 소와 말을 기르니 날로 살림이 풍부해졌다.

제주 삼성혈 제주도 세 성씨의 시조인 양을나, 고을나, 부을나가 솟아난 구멍으로 전하며, 땅이 세 군데 움푹 파여 있는 것을 볼 수 있다.

여기서 세 성씨의 시조가 도읍을 정했다는 것은 곧 건국을 의미했다. 그리고 이와 같은 신성한 절차를 활과 화살을 통해 거행하는 의식은 인근의 동북아시아 지역에서도 찾아볼 수 있을 정도로 일반화되어 있었다. 일본에서도 활이 하늘과 의사소통을 할 수 있다고 전하고 있으며, 일본의 문헌신화집인 『고사기』에는 "화살이 꿩의 몸을 뚫고 하늘로 올라갔다가 다시 지상으로 내려와서 천일군자天日君子라는 반역자를 죽였다"라는 이야기도 전하고 있다.

또한 만주와 일본의 사신들이 선물로 가지고 온 활과 화살은 외교적으로 상대국 왕에 대한 예우라는 상징적 의미로 확장된다. 고구려 2대 왕인 유리왕의 아들이자 태자였던 해명의 죽음도 이러한 상징성과 직접적인 연관이 있었다.

▌ 유리왕이 국내성으로 도읍을 옮길 때 태자 해명은 따라가지 않고 졸본성을 지키기 위해 남게 되었는데, 어느 날 해명이 힘이 세고 용감하다는 소문을 들은 이웃 나라 황룡국의 왕이 이를 시험해보려고 강한 활을 보냈다. 이를 받아본 해명은 고구려를 쉽게 넘보지 못하게 하려는 의도로 활을 꺾어 부러뜨려 황룡국 왕을 부끄럽게 만들었다. 하지만 해명은 아버지인 유리왕으로부터 외교적으로 무례함을 저질렀다며 미움을 사게 되었고, 결국 유리왕이 황룡국으로 하여금 해명을 유인하여 살해하게 했다. 그러나 황룡국에서는 해명의 위엄에 눌려 그냥 돌려보냈으나 유리왕이 해명에게 칼을 보내 자결할 것을 명령했다. 이에 해명은 주위의 만류에도 불구하고 달리는 말에서 땅에 세워놓은 창에 몸을 날려 찔려 죽고 말았다.

동명신화와 주몽신화의 공통점과 차이점

국내 자료는 대부분 동명신화와 주몽신화의 주인공을 동일인으로 전하므로 동명신화와 주몽신화를 구별하기 위해 중국의 자료를 참고하기도 한다. 각 중국 자료에 전하는 동명신화는 구체적인 내용에는 차이가 있지만, 전체적으로는 비슷한 내용을 전하면서 동명과 주몽을 구별할 수 있기 때문이다.

특히 중국 사서에 의하면 부여를 개국한 신화의 주인공으로 동명을 확인할 수 있다. 그리고 동명의 출생방식은 공통적으로 태생으로 전하며, 잉태 방식은 '달걀 같은 기운' 또는 '하늘의 기운' 등 표현상의 차이가 있기는 하지만 모두 하늘과 연관된 태양숭배사상을 담고 있다. 그러나 부계에 대해서는 구체적으로 전하지 않으며, 출생국에 따라 모계 역시 차이를 보이고 있으나 모계의 출신은 모두 그녀가 살았던 국가의 왕실 시비로 동일하게 전한다.

⊙ 중국 사서에 나타나는 시조 동명의 주요 내용

	『논형』	『위략』	『후한서』	『신론』	『양서』	『북사』	『통전』
편찬 시기	1세기	3세기 말	5세기 초	6세기 초	629~636년	627~649년	801년
주인공	동명	동명	동명	–	동명	동명	동명
개국명	부여	부여	부여	부여	부여	부여	부여
출생국	북이 탁리국	고리국	북이 삭리국	포리국	북이 고리국	삭리국	북이 삭리국
부계	–	–	–	–	고리국왕 아들	–	삭리국왕
모계	탁리국 시비	고리국 시비	삭리국왕 시녀	포리국왕 시비	고리국왕 시비	삭리국왕 시비	–
잉태 방식	달걀 같은 기운	달걀 같은 기운	하늘의 기운	하늘의 기운	하늘의 기운	하늘의 기운	–
출생 방식	태생	태생	태생	태생	태생	태생	–
적대자	탁리국왕	고리국왕	삭리국왕	–	고리국왕	삭리국왕	삭리국왕

반면 국내 자료에 나와 있는 동명신화는 주몽신화와 구별하기가 쉽지 않다. 『삼국사기』에 전하는 고구려의 시조 주몽신화에서도 동명신화를 그대로 수용하고 있는 듯하며, 『삼국유사』의 경우 북부여에 대해 다음과 같이 전한다.

▌『고기』에 이르기를 "전한前漢 선제宣帝 신작神爵 3년 임술 4월 8일에 천제가 흘승골성에 내려와서 오룡거五龍車를 타고 도읍을 정하여 왕이라 일컬었으며, 국호를 북부여라 하고 해解씨로 성씨를 삼았다. 왕은 뒤에 상제의 명으로 도읍을 동부여로 옮기고 동명제가 북부여를 이어 일어나 도읍을 졸본주에 정하여 졸본부여가 되었으니 고구려의 시조이다"라고 하였다.

이 내용은 신화의 뿌리를 부여에 두고 있으면서도 북부여-동부여-고구려의 개국을 압축적으로 담고 있다. 그리고 그 과정에서 주몽과 동명을 동일인으로 기록하는 등 부여와 고구려의 개국에 대해 혼란을 일으킨다. 국내 자료를 중심으로 동명신화와 주몽신화에서 보이는 공통점을 구체적으로 정리하면 다음과 같다.

첫째, 시조의 부계혈통이 하늘과 연계되어 있는 태양숭배집단의 시조신화이다.

둘째, 시조의 어머니가 자신이 거주하고 있는 지역 출신의 집단과 다른 혈통을 잉태하였다는 점에서 고대국가 건국 과정에서 성격이 다른 두 집단의 세력 연합이라는 의미가 발견된다.

셋째, 시조가 탄생하자 불길하다는 이유로 버려졌으나 동물들의 보호를 받아 생존함으로써 영웅의 신성함을 입증하고 있다.

넷째, 주변의 시기와 박해로 자신이 성장한 지역을 탈출하는 과정을 통해 도전 정신을 보여주는 동시에 건국의 정당성을 부여하고 있다.

다섯째, 탈출 도중에 큰 강물을 만나 추격병에게 잡힐 위기에 놓이게 되나 하늘의 뜻에 의해 물고기와 자라가 다리를 놓아주어 무사히 건넘으로써 신화적 요소를 강화하는 등 건국이 하늘의 뜻에 의해 이루어졌음을 보여주는 절대적 권위와 정통성을 부여하고 있다.

이상의 내용이 두 신화에서 보여주는 동일한 신화적 요소이다. 그럼에도 두 신화를 동일하다고 판단하기에는 무리가 있다. 신화는 특정인에 의해서만 소유되는 폐쇄적인 이야기가 아니며, 출생 이전부터 강력한 권능에 의해 보호되고, 세상에 나와서는 생득적 자질과 천우신조로 아무런 시련 없이 모든 것을 얻는 자는 적어도 영웅신화의 주인공이 될 자격이 없기 때문이다. 또한 어떤 의도에서든 신화의 기저에는 관련 부족의 정서나 문화가 포함되어 있기 때문에 이러한 관점에서 두 신화를 비교하면 다음과 같은 차이점을 발견할 수 있다.

첫째, 주인공의 이름과 출생지, 그리고 그들이 세운 나라 이름이 각기 다르다. 따라서 '국가를 건국한 시조가 누구이며, 어떤 국가를 창건했는가' 를 보여주는 건국신화의 본질적인 면에서 분명한 차이가 있다.

둘째, 동명은 태생이지만 주몽은 난생으로, 태생과 난생은 신화의 해석에 차이를 보인다. 다시 말해 두 주인공 모두 태어나자마자 버려지지만 태생이었던 동명은 생명을 위협받는 시련이 곧바로 시작된다. 반면 난생이었던 주몽은 비정상적인 출생을 통해 알을 낳는 동물을 신성시하는 토템사상이 더해져 신성성이 강화되어 있다.

셋째, 어머니의 혈통과 건국 과정에서의 역할에 차이가 있다. 동명은 어머니가 국왕의 시비였으며, 동명을 출산하고 양육한 사연 외에는 생존 여부는 물론 어떠한 구체적인 역할도 전하지 않는다. 반면 주몽의 어머니는 수신 하백의 장녀로 주몽의 고귀한 혈통을 뒷받침해준다. 뿐만 아니라 그녀는 고구려의 건국 과정에서도 구체적인 영향력을 발휘하면서 존재감을 분명하게 전하고 있다.

넷째, 가족관계에도 차이가 있다. 동명신화에서는 동명의 부계에 대한 언급조차 없는 등 부모의 혈통에 대해서 구체적으로 알 수 없다. 그리고 동명의 배우자나 후손에 대해서도 전하는 내용이 없어 가족관계를 전혀 알 수 없다. 반면 주몽은 해모수와 유화라는 부모를 통해 고귀한 혈통을 입증하고 있으며, 주몽의 결혼과 가족관계에 대해서도 구체적으로 전하고 있다. 게다가 주몽의 세 아들이 등장하여 고구려는 물론 백제의 건국과도 구체적인 연관성을 보여주고 있다.

이상에서 살펴보았듯이, 두 신화는 건국한 나라가 분명히 다르며, 혈통과 가족관계 그리고 성장과 건국 과정에서도 차이를 보이고 있다. 따라서 신화에 담긴 의미도 각각 다를 수밖에 없다. 또한 동명신화는 축약되어 있음에도 한반도로 이주해온 부여족 또는 동이족의 천신신화로 그 내용이 동일하지 않고 변이현상이 복잡하게 나타나고 있다. 이와 관련해서 연남산淵男産의 무덤에 전하는 「천남산묘지」도 주목된다.

▌ 옛날에 동명은 기氣에 감축되었는데, 호천을 건너서 나라를 열었다. 주몽은 태양으로 잉태되었는데, 패수에 임하여 도읍을 열었다.

연남산은 고구려의 실세였던 연개소문의 셋째 아들로, 연淵씨 성을 천泉으로 표기한 것은 당나라 고조 이연의 이름과 같은 연이 들어 있어 이를 피하기 위해 바꿔 쓴 것이다. 그리고 중국 자료와 우리 자료에 나타난 특징이 결합된 그의 묘지명에 동명과 주몽을 별개의 인물로 기록하고 있어 주목받고 있다. 주몽이 부여계에서 나왔다는 사실을 감안하면 부여의 건국신화는 고구려 건국신화의 원형으로, 동명신화가 주몽신화로 흡수되어 개편되었다고도 볼 수 있기 때문이다. 즉 주몽신화는 동명신화가 한반도로 이주해온 동이족의 천신신화로 전승되는 과정에서 다양하게 변이된 신화 중 하나로, 태양숭배세력과 물을 숭배하는 하백족이 통합되어 새로운 집단으로 확대된 이후 각 집단의 전승신화를 흡수하여 새롭게 개편된 시조신화였을 가능성이 있다. 그리고 동명신화는 이후 백제에 의해 수용되는 등 범부여계 국가들의 건국신화의 뿌리가 되었다.

통합의 길을 모색하다

동명을 건국시조로 하는 부여는 후에 건국된 고구려와의 대결에서 패배해 결국 고구려에 병합되었다. 그럼에도 고구려는 부여의 문화적 기반 위에서 성장하였다는 점에서 단순히 부여를 정복한 국가는 아니었다. 고구려가 자신들의 건국시조인 주몽을 부여의 시조인 동명과 동일시하며 부여 계승의식을 확립한 것도 지역의 패권 장악에 대한 정당화를 시도하려는 의도가 담겨 있었던 것이다. 그리고 동명신화는 중국 역사에도 영향을 미쳤는데, 특히 부여와 관련하여 중국 자료에서 다음과 같은 특징을 발견할 수 있다는 점이 흥미롭다.

동명신화와 관련해서 가장 먼저 거론되는 자료는 중국의 『논형』이다. 『논형』은 '당시의 세태에 분개하여 선을 권장하고 악을 제거하여 거짓됨을 바로잡고, 미혹함을 일깨우기 위해 옛글들을 모아 엮은 85편 30권의 방대한 저술'이다. 특히 『논형』이 후한의 왕충이 88~89년 사이에 완성한 책이라는 사실을 감안하면, 부여의 건국신화는 최소한 1세기 후반에 문자로 정리되었음을 알 수 있다. 따라서 부여의 건국신화가 이보다 앞선 시기에 만들어졌다는 점에서 1세기 이전에 이미 동명신화가 전승되었다고 볼 수 있다. 그리고 중국의 『사기』에 "진시황(기원전 259~210) 때 중국 주변의 교역대상 세력에 부여가 포함되어 있다"라는 기록으로 보아 부여의 건국시기는 기원전 3세기 후반 또는 늦어도 기원전 2세기 말을 전후한 시기로 볼 수 있다.

따라서 기원을 전후한 시기에 이미 부여의 건국신화가 구전으로 전승되었을 수도 있다. 기원전 3세기를 전후한 시기의 국내외 상황도 이러한 추론에 힘을 실어준다. 기원전 4세기 말에서 기원전 3세기 초 사이에 고조선은 중국 연나라의 침입을 받아 도읍을 평양으로 천도하는 정치적 변혁을 겪었고, 중국의 진·한 교체기인 기원전 3세기 후반에 다시 한 차례의 이주민 파동을 겪었다. 이 사실을 고려하면 동명 집단이 고조선에 의하여 병합된 다른 소국이었거나 또는 고조선이 천도하기 전의 어느 시기에 피합병국 정책에 따라 일종의 제후적 존재로 있었던 소국 형태의 지배세력이었다가 이동하여 부여를 건국했을 가능성도 있다.

특히 동명 집단은 고조선을 통해 이미 국가체제를 경험한 세력이었고, 이러한 경험은 새로 이주한 지역에 국가를 세우는 과정에서 유리한 조건이 되었을 것이다. 다만 당시 정황이 혼란스러웠기 때문에 이와 관련해서 구체적인 기록까지 남기기에는 무리가 있었고, 그럼에도 부여는 고유의 역사를 지녔던 나라였으므로 구전으로 전승되던 건국신화가 시간이 지나면서 문헌으로 정리되었을 것이다. 중국의 역사서에서 동명의 출신지가 다양하게 전하는 것은 신화가 기록되는 과정에서 한문의 오탈자 등이 발생했거나 출신지에 대한 정확한 정보가 없었기 때문일 가능성도 있다. 아래 표와 같이 중국 자료에 전하는 동명신화는 큰 틀에서 보면 별다른 차이가 없다는 점도 이러한 추론을 뒷받침해준다.

⊙ 중국 사서에 기록된 동명신화의 비교

서명書名	편찬 연대	항목	배경국가	모母	시조명	개국 국명
『논형』	1세기경	부여조	탁리국	시비	동명	부여
『위략』	3세기 말	부여조	고리국	시비	동명	부여
『후한서』	5세기 초	부여조	색리국索離國	시아侍兒	동명	부여
『삼국지』	-	-	고리국	시비	동명	부여
『위서』	6세기	고구려조	부여	하백녀	주몽	고구려
『양서』	629년	고구려조	탁리국	시아	동명	부여/고구려
『수서』	636년	고구려조	부여	하백녀	주몽	고구려
『북사』	656년	고구려조	부여	하백녀	주몽	고구려
『주서』	7세기	고구려조	부여	하백녀	주몽	고구려
『통전』	-	-	부여	하백녀	주몽	고구려

위 표에 의하면 1세기부터 5세기에 편찬된 사서에는 모두 동명을 부여의 개국시조로 기록하면서 그 모계를 궁궐에서 생활하는 시비로 전하고 있다. 그리고 동명의 출신국을 의미하는 신화의 배경국가는 동일하지 않지만 이 부분을 제외하면 기본적인 내용은 유사하다. 다만 동명신화가 전하는 최초의 기록인 『논형』에 신화가 간략하게 축약되어 있기 때

문인지, 이후에 보이는 동명신화 역시 모두 내용이 간략하다.

반면 6세기 이후부터는 『양서梁書』에서 부여와 고구려 모두를 염두에 두고 동명을 거론하고 있으며, 『위서』를 필두로 부여가 아닌 주몽에 의한 고구려의 개국을 말하면서 모계를 하백녀로 전하고 있다. 그리고 주몽을 주인공으로 하는 고구려의 개국신화는 내용 면에서도 동명신화보다 훨씬 구체적이다. 이러한 특징은 5세기에서 6세기 사이의 정국 변화와도 무관하지 않다. 부여는 494년 고구려에 완전히 병합됨으로써 5세기 말에 그 역사가 막을 내렸고, 6세기부터는 고구려가 본격적으로 주도권을 행사했기 때문이다. 이러한 변화는 고구려신화에도 영향을 미쳐 신화의 주체는 물론, 그 내용에도 신이함과 정통성 등이 더해져 더욱 자세하게 부연되었을 것이다. 달리 말하면 이는 동명신화를 포함해 부여의 역사가 고구려와 통합의 길을 걷게 되었음을 의미한다.

이후 고구려 후기에 들어서면 건국신화에서 '햇빛에 의한 주몽의 잉태'라는 기존의 고구려의 시조신화와 함께 부여의 동명과 북부여 해모수의 계보, 그리고 동부여의 부루와 금와의 계보 등 고구려에 통합된 모든 부여계 국가의 신화들이 정리되지 않은 채 그야말로 주몽신화에 거칠게 섞이게 된다. 따라서 어떤 식으로든 이러한 신화들을 정리할 필요가 있었고, 그 필요성에 따라 주몽이 북부여 해모수의 혈통을 이어받아 동부여에서 출생하였다는 점을 강조하게 된다. 이 과정에서 고구려에 병합되었던 부여계 국가들의 건국신화가 주몽을 중심으로 통합되었고, 이는 분열되어 있던 고구려의 지배층을 다시 하나로 융합하려는 시도로 이어졌다. 그리고 고구려가 멸망한 이후에는 시간이 지나면서 동명이나 주몽에 대한 인식이 희박해져 동명과 주몽을 혼동하게 되었고, 동명을 주몽의 왕호로 사용하기에 이른 것이다.

이처럼 부여의 존재는 고구려 왕실을 중심으로 하는 건국 주도세력의 신성한 근원지이면서 고구려 정체성의 출발점이었다. 하백녀가 부여신으로 추앙받았던 것도 고구려의 정체성을 강화하여 효율적인 사회통합을 이루기 위한 왕실의 의도와 무관하지 않았다. 심지어 백제까지도 당시 부여 계승의식을 놓고 고구려와 사상적으로 대립했을 정도로 부여의 건국신화는 고대국가 건국기에서 신화의 뿌리에 해당했다. 그런 점에서 주몽신화에 등장하는 해모수는 고대국가 건국신화에 또 하나의 열쇠를 쥐고 있었다.

해모수, 신화 속에 살아 있는 부여의 건국시조

부여 건국신화의 열쇠를 쥐다

해모수신화는 천신의 자손이 지상에 내려와 왕권을 장악한 부여의 건국시조신화이다. 그리고 고대사회는 신권시대神權時代로, 왕이 제단을 설치하여 하늘에 제사를 지내는 제사장의 역할도 수행했다는 점에서 해모수신화는 태백산 신단수 아래서 신시를 세운 환웅신화와 유사하다. 또한 해모수의 존재는 "북부여의 옛 도읍지에 해모수가 내려왔다"고 전하고 있어 북부여-동부여-졸본부여-남부여로 이어지는 다양한 부여계의 존재를 하나로 묶어주기도 한다. 『삼국사기』에는 『구삼국사』를 인용한 별도의 주를 달아 해모수에 대해서 다음과 같이 전한다.

> 한漢 신작 3년 임술(기원전 59년)에 천제는 아들 해모수를 부여왕의 옛

도읍터에 내려보내 놀게 하였다. 해모수가 하늘에서 내려올 때에는 오룡거를 탔고, 종자 백여 인은 모두 흰 고니를 탔으며, 채색 구름은 위에 뜨고 음악은 구름 속에 들리었다. 웅심산熊心山에 머물면서 십여 일이 지난 뒤에야 비로소 내려왔는데, 머리에는 까마귀 깃으로 된 관을 쓰고 허리에는 용광이 빛나는 칼을 찼다. 아침에 정사政事를 듣고 저녁이면 하늘로 올라가니 세상에서 이를 천왕랑天王郎이라 하였다.

이처럼 천제의 아들 해모수가 지상으로 내려오는 과정에는 시각과 청각적 효과까지 동원하여 상당히 화려한 내용이 전해지고 있다. 물론 여기에는 신화로서의 장중하면서도 다양한 상징적 의미들이 담겨 있다. 이와 관련해서 『삼국유사』에도 『고기』를 인용하여 해모수에 대해 다음과 같이 전한다.

▌『고기』에 의하면 전한 선제 신작 3년 임술 4월 8일에 천제가 흘승골성訖升骨城 — 대요大遼의 의주계 醫州界에 있었다 — 에 오룡거를 타고 내려와서 도읍을 정하여 왕이라 칭했다. 국호를 북부여라고 하고, 스스로 이름을 해모수라 하였다. 아들을 낳아 이름을 부루라 지었으며, 해解로써 성씨를 삼았다. 왕(부루)은 후에 상제의 명령으로 동부여로 도읍을 옮겼다.

이처럼 『삼국사기』와 『삼국유사』의 기록은 인용한 자료도 다르고 내용에도 차이가 있지만 모두 고대국가 건국신화의 구조를 지니면서 해모수를 북부여의 시조로 간략하게 전하고 있다. 그리고 북부여와 동부여의 건국신화에는 해모수와 부루의 관계가 그 출발점이지만, 이 국가들의 일관성 있는 관계를 보여주고 있지는 않다. 부여의 동명신화에는 등장하지 않는 해모수와 부루에 관한 내용이 고구려의 건국신화에서 전하고 있으며, 『삼국유사』에는 부여가 아닌 북부여의 개국시조를 해모수로 전하고 있다. 그리고 그의 아들 부루가 북부여를 떠나 도읍을 옮겨 동부여를 건국한 것으로 전한다. 그러나 『삼국유사』 또한 해모수와 부루가 부자관계라는 간단한 내용 이외에는 구체적인 설명이 없다.

그뿐만 아니라 고구려와 관련한 『삼국유사』의 기록에는 해모수를 주몽의 아버지로 전하고 있고, 해모수가 백제의 건국시조와도 연관되어 있는 등 고대국가 건국시조들의 혈연관계가 복잡하게 얽혀 있다. 그럼에도 이를 통해 부여와 고구려의 건국이 시간적으로 200여 년의 긴 시간 차이가 있었고, 부여와 백제의 공간적 거리가 상당했음에도 부여를 계승하려는 의지가 반영되어 해모수신화를 수용하고 있는 것을 알 수 있다.

이러한 현상은 고대국가의 건국시조들이 각각 별개의 신화였지만, 신성성과 정통성 등을 강화하려는 의도에서 다른 신화들을 끌어들이는 과정에서 시간과 공간적으로 내용이 확장된 결과였다. 그리고 백제가 해모수신화에 주목했던 이유는 백제의 건국이 부여에서 이주한 세력들과도 연관이 있었기 때문이다. 북부여에 존재했던 해씨 세력이 바로 이주한 세력들로, 해씨의 시조는 부여를 건국한 해모수를 말한다. 그리고 고구려의 시조인 주몽 역시 부여에서 이주한 세력으로, 고구려를 건국한 후에 부여계를 병합함으로써 이들의 역사가 고구려 역사에 섞여 들어가 혼동을 일으키기도 한다. 따라서 해모수신화는 고대국가 건국신화의 해석에 중요한 단서가 된다.

하늘과 지상을 출퇴근하다

해모수는 하늘에서 직접 내려와 북부여를 건국한 시조이면서 동시에 해씨 집단의 시조신이다. 『삼국사기』에는 천제의 아들로 전하고, 『삼국유사』에는 천제로 전하는 차이가 있긴 하지만, 해모수는 천상과 지상을 자유롭게 왕래하는 초월적인 능력을 지닌 신성한 존재로, 개국시조로서 천상의 원리가 지상에 실현되는 신화의 세계를 열었다는 의미는 동일하다. 물론 해모수 역시 고대사회에서 숭배의 대상이었던 천신으로, 역사적으로 실재했던 인물은 아니다. 그러나 해모수신화에 담겨 있는 상징적 의미들은 충분히 주목할 필요가 있다.

해모수가 태양을 운반하는 수레로 전하는 "오룡거를 타고 하늘에서 지상으로 내려왔다"는 것은 이질적인 세계의 경계를 통과하기 위해 신성 원리의 지지를 받고 있다는 의미를 담고 있다. 또한 '천상에서 직접 내려왔다'는 내용만으로도 그는 부모의 결혼이나 출생 과정으로 고귀한 혈통을 증명하지 않아도 되었고, 지상에서의 시련을 통해 자신을 단련하고 성장해 나감으로써 신성성과 초월적인 존재감을 입증하는 과정 역시 필요하지 않았다. 그런 점에서 하늘로부터 해모수의 하강下降은 곧 신성한 왕권에 의한 지상에서의 통치의 시작을 의미했다. 신화에서 이러한 방식은 자신의 권위와 절대적 통치권을 스스로 드러내는 전형적인 '과시하기의 방식'에 해당한다. 그리고 여기에는 왕으로 추대되거나 즉위하는 일종의 의식이 담긴 정치적 행위도 담겨 있다.

"놀게 하였다"란 표현 역시 단순히 '논다'는 의미가 아니라 천명, 즉 '하늘의 명을 받아 지상을 통치하는 행위'를 의미했다. 그런 점에서 천제 또는 천제의 아들인 해모수의 존재는 환웅과 함께 우리 신화에서 가장 강력한 신군神君의 모습을 보여주고 있다. 해모수를 천왕랑이라 한 것 역시 그 뜻이 한울님으로 환웅과 같은 의미였다. 따라서 해모수는 인간 세상에서 성장 과정을 거치며 초월적인 능력과 신성성을 인정받은 것이 아니라 환웅처럼 완전한 신의 자격으로 지상에 내려왔으며, 지상에 머물면서 통치행위를 행한 것도 아니었다. 환웅이 신시를 통해 신정을 펼쳤다면, 해모수는 아침에 지상에 내려왔다가 저녁이면 하늘로 올라가는 등 하늘과 지상을 자유롭게 교통하며 통치행위를 행했다는 차이가 있다.

또한 해모수의 통치행위는 문화적으로도 최고의 의미가 담겨 있었다. 고대사회에서는 하늘이 땅에서 떨어지기를 2억만 8980리로, 사다리는 물론 날개를 이용해 날아서 오르기도 어려울 만큼 대단히 먼 거리로 전한다. 따라서 해가 뜨고 지는 태양의 운행이 태양숭배사상과도 연관이 있었던 고대사회에서, 아침과 저녁에 자유자재로 하늘과 땅을 오르내렸다는 것은 초월적인 능력 중에서도 최고의 가치에 해당했다. 여기에 새로운 선진문화가 유입되면서 또 다른 의미가 더해지게 된다. 고대사회에서 해가 뜨면 하루 일과가 시작되고, 해가 떨어지면 일과가 마무리되는 개념은 농경문화와 밀접한 연관이 있었기 때문이다. 특히 농경문화에서는 시간의 흐름을 보여주는 계절의 변화와 낮과 밤의 교체를 가장 중요시했다는 점에서 이는 대변혁에 해당했다.

또한 "용광이 빛나는 칼"을 허리에 찬 해모수는 신성한 지배자를 의미하며, 이는 발달된 철기문화를 소유한 유이민이 고대국가를 건국했다는 의미로 해석된다. 또한 "종자 백여 인을 거느리고 웅신산에 머물렀다"는 10여 일은 그 자체가 제의기간을 의미한다는 점에서 해모수가 국가의 통치자이면서 동시에 제사장의 역할도 수행했음을 보여주고 있다. 이와 관련한 구체적인 문헌자료는 찾아보기 힘들지만, 고고학 연구 성과에 의하면, 기원전 2세기에 들어서면 부여의 중심지로 추정되는 길림 지역에서 문화적 변화의 양상이 나타난다. 한 무제의 침입과 이에 따른 내분으로 위만조선이 멸망하는 등 정치적 변동이 심화되고 있던 시기에 서부 중원지대의 유목문화에 철기문화가 광범위하게 반영되었음을 확인할 수 있기 때문이다.

그 밖에도 해모수신화에서 전하는 신성함 속에는 도교의 '자연신의 신선화神仙化'라는 의미도 발견된다. 흰 고니를 탄 종자 100여 명이 호위한다는 것은 도교에서 말하는 지극히 존귀한 존재를 의미하기 때문이다. 여기에 태양을 상징하는 까마귀의 깃털로 장식한 오우관烏羽冠을 쓴 해모수의 모습은 지상에서 대적할 상대가 없는, 가장 성스럽고 신이한 존재를 상징하고 있다.

「수렵도」 고구려 고분 무용총 벽화의 무사들이 머리에 쓴 관은 해모수의 오우관을 연상하게 한다.

기록으로 전하는 해모수신화의 잔영들

부여는 중국 『사기』의 "연燕은 북으로 오환烏丸과 부여에 인접해 있다"라는 기록에서 처음으로 보이며, 『삼국사기』에는 494년 고구려 문자명왕 3년에 "부여왕이 처자와 함께 항복해왔다"라는 기록이 전한다. 그리고 북부여의 건국과 관련해서는 『삼국사기』와 「광개토대왕릉비」 그리고 「모두루묘지牟頭婁墓誌」 등에서 '부여-북부여-동부여-졸본부여-남부여'로 지칭하는 다양한 부여의 존재를 전하고 있다. 여기서 졸본부여는 고구려를 의미하며, 남부여는 비류와 온조가 건국한 백제를 말한다. 그러나 부여와 관련한 문헌자료가 대단히 미약하고, 자료에 따라 차이가 있어 부여의 건국시기에서부터 부여가 실재했는가에 대한 의문에 이르기까지 다양한 논쟁이 벌어지고 있다.

대표적인 예로 『삼국유사』에는 북부여의 건국시기가 기원전 58년으로 기록되어 있다. 그러나 부여와 주변국들과의 관계와, 이 시기를 전후해서 전하는 다른 기록들로 볼 때 여기에는 모순점이 있다. 일반적으로 부여는 동명왕이 건국했고, 북부여는 해모수, 그리고 동부여는 부루가 건국했으며, 동부여에서 탈출한 주몽이 고구려를 건국한 것으로 알려져 있기 때문이다. 그러나 부여와 북부여 그리고 동부여가 시간적인 차이를 두고 부여-북부여-동부여의 순서로 존재했던 것인지 아니면 이들 나라가 동시에 존재했는지에 대한 의문이 제기되고 있으며, 심지어 북부여와 동부여가 역사에 실재했는지에 대한 의문도 제기된다.

최근에는 현재까지 전하는 사료에 대한 비판적 인식을 전제로 하면서도 북부여는 원부여, 즉 부여이며, 동부여는 훗날 이들로부터 갈라져 나온 세력이 세운 나라로 추정하고 있다. 여기서 북부여와 동부여의 앞에 '북'과 '동'이 붙은 것은 방위를 표시한 것으로, 동부여는 원래 부여의 동쪽에 있어 동부여라 했고, 동부여의 입장에서 보면 북쪽에 위치했던 부여를 구별하기 위해 북부여라고 했다는 것이다. 그리고 이후 동부여는 410년에 광개토대왕의 정벌로 멸망했고, 494년에 농안 지방에 남아 있던 유민세력이 고구려에 투항함으로써 부여는 완전히 고구려에 병합되었다. 그러나 고구려가 부여를 병합한 후에도 부여왕에게 조상에 대한 제사를 지내도록 허용하였다는 등 정치적 차원에서 배려가 있었다는 기록으로 보아 부여에 대한 기억이 그들의 후손들에 의해 전승되는 과정에서 신화가 윤색되었을 가능성은 충분했다.

또한 우리나라와 중국의 일부 학자들이 주장하는 "북부여와 동부여가 고구려 건국 당시 각기 다른 지역에서 실재했다"라는 견해도 주목된다. 이 견해는 흘승골성, 즉 환인桓仁 지방을 중심으로 하는 북부여에서 나온 동부여가 가섭원에 자리 잡았으나 22년 대소왕帶素王 대에 고구려 대무신왕大武神王에게 공멸된 것으로 보고 있다. 그러나 이러한 견해도 학자에 따라서 구체적인 내용에 차이가 있다. 예를 들면 우리나라 학계에서는 고구려 건국 당시 계루부桂婁部가 두만강 유역의 동부여로 실재했으나 고구려 대무신왕에게 정복되었다고 보는 견해가 있는가 하면, 당시 부여 왕실의 일부가 북옥저 방면으로 피난하여 동부여를 세운 것으로 보는 견해도 있다.

이외에도 동부여를 실재한 국가가 아닌, 북부여와 고구려의 경쟁 과정에서 나타난 갈등구조를 설명하는 신화적 장치로 보는 견해도 있다. 이 견해에 따르면 동부여는 주몽과 그의 어머니인 유화, 그리고 주몽의 유복자인 유리와 유리의 어머니 예씨가 고난을 겪었던 곳을 상징하는 신화 속의 공간을 의미한다. 신화적 장치 속에 존재하는 공간은 시조와 시조의 뒤를 이어 즉위하는 직계 후손의 탄생과 성장이 이루어지는 곳이다. 따라서 이곳은 왕실의 영원한 정신적 고향이자 동시에 언젠가 반드시 되찾아야 할 터전이었다. 이러한 인식을 바탕으로 고구려가 부여를 병합하고 북부여의 신화를 흡수하는 과정에서 이러한 의미를 담아 동부여의 존재를 등장시켰다는 것이다.

한편, 해모수신화에서 "해모수가 하늘에서 북부여의 옛 도읍지에 내려왔다"라고 전하는 흘승골성도 주목된다. 현재 이곳에 대해서는 구체적으로 알 수 없다. 다만 일연이 『삼국유사』에서 『고기』를 인용하여 주를 달아 "대요의 의주 경계에 있었다"라고 구체적으로 기록하고 있어, 흘승골성은 중국 요녕성遼寧城 환인현桓仁縣에 있는 오녀산성五女山城으로 보는 것이 일반적 견해이다.

오녀산성은 환인현성의 동북쪽 혼강渾江 북안北岸의 오녀산 정상부에 있으며, 높이가 804미터로, 전체적으로 불규칙적인 장방형長方形에 가까운 산이다. 산의 정상에는 남북 1540미터, 동서 350~550미터, 둘레 4754미터, 면적 약 60만 제곱미터의 넓은 평지가 있다. 그리고 평지의 남쪽 끝에는 장수가 군사를 지휘했다는 장대 또는 점장대点將臺가 있으며, 여기서 내려다보면 멀리 혼강과 환인 시내 전체가 한눈에 내려다보인다. 이곳에는 샘물이 나와 물이 고여 있는 작은 연못도 있다. 현지에서는 이 못을 천지天池라고 부르며, 물이 마르는 일이 없다고 전한다.

특히 오녀산성은 주위 산세와 비교해 상대적으로 홀로 우뚝 서 있으며, 서남부의 지세가 비교적 평탄하고 남·서·북쪽은 100미터 정도의

오녀산성

오녀산성에서 내려다본 고려묘자 일대

엄청난 절벽으로 성벽을 쌓지 않아도 자연적으로 천연의 요새를 이루는 암벽산성이다. 동남쪽에는 압록강의 지류인 혼강이 있으며, 환인에서 고구려의 다음 수도인 국내성으로 가거나 집안에서 심양으로 가려면 반드시 거쳐야 하는 교통의 요충지에 해당한다. 이곳은 도기·철기·옥기·금·은 등 고구려 건국의 전후한 시기에 해당하는 풍부한 유물과 주위에 수많은 무덤들까지 발견되어 오녀산성이 졸본성이라는 추론에 힘을 실어주고 있다. 그러나 오녀산성은 산 정상에 있고, 면적이 한정되어 있어 많은 인구를 수용하기에는 한계가 있기 때문에 부여의 경제활동과 사회적 규모 등을 감안하면 일상생활이 산 정상에서만 이루어졌다고 보기에는 무리가 있다. 이와 관련해서 중국의 『위서』에 전하는 북부여에 대한 다음과 같은 내용도 참고할 만하다.

> 두막루국(북부여)은 물길국 북쪽 천 리에 있다. 낙양에서 6천 리 거리에 있으니 옛날 북부여이다. 실위의 동쪽에 있으며 동쪽은 바다에 이르니, 사방 2천 리이다. 그 사람들은 토착인들로 궁궐과 창고를 갖고 있다. 산릉과 넓은 못이 많아 동이 지역에서 가장 평탄하다. 땅은 오곡이 적합하나 오과(五果, 복숭아·자두·살구·밤·대추)는 나지 않는다.

이 내용에 따르면 부여는 정착생활을 하면서 농사를 생업으로 하였음을 알 수 있다. 그리고 『삼국지』 「위지 동이전」에도 이와 유사한 내용이 전하고 있어 부여의 규모는 상당히 넓었을 것으로 추정된다. 또한 일반적으로 화전火田을 위주로 하는 농경민은 땅을 개간하여 농사를 짓는다. 그리고 토지의 힘이 쇠약해지면 다시 새로운 땅을 찾아 이동하기 때문에 한 지역에 오랫동안 머물러 살지 않는다. 반면 부여는 정착생활을 했고, 창고를 갖고 있었을 정도로 생산력도 뒷받침되었다. 게다가 "이 지방에 넓은 연못이 많았다"라고 전해지는 것으로 보아 자연적으로 만들어진 연못 외에 농사를 위한 관개시설을 인위적으로 축조했을 것으로 추정된다. 따라서 북부여인들은 산 정상에서만 생활한 것이 아니라 평소에는 산 주변의 평지에서 농사를 지으며 생활했음을 알 수 있다. 부여의 지배체제가 국가형성 이전에 존재했던 촌락사회에 기원을 두고 있었으며, 부여가 연맹체적 단계에서 중앙집권적 국가로 성장해가는 왕권국가였지만 강력한 중앙집권체제를 확립하지는 못했다는 사실도 이러한 추론을 뒷받침해주고 있다.

부루, 하늘의 명으로 부여를 떠나다

부여계 건국신화의 중심에 서다

부루는 동부여의 건국시조로 전한다. 그러나 『삼국유사』에는 "이에 앞서 북부여왕 해부루가 이미 동부여로 피한 뒤 부루가 죽자 금와가 왕위를 이었다"라고 간단하게 전하고 있다. 또한 부루는 해모수의 아들로도 전하지만, 부루와 관련해서 전하는 내용이 극히 제한적이어서 사실 여부는 물론, 그의 존재감조차 확인하기 힘들다. 따라서 부루를 전설 속에 존재하는 왕으로 보기도 한다. 심지어 중국 사서인 『삼국지』 「위지 동이전」에는 부루의 존재가 전혀 보이지 않아 그의 존재는 물론, 동부여 역시 실존하지 않았던 것으로 보는 근거로 제시하기도 한다.

그럼에도 「광개토대왕릉비」에서 "동부여가 고구려의 속민屬民이었다"라고 밝히고 있어 동부여의 존재를 부정하기에는 무리가 있다. 따라서 함경남도 남부에서 강원도 춘천 이북에 존재했던 예맥족으로 구성된 집단인 동예를 동부여로 보기도 하고, 최근에는 두만강 유역에서 발견된 철기 유적 등 고고학적 성과를 토대로 동부여를 두만강 유역에 존재했던 고구려의 계루부 출신으로 보는 견해도 주목받고 있다. 『삼국유사』에는 동부여 건국을 다음과 같이 전하고 있다.

> 북부여왕 해부루의 재상 아란불의 꿈에 천제가 내려와서 "장차 내 자손으로 이곳에 나라를 세우려고 하니, 너는 이곳을 피해가거라. 동해의 물가에 가섭원이란 곳이 있는데, 땅이 기름지니 왕도王都를 세울 만하다"라며 아란불이 왕(부루)에게 권하여 그곳으로 도읍을 옮기고, 국호를 동부여라 하였다. 이후 부루가 아들이 없어 산천에 제사 지내 후사를 구하였다. 곤연鯤淵에 이르러 금빛 개구리 모양의 어린아이가 있어 이 아이를 거두고 길러 이름을 금와金蛙라 하였다.

이처럼 부루는 하늘의 계시를 받고 도읍을 옮겨 동부여를 개국한 것으로 전해진다. 그러나 부루는 도읍을 옮기는 과정에서 주도적으로 나서지 않았다. 다만 동부여를 세운 곳이 '동쪽 바닷가에 있으며, 토양이 기름져서 오곡을 심기에 적당한 곳'이었기에 좀 더 여건이 좋은 생활 터전에서 더 발전된 형태의 농경문화를 향유하기 위해 이동했을 것으로 보일 뿐이다. 그럼에도 그동안 터를 잡고 살아왔던 곳을 떠난다는 것은 분명 쉽게 결정하고 실행에 옮길 수 있는 일은 아니었다.

따라서 부루가 북부여를 떠나 새로운 정착지에서 동부여를 건국한 것이 사실이라면, '하늘의 뜻'을 내세우면서까지 도읍을 옮겨야 했던 특별한 이유가 있었을 것이다. 즉 하늘의 뜻을 내세운 새로운 정복자에 의해 북부여가 점령당했거나, 자연재해 또는 권력투쟁 등 내부적으로 이에 준하는 사건이 발생했을 가능성이다. 일반적으로 개국시조가 직접 하늘의 계시를 받아 새로운 국가를 건국하는 것과는 달리, 부루는 "재상인 아란불을 통해서 간접적으로 하늘의 계시를 받았다"고 전하는 것도 이러한 추론에 힘을 실어주고 있다.

우리 신화에서는 환웅과 해모수의 경우 하늘에서 절대신의 아들이 직접 지상에 내려왔고, 동명과 주몽의 경우 고귀한 혈통을 하늘의 뜻과 연계하여 영웅의 탄생을 알리기도 했다. 그런데 부루는 하늘과의 혈연관계는 전하지 않고, 단지 꿈을 통해 하늘의 계시를 받아 동부여를 건국하였다고 전한다. 더구나 그는 직접 하늘의 명을 받은 것이 아니라 신하인 아란불의 꿈을 통해 간접적인 방식으로 명을 받았다. 따라서 부루가 도읍을 옮기게 되는 과정은 다른 신화와 비교하면 상당히 어색하다. 그런데 『삼국유사』에는 『단군기』를 인용한 주를 달아 부루에 대해서 "단군이 서하 하백의 딸과 친하여 아들을 낳고 부루라 이름하였다"라며 부루가 하늘과 직접적인 연관이 있다고 전한다. 그리고 『환단고기』 등에는 부루가 단군의 태자였을 때 "단군의 명을 받아 중국 우왕이 소집한 제후 회의에 참석하였다"라는 내용도 전한다. 하지만 『환단고기』는 신뢰성에 의문이 제기되고 있고, 『단군기』는 현재 전하지 않아 그 내용을 확인할 수 없어 부루가 단군의 아들이라는 근거가 미약하다.

그럼에도 부루라는 이름에는 '밝음(明)'과 '불(火)'이라는 의미가 담겨 있으며, 이는 '광명과 신성'으로 해석된다는 점에서 주목받는다. 불의 발명은 야만의 상태와 문명을 가름하는 첫 사건으로, 합리적이고 이성적인 문명을 상징하고 있기 때문이다. 그리고 불의 발명 이후 인류가 이룩한 또 하나의 획기적인 업적은 농업의 발명이었다. 이로써 수렵과 채취에 의존해 매일매일 불확실한 삶을 살아가던 인류에게 일정한 지역에서의 경작을 통한 식량의 확보는 삶의 근본적인 변화를 가져왔다. 따라서 직접적이지는 않지만 부루라는 이름에서 불과 농경문화라는 선진문화를 기반으로 한 하늘과 연관성을 지닌 신화의 주인공으로서의 신성한 자격을 발견할 수 있다.

또한 고대국가 건국신화의 영웅들이 탄생하는 과정에서 부루의 특별한 존재감을 발견할 수 있다는 점도 흥미롭다. 부루의 존재로 인해 부여의 시조에 대한 인식이 확장되어 동명신화가 주목을 받았고, 그가 동부여를 건국하기 이전에 살았던 또 다른 부여의 주인공인 해모수의 왕위를 물려받은 것으로 전하고 있어 해모수신화와의 연관성도 발견할 수 있다. 그뿐만 아니라 부루는 자신이 발견한 금와가 본인의 뒤를 이어 동부여의 왕으로 즉위하였기에 '금와신화'의 탄생과도 직접적인 연관이 있으며, 금와는 다시 고구려의 건국시조인 주몽의 어머니인 유화를 구출하여 자신의 궁궐에 살게 한 장본인이다. 따라서 부루는 고구려 건국시조인 주몽신화의 탄생과도 연관이 있다. 이처럼 부루의 존재는 부여계는 물론 고구려와, 시간과 공간을 뛰어넘어 백제의 시조신화와도 연관성을 보여준다.

이처럼 부루는 고대국가의 개국시조인 '동명-해모수-부루-금와-주몽'의 신화가 탄생하는 과정과 더불어 부여에서 백제에 이르기까지 '부여-북부여-동부여-졸본부여-남부여'의 계통을 잇는 범부여계 개국신화의 탄생과 연관되어 있다. 그리고 부루가 매개자 역할을 하고 있는 부여계의 이러한 신화체계가 부자관계 등 혈연관계에 의한 왕위 세습이 아닌 '평화적인 방식으로 나라를 양도'하는 공통점을 보여주고 있다는 점도 대단히 흥미롭다.

신화 속 영웅들의 혈연관계

단군은 부루와 주몽의 아버지라고도 전한다. 이 내용이 사실이라면 부루와 주몽은 형제가 된다. 그리고 어머니가 같으면 부루와 주몽은 친형제가 되고, 다르면 이복형제가 된다. 부루와 주몽의 부모에 대해서 전하는 국내 문헌을 표로 정리해보면 다음과 같다.

⊙ 부루의 부모에 대한 국내 문헌

	『삼국유사』 「북부여조」	『단군기』
아버지	해모수	단군
어머니	-	유화

⊙ 주몽의 부모에 대한 국내 문헌

	『삼국유사』 「고구려조」	『삼국유사』 「왕력편」
아버지	해모수	단군
어머니	유화	-

이처럼 단군이 부루와 주몽을 낳았다는 문헌상의 내용은 기록에 따라 차이가 있다. 특히 『삼국유사』에는 이야기의 주인공에 따라 그들의 부모를 다르게 전하며, 부모를 모두 기록한 자료는 주몽과 관련한 『삼국유사』의 「고구려조」와 부루의 경우 『단군기』뿐이다. 그런데 이 두 기록에 의하면 부루와 주몽은 모두 유화를 어머니로 하며, 아버지는 각각 단군

과 해모수로 다르게 전한다. 그런가 하면 부루의 어머니에 대해서는 구체적인 기록이 없는 반면, 아버지는 부루와 주몽 모두 해모수로 전하기도 한다. 그뿐만 아니라 『삼국사기』에는 해모수를 주몽의 아버지로 전하며, 이규보의 「동명왕편」에는 부루의 아버지로 전하는 해모수의 존재를 찾을 수 없다. 물론 단군과 해모수가 동일인이라면 이들의 혈연관계에 대한 의문을 해소할 수 있겠지만 이를 뒷받침해주는 근거가 전혀 없다.

그럼에도 부여계의 개국신화에는 신이함을 확인하기 힘들 정도로 축약된 경우에도 부루가 반복적으로 등장하고 있으며, 이러한 부루의 존재가 고대국가 개국시조들과 복잡한 혈연관계를 형성하고 있다는 점은 의문이다. 물론 이는 부루신화가 상당히 축약되어 전해졌기 때문일 것이다. 즉 동부여는 먼저 개국한 부여에서 분화되어 건국되었고, 이후 고구려에 병합되었다. 그리고 고구려의 건국신화가 형성되어 전승되는 과정에서 부루신화는 축소·변형되어 흡수되기도 하고, 일부는 탈락되기도 하면서 여러 차례 심하게 훼손되었을 것이다. 국가가 융성하면 신화는 확대·재생산되지만, 국가가 멸망했을 때는 사라져버리거나 축소되고 변형되어 전승되는 것이 일반적인 현상이기 때문이다.

비록 일목요연하지는 않지만, 고대국가 건국신화에서 부루의 존재를 반복해서 전하는 것은 고대국가의 건국시조들 사이에서 연결고리 역할을 하는 부루의 존재를 삭제할 수 없었기 때문일 것이다. 따라서 신화의 주인공들과 관련된 혈연관계도 이러한 관점에서 살펴볼 필요가 있다. 부루와 주몽이 이복형제라는 것 역시 일연의 후대적 해석일 뿐 전승되는 본문 어디에서도 이러한 내용을 찾아볼 수 없다. 이는 달리 말하면 부루와 주몽의 혈연적 관계는 후대에 오면서 압축되고 변형되었으며, 그 결과 둘의 부모에 대해서 현재와 같이 전하게 되었다고 볼 수 있다. 다시 말해 부루와 주몽의 친부모를 확인하는 것보다는 신화에 등장하는 주인공들의 부계와 모계의 신성한 혈통에 주목했기에 서로 모순이 발생하는 것에 크게 신경 쓰지 않았을 것으로 보인다. 즉 유화가 강조될 경우 모계 혈통의 관점에서 부루와 주몽을 수신계열의 동일한 모계혈통으로 분류할 수 있고, 단군이 강조될 경우 주몽과 부루가 하늘과 연계한 천신계열의 부계혈통을 계승한 것으로 해석할 수 있다.

이러한 해석은 사실 여부를 떠나 후대에 와서 정치적 목적에 따라 자신들의 혈통을 정리하는 과정에서 충분히 일어날 수 있는 일이었다. 문자왕 3년(494)에 부여왕 일족이 고구려에 투항했을 당시 부여인들의 반발을 최소화하면서 동시에 그들을 고구려에 동화하기 위해 해모수 신화를 고구려 건국신화에 결합했을 것으로 보는 것도 그 예이다. 신화에서 단군 또는 해모수를 신성하게 여겨 이를 전승하는 과정에서 후손을 자처하는 경우는 특별한 일이 아니었다. 따라서 부루와 주몽의 부계 역시 서로 다른 신화를 전승한 단군 집단과 해모수 집단이 고구려로 통합되면서 두 계통의 전승이 섞여 혼란을 가져왔던 것으로 볼 수 있다.

끝나지 않은 고구려와의 인연

동부여는 신화뿐만 아니라 역사적으로도 고구려와의 특별한 인연을 보여주고 있다. 동부여는 고구려보다 먼저 세워졌고, 재상을 비롯한 관료조직과 군사조직 등 국가로서의 수준을 갖추고 있었지만 뒤늦게 출발한 고구려가 세력을 키워 동부여를 병합하게 된다. 「광개토대왕릉비」에는 다음과 같은 내용도 전한다.

▌ (영락) 20년(410) 경술에 예로부터 동부여가 추모왕의 속민이었음에도 중도에 반란을 일으켜 조공을 바치지 아니함에 왕께서 친히 토벌군을 이끌고 가서 부여성에 이르셨다.

이처럼 동부여는 고구려의 속민이 된 후에도 반기를 들었을 만큼 고구려에 적대의식을 지니고 있었다. 하지만 처음부터 고구려가 동부여보다 우위에 있었던 것은 아니었다. 『삼국사기』에는 고구려 2대 유리왕 28년에 다음과 같은 일화가 전한다.

▌ 동부여왕 대소의 사신이 와서 왕을 꾸짖으며 말하였다. "우리 선왕(금와)과 당신의 선군인 동명왕(주몽)은 서로 좋은 사이였으나, (주몽이) 우리 신하들을 꾀어내어 나라를 세우려 하였다. 지금 고구려왕이 만약 예의와 순리로써 나(동부여 대소왕)를 섬기면 하늘이 반드시 도와 나라의 명운이 오래 보존될 것이나, 그렇지 않으면 사직을 보존하려고 해도 어려울 것이다." 이에 고구려 유리왕이 스스로 말하기를 "나라를 세운 지 얼마 되지 않아 백성과 군사가 약하니, 이러한 상황에서는 부끄러움을 참고 굴복하여 뒷날의 성과를 도모하는 것이 합당하다"라고 하였다. 그때 고구려 왕자 무휼撫恤은 나이가 아직 어렸으나, 왕이 부여에 회답하려 한다는 말을 듣고 스스로 사신을 만나 말하기를 "대왕이 시기하여 해치려고 부왕(금와)에게 참언하여 욕되게도 (주몽에게) 말을 기르게 하였으므로, 불안하여 나온 것

입니다. 지금 대왕이 예전의 잘못을 생각하지 않고 다만 군사가 많음을 믿고 우리나라를 경멸하니, 사신은 돌아가 대왕에게 아뢰시오"라고 하였다.

동부여왕 대소가 사신을 보내 고구려 유리왕에게 예를 갖추어 동부여를 섬길 것을 전하는 분위기가 상당히 강압적이라는 느낌까지 든다. 그럼에도 유리왕은 수치스럽고 부끄럽지만 건국한 지 얼마 되지 않은 고구려의 힘이 아직 약하다는 이유로 동부여의 요구를 수용하기로 결정한다. 이로 보아 당시 양국의 세력 차이를 짐작할 수 있다. 그러나 이때의 상황은 다음과 같이 이어지는 고구려 왕자 무휼에 의해 반전이 이어졌다고 『삼국사기』에 전한다.

▌ (왕자가 사신에게 말하길) "지금 여기에 알들이 쌓여 있습니다. 대왕이 만약 그 알들을 허물지 않는다면 신은 왕을 섬길 것이고, 그렇지 않으면 섬기지 않을 것입니다" 하였다. 부여왕이 이 말을 전해 듣고 신하들에게 그 뜻을 물으니 한 할멈(老嫗)이 답하기를 "알들이 쌓여 있다는 것은 위험한 것이고, 그 알들을 허물지 않는다는 것은 안전한 것입니다. 그것은 왕이 자신의 위험은 알지 못하고 남이 굴복하기를 바라는 것이니, 위험한 것을 안전한 것으로 바꾸어 스스로를 다스리는 것보다 못하다는 뜻입니다"라고 하였다.

이 내용은 고구려의 입장에서 재구성한 탓에 완전히 신뢰할 수는 없다. 이러한 행동을 하기에는 당시 무휼의 나이가 상당히 어렸기 때문이다. 물론 이는 고구려 왕자 무휼의 용기와 지혜를 강조하려는 의도였겠지만, 그럼에도 강압적인 태도를 보이는 동부여를 상대하는 고구려의 태도에서 약자의 모습이 느껴지는 것은 사실이다. 그러나 시간이 흐르면서 전세가 역전되어 동부여는 세력을 키운 고구려에 병합되고 만다. 다만 고구려는 정치적 이유에서 동부여 왕실을 배려하였고, 덕분에 동부여는 고구려에서 일정한 세력을 유지할 수 있었다.

『삼국사기』에는 대무신왕 4년 가을 7월에 "고구려에 귀부한 동부여계 만여 명을 연나부에 살게 하고, 우두머리를 왕으로 봉했다"라고 전하며, 이는 연나부(절노부)가 고국천왕에서 서천왕에 이르는 2세기 말에서 3세기 말까지 고구려에서 왕비를 배출하는 유력한 집단으로 일정한 세력을 유지할 수 있었던 것과도 무관하지 않다. 그리고 이러한 분위기에서 부루의 존재는 단군과 해모수 등과 연관되어 전승될 수 있었고, 금와의 탄생신화에서 다시 호출된다.

금와, 신화 속 존재의 의미를 찾아서

누구를 위한 신화인가?

금와는 고대국가 건국기에서 의문의 존재로 남아 있다. 그의 신화는 별도로 전하지 않으며, 짧은 탄생담과 함께 "부루의 뒤를 이어 금와가 동부여왕으로 즉위했다"라는 것 외에는 구체적으로 전하는 내용이 없어 실존 인물이 아니라고 보는 견해도 있다.

그럼에도 금와를 통해 동부여의 존재를 확인할 수 있고, 유화를 구출해 궁궐에 살게 함으로써 고구려의 건국시조인 주몽신화의 탄생과도 직접적인 연관성을 전하고 있다. 그리고 금와의 탄생담에는 신화적인 요소도 발견된다. 다음은 『삼국유사』에 전하는 금와의 탄생과 관련된 이야기이다.

▌이에 앞서 부여왕 부루가 늙었는데 아들이 없었으므로, 산천에 제사 지내어 자신의 왕위를 계승할 아들을 구했다. 그 후 그가 탔던 말이 곤연에 이르러 큰 돌을 보고는 눈물을 흘렸다. 왕이 이상하게 여겨 사람을 시켜서 돌을 굴리게 하였더니 금빛 개구리 모습의 어린아이가 있었다. 왕은 기뻐하며 말하기를 "이는 곧 하늘이 내게 후사를 준 것이다" 하고는 거두어 길렀다. 이름을 금와金蛙라 하였는데, 그가 자라자 태자로 삼았다.

여기서 "말이 먼저 금와를 알아보고 눈물을 흘렸다"는 내용은 '금와가 천신의 명을 받고 지상으로 내려왔다'는 의미를 담고 있다. 또한 "금빛 개구리"에서 금빛은 왕을 상징한다는 점에서 금와의 탄생담은 금와가 장차 왕으로 즉위할 것을 예고하고 있다. 여기에 개구리가 지닌 신화적 의미를 더하면 이는 금와가 속세가 아닌 곳에서 지상에 내려온 영웅이면서 왕권의 신성함을 부여받은 존재임을 의미한다. 그리고 개구리는 물과 밀접한 관련이 있는 수신계통이며 동시에 다산多産을 상징하는 생산성의 표상이라는 점에서 농경문화와도 관련이 있다.

그러나 금와가 '돌 아래에서 나왔다'는 내용은 구체적으로 해석하기 어렵다. 다만 알타이 타타르 신화에 의하면 자작나무와 돌이 있는 산을 처음으로 발견한 것은 개구리이며, 이 자작나무와 돌에서 불이 나왔다고 전한다. 따라서 개구리가 '최초로 사람에게 불을 가져다주었다'는 신화적 의미를 더하면 금와를 선진문화를 지닌 집단의 우두머리로 해석할 수 있다. 또한 진한에서는 '어린아이가 출생하면 돌로 머리를 눌러서 납작하게 만든다'는 편두褊頭 풍습으로 "진한 사람들의 머리는 모두 납작하다"는 이야기도 전한다. 그리고 이러한 풍습과 함께 '돌을 쌓아서 봉

은현리 적석총　울산광역시 울주군의 은현리 적석총은 고구려 초기의 돌무지무덤과 비슷한 형태를 띠고 있다.

예안리 고분군의 두개골　경남 김해 예안리 고분군에서 출토된 두개골은 편두 풍습에 따라 눌려 있다.

분을 만들었다'는 고구려의 묘제墓制와 연관된 영혼불멸의 관념이 담긴 '암석문화'도 주목된다. '큰 돌 아래에서 어린아이가 출생했다'는 의미는 '암출신화岩出神話'에 비유하여 '영혼불멸의 주인공이 바위에서 나왔다'는 의미로 해석할 수 있기 때문이다.

금와신화에서 개구리는 고구려의 시조 주몽을 낳은 유화와도 연관된다. 사람들이 살고 있는 주변에서 흔하게 만날 수 있으며, 친근감과 은혜를 갚을 줄 아는 선량함을 지닌 개구리는 땅과 물에서 이중생활을 하는 존재이다. 따라서 이 개구리를 수신계통인 유화와 연관 지으면 물의 생명력과, 개구리의 보호에 의해 주몽이 탄생하는 산파産婆의 기능을 상징적으로 표현한 것으로 해석할 수 있다.

이처럼 금와의 탄생담은 비록 간략하게 전하고 있지만 해당 지역의 풍습을 담은 토착민의 문화적 특성을 발견할 수 있다는 점에서 주목된다. 그리고 여기에는 금와가 외부에서 들어온 유이민이 아니라 토착민이었을 가능성도 발견할 수 있다. 금와의 탄생과 부루와의 관계를 통해서도 이러한 사실을 확인할 수 있다. 『삼국유사』에서 "부루가 동부여로 이동한 지 얼마 되지 않아 사망하고, 금와가 왕위를 이었다"라는 내용은 부루가 동부여로 천도함으로써 그의 역할이 끝나고 금와의 시대가 열렸음을 의미하기 때문이다. 달리 말하면 부루가 신화를 통해 동부여의 문을 열었다면, 금와는 동부여 역사의 문을 열며 현실정치를 시작했던 것이다.

유화와의 각별한 인연

금와와 부루는 혈연적 관계는 물론 그 어떤 연관성도 찾아보기 힘들다. 부루는 천신인 해모수의 아들로 전하기도 하지만, 금와의 탄생은 말이 등장하는 상징적 의미를 통해 하늘과의 연관성을 간접적으로 언급하고 있을 뿐 천신과의 직접적인 연관성은 보이지 않는다. 그뿐만 아니라 금와의 탄생이 부루가 산천에 제사를 지낸 것에 대한 직접적인 응답인지, 아니면 부루와 관계없이 하늘이 또 다른 영웅을 지상으로 내려보낸 것인지도 분명하지 않다. 신화의 문맥으로 보면 금와의 탄생은 부루의 제사에 대한 응답과는 별개로 보이기까지 한다. 더구나 금와는 부루의 왕위를 이어받았지만 부루의 사망 후 금와가 그에 대한 예우를 하였다는 어떤 내용도 찾아볼 수 없다.

따라서 금와가 왕위에 오른 것은 부루의 의지가 반영된 것이 아니라 다른 이유가 있었을 가능성도 충분하다. 예를 들어 금와가 나라를 열면서 부루신화를 끌어들였거나 또는 부루가 도읍을 옮겨 동부여를 건국하는 과정에서 금와의 토착세력과 연대했을 가능성도 있다. 즉 부루 집단이 북부여에서 이동하여 동부여에 정착한 후 부족국가를 건설한 집단이라면, 금와 집단은 곤연 지역을 중심으로 성장하다가 금와 대에 주변 지역에까지 영향력을 미칠 정도로 부상한 세력이라 볼 수 있다. 따라서 동부여의 실질적인 개국군주는 금와로 볼 수 있다. 동부여의 왕위 계승 과정에 의하면 부루가 동부여로 옮긴 후 구체적인 활동이 보이지 않은 채 사망하자 그 뒤를 이어 금와가 즉위하였고, 금와의 뒤를 이어 그의 아들 대소가 왕위를 물려받음으로써 부여계 국가의 건국 과정에서 처음으로 아버지가 아들에게 왕위를 물려주고 있는 것도 이러한 추론에 힘을 실어주고 있다. 또한 금와가 동부여의 실질적인 개국시조임에도 금와의 출생은 물론, 왕위 계승이 동부여를 세운 부루에서 시작되었다는 내용의 부루신화가 전하는 이유는 동부여의 건국신화를 강화하기 위해 신화 속에 존재했던 부루를 호출한 것으로 볼 수 있다.

한편, 금와는 고구려의 개국시조인 주몽을 낳은 유화와도 각별한 인연이 전한다. 금와는 유폐된 유화를 처음으로 발견했고, 그녀를 구조해서 자신의 궁궐에 살게 했다. 이러한 인연으로 유화의 아들 주몽은 금와의 궁궐에서 태어나 성장하게 된다. 그러나 이후의 금와와 주몽의 관계에 대해서는 구체적으로 전하지 않는다. 다만 주몽의 뛰어난 능력을 시기한 왕자들, 즉 금와의 아들들의 견제가 왕권에 대한 위기의식으로 이어졌고, 아버지이자 현직 왕인 금와를 배경으로 하는 왕자들은 주몽보다 유리한 위치에 있었다. 이와 관련하여 『삼국사기』에는 다음과 같이 전한다.

▌ 금와에게는 일곱 아들이 있었는데, 늘 주몽과 함께 놀았다. 그들의 재주는 모두 주몽을 따르지 못했다. 큰아들 대소가 왕(금와)에게 말하기를 "주몽은 사람의 소생이 아니기에 그 사람됨이 용맹스럽습니다. 만약 일찍 없애지 않으면 후환이 있을까 두렵습니다. 그를 없애주십시오"라고 하였다. 왕은 그 말을 듣지 않고 주몽에게 말을 기르도록 하였다.

금와는 처음부터 왕자들의 말에 귀 기울이지 않았지만, 주몽에게 말을 기르게 한 것으로 보아 주몽을 특별하게 대우해주지도 않았던 것으로 보인다. 따라서 주몽은 말을 기르면서 언제 닥칠지 모르는 위험에 대비해야 했다. 이와 관련해서 『삼국사기』에는 다음과 같이 전한다.

▌ 주몽은 준마를 알아보고 먹이를 줄여 여위게 하고, 나쁜 말을 잘 먹여 살찌게 하였다. 왕은 살찐 말을 자기가 타고 여윈 말을 주몽에게 주었다.

주몽은 이렇게 앞날에 대비했고, 결국 동부여를 탈출했다. 당시 주몽이 동부여를 탈출한 근본적인 이유는 왕자들 중에서도 금와의 장남인 대소 때문이었다. 대소는 동부여의 왕실에서 주몽과 함께 성장했지만 주몽의 뛰어난 능력으로 인해 왕위에 위협을 느껴 주몽을 제거하려 했다. 이후 동부여를 탈출한 주몽은 고구려 건국에 성공하였고, 대소가 금와의 뒤를 이어 동부여의 왕으로 즉위하자 두 사람의 관계는 동부여와 고구려라는 국가적 차원의 대립과 갈등으로 확대되었다.

최후의 승자를 결정짓다

『삼국사기』에 따르면, 주몽의 아들이자 고구려 2대 왕인 유리왕 14년(기원전 6)에 동부여에서 인질을 교환할 것을 요구한 일이 있었다. 당시 고구려 유리왕은 태자를 볼모로 보내려고 했지만 태자가 두려워하며 가지 않아 무산되었다고 한다. 이후 화가 난 대소가 5만의 군사로 고구려를 공격했으나 당시 큰 눈이 내려 얼어 죽는 자가 속출하여 동부여군은 후퇴할 수밖에 없었고, 고구려는 위기를 모면하게 되었다. 그럼에도 고대사회에서 5만의 병사는 대규모에 해당했다는 점에서 동부여가 기원을 전후한 시기에 이미 국력이 크게 신장되었음을 알 수 있다.

동부여는 이후에도 주기적으로 고구려를 압박했다. 유리왕 28년(서기 9년)에 대소는 상국으로서 동부여에 사대의 예를 갖추어줄 것을 요구한 일도 있었다. 이때는 유리왕의 아들이자 태자인 무휼이 "대소가 지난날 주몽을 해치려고 했다"라며, 대소의 잘못을 지적하는 등 외교적 수완을 발휘하여 무마했다고 전하며, 유리왕 32년(13년)에는 대소의 군대가 고구려에 쳐들어왔으나 무휼에게 격파당하기도 했다.

이후 왕자 무휼이 고구려 3대 왕인 대무신왕으로 즉위한 뒤에도 두 나라의 대립과 갈등은 지속되었다. 『삼국사기』에 전하는 다음과 같은 이야기들이 당시 양국의 긴장관계를 잘 보여주고 있다.

(유리왕) 29년 여름 6월 모천矛川가에 검은 개구리와 붉은 개구리가 무리 지어 싸우고 있었는데, 검은 개구리가 이기지 못하고 죽었다. 해석하는 자가 이를 보고 "검은색은 북방의 색이니 북쪽의 부여가 멸망할 징조이

다"라고 하였다.

▌ (대무신왕) 3년 겨울 10월에 부여왕 대소가 사신을 보내 붉은 까마귀를 보내왔는데, 머리 하나에 몸이 둘이었다. 처음에 부여 사람이 이 까마귀를 얻어 왕에게 바쳤는데 어떤 사람이 말하기를 "까마귀는 검은 것인데 지금은 변해서 붉은색이 되었고, 또 머리 하나에 몸이 둘이니, 왕께서 고구려를 차지하여 두 나라를 병합할 징조입니다"라고 하자, 대소가 기뻐하며 이 말과 함께 까마귀를 고구려에 보냈다. 이를 받아본 대무신왕이 여러 신하들과 의논하였는데, 한 신하가 말하기를 "검은 것은 북방의 색인데 지금 변해서 남방의 붉은색이 되었습니다. 그리고 붉은 까마귀는 상서로운 것인데 (부여)왕이 이를 얻어서 가지고 있지 않고 우리에게 보냈으니 양국의 존망은 아직 알 수 없습니다"라고 하였다. 이 말이 대소에게도 전해지자 놀라고 후회하였다.

이렇듯 동부여와 고구려 사이에서 벌어졌던 갈등과 대립은 군사적 충돌만이 아니라, 심리전을 동반한 치열한 외교전까지 병행되었다. 그뿐만 아니라 고구려는 대무신왕 3년에 주몽의 사당인 동명왕묘를 세워 천손이라는 신성한 혈통을 대내외적으로 천명하기도 했다. 고구려는 이를 통해 내부적으로는 사회적 통합을 추진하고, 외부적으로는 동부여와의 대결에서 정통성을 선점하려고 했던 것이다. 아마 이 시기에 주몽신화 역시 설득력과 감동이 있는 기본 구조가 정리되었을 것으로 보인다.

한편, 군사력 확충에 적극적으로 관심을 기울였던 고구려는 대무신왕의 즉위 초반기를 넘어서면서 동부여를 따라잡기 시작했다. 결국 동부여의 대소는 고구려의 대무신왕 5년(22년)에 공격을 받아 사망했고, 대부분의 왕족은 고구려에 항복하게 된다. 다만 대소가 사망한 후 4월에 금와왕의 막내아들이자 대소의 막내 동생이 100여 명의 무리를 이끌고 압록곡에 이르러 때마침 사냥 나온 해두국왕海頭國王을 죽이고, 그 백성을 병합하여 갈사수曷思水 가에 도읍을 정해 갈사국曷思國을 세운 것으로 전한다. 갈사국은 이후 고구려의 6대 왕인 태조왕 때 정복되어 역사에서 사라지지만, 대무신왕의 둘째 왕비가 갈사왕의 손녀로 호동왕자를 낳는 등, 부여계 지배집단은 고구려 왕실과의 혼인관계를 통해 친왕실세력으로 고구려에 편입된다.

주요 고전 문헌 살펴보기

『논형』

90년경 중국 후한의 왕충王充이 지은 책으로, '논형'이란 '논論을 저울에 단다', '말의 경중을 따져 그 진위를 저울에 달아본다'라는 의미이며, 한나라 때 유행하던 자연관과 사회관·인간론·지식론 등을 과학적이며 실증적으로 비판하고 있다. 또한 전체 내용의 4분의 1이 철학적 색채를 짙게 띠고 있을 정도로 자연관·지식론·인성론·운명론·정치사상 등 당시의 주요한 철학 문제를 다룬 비판서이다. 특히 물질과 관련된 자연의 고유한 운동에 주목했고, 사회현상에서도 정치와 관련된 지나친 간섭을 배격한 도가의 무위자연無爲自然 상태를 존중했으며, 사후 영혼의 존재를 부정하여 사람의 정신활동도 육체의 생명과 함께 생멸한다는 이론을 설명하는 등 독창성이 풍부하다는 평가를 받고 있다. 「문공」·「자맹」편에서 공자와 맹자의 이론과 법가의 주장을 비판하여 후에 이단사설로 배척을 받아 오랫동안 읽히지 않다가 후한 말에 채옹이 양자강 하류 지방에 왔다가 중원 지방으로 가지고 간 뒤 점차 여러 사람들에게 전해지기 시작했다. 이후 역대 지식계급의 지지를 받았고, 유교의 교학체제가 붕괴된 근대 이후에 정당한 평가를 받았다. 논형의 권2 「길험편吉驗篇」에 부여의 건국신화가 소개되어 있다.

『수신기』

동진(東晋, 317~420) 때 역사가 간보干寶가 외계인의 출현에 대한 설명과 신선·귀신·요괴 등의 기이하고 신비한 존재들에 대한 이야기를 포함해 신기한 사물·사건을 모은 지괴소설로, 중국의 가장 대표적인 설화집이다. 중국 문학사는 물론 신화·전설·구비문학 연구에 필수적인 문헌이며, 한국과 일본, 베트남 등 동아시아 설화문학의 발달에도 커다란 영향을 미쳤다. 남방사상과 결합하여 심원한 상상력과 도가적 환상에 깊이 파고드는 전문적이고 치밀한 구성, 그리고 적확한 비평 등으로 높은 평가를 받는 고전으로, 고구려 동명왕의 건국신화도 기록되어 있다.

『후한서』

유수가 황제에 오른 25년부터 후한이 망한 220년까지 후한시대의 역사를 기록한 역사서로, 440년경 남북조시대(439~589) 송나라의 범엽(398~445)이 정리했다. 그러나 범엽이 대역죄에 연루되어 죽는 바람에 '표'와 '지'가 없다. 한시대의 역사적 사실을 모은 것으로 동한의 역사 연구에 중요한 자료이며, 『후한서』「동이열전東夷列傳」에는 고구려, 삼한, 왜倭에 관한 기록이 전한다. 사승謝承, 설영薛瑩, 화교華嶠, 사침謝沈, 원산

송袁山松, 장번張璠, 사마표司馬彪 등이 지은 『후한서』도 있었으나 모두 멸실되었다.

『통전』 중국 당대唐代의 사학자 두우(杜佑, 735~812)가 경서를 수집하여 편찬 작업을 시작한 지 35년(766~801) 만에 총 200권을 완성했다. 중국 최초로 법령제도를 기록한 백과전서로 당대의 법령제도에 관한 기록이 상세하며, 당대 이전의 제도와 문물 연구에도 귀중한 자료로 평가받고 있다.

『책부원귀』 중국 북송北宋 대에 왕흠약王欽若, 양억楊億 등이 진종眞宗의 칙명으로 편찬한 백과사전의 하나로, 원래 책 이름은 『군신사적君臣事迹』이다. 상고시대부터 오대까지 중국의 역대 황제·재상·관료의 정치에 대한 사적을 모아 분류하여 1000여 권을 편찬했다. 이 책을 통해서만 확인할 수 있는 내용이 많아 당과 오대의 연구에 귀중한 사료로 꼽힌다.

『해동역사』 조선 후기의 실학자 한치윤이 단군조선부터 고려까지 기전체로 기술한 한국통사로, 우리나라는 물론 중국과 일본 등 550여 종의 방대한 외국 자료를 참고한 것으로 전한다. 중국에서 실사구시의 고증적 학풍을 배우고 돌아온 한치윤이 10년 동안 작업을 하다 완성하지 못하고 사망하자 조카 한진서가 마무리하여 1823년에 간행했다. 안정복의 『동사강목』과는 달리 단군조선을 인정하였으며, 역사와 지리의 합일을 꾀하였고, 물산物産과 예문藝文 등 종전의 사서에서 주목하지 않았던 주제를 본격적으로 다루어 역사 연구의 대상을 다변화하는 등 조선 후기 실학파의 비판적이고 고증적인 역사의식을 담고 있는 대표적인 역사서이다. 국내는 물론 중국에도 소개될 정도로 주목을 받았으며, 한국사를 연구하는 문헌 학자들에게 귀중한 자료로 평가받고 있다. 자주적인 역사관의 입장을 취하고 있지만, 단군조선을 인정하면서도 신화를 사실로 인정하지 않았고, 외국 자료에 지나치게 의존하는 등 중국 중심의 사고를 완전히 극복하지 못한 것으로 평가되기도 한다.

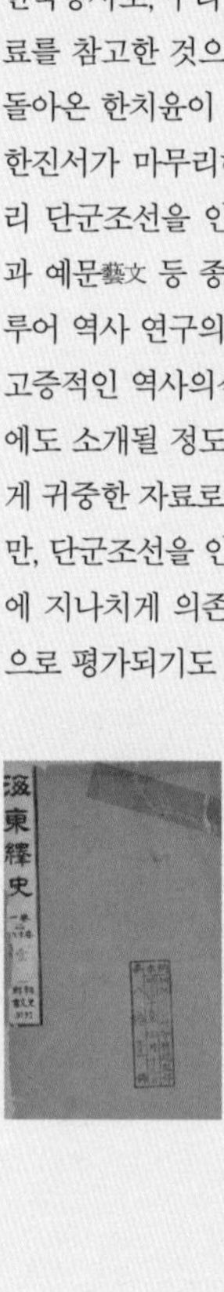

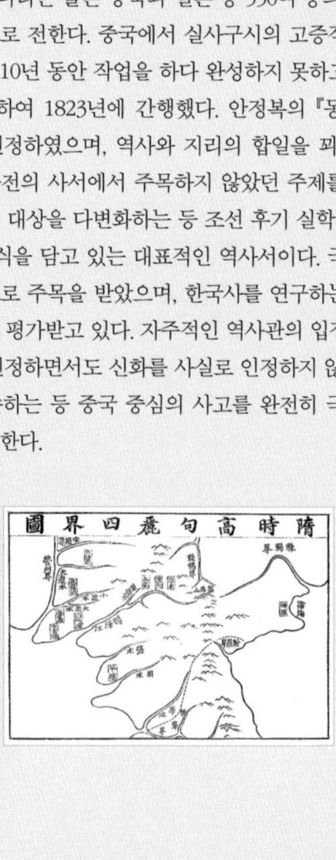

『동국통감』 서거정 등이 왕명을 받아 고대부터 고려 말까지의 역사를 1485년(성종 16)에 편찬한 사서이다. 성종이 편찬에 적극 관여하였고, 신진사림이 참여해 엄격한 유교적 명분론을 기반으로 하는 성종과 사림의 역사의식이 크게 투영되었다. 사림의 성리학적 명분주의는 성종의 왕권안정에 유리하게 작용했으며, 세조와 훈신에 대한 비판도 담고 있다.

『고사기』 신화와 전설을 중심으로 일본의 건국사 등 구전으로 전하는 내용을 정리하여 712년에 편찬된 일본에서 가장 오래된 역사서이다. 고대 일본의 의식·관습·점술·주술을 이해하는 데 귀중한 사료이며, 문학성이 풍부해서 일본 문학사의 최초를 장식한 뛰어난 작품으로 평가받기도 한다. 이 책에 수록된 신들은 현재 일본의 많은 신사에서 제신으로 받들고 있다. 특히 상권에 전하는 신화 부분은 한국의 신화와 유사한 부분이 많아 한국의 신화 연구에 도움이 되고 있다. 그러나 일본의 공식 사서들에서 이 책에 대한 언급이 없으며 책의 존재를 직접적으로 증명해주는 물증 또한 없어 위서로 보는 견해도 있다.

『양서』 당나라 요사렴이 편찬한 양나라의 역사서로 중국의 정사 가운데 하나이다. 총 56권이며, 기전체로 현존하는 양나라의 역사를 비교적 원시적으로 기록한 것으로 평가받고 있다.

『주서』 당나라의 영호덕분 등이 당나라 당 태종의 칙명으로 저술한 기전체의 단대사(시대를 한 왕조王朝에 한정하여 기술하는 형식)로, 이십사사二十四史 중 하나이다. 서위와 북주의 역사를 기록한 정사이다. '북주서'나 '후주서'라고도 한다. 50권, 636년 정관 10년에 완성했다.

4장

고구려 건국, 역사와 문명을 뒤바꾸다

하백, 주몽신화에 유일하게 등장하다

존재감을 전하다

하백은 신화 속에 존재하는 신으로, 우리 신화에는 주몽과 관련하여 처음이자 유일하게 등장한다. 즉 하백은 고구려 개국시조 주몽의 외할아버지로, 그의 큰딸이 주몽을 낳은 유화이다. 하백은 고구려의 건국과 관련해서 직접적인 영향력을 끼치지는 않지만, 주몽의 고귀한 혈통을 확인해주는 등 수신으로서 상징적 존재감을 분명하게 전하고 있다.

그러나 하백은 우리나라보다 중국의 고대신화에서 자주 등장하고 있으며, 그에 대한 평판은 그다지 좋은 편이 아니다. 하천의 신인 그는 중국의 젖줄인 황하가 본래 거주처였으며, 강의 신 중에서도 위상이 제일 높은 전설 속의 신이다. 중국의 『장자莊子』와 『산해경』 등에 따르면, 하백은 사람의 얼굴에 몸은 물고기이고, 두 마리 용이 끄는 아름다운 연꽃으로 장식한 수레를 타고 다녔다고 전한다. 특히 그는 풍류적인 기질이 넘쳐 여인들과 함께 하천이 있는 곳이면 언제 어디서든 나타나는 수신으로, 온 세상 여성을 편력하고 다니는 소문난 바람둥이였으며, 성품이나 소행이 상당히 난잡한 신으로 전한다.

그러나 고대 농경사회와 관련해서 하백은 소牛의 모습이었다고도 전한다. 여기서의 소는 농업신으로, 풍요를 상징하는 신을 의미한다. 따라서 우리와 중국의 수신신앙은 동일하지 않지만, 고구려의 칠성신앙과 수신신앙을 결합하여 하백을 물을 다스리는 수신으로 해석하기도 한다. 중국에서 하백의 사자使者로 전하는 거북은 하백의 손자 주몽이 동부여를 탈출할 때 다리를 놓아준 자라와 같은 의미를 지니고 있는 것이 그 예이다. 또한 하백은 낙수洛水를 건너다 빠져 죽었다가 낙수의 여신으로 거듭 태어난 복비宓妃를 아내로 맞아들였는데, 복비는 끈으로 그물을 짜서 고기 잡는 법을 사람들에게 가르친 태호의 딸이다. 태호는 중국 동쪽의 먼 나라 출신으로, 동방을 주관하는 신으로 전하고 있어 동이족에 속하는 우리의 고대국가 건국기와도 무관하지 않다. 중국 『수서隨書』에 의하면, 고구려에서 하백의 상징적 의미에 대해 구체적으로 관심을 기울였던 다음과 같은 사례도 전한다.

▌ 해마다 정월 초가 되면 패수浿水 위에 모여서 놀이를 하는데, 왕이 요여腰轝를 타고 우의羽衣를 갖추고서 이것을 구경한다. 이 놀이가 끝나면 왕은 옷을 입은 채로 물에 들어가고 사람들이 좌우 두 편으로 나뉘어서 서로 물을 뿌리고 돌을 던지면서 떠들고 쫓고 쫓기고 한다. 이렇게 두세 번 하고 끝을 낸다.

매년 연초에 패수에서 열렸던 이 행사는 물과 관련된 상징적 의미를 담은 일종의 제의의식이었다. 특히 당시 왕이 입었던 깃털로 장식한 우의가 신선이나 선녀가 입는 옷이 연상된다는 점에서 왕 역시 단순한 참관인이 아니라 일종의 절차적 예의를 갖추고 의식에 함께 참여했음을 알 수 있다.

또한 행사가 끝나면 그대로 물속에 들어가서 '좌우로 나뉜 두 패가 수중에서 서로 쫓고 쫓기며 물싸움을 한다'는 것은 주몽이 고구려를 건국하는 과정에서 보여준 물과 연관된 사건을 기념하는 일종의 의식이었고, 여기에는 주몽을 지원한 수신 하백을 신성시하는 상징적 의미도 담겨 있다. 또 하늘과 연관된 집단과 수신계통의 집단이 서로 엉키어 수중 경쟁을 벌이는 광경은 고구려 개국신화에 등장하는 수신 하백과 천제의 자손인 해모수의 수중 대결이라는 신화적 의미를 담은 제의의식으로도 해석된다. 이로써 하백의 위상이 해모수와 대적할 수 있었을 만큼 당시 고구려에서 물에 적극적인 관심을 기울였음을 알 수 있다. 우리 신화에서 주몽신화에 유일하게 등장하는 하백은 특히 해모수와의 대결에서 그 존재감을 분명하게 보여주고 있다.

하백이 분노한 까닭은?

주몽신화에서 전하는 하백과 해모수의 인연은 하백의 장녀인 유화와 해모수의 첫 대면에서부터 시작된다. 『구삼국사』를 인용한 『삼국사기』에는 당시의 상황을 다음과 같이 전한다.

성북城北 청하青河에 하백의 세 딸이 아름다웠다. 큰딸은 유화柳花, 둘째는 훤화萱花, 막내딸은 위화葦花라고 하였다. 그녀들이 압록에서 나와 웅심연에 놀러가니 신 같은 자태는 곱고 빛났으며, 여러 가지 패옥이 어지럽게 울려 한고漢皐와 다름이 없었다. 왕(해모수)이 이들을 보고 좌우에게 말하기를 "얻어서 왕비를 삼으면 아들을 둘 수 있겠다"라고 하였다. 그러나 하백의 딸들이 왕을 보자 물속으로 들어가 버렸다.

여기서 수신 하백의 세 딸인 유화와 그녀의 동생들은 곱고 신성한 선녀가 연상된다. 그녀들의 치장에서 도교적 분위기가 느껴지는 것으로 보아 위 내용은 도교가 유입된 이후에 윤색되었을 것으로 보인다. 그러나 이러한 추론은 후대의 일이고, 비록 출신 집단은 달랐지만 해모수는 유화 자매를 보고 반하지 않을 수 없었다. 이렇게 시작된 해모수와 유화의 인연은 해모수의 술책으로 유화가 납치를 당함으로써 본격적인 이야기가 전개된다. 이와 관련해서 『삼국사기』에는 다음과 같이 전하고 있다.

좌우에서 말하기를 "대왕께서는 어찌 궁전을 지어 여인들이 들어가기를 기다렸다가 마땅히 문을 닫지 않으십니까?" 하니 왕이 옳게 여기어 말 채찍으로 땅을 그으니 동실銅室이 생기어 장관이었다. 방 안에 자리를 세 개 마련해놓고 술동이를 놓아두었다. 세 자매가 나타나 각각 자리에 앉아 서로 권하며 술을 마시고 크게 취하였다. 왕은 이를 기다렸다가 급히 나가 막으니 여자들이 놀라서 달아나고 큰딸인 유화만이 왕에게 잡혔다.

이렇듯 하백의 딸 유화가 해모수의 술책에 걸려 잡히는 과정에서 해모수가 보여준 신이한 능력은 그가 천제의 아들임을 증명하는 것이기도 했다. 이때 유화가 해모수에게 납치당한 사실을 알게 된 하백이 크게 화를 내며 해모수에게 따졌다는 내용도 흥미롭다. 일반적으로 신들의 서열로 보면 수신계통보다는 천신계열이 상위에 있었기 때문이다. 그러나 하백은 천제의 세력에 맞설 정도의 위상을 지니고 있었다. 『삼국사기』에서 인용한 『구삼국사』에는 이와 관련해서 다음과 같이 전한다.

> 하백은 크게 노하여 사자를 보내 말하기를 "너는 어떤 사람인데 나의 딸을 머물게 하였는가?" 하니 왕은 대답하되 "나는 천제의 아들로 이제 하백과 결혼하고자 한다"라고 하였다. 하백이 다시 사자를 보내 말하기를 "네가 천제의 아들로 나에게 구혼을 하려 한다면 마땅히 중매를 보내야 될 터인데 이제 갑자기 나의 딸을 붙잡아둔 것은 어찌 실례가 아닌가?" 하였다.

이처럼 하백이 해모수의 무례한 행동에 분노하며 해모수에게 사자를 보내 따진 것으로 보아 신들의 세계에서도 일정한 질서가 있는 듯하다. 그러나 당시 상황은 수신계열 집단과 천신계열 집단 사이의 문화적 차이에서 발생한 갈등이기도 했다. 즉, 하백과 해모수로 대표되는 집단 사이의 결혼관에 대한 차이를 보여주고 있다.

신들의 대결과 변신술

해모수는 스스로 밝혔듯이 배우자를 두어 아들을 얻기 위해 유화를 납치했다. 배우자인 왕비를 얻는 것보다 대를 이을 아들을 얻는 것이 해모수의 궁극적인 목적이었던 것이다. 반면, 하백은 이러한 해모수의 태도를 질책하면서 혼인에서의 예의와 절차의 중요성을 강조하고 있다. 특히 하백은 결혼을 하려면 중매쟁이를 내세워 절차를 밟을 것을 요구했다. 여기에는 하백과 해모수의 결혼문화에 대한 차이가 담겨 있다. 즉 술수를 써서 유화를 납치한 해모수가 원시시대의 자유혼이나 약탈혼의 성격을 보여주고 있다면, 하백은 이러한 단계를 벗어난 중매 결혼의 성격을 보여준다.

또한 중매 과정에서 신랑 측의 신분을 확인하는 절차가 가장 먼저 등장할 정도로 중요하며, 신랑 측에서는 이러한 요구에 대해 명확한 증거를 제시해야 한다는 점도 주목된다. 원시적인 자유혼이나 약탈혼의 경우에는 집안과 관련한 신분까지 확인하는 절차가 필요하지 않았기 때문이다. 하지만 신랑 측의 신분을 확인하는 것은 하백계열의 집단에서는 결혼이 단순히 자손의 생산에만 의미가 있는 것이 아니라, 집안 또는 집단과 연관된 의식이었음을 말해준다. 그리고 여기에는 가문에 대한 자부심도 담겨 있었다는 점에서 결혼은 혈통을 중시하는 집단적 관심사이기도 했다. 하백이 자신의 노여움을 풀기 위해 방문한 해모수에게 천제의 아들임을 증명할 것을 요구하면서 가문을 거론하는 것은 이를 잘 보여주고 있다. 그리하여 해모수는 하백의 요구에 따라 자신의 신분과 가문을 증명하기 위해 하백과 대결을 벌인다. 둘 사이에 벌어진 대결에 대해서 『삼국사기』에는 다음과 같이 전한다.

하백이 말하기를 "혼인하는 법은 천하에 통용하는 법인데, 어찌하여 예를 잃고 나의 가문을 욕되게 하였는가? 왕이 천제의 아들이라면 무슨 신이함이 있겠는가?" 하니 왕이 답하기를 "오직 시험해볼 따름이다"라고 했다. 이에 하백이 뜰 앞의 물에서 잉어가 되어 놀았다. 이에 왕은 수달로 변하여 이를 잡았다. 하백이 다시 사슴이 되어 달아나니 왕은 늑대가 되어 이를 쫓았고, 하백이 다시 꿩으로 변하니 왕은 매가 되어 이를 쳤다.

여기서 하백과 해모수의 대결이 변신술을 통해 이루어지고 있다는 점도 흥미롭다. 변신술은 몸을 숨기거나 다른 것으로 변하여 길吉한 것을 취하고, 흉凶한 것을 피하는 술법을 말한다. 특히 신화에서 변신술은 초월적인 능력을 보여줌으로써 자신의 고귀한 혈통을 입증할 수 있는 권위의 표상이자 동시에 신들의 대결에서 최고의 상징적 의미를 담고 있다. 그리고 하백과 해모수의 대결은 출신계통 등 그들이 존재하는 세계의 문화를 보여줄 정도로 차원이 달랐다.

하백이 변신한 잉어·사슴·꿩은 사람들의 일상에 피해를 주지 않는다는 점에서 평화로움과 연관 지을 수 있다면, 해모수가 변신한 수달·늑대·매는 수렵에서 인간과 동일하게 사냥감을 경쟁하는 맹수에 해당했다. 따라서 둘 사이의 대결은 이미 승부가 결정된 것이나 다름없었다. 하지만 하백은 해모수의 신분을 확인하는 것으로 기대했던 목적을 달성한다. 그리고 패배를 인정한 하백이 해모수와 유화의 혼인을 허락함으로써 본격적인 유화의 이야기가 이어진다.

유화, 스스로 신화를 쓰다

처음부터 여신은 아니었다

우리 신화에서 유화의 존재는 특별하다. 유화는 주몽신화를 통해 단순히 고구려의 건국시조인 주몽의 어머니가 아닌 여신으로서의 존재감을 스스로 써나갔기 때문이다. 특히 그녀는 고구려의 건국 과정에 함께하지 않았음에도 건국에 커다란 밑받침이 되었으며, 부여계에서도 여신의 위상을 확보했을 정도로 우리 신화에서 보기 드문 존재감을 드러낸다. 이와 관련하여 『삼국사기』에는 중국의 『북사』를 인용하여 다음과 같이 전한다.

❙ 고구려는 항상 시월에 하늘에 제사를 지냈다. 신묘 2개소가 있는데 하나는 부여신으로 나무에 부인상을 새겨 위하고, 또 다른 하나는 고등신으

로 이를 말하기를 시조는 부여신의 아들이라고 한다. 아울러 관사를 두고 사람을 파견하여 이를 수호하는데, 이는 하백녀(유화)와 주몽이라고 한다.

이처럼 고구려는 부여신과 고등신高登神을 모시고 해마다 정기적으로 제사를 지냈는데, 여기서 부여신은 곧 유화를 의미한다. 이러한 제의는 국조신인 주몽의 어머니를 시조신모로 추대하는 의례로, 주몽신인 고등신이 고구려의 건국과 더불어 새로이 등장한 신격이었다면, 부여신은 이전부터 존재했던 신격을 의미한다는 점에서 흥미롭다. 모계사회와 밀접한 연관이 있었던 여신의 존재가 부계사회로 전환된 고대국가 건국기에서도 그 존재감을 보여주고 있기 때문이다. 따라서 주몽신화에는 여신의 탄생담이 담긴 유화신화도 발견할 수 있다.

물론 우리 신화에서 여신신화가 전혀 없었던 것은 아니다. 그럼에도 고대국가 건국기와 관련해서 여신신화가 전하지 않는 이유는 전승 과정의 문제와도 연관이 있다. 고대국가 이전에 형성되었던 여신신화는 고대국가가 건국되면서 그 주인공인 남성 건국시조 중심의 영웅신화에 부수적으로 삽입되었고, 이때 서사의 초점이 여신이 아닌 건국시조인 영웅에게로 모아졌기 때문이다. 그 결과 여신이 지니고 있었던 담론은 건국시조에게로 옮겨갔고, 신적 권위가 인정되던 자연신인 여신이 고대국가 건국 정권에 의해 단순히 건국시조의 어머니라는 기표로 재탄생한다. 즉 고대국가 건국기에서 여성에게 주어진 역할이 있다면 영웅을 출산하는 어머니로서의 존재감뿐이었다. 그러나 그마저도 한계를 보여주고 있다.

우리 신화에서 일반적으로 영웅의 어머니는 본인의 의지와 관계없이 뜻하지 않는 임신을 하였고, 영웅의 아버지는 부재했다. 이로써 영웅의 어머니는 시련을 홀로 겪게 되고, 이를 극복하며 영웅을 출산하게 된다. 그리고 이후에도 남성인 아버지의 부재가 이어지지만, 영웅의 어머니로서의 주체적인 목소리나 행동을 찾아보기는 힘들다. 이처럼 신화에서 어머니는 계속해서 주목받지 못하며, 성장 과정에서 아버지의 부재를 인식한 영웅은 어머니를 떠나 아버지를 찾아 나선다. 이후 큰 뜻을 실현하기 위한 새 출발의 의미를 담아 새로운 영웅의 이야기가 전개되지만, 이 과정에서 어머니의 존재는 사라지기도 한다.

물론 이러한 현상은 우리만의 특징은 아니다. 그리스신화의 경우 헤라는 인도유럽어족을 중심으로 사회질서가 재편되기 전까지 대지의 여신으로서 독자적인 영역을 확보하고 있었다. 그러나 이후 남성 중심의 사회로 재편되는 과정에서 제우스의 질투심 많은 부인이자 가정과 결혼의 수호신으로 그 존재감이 위축된다. 따라서 동서양 모두 신화에서 여신과 관련한 문제는 남성에 대한 여성차별이기도 했다.

하지만 주몽신화에서의 유화는 영웅을 출산하는, 단순히 상징적 의미의 시조모로서만 존재하지 않았다. 유화는 오히려 신화의 재편 과정을 통해 점차 신성성을 확보했고, 결국 독립적인 신격의 지위에까지 오르게 된다. 그녀가 보여준 현실사회에서 필요한 지혜들도 그녀의 신성함을 더해주고 있으며, 그녀가 사망한 이후 국가에서는 그녀를 여신으로 받들어 제사까지 지냈다. 이런 점에서 유화는 다른 신화에서 보기 힘든 여신의 탄생담을 전하고 있다.

유화라는 이름에 담긴 의미는?

유화는 수신인 하백의 큰딸로, 하백에게는 유화 외에도 훤화와 위화라는 딸이 있었다. 그녀들의 이름은 버드나무꽃·원추리꽃·갈대꽃으로 해석되는데, 이 꽃들은 강가의 언덕에서 자라는 식물로 물과도 친밀한 관계를 지니고 있다. 따라서 유화를 물을 숭배하는 부족 출신으로 보거나, 고구려 건국신화에서는 유화의 존재를 동북아의 각 민족들을 통해 전해져 내려오는 버드나무를 숭배하는 풍습 또는 신앙과 연계하기도 한다. 흉노·선비·거란·여진·만주족 등에는 버드나무를 숭배하는 다양한 문화가 존재했으며, 이에 관한 신성한 상징성도 전한다. 예를 들어 만주족의 경우 버드나무 가지가 지닌 강한 생명력과 번식력이 가족의 평안과 번영과 관련이 있다는 믿음이 전한다.

하지만 건국신화가 왕실의 신성성을 천명하며 지배체제를 공고히 하려는 목적에서 만들어졌다는 사실을 감안하면, 이러한 신앙이 어떠한 방식으로든 주몽신화에 담겨 있어야 했다. 그러나 주몽신화에는 버드나무와 관련해서 신성한 의미를 수용할 만한 어떤 구체적인 근거도 발견되지 않는다. 반면, 유화의 존재감은 고구려에서 구축한 물에 대한 독자적인 수신신앙의 토대와 연관된다. 유화의 존재는 기본적으로 물의 숭배와 연관이 있고, 여기서 물은 생명의 근원으로 인간의 생활과 밀접한 관련이 있기 때문이다. 특히 물의 정령에 대한 신앙은 어느 곳에서든 발생할 수 있다는 점에서 해당 지역의 문화와도 연관되어 있었다.

주몽신화에 따르면 하백은 청하의 수신으로, 하백족은 청하 유역에서 주로 어로와 수렵에 종사하며 살았던 부족으로 해석된다. 여기서 유화와 동생들이 해모수가 지상에서 머물던 웅심연까지 놀러 다녔다는 것으로 보아 청하는 북부여와 멀지 않은 거리에 위치했을 것으로 보인다. 그리고 유화의 본 모습은 강줄기를 따라 다니며 고기를 낚는 여성으로 연상된다. 하백에 의해 유폐당한 유화가 금와왕에게 발견될 때까지 물고기를 훔쳐 먹었다는 이야기도 이러한 추론을 뒷받침해주고 있다.

그러나 고대국가 건국신화에는 부여의 개국시조 동명이 고리국에서 하백을 숭배하는 부여로 도망하는 과정에서 '하백녀'가 등장하며, 하백녀는 다시 부여의 일신숭배세력과 합쳐지면서 '유화'로 변한다. 이처럼 동명신화의 영향을 받은 주몽신화에서 하백녀와 유화라는 이름이 시간의 흐름에 따라 문헌에서 어떻게 변화했는지를 표로 정리하면 다음과 같다.

⊙ 시간의 흐름에 따른 하백녀와 유화라는 이름의 변화

문헌자료	『논형』	「광개토대왕릉비」/『위서』	『삼국사기』/「동명왕편」	『제왕운기』
시기	1세기	5세기 이후	12세기 이후	13세기 이후
이름	시비	하백녀랑 / 하백녀	하백지녀 유화	유화
신화	부여 동명신화	고구려 주몽신화	고구려 주몽신화	고구려 주몽신화

위 표에서 『논형』은 부여의 건국시조인 동명신화를 전하고 있지만, 1세기를 기준으로 이후의 호칭 변화를 알아보기 위해 제시해보았다. 이에 따르면 처음에는 단순히 '시비'라는 표현으로 시작되었으나, 시간이

흐름에 따라 '하백녀'를 거쳐 '유화'라는 구체적인 이름으로 변화하고 있음을 알 수 있다. 물론 하백녀와 하백지녀 그리고 유화가 동일한 사람인가는 확신할 수 없으며, 하백녀 또는 유화라는 호칭이 특정 개인을 의미하는 고유명사인지, 아니면 특정 집단을 의미하는지도 분명하게 말할 수 없다.

그럼에도 신화의 관점에서 보면 이러한 변화는 주몽신화에 해모수신화나 동명신화 등 다른 집단의 신화가 결합되는 과정에서 호칭이 '유화'로 최종 귀결되고 있다는 추론에 큰 영향을 미치지는 않는다. 이 과정에서 유화의 존재가 단순히 고구려의 건국시조 주몽을 낳은 '어머니'라는 의미를 넘어 여신의 존재로 위상이 격상되었기 때문이다. 그 예로 『삼국유사』에는 『단군기』를 인용하여 "단군이 서하 하백의 딸과 가까워져 아들을 낳고 부루라 이름하였다"라고 하여 부여계의 왕이 단군의 자손으로 전하는 과정에서 유화는 단군의 배우자로 등장한다. 따라서 신화에서 유화의 존재가 단군과 동등한 위상을 지니게 되었다고 해석할 수 있다. 물론 유화의 위상은 주몽신화에서 확인할 수 있다. 다만 일반적인 신화의 주인공처럼 신비한 징후를 통해 신성함을 전하는 것이 아니라 그녀의 삶을 통해 전하고 있으며, 그런 유화의 삶이 화려한 것과는 거리가 있었다는 점에서 대단히 흥미롭다.

해모수와의 인연으로 긴 여정이 시작되다

유화의 삶은 마치 비극의 주인공이 연상될 정도로 시련의 연속이었다. 특히 해모수를 만나면서 시작된 그녀의 시련은 자신의 의지와는 상관없이 일어났고, 그녀는 이 시련에 대해 스스로 극복하려는 능동적인 모습보다는 수동적이고 소극적인 모습을 보인다. 그럼에도 유화의 이러한 모습은 좀 더 구체적으로 살펴볼 필요가 있다. 지나칠 정도로 소극적인 그녀의 모습에서 여러 의문들이 발견되기 때문이다.

먼저 유화가 해모수에게 납치당하는 상황부터 의문이 든다. 그녀를 포함해 세 자매가 해모수의 술책에 걸려들었지만, 동생들은 도망치고 유화만이 잡혔기 때문이다. 술에 많이 취했다고는 하지만 그녀와 함께 술을 마셨던 나이 어린 동생들은 무사히 도망쳤음에도 큰언니인 유화만이 잡힌 것이다. 또한 유화가 해모수에게 별다른 저항을 하지 않았다는 점도 의문이다. 그렇다고 그녀가 두려움 때문에 해모수에게 저항하지 못한 것도 아니었다. 『삼국사기』에서 인용한 『구삼국사』에는 하백이 유화를 납치한 해모수를 꾸짖자 부끄러워하는 해모수에게 보인 유화의 다음과 같은 모습도 전한다.

> ❙ 하백이 해모수를 꾸짖자, 왕은 부끄럽게 여겨 장차 하백을 가서 보려고 했다. 왕은 방으로 들어가지 못하고 유화를 놓아주려 하였으나, 유화는 이미 왕과 정이 들어서 떠나가려고 하지 않았다. 그리고 왕에게 권하기를 "오룡거만 있으면 하백의 나라에 도달할 수 있다"라고 말해주었다. 왕이 하늘을 가리켜 고하니 문득 오룡거가 공중으로부터 내려왔다. 왕과 유화가 수레를 타자 풍운이 갑자기 일어나며 하백의 궁전에 이르렀다.

이처럼 유화는 자신을 놓아주려는 해모수에게 하백을 방문할 수 있는 방법까지 알려주고 있다. 또한 대결을 통해 해모수의 능력을 확인한 하백이 결혼을 허락한 후에 일어난 일에 대해서 유화가 보인 다음과 같은 행동도 쉽게 납득이 가지 않는다.

▌하백은 이 사람은 참으로 천제의 아들이라 여기고 예로써 혼인을 치렀다. 그러나 왕이 딸을 데려갈 마음이 없을까 겁내서 잔치를 베풀고 술을 왕에게 권해서 크게 취하게 한 뒤 딸과 함께 작은 가죽수레(革輿)에 넣어서 용거龍車에 실어 승천하도록 했다. 그런데 수레가 물을 채 빠져나오기도 전에 왕은 바로 술이 깨어서 유화의 황금비녀를 빼어 가죽수레를 찌르고 그 구멍으로 홀로 나와 하늘로 올라갔다. 하백은 크게 노하여 유화에게 말하기를 "너는 나의 가르침을 따르지 않고 나의 가문을 욕되게 했다" 하며 좌우에 명령해서 딸의 입을 잡아 늘려 입술의 길이가 석 자나 되게 하고, 다만 노비 두 사람을 주어 우발수 속으로 귀양 보냈다.

이처럼 하백은 천제의 아들 해모수를 상대로 술수를 쓰는 책략적 영웅의 모습까지 보일 정도로 해모수와 자신의 딸 유화와의 혼인을 서둘렀다. 주몽을 주인공으로 하는 이규보의 「동명왕편」에 따르면 하백이 해모수에게 먹인 술은 '7일이 지나야 깨는 독한 술'로 전한다. 하백은 해모수에게 독한 술을 먹여 크게 취하게 한 뒤 맏딸 유화를 하늘로 데려가도록 작은 가죽수레에서 봉해서 오룡거에 태워 보내는 치밀한 계략까지 짰던 것이다. 하지만 해모수는 술에서 깨어났고, 유화의 황금비녀를 이용해 가죽수레에서 탈출하여 혼자 하늘로 올라가 버렸다. 해모수에 의해 하백의 책략이 좌절된 것이다.

이렇게 해모수와 유화는 후일을 기약하는 어떠한 약속도 없이 헤어지는 것으로 끝이 난다. 따라서 당시 해모수와 유화의 헤어짐은 파혼을 의미하기도 했다. 그런데 이 사건의 가장 큰 피해자인 유화는 침착한 느낌이 들 정도로 특별한 반응을 보이지 않는다. 해모수가 가죽수레를 뚫고 탈출할 때도 별 반응을 보이지 않았고, 심지어 해모수가 자신의 황금비녀를 이용할 수 있게 소극적이나마 협조했다는 느낌까지 든다.

그 때문인지 자신의 호의를 무시당한 하백의 분노는 유화에게 돌아갔다. 하백은 유화의 입을 잡아 늘려 입술의 길이가 석 자나 되게 하고, 노비 두 사람만을 주어서 우발수에 유폐시켜버렸다. 여기서 유화의 입술을 '닭의 부리같이 만들었다'는 의미는 천상을 왕래할 수 있는 새와 연관이 있다. 즉 유화가 수신계인 하백족과 다른 부족인 하늘과 연관된 해모수족과 부정한 관계를 맺은 죄를 지었으니, 수신계의 하백족들은 그녀를 도와주지 말 것을 경고한 것이다. 따라서 유화는 자신의 부족에 완전히 격리되어 천계天界와 수계水界 어디에도 속하지 못하는 신세가 된다. 그런데 이러한 조치까지도 유화는 순순히 받아들였다.

이후 유화는 금와왕에게 발견될 때까지 유폐생활을 한다. 『구삼국사』에는 유폐생활을 하며 생존하던 유화가 금와왕에게 발견되는 상황을 다음과 같이 전한다.

▌어사漁師 강력부추强力扶鄒가 금와왕에게 고하기를 "요즈음 양중梁中에 고기를 가져가는 자가 있는데 어떤 짐승인지 알지 못하겠다"라고 하였다. 왕은 이에 어사를 시켜서 그물로써 이것을 끌어내게 하였더니 그물이 찢어졌다. 다시 쇠그물을 만들어 끌어내니 비로소 한 여자가 돌 위에 앉아서

나왔다. 그 여자는 입술이 길어서 말을 할 수가 없었으므로, 그 입술을 세 번 자른 뒤에야 말을 했다.

유화가 쇠그물에 잡혀서 나올 때 "돌 위에 앉아서 나왔다"라는 내용도 흥미롭다. 이는 금와가 부루에게 처음 발견되었을 때 "돌 아래에서 나왔다"라는 내용과 유사하다는 점에서 유화가 금와 집단의 문화를 수용했거나, 금와 역시 유화와 전혀 이질적인 문화권에 속한 집단은 아니었음을 의미한다. 그리고 동부여에서는 이미 물고기를 잡는 데 그물이라는 도구를 사용했으며, 특히 동부여에서 사용한 쇠그물은 더욱 선진화된 도구를 의미했다. 그뿐만 아니라 물고기를 잡는 전문가를 의미하는 '어사강력부추'라는 관리가 등장하는 등 금와 집단에서 발달된 수렵문화를 발견할 수 있다.

이러한 특징은 수신계통의 유화가 소속된 집단보다 선진적인 문화를 지녔거나 유사한 문화권에서 성격을 달리하는 수신계열이었을 가능성을 보여준다. 유화의 "입술을 세 번 자른 뒤에야 말을 할 수 있었다"라는 것은 어떤 조치가 취해진 후 비로소 금와 집단과 '말이 통할 수 있었다'는 의미로 해석할 수 있기 때문이다. 즉 유화와 금와가 수신계열의 문화권에 속해 있었지만 곧바로 말이 통하지 않았다는 것은 유화와 금와가 동일한 부족이 아니었음을 의미한다. 따라서 유화가 금와에 의해 구출되는 일련의 과정은 유화가 새롭게 태어나는 재생의식을 통해 새로운 삶을 시작한다는 의미도 담겨 있다.

사라진 해모수, 유화의 새로운 출발

유화의 시련이 시작된 것은 해모수가 근본적인 원인이었다. 그러나 해모수는 유화를 남겨두고 하늘로 올라간 후 전혀 등장하지 않는다. 심지어 『삼국사기』에는 해모수를 천제의 아들로 사칭하며 '유화를 겁탈한 무뢰한'으로 표현하면서 최소한의 배려나 책임의식도 없는 존재로 전하기도 한다. 이는 부여의 건국신화에서 해모수가 그야말로 신성함의 극치를 보여주며 등장하거나 하늘과 지상을 오가며 정사政事를 보는 등 초월적인 능력과 최고의 위엄을 갖춘 존재로 전하는 다른 내용과도 비교된다.

『삼국유사』에는 유화가 금와왕에게 구출된 후 해모수와 관련해서 다음과 같이 이야기한다.

> 이때 태백산 남쪽 우발수에서 한 여자를 만나 물으니 말하기를 "나는 하백의 딸 유화이다. 여러 아우들과 나와 놀고 있는데, 그때 한 남자가 스스로 말하기를 천제의 아들 해모수라 하였다. 나를 웅심산 아래 압록강가의 집 속으로 꾀어 사통하고 가서 돌아오지 않으므로, 부모가 중매 없이 사람을 따른 것을 꾸짖어 마침내 이곳으로 귀양 가서 살게 하였다"라고 하였다.

이처럼 유화의 말에서, 해모수를 직접적으로 비난하거나 해모수와의 만남에 대해 후회한다는 느낌은 들지 않는다. 그렇다고 유화가 해모수를 향한 애정을 보여주거나 그를 긍정적으로 평가하고 있는 것도 아니다. 다만 해모수에게 더 이상 기대하지 않고 오히려 그를 잊은 듯하다. 그리고 유화는 하백의 분노로 인한 유폐생활을 그대로 수용했듯이, 금와의 궁궐에서 다시 유폐생활을 시작한다. 그런데 여기서도 유화는 의지와 관계없이 주몽을 잉태하게 되면서 시련이 계속된다. 이와 관련하여 『삼국유사』에는 다음과 같이 전하고 있다.

> 금와가 유화를 이상히 여겨 방 속에 깊숙이 가두었더니 햇빛이 비추었다. 유화가 몸을 피하니, 햇빛이 또 좇아와 비추었다. 그로 인해 잉태하여 한 개의 알을 낳았는데, 크기가 닷 되만 하였다. 왕이 불길하게 여겨 알을 버려 개와 돼지에게 주었으나 모두 먹지 않았다. 또 길에 버리니 소와 말이 피해 다녔고, 들에 버리니 새와 짐승이 덮어주었다. 왕이 이상히 여겨 알을 깨뜨리려고 하였으나 실패하고 마침내 그 어미에게 돌려주었다. 어미가 물건으로 싸서 따뜻한 곳에 두었더니 한 아이가 껍질을 깨뜨리고 나왔다.

주몽의 탄생담은 자료에 따라 차이가 있지만 '유화가 하늘로부터 내려온 햇빛에 의해 아이를 갖게 되는 일광감응日光感應을 통해 주몽을 잉태했다'는 내용은 동일하다. 그리고 알을 낳은 유화는 아무런 결정권을 행사하지 못했으며, 알은 금와왕의 명에 따라 버려졌고, 버려진 알은 동물들에 의해 보호를 받았다. 이에 금와왕이 알을 깨려고 시도했지만 실패하여 결국 다시 유화에게 돌아왔다. 이후 유화가 알을 물건으로 싸서 따뜻한 곳에 두었더니 한 아이가 껍질을 깨뜨리고 나옴으로써 신화는 새로운 국면으로 접어든다.

이러한 주몽의 탄생담에는 동이계 시조와 연관된 은殷나라의 시조로 전하는 설의 탄생담과 유사한 내용을 발견할 수 있다. 은나라의 시조신화에서는 "세 여인이 목욕하러 갔다가 한 여인이 현조(玄鳥, 제비)가 떨어뜨린 알을 삼킨 뒤 아이를 갖게 되어 설을 낳았다"라고 전한다. 비록 부계혈통에 대해서는 구체적으로 전하지 않지만, 유화의 세 자매를 연상시키는 세 여인이 등장하고 있고, 태양의 형상이라 할 수 있는 '제비가 떨어뜨린 알을 삼켜 은나라 시조가 탄생하였다'는 내용은 천상의 아버지와 지상의 어머니가 결합하여 탄생함으로써 주몽의 탄생담과 유사한 신성한 혈통을 전한다. 다만 은나라 시조신화에서는 단순히 '세 여인'이 등장하지만, 주몽신화에서는 하백의 세 딸이 등장하여 시조의 고귀한 모계혈통을 분명하게 전하고 있다. 이러한 차이는 동아시아 지역에서 주몽신화의 확장성을 보여주는 예이기도 하다.

주몽신화는 단군신화와도 비교된다. 단군과 주몽 모두 아버지의 고향인 하늘로 돌아가는 등 주몽신화에는 단군신화의 유산이 상당히 짙게 깔려 있기 때문이다. 그럼에도 주몽의 출생담과 단군의 출생담 사이에는 상당한 차이가 있다. 먼저 웅녀가 아이를 갖기 위해 적극적으로 나섰다면, 유화는 뜻하지 않게 아이를 갖는 과정에서 웅녀와는 다른 신화적인 요소를 보여주고 있다. 즉 웅녀는 3·7일(21일) 동안 빛이 차단된 동굴에서 마늘과 쑥을 먹으면서 지냈고, 그러한 인내를 통해 사람이 되어 단군을 낳을 수 있는 최소한의 조건을 갖추게 된 후 다시 신단수에 빌어 결혼이라는 정상적인 방법으로 단군을 낳는다. 반면 유화는 아버지 하백의 명으로 부족으로부터 영원히 추방되는 시련을 겪은 후에 금와왕에게 구출되어 다시 유폐생활을 시작하고, 이 과정에서 자신의 의지와 상관없이 태양신을 의미하는 햇빛에 의해 아이를 잉태하여 주몽을 낳는다. 따라서 주몽신화와 달리 단군신화에서는 아버지의 부재에 대한 인식을 찾아볼 수 없다.

단군신화에서 단군은 부모의 정상적인 결혼에 의해서 태어났고 아버지가 존재했다. 하지만 주몽의 경우 단지 상징적인 의미의 햇빛만 등장할 뿐 아버지의 존재를 찾아볼 수 없다. 그럼에도 대부분의 신화에서 이러한 아버지의 부재는 영웅들에게 어머니의 존재를 강하게 부각하는 역할을 하지 못한다. 어머니는 아버지의 기능을 수렴하거나 통합하지 못하며, 아버지의 부재에도 어머니는 여전히 수동적인 존재로만 남아 있다. 그리고 아버지의 공백에 따른 결핍 등의 모든 문제는 영웅이 성장하면서 자신의 주체적인 인식과 자유의지에 의한 판단으로 개척해나간다. 또한 이러한 과정에서 확인되는 신성함은 물론, 현실에서 발휘되는 지혜·용기·능력 등의 모든 것은 아버지의 부계혈통으로부터 물려받은 것으로 전한다. 반면, 아버지에게 종속되었던 어머니는 다시 아들에게 종속되고, 어머니의 존재는 어느 순간 사라지기도 한다. 물론 단군신화에서 웅녀의 존재감도 예외는 아니다. 그녀는 갖은 시련을 극복하며 단군을 낳았지만, 이후 그녀의 존재감은 찾아볼 수 없다. 즉 신화에서 그녀는 단군의 탄생으로 어머니로서의 역할은 끝난 듯했다.

하지만 유화의 존재감은 기존의 신화에 등장하는 영웅의 어머니와 다르다. 주몽이 아버지의 부재로 인한 공백을 극복하며 권능을 확대하는 과정에서 그녀의 존재감이 더욱 뚜렷하게 나타나고 있기 때문이다. 심지어 주몽이 동부여를 떠나 고구려의 건국에 성공한 후에도 동부여에 남아 있던 유화의 존재감은 여신으로 격상되는 등 더욱 확장된다.

영웅은 탄생하는 것이 아니라 만들어지는 것이다

유화의 존재감은 '영웅은 태어나는 것이 아닌 만들어지는 것'이라는 의미를 상당히 구체적으로 보여주고 있다. 이와 관련하여 주몽이 어렸을 때의 일화가 『구삼국사』에 전한다.

> 마침내 알이 열리고 한 사내아이를 얻었는데, 낳은 지 한 달이 못 돼서 말을 하였다. 어느 날 주몽이 어머니 유화에게 말하기를 "파리들이 눈을 물어 잠을 잘 수 없으니 활과 화살을 만들어 달라"라고 했다. 어머니가 갈대로 활과 화살을 만들어주자 이것으로 베틀(紡車) 위의 파리를 쏘아서 화살이 날면 모두 맞혔다. 부여에서 활 잘 쏘는 사람을 주몽이라고 하였다.

주몽이 어린 나이에도 파리처럼 날아다니는 아주 작은 생물체를 모두 맞혔을 정도로 활 솜씨가 뛰어났음을 강조하고 있다. 그런데 여기에는 유화의 존재감을 확인할 수 있는 내용이 포함되어 있다. 유화가 주몽에게 '활과 화살을 만들어주었다'는 의미는 단순히 어린 아들을 위해 장난감을 만들어주었다는 의미가 아니다. 즉 유화가 남성들의 전유물인 활과 화살을 만들 수 있고, 이를 다루는 능력까지 지녔다는 것은 수신계인 그녀가 수렵과 유목문화에 대한 경험은 물론, 전쟁에 필요한 도구를 다루는 능력까지 지니고 있었음을 의미한다. 그리고 이러한 능력은 이후 유목민들을 보호하는 여신적 능력으로 확장되었다.

또한 유화의 방 안에 있었다는 베틀도 주목된다. 베틀이 등장하기에는 시기적으로 너무 이르지만 그 시대에도 원시적이나마 옷을 지어 입었다는 사실을 감안하면, 유화가 옷감을 만드는 도구를 다루었다는 해석이 가능하다. 따라서 그녀가 단순히 수신계통의 능력뿐만 아니라 상당히 선진적인 문물을 익히고 있었음을 알 수 있다.

유화의 존재감은 주몽의 성장 과정에서 더욱 빛을 발했다. 금와왕의 장남 대소가 '주몽을 신뢰할 수 없으니 반드시 뒷날 후환이 있을 것'이라고 말하자 금와왕은 주몽에게 말을 기르는 일을 시켰다. 이때 그녀가 보여준 다음과 같은 일화가 전한다.

> 주몽이 속으로 한을 품고 어머니에게 말하기를 "나는 천제의 손孫으로 다른 사람을 위해서 말을 먹이고 있으니, 사는 것이 죽는 것만 못합니다"라고 불만을 말하자, 어머니가 대답하기를 "이것은 내가 밤낮으로 속 썩이던 것이다. 내가 듣기로는 먼 길을 가는 사람은 모름지기 좋은 말(馬)에 힘입는다고 했으니 내가 말을 골라주겠다"라며 드디어 말 기르는 데로 가서 긴 말채찍으로 함부로 치니 여러 말이 모두 놀라서 달리는데 한 누런 말이 두 길이나 되는 난간을 뛰어넘었다. 주몽은 그 말이 준마임을 알고 몰래 말의 혀끝에 바늘을 찔러놓았더니 그 말은 혀가 아파서 풀을 먹지 못하고 말라만 갔다. 왕이 마목馬牧을 순행하다가 여러 말이 모두 살찐 것을 보고 크게 기뻐하며 마른 말을 주몽에게 주었다. 주몽이 말의 혀에서 바늘을 뽑고 더욱 잘 먹였다.

주몽이 어머니에게 자신의 처지에 대해 불만을 토로하자, 유화는 아들의 불만을 단지 들어주고 위로해준 것이 아니라 앞날에 대비해서 현재의 환경을 활용하는 지혜를 전해주었다. 특히 그녀가 알려준 준마를 고르는 법은 고구려사회에서 대단히 중요한 의미를 지니고 있었다. 전통적으로 농경을 중심으로 하는 사회에서는 소를 중시했고, 말은 수렵을 주로 하는 유목사회에서 중시했기 때문이다. 그뿐만 아니라 고대사회에서 말은 경제생활 외에도 전쟁을 수행하는 등 군사적으로도 대단히 귀한 존재였다는 점에서 유화의 능력을 다시 한 번 확인할 수 있다.

『삼국사기』에 의하면 고구려는 항상 3월 3일에 낙랑의 언덕에 모여 말을 타고 사냥을 하였고, 거기서 잡은 돼지와 사슴으로 하늘과 산천에 제사를 지냈으며, 같은 책 「고구려본기」에 고구려의 수렵에 관한 기록이 30여 회나 전하는 등 백제와 신라와 비교하여 압도적으로 많다. 이 모두가 수렵민적 특성을 지니고 있던 고구려에서 말의 중요성을 잘 보여주는 사례이다. 그런 점에서 유화의 교육은 주몽이 '무사적 영웅'으로 탄생하는 것과 직접적인 관련이 있다. 심지어 「평강공주와 바보온달」에서도 이러한 유화의 흔적을 발견할 수 있어 흥미롭다.

▌ 온달이 처음으로 말을 사러 갈 때, 공주가 온달에게 말하기를 "부디 시장의 말을 사지 말고, 꼭 나라의 말로, 병들고 말라서 쫓겨난 말을 가려서 사오세요"라고 하니 온달이 그 말대로 하였다. 공주는 부지런히 말을 길렀다. 말은 날로 살찌고 건강해졌다. 고구려에서는 언제나 봄 3월 3일이 되면 낙랑의 언덕에 모여서 사냥하여 잡은 돼지와 사슴으로 하늘과 산천에 제사를 지냈다. 그날이 되어 왕이 사냥을 나갔는데, 여러 신하와 5부의 군사들이 모두 수행하였다. 이때 온달도 기르던 말을 타고 사냥에 나가 항상 앞장서서 달리고, 또한 잡은 짐승도 많아서 다른 사람이 따를 수 없었다. 왕이 불러서 이름을 듣고 놀라며 기이하게 여겼다.

이 이야기는 주몽보다 무려 600년이나 뒤의 일이다. 그럼에도 등장하는 사람만 다를 뿐 훗날에 대비하여 준마를 선별해서 잘 키워 무사적 영웅이 탄생한다는 내용은 동일하다. 비록 신화적 요소는 사라졌지만 말을 중시하는 고구려의 전통과 지혜가 유화에서 평강공주에 이르기까지 600년을 이어져오고 있음을 보여주는 예라 하겠다.

때를 기다리며 준비하다

유화는 주몽에게 위기가 닥칠 것을 예견하며 동부여를 떠날 것을 직접 권유했다. 이 과정에서 그녀의 입을 통해 건국을 의미하는 이야기가 처음으로 나온다. 『삼국사기』에는 "멀리 가서 뜻있는 일을 하는 것이 좋겠다"라고 전하며, 『삼국유사』에는 "마땅히 속히 도모하라"라고 전한다. 물론 여기에는 모두 새로운 곳에서의 건국이라는 공통적인 의미가 담겨 있다. 이와 관련해서 『삼국유사』는 다음과 같이 전한다.

> 왕의 여러 아들들과 신하들이 주몽을 장차 해치려고 모의하니 주몽의 어머니가 이를 알고 말하기를 "국인이 장차 너를 해하려고 하니 너의 재략으로 어디를 간들 못하겠는가? 마땅히 속히 도모하라"고 하였다.

이로써 유화가 동부여에 거주하면서 주몽과 관련한 주변의 상황에도 관심을 기울이고 있었음을 알 수 있다. 즉 유화는 단순히 주몽을 영웅으로 길러낸 것이 아니라 때를 기다렸던 것이다. 그리고 그녀는 마침내 때가 왔음을 일러주면서 뜻을 펼치기 위해 길을 떠나게 된 주몽에게 대단히 중요한 선물까지 건네준다. 이와 관련해서 『삼국유사』에는 다음과 같이 전한다.

▌ 주몽이 어머니와 이별에 임하여 차마 떨어지지 못하니, 그 어머니가 말하기를 "너는 어미의 염려는 하지 마라" 하며 오곡五穀의 씨앗을 싸서 주었다. 주몽은 생이별하는 마음이 간절해서 보리 씨앗을 잊은 채 그대로 두고 길을 떠났다. 주몽이 추격병을 따돌리고 큰 나무 아래서 쉬게 되었을 때, 한 쌍의 비둘기가 날아왔다. 주몽은 "이것은 신모神母께서 보리씨를 보내는 것이다"라며 활을 당기어 쏘아 비둘기를 잡아서 목구멍을 열고 보리씨를 꺼낸 다음 비둘기에게 물을 뿜으니 다시 살아나서 날아갔다.

주몽은 어머니를 두고 떠나야 한다는 생각에 마음이 무거웠지만, 유화는 이미 이런 일을 예견하고 있었다는 듯 침착했다. 그리고 이날을 위해 준비해두었던 오곡의 씨앗까지 챙겨주는 등 수렵문화에 익숙했던 주몽에게 선진문화에 해당하는 농경문화를 전수해주었다는 점에서 유화는 곡물신화에서 농경문화를 관장하는 곡모신의 능력까지 보여주고 있다.

특히 고대사회에서는 농경문화를 상징하는 오곡의 관리와 생산은 절대신인 하늘이 관장하는 일로 인식했다. 따라서 오곡의 전달은 그 자체가 신성한 의식에 해당했다. 제주도 무가인 「세경본풀이」에서 하늘의 절대신인 옥황상제가 난리를 평정한 자청비에게 상으로 오곡의 씨앗을 전해준 것도 그 예라 할 수 있다. 따라서 유화가 오곡의 씨앗을 지니게 된 것은 하늘의 신으로부터 신성한 자격을 인정받았음을 의미하며, 이와 관련한 별도의 의식이 행해졌을 가능성도 충분하다.

세계 곳곳에서 농경사회의 여성들이 중요한 역할을 담당했던 풍습이 전해지는 것도 이러한 추론을 뒷받침해주고 있다. 니코바르제도에서는 임신한 여성이 씨앗을 뿌리면 수확이 더욱 풍성해진다는 믿음이 전하며, 이탈리아 남부에서는 임산부가 하는 일은 무엇이든지 성공한다고 전한다. 여기에는 임산부가 씨앗을 뿌리면 태아가 성장하듯 무엇이든 잘 자란다는 믿음이 담겨 있다. 그리고 보르네오에서는 쌀 경작에 관한 의례나 노동에서 여성이 주역을 담당했다. 남성에게 도움을 청할 때는 땅을 치우거나 마지막으로 일을 마무리할 때뿐이었다. 이렇듯 씨앗을 선택하는 일에서부터 생산한 곡식을 저장하는 일까지 모두 여성이 맡았기 때문에 여성과 씨앗 사이에는 자연적인 친근성이 유지되었다. 여성들은 종자가 임신을 한다고 말하기도 했고, 씨앗의 발아기에는 밭에 가서 하룻밤을 자기도 했다. 이러한 풍습에는 여성들의 다산성이 농사에서 생산성의 증가로 이어진다는 믿음이 담겨 있었다. 그러나 이를 말로 뱉는 순간 자연의 순리가 파괴된다고 생각했기에 누구도 그 이유에 대해서는 말하지 않았다.

안악 3호분 벽화　황해남도 안악군의 안악 3호분 동쪽 곁방 벽화에는 방앗간에서 발방아를 찧는 여인과 키질하는 여인의 모습이 그려져 있다.

이처럼 여성과 농경의 긴밀한 관계를 보여주는 곡물신화는 도작을 주관하는 신의 기원에 관한 이야기일 뿐만 아니라 여성이 대지의 어머니라는 신화적 사유, 즉 인간의 삶과 죽음 그리고 그에 따르는 문화 등 복합적인 의미가 담겨 있었다.

주몽이 비둘기를 통해 농사에 필요한 씨앗을 얻고, 이어서 비둘기가 부활했다는 내용 역시 곡물기원신화의 한 유형으로 곡물의 숭배의식과도 관계가 있다. 특히 새는 곡모신의 사자를 상징하며, 하늘과 지상을 연결하는 정령의 역할을 담당했다. 따라서 농경신이라는 신화적 요소는 물론, 하늘의 천신과도 교통하는 능력을 지녔을 정도로 유화의 권능이 확장되고 있음을 알 수 있다. 그리고 새가 곡식의 종자를 가져다준다는 이야기는 신화의 시대를 벗어난 농경사회에서 설화로 전승되었다. 물론 여기에는 하늘과 연계하여 풍요로움과 공동체의 안녕을 기원하는 농경사회의 민간신앙 또한 담겨 있었다. 「흥부전」에서 박 씨를 물어다준 제비 이야기로 변형되어 전하는 것이 그 예이다.

또한 주몽은 비둘기를 발견하자마자 어머니가 보낸 것을 바로 알아보았고, 비둘기를 어떻게 처리해야 하는지는 물론 죽은 비둘기를 부활시키는 능력까지 지니고 있었다. 이는 곧 주몽이 주술적 의례를 통해 병을 치유하고, 장례식에서 행해졌던 죽은 후의 재생에 대한 능력까지도 이미 터득하고 있었음을 의미한다. 그리고 이러한 능력을 보여줌으로써 자신이 보통 사람과 다른 신성한 권능, 즉 제사장의 권능과 건국시조로서의 힘과 능력을 지녔음을 과시한 것이다.

이렇듯 천天·지地·수水와 교통하는 능력과 오곡의 씨앗이라는 선진문화를 가지고 새로운 출발을 알리는 의식은 주몽이 진정한 영웅으로 태어난다는 의미였고, 모든 것은 유화의 지원이 있었기에 가능했다. 그런 점에서 주몽신화에서 유화의 존재는 세계의 보편적인 여성신들과도 비교할 수 있다. 오랫동안 구전되다가 청나라 때인 17세기에 『만주실록』(1635년) 등에 기록된 만주족의 건국시조신화인 '포고리옹순신화'도 그 예라 하겠다.

▌ 장백산 동쪽의 포고리산布庫里山 아래에 포이호리布爾湖里라는 연못이 있었다. 은고륜恩固倫·정고륜正固倫·불고륜佛庫倫이라는 세 천녀天女가 이곳에서 목욕을 하였다. 신작神鵲이 붉은 과일을 막내의 옷 위에 두고 가자, 막내가 그것을 삼켰다가 임신을 하였다. 몸이 무거워지자 두 언니만 하늘로 올라가고, 혼자 지상에 남게 된 막내는 얼마 뒤 아들을 낳았다. 아이는 나면서 말을 할 줄 알았는데, 어머니는 아이가 장성하자 그를 낳게 된 사연을 말한 뒤 '포고리옹순'이라는 이름을 지어주었다. 그리고 명하기를 "하늘이 난국을 안정시키라고 너를 보냈으니, 가서 그들을 다스려라" 하며 배를 만들어준 뒤 하늘로 올라갔다. 포고리옹순은 배를 타고 물을 내려가 서로 다투는 세 성씨 족장들의 싸움을 중지시키고 왕에 추대되었다.

여기서 붉은색과 둥글다는 의미가 담긴 '붉은 과일'은 하늘의 태양을 의미한다. 따라서 포고리옹순이라는 영웅의 탄생담은 천신신앙을 기반으로 하여 천손이라는 고귀한 혈통임을 강조하고 있다. 그리고 영웅을 낳은 어머니는 아들에게 때가 왔음을 알려주면서 성장한 곳을 떠나 새로운 질서를 세워 나라를 건국할 것을 명함으로써 명확한 목표의식을 전한다. 특히 단순히 명령만 내린 것이 아니라 건국에 필요한 중요한 도구인 배를 직접 만들어줄 정도로 시조모로서 건국사업에 주체적으로 관여하고 있다. 여기서 배는 강을 이동하는 도구, 즉 유목민에게 말과 같은 성격을 지니고 있어 포고리옹순의 어머니와 유화의 존재감에서 유사한 의미를 발견할 수 있다.

유화는 왜 주몽을 찾아가지 않았을까?

유화의 적극적인 양육으로 주몽은 선진문화 등 영웅으로서의 자질을 갖추게 되었고, 이는 새로운 정착지에서 국가의 건설에 대단히 중요한 기반이 되었다. 따라서 주몽은 '문화영웅'이었고, 유화는 진정한 문화영웅의 시조모였다. 그런데 유화가 보여준 이러한 능력은 그녀가 속했던 수신계의 범위를 넘어서 상당히 광범위하게 이루어지고 있으며, 해모수와의 첫 만남에서부터 보여준 그녀의 소극적인 행동과 비교된다는 점에서 대단히 흥미롭다. 한마디로, 유화에게서 새로운 세상에 대한 꿈이 느껴진다. 즉 자신이 속한 집단에서 쫓겨나는 등 시련의 연속이었지만, 유화가 남편의 부재 속에서 영웅을 낳고 기를 수 있었던 것은 자신이 속했던 수신계 집단보다 더 넓은 세상에서 꿈을 펼쳐보고 싶다는 원대한 포부가 있었기 때문이다. 그리고 그녀는 꿈의 실현을 위해 스스로 자격을 획득하려 노력했고, 마침내 자신의 힘으로 독립적 여신으로 탄생한다. 특히 동부여에서는 조상신으로, 그리고 고구려에서는 부여신으로 제향되어 양국에서 여신으로 추앙받았다는 점에서 그녀가 고대국가 건국신화에서 대단히 특별한 존재로 자리매김하였다는 사실도 확인할 수 있다. 『삼국사기』에는 유화가 부여에서 먼저 신묘에 제향되었다는 다음과 같은 이야기도 전한다.

▌『고기』에 말하기를 "고구려 동명왕 14년 8월에 유화가 부여에서 돌아감으로, 부여 금와왕은 태후의 예로써 장사하고 드디어 신묘를 세웠다. 태조왕 6년 10월에 고구려왕이 부여에 행차하여 태후묘에 제사를 지냈다."

이 기록에 따르면 유화는 동부여의 신묘에 봉안되어 개인적인 차원에서 신격화된 것이 아니라 동부여인의 조상신으로서 제향되었다. 특히 이 시기는 주몽이 고구려의 왕으로 생존하고 있었던 때임에도 유화의 시신을 고구려에 보내지 않고, 동부여에서 국가적 차원으로 최고의 예우를 갖춰 장례를 치렀다는 것을 보면 유화의 존재감이 각별했음을 알 수 있다.

물론 고구려에서도 유화에게 제사를 올렸다. 일반적으로 고대국가에서는 초대 왕이나 초대 왕 부부 또는 초대 왕과 그 부계혈통의 제사를 지냈다. 그런 점에서 고구려에서 초대 왕인 주몽과 그 어머니인 유화의 제사를 지냈다는 점은 흥미롭다. 주몽이 태어나 성장하는 과정에서 어머니 유화가 혼자 부모의 역할을 모두 수행했으며, 주몽이 고구려를 건국하면서 부계의 성씨를 따르지 않고 스스로 '고高' 씨라는 새로운 성을 내세운 것에서도 알 수 있듯이 두 사람 사이에서 각별한 의미가 느껴졌기 때문이다.

또한 『삼국사기』에는 고구려 말기인 보장왕 때 "동명왕(주몽) 어머니 상이 3일 동안 피눈물을 흘렸다"라는 이야기도 전한다. 당시 고구려가 수나라의 침략으로 위기에 처한 상황이었다는 사실을 감안하면, 이를 통해 유화가 언제부터인가 고구려의 수호신으로 전승되고 있었음을 알 수 있다. 이러한 상징적 의미의 확장은 막연한 심리적 기대감이 아니라, 유화가 지니고 있는 곡신의 직능이 사회적으로 확장된 경우에 해당한다. 즉 도작 형태는 쌀이 천상에서 온 것이라는 농사의 신성성을 근원으로 하는 천신숭배와 연계되어 있었고, 특히 고귀한 태양신의 직계혈통인 곡신은 지상에 강림하여 인간 세상의 농사를 주관하여 세상을 풍성하게 하는 소임을 맡고 있었다. 그러나 이후 농경문화가 정착되면서 곡신의 직능이 농사에만 국한되지 않고, 풍요의 상징인 자손 번창, 재물 성취 등 인간사는 물론, 농사와 상관없는 사회현상부터 국가적 안위에 이르기까지 부정적 사항을 아뢰고 복을 기원하는 등의 다양한 분야에서 그 신성神性이 확대된다.

이러한 특징은 고구려 건국기에서 해모수 집단과 유화 집단의 결합을 통한 부족의 확장이라는 의미로도 해석된다. 유화 집단은 수신계인 하백족이며, 고구려 초기에는 천신계인 해모수족과 갈등관계였을 것으로 추정되나, 후대에 표방된 주몽의 혈통을 보면 두 집단이 통합된 것으로 보인다. 그리고 이 과정에서 부여의 동명신화가 고구려의 건국시조 신화인 주몽신화에 흡수되면서 주몽의 부계와 모계의 신성성을 강화하는 재편이 이루어졌고, 그 결과 주몽의 탄생은 햇빛이 해모수로 형상화되어 천제의 아들로서 신이한 행적을 전하게 된다. 여기에 동명신화에서 이름도 없던 왕의 시비는 주몽신화에서 하백의 딸인 유화로 변하고 아들을 적극 지원하는 신모로서의 행적까지 더해졌다. 따라서 유화의 존재감은 문학에서 구원받기를 소망하며 호출되는 대상으로, 단테의 베아트리체와 중국 고대신화의 서왕모와도 비교된다.

그런데 유화는 뛰어난 재능과 신이한 능력까지 지니고 있었으면서도 왜 아들 주몽과 함께 동부여를 떠나 고구려의 건국에 참여하지 않았을까? 주몽이 동부여를 탈출할 때 경황이 없어서 함께 가지 못했다면 고구려를 건국한 이후에는 함께할 기회를 얼마든지 마련할 수 있었을 것이다. 훗날 동부여에서 태어난 주몽의 장남 유리도 주위로부터 특별한 시련을 거치지 않고 어머니 예씨와 함께 주몽을 찾아 고구려에 갔다. 따라서 주몽이 고구려왕으로 즉위하여 14년간 통치할 때까지 유화가 동부여에 거주하다가 사망하였다는 사실은 분명 의문이 아닐 수 없다.

이러한 의문에 답을 찾으려면 먼저 금와왕과 유화의 관계에 대해 구체적으로 검토해볼 필요가 있다. 가장 쉽게는 금와왕이 그녀를 왕비로 맞이했을 가능성을 생각해볼 수 있다. 특히 동부여에서 유화를 '태후의 예로 장사 지냈다'는 내용은 이러한 추론에 힘을 보탠다. 하지만 이와 관련해서 구체적인 근거는 찾을 수 없다. 그리고 만약 유화가 금와왕과 결혼했다면 주몽이 그토록 서둘러 동부여를 탈출할 필요가 없었을 것이다. 만약 어쩔 수 없이 떠나야 할 일이 벌어졌다면 어머니 유화와 함께 떠나는 것이 상식이었을 것이다. 혹 주몽이 동부여를 떠난 후에 유화가 금와와 결혼했다면 이후 동부여와 고구려 사이의 갈등과 대립이 심화된 것에 대한 구체적인 설명이 필요하다. 그러나 이와 관련한 내용 역시 찾아볼 수 없다. 또한 동부여에서 유화의 위상이 여신에 이르게 되었다는 사실도 납득하기가 어렵다. 따라서 당시 궁궐에서 여인이 사망했을 때 특별히 예우하는 선례가 없었으므로 유화의 장사를 태후의 예를 따라 지낸 것일 뿐 유화가 실제 왕비였다고 보기에는 무리가 있다.

반면, 외부 출신인 유화가 동부여에서 여신으로 추앙받을 수 있었던 것은 그녀가 선진문물을 지닌 문화영웅이라는 관점에서 살펴볼 필요가 있다. 특히 유화는 수신계이면서도 여신으로서의 존재감을 분명하게 보여주고 있고, 금와왕의 탄생 과정에서 등장하는 다산과 농사의 풍요를 표상하는 개구리 등과의 연관성도 발견된다. 따라서 동부여에서 유화의 존재는 금와의 통치행위와 연관이 있었거나 고구려를 건국한 주몽에 대한 견제 차원에서 그녀를 붙잡고 있었을 가능성도 없지 않다.

주몽, 신화를 완성하다

신화의 보물창고, 주몽신화

주몽신화는 고대국가 건국신화의 보물창고로, 그 가치 또한 뛰어나다는 평가를 받고 있다. 국내는 물론 중국에서도 가장 많은 문헌에 전하고 있는 주몽신화는 다음과 같은 점에서 주목받고 있다.

첫째, 주몽은 고대국가 건국기와 관련한 신화 중에서 가장 완벽한 영웅담의 주인공이다. 특히 주몽신화는 절대적 권능으로 자신이 뜻한 바를 쉽게 이루는 신격을 지닌 영웅담이 아니라, 다양한 시련과 과제를 극복해나가는 과정에서 우리에게 더욱 친근하게 다가오는 영웅담이다. 영웅은 완전무결한 존재가 아니라 반드시 결핍과 약점을 가지고 있으며, 이를 극복해나가는 과정에서 오히려 대중에게 주목받는다.

둘째, 주몽신화는 단일한 줄거리를 가진 하나의 이야기라기보다는 횡적·종적으로 주몽과 연관된 존재들이 복합적으로 결합되어 있어 신화적 요소가 더욱 흥미롭고 풍부하다. 그 예로 주몽신화는 천제와 하백 그리고 해모수와 유화 등 다양한 신들이 등장하여 종교적 완성도가 높다고 평가받고 있다. 또한 주몽신화에는 시조관이 확립된 고구려 소수림왕 대의 중국의 천하관과 구별되는 자국 중심의 고유한 천하관이 담겨 있다. 이러한 특징은 고등종교인 불교나 유교 등이 유입된 후에도 기존의 시조관에 영향을 미칠 만한 새로운 시조관념이나 제사체계의 수용이 없었기에 유지될 수 있었다. 『삼국사기』나 중국의 『신당서』에 고구려가 636년에 당군에게 포위되어 함락되기 직전까지 요동성에 주몽사朱蒙祠가 있었으며, 이곳에서 제의가 행해졌다는 기록이 전하는 것이 그 예이다.

셋째, 고구려는 멸망한 이후에도 우리 역사상 가장 광범위한 영토를 지녔던 고대제국을 상징한다. 이에 따라 고구려에 대한 향수와 함께 잃어버린 제국의 영토 회복을 통해 우리의 자존심을 다시 세워야 한다는 목적의식이 뚜렷했다. 근대시기에는 서사문학이 소개되면서 고대의 신화적 영웅과 중세의 낭만적 영웅들의 흔적을 지우는 과정을 거치기는 했지만, 한편으로는 일제강점기를 겪으면서 우리 역사의 전통과 자부심 회복 등을 목적으로 신화의 부흥기를 맞아 주몽은 한국 서사문학의 최고 영웅으로 우뚝 섰다. 주몽신화의 전승문헌이 고조선과 신라 및 가야 등 모든 시조신화를 합친 전승문헌의 수를 능가하는 것도 이러한 영향에서였다.

이처럼 주몽신화는 하루아침에 이루어진 것이 아니다. 주몽신화는 고구려의 역사와 함께 오랜 기간 동안 문헌으로 정리되는 과정에서 지속적인 변화를 거치며 거대한 신화이자 서사문학으로 전승되었으며, 매 시기마다 특별한 의미를 담고 있었다. 이와 관련해서 국내외에서 현재까지 전하는 주몽신화의 주요 자료들을 정리하면 다음과 같다.

⦿ 주몽신화 자료 목록

국내	고구려	「광개토대왕릉비」「모두루묘지」「천남산묘지」
	고려시대	『삼국사기』『삼국유사』『제왕운기』
	조선시대	『응제시주』『세종실록지리지』『동국통감』『필원잡기』
국외	중국(주몽)	『위서』『양서』『주서』『수서』『북사』『통전』
	중국(동명)	『논형』『삼국지』『후한서』『통전』『만주원류고』

여기서 고구려에서 지은 「광개토대왕릉비」와 「모두루묘지」 등은 모두 금석문이다. 따라서 대단히 축약되어 있으며, 주몽신화를 직접적인 주제로 작성한 것도 아니다. 그럼에도 자국의 건국신화와 시조에 대한 인식을 확인할 수 있다는 점에서 주목받는다. 그리고 고려시대 이후에 편찬된 자료들은 고구려 건국신화의 문헌 전승방식과 변화의 양상 등을 살펴볼 수 있다는 점에서 의미가 있다.

현재 전하는 자료 중에서 가장 앞선 것은 고려시대에 편찬된 『삼국사기』이며, 내용이 가장 풍부한 자료는 이규보의 『동국이상국집』에 수록된 「동명왕편」이다. 주몽신화를 5언 한시로 고쳐서 1193년에 지은 이 작품은 단순히 사실적인 내용이나 정보만을 전달하는 것이 아니라, 풍부한 문학적 수식이 첨가되어 있다는 점에서 주목받고 있다. 특히 중국과 한국의 사료들이 대부분 부여나 고구려 건국과 관련한 역사적 사실이나 단편적인 삽화를 전달하는 데 그치고 있다면, 「동명왕편」은 보다 풍부한 상상력을 바탕으로 신비한 출생, 주인공의 시련, 인물 간의 갈등과 극복, 그리고 위대한 과업의 성취 등 영웅의 다양한 일생을 담아내고 있다. 따라서 역사서라기보다는 문학작품으로서의 긴장감과 허구적 성격 등을 다양하게 표출하고 있으며, 중국과 우리나라에 전해오는 역사적 사실과 작자의 신화적 상상력이 결합되어 한 편의 온전한 서사문학으로 정착된 작품이라고 평가할 수 있다.

또한 「동명왕편」에서 인용한 『구삼국사』는 김부식이 『삼국사기』를 짓기 이전에 이미 존재했던 역사서라는 점에서 주목받고 있다. 『구삼국사』는 저자나 저술연대는 물론, 구체적인 내용은 알 수 없지만 현재까지 알려진 우리 역사서 가운데 가장 먼저 편찬되었으며, 『삼국사기』나 『삼국유사』에 수록된 고구려 건국신화가 모두 이 책에서 인용됐을 정도로 기존의 사서보다 훨씬 내용이 풍부 했을 것으로 추정한다.

역사적 경험이 담긴 중국의 자료들

주몽은 추모鄒牟·추몽鄒蒙·중모中牟·중모仲牟·중해衆解 등으로 불리기도 하나 이는 모두 후대에 한자로 기록하면서 나타난 표기방식이며, 또 동명왕이라는 시호를 올려 부여의 건국시조인 동명과 혼동되기도 한다. 『삼국사기』에 의하면, 고구려의 건국시조인 주몽에게 '동명'이라는 시조명을 올린 시기는 주몽의 사후인 유리왕 원년이다. 하지만 동명이라는 시조명은 주몽 사후에 곧바로 올린 것이 아니라 후대에 정착된 것을

『삼국사기』에서 정리한 것이다. 작성 연대를 기준으로 할 때 고구려 시조 표기가 최초로 보이는 「광개토대왕릉비」에서 동명이라는 시호를 찾아볼 수 없는 것도 이를 뒷받침해준다.

이러한 현상은 주몽이 사망한 후 고구려의 대내외 정세와 관계가 있다. 즉 고구려와 주변 세력에 의해 부여가 쇠퇴·소멸하면서 동명신화가 고구려의 시조 주몽의 신격화를 위한 수단으로 변개되어 '동명=주몽'이라는 인식이 확장되었으며, 단계를 거칠수록 그 신성성이 강조되고 이야기의 서사구조도 더욱 풍부해졌다. 물론 이 과정에서 다른 신화에서 나타나는 등장인물들의 폭력적이며 엽기적인 내용들은 순화되고, 주몽신화만의 고유한 특징도 담기게 된다. 이러한 현상은 고구려의 내적 지배체제를 강화하기 위한 왕실의 욕망에서 비롯된 측면도 있지만, 5세기 후반까지 여전히 존재했던 부여와의 관계는 물론, 숙적이었던 백제와의 경쟁에 따른 이데올로기전의 결과이기도 했다. 이 때문에 주몽의 아버지로 전하는 해모수뿐만 아니라 유화에 대해서도 성스러운 어머니의 모습을 부각시키는 등 주몽의 신성한 혈통을 강조하고 있으며, 주몽의 특출한 외모와 함께 출현 장면을 장엄하면서도 아름답게 묘사하는 등 신성한 존재의 의미를 구체적으로 전하고 있는 것이다.

중국에서는 주몽신화와 관련해서 『양서』『위서』『주서』『수서』 등이 전한다. 그러나 중국 자료의 주몽신화는 기본적인 구조가 유사하면서도 대부분 내용이 축약되어 전하는 것이 특징이다. 다음은 중국 사서에 보이는 고구려를 건국한 주몽과 관련된 기본적인 내용을 정리한 표이다.

⊙ 중국 사서에 보이는 주몽신화

	『위서』	『주서』	『수서』	『북사』	『통전』	『고려도경』
편찬 연대	554년	636년	636년	627~649년	801년	1124년
주인공	주몽	주몽	주몽	주몽	주몽	주몽
개국명	고구려	고구려	고구려	고구려	고구려	고구려
출생국	부여	부여	부여	부여	부여	부여
부계	–	–	태양신	–	부여왕	부여왕
모계	하백녀	하백녀	하백녀	하백녀	하백녀	하백녀
잉태 방식	햇빛	햇빛	햇빛	햇빛	햇빛	햇빛
출생 방식	난생	–	난생	난생	태생	난생
적대자	부여 신하들	부여인	부여 신하들	부여 신하들	국인	부여인
비고	자손 이야기로 확대	–	–	자손 이야기 추가	–	–

중국 사서의 경우 동명과 주몽을 동일인으로 보는 등, 부여의 건국신화인 동명신화를 축약된 주몽신화로 보기도 한다. 다만『양서』에는 고구려를 설명하면서 "그 선조가 동명으로부터 나왔다"라고 한 뒤 부여의 동명신화를 그대로 기록하고 있고, 그 뒤에 고구려의 주몽신화에 부여의 동명신화가 수용되었음을 암시하고 있다. 이후 중국 사서에서 고구려에 관한 기록은『한서』「지리지」에서부터 보이고 있으나, 나라의 위치에 대

한 언급만 있고 건국 경위나 시조에 대한 언급은 없다. 그리고 554년에 편찬한 『위서』에서 고구려의 건국신화가 다시 보인다.

『위서』는 중국의 역사서 중에서 상당히 이른 시기에 편찬되었고, 이후에 편찬된 사서들과 내용상 큰 차이가 없다. 따라서 중국 자료 중 가장 전형적인 역사서로 꼽히지만 주몽의 아버지로 전하는 해모수에 대한 기록이 보이지 않는 등 역시 주몽신화가 축약되어 전하고 있다.

중국 역사서에 나타난 이러한 특징으로 보아 중국이 타국의 역사를 기록하는 과정에서 신성함이나 신이한 사건에 대한 내용들을 축약했을 가능성은 충분하다. 또한 여기에는 중국과 고구려의 역사적 관계도 영향을 미쳤다. 『삼국지』「위지 동이전」에서 중국과 평화적인 관계를 유지했던 부여는 "근엄하고 후덕하여 다른 나라를 침략하지 않는다"라고 기록하고 있으나, 중국과 빈번하게 충돌하며 성장했던 고구려는 "힘이 세고 전투에 능하며, 성질이 흉악하고 급하며, 노략질을 좋아한다"라며 고구려를 적대시하는 관념이 형성되었던 역사적 경험을 기록으로 남겼다. 그럼에도 주몽의 부계혈통이 구체적으로 전하지 않는 것을 제외하면, 중국 자료에서 전하는 주몽신화는 하백녀를 모계로 하여 난생으로 태어나 고구려를 건국하는 과정 등의 내용이 우리나라에 전하는 주몽신화와 대부분 유사하다.

고구려의 건국신화는 부여의 건국시조신화인 동명신화와 비교하면 출생담의 서사적 확장을 보여주는 등 전형적인 영웅의 일대기를 담고 있는 신화이자 동시에 역사적으로 사실적인 요소를 근원으로 한 신화이다. 따라서 주몽신화는 이제까지 살펴본 신화 중에서 비교적 논란의 여지가 적다고 할 수 있겠다.

부계혈통이 복잡해진 이유

고대국가의 건국신화는 주변국들과의 관계에도 영향을 받았다. 특히 대부분의 고대국가가 건국기에 어떤 방식으로든 부여와의 관계를 언급해야 했을 정도로 부여는 고대국가들 사이에서 민감한 존재였다. 고구려의 건국신화에 주인공인 주몽은 물론 해모수·부루·금와·유화·유리가 등장하여 다양한 이야기를 전하는 것도 그 예이다. 특히 고구려는 5세기에 접어들자 동부여나 백제 등과 경쟁을 벌이면서 부여의 신화를 흡수하여 고구려야말로 부여의 정통성을 이어받은 국가임을 표방했다. 일연이 동명신화에 대해 자신의 의견을 구체적으로 제시하면서 전체적인 내용에 혼란을 초래하긴 했지만, 동부여의 건국 후에 "북부여의 구도舊都에서 고구려가 일어났다"라고 기록했던 것은 이러한 인식이 반영되었기 때문이다. 즉 주몽신화에서 부여와의 관계가 정치적 이데올로기로서의 기능이 한층 강화되는 등 신화에 변형이 이루어진 결과였다.

그뿐만 아니라 백제도 건국신화에서 '부여에 뿌리를 두고 있다'는 사실을 대외적으로 알리며 고구려와 경쟁했다. 특히 백제는 6세기 전반부에 들어서면서 부여의 계승을 둘러싼 고구려와의 경쟁을 본격적으로 벌이게 된다. 『삼국사기』를 보면 고구려 문자명왕 6년(497)에 신라의 우산성을 공격한 이후 50여 년 동안 벌인 열 차례의 전쟁에서 고구려와 백제의 교전 기록만 보일 뿐, 고구려가 신라를 직접 공격했다는 기록은 찾아볼 수 없을 정도로 이 시기는 고구려와 백제의 교전이 상당히 치열했다. 또한 백제의 성왕은 538년에 사비천도와 동시에 국호를 남부여로 개칭하였고, 대내외적으로 동명왕의 후예를 천명하는 등 백제 왕실이 부여에 뿌리를 두고 있음을 강조했다. 성왕의 이러한 조치는 내부적으로 왕권의 강화를 시도함과 동시에 대외적으로는 정통성을 확보하기 위한 고구려와의 경쟁의식이 반영된 것이다.

이처럼 고대국가의 건국시조들이 북부여 출신설을 표방한 것은 지극히 정치적 선전이라는 의도가 담겨 있었다. 따라서 각국의 신화는 더욱 논리적이고 풍부한 내용을 갖추게 된다. 예를 들면 6세기경의 주몽신화에서 유화가 주몽을 잉태하는 직접적인 계기는 햇빛에 의해서였고, 해모수의 존재는 찾아볼 수 없었다. 그럼에도 해모수가 등장하지 않는 주몽신화는 신화로서 상당히 짜임새를 갖추었고, 주몽신화가 완결된 체계를 갖춘 후에 뒤늦게 새로운 요소로 해모수가 첨부되었을 가능성도 있다. 그리고 해모수와 부루는 부여족의 일파였지만 서로 다른 집단의 족장이었고, 후에 주몽신화에 편입되는 과정에서 부자관계로 변형되었을 것으로 추정된다. 즉 부루 집단은 북부여 지역에 먼저 거주하던 천손족天孫族의 전통과 함께 비류수를 중심으로 북부여의 왕으로 정치적 주도권을 잡고 있었고, 해모수 집단은 부루 집단보다 늦게 이동해온 집단으로 웅심산을 근거지로 정착했다. 그러나 해모수 집단은 선진문화인 철기농경문화를 기반으로 점차 세력을 확장해갔고, 이 과정에서 부루 집단을 대신해서 주도권을 잡았다. 이 때문에 해모수 집단은 부루 집단의 반발을 억제하고 적극적인 지지를 이끌어내기 위해 정치적 의도에서 양 집단을 혈연적 관계로 결합시키는 시도를 했던 것이다.

반면, 고구려는 평양으로 천도한 이후 유교·불교·도교의 확산과 장기간 평화에 따른 귀족세력의 득세로 왕권이 약화되면서 천손신화가 빛을 잃어갔다. 이 과정에서 고대국가의 건국신화에는 사실 여부와 관계없이 복잡한 혈연관계가 전하게 된다. 즉 신화에서 부계혈통을 중심으로 보면 단군과 부여의 건국시조 동명왕은 동일한 부족이 아니다. 반면, 부루와 주몽은 모두 부여에서 출발하므로 동명왕계의 혈통으로 분류할 수 있다. 이러한 관계는 단군신화에서 인간이 되고자 염원했던 곰과 호랑이에게 제시했던 금기사항에서도 발견할 수 있다. 당시 금기사항의 핵심은 햇빛을 차단하고 마늘과 쑥이라는 농작물을 먹는 것이었는데, 천신숭배 집단인 환웅 집단에서 태양을 금기시했다는 점에 주목할 필요가 있다.

천신은 태양신과 동일한 개념으로 통용되기도 하고, 태양은 하늘의 혈통을 이어받은 영웅의 탄생과도 직접적인 연관이 있다. 태양의 빛으로 잉태한 동명과 주몽이 그 예이다. 그리고 주몽신화의 경우 태양의 빛은 태양을 숭배하는 해모수 집단으로 이어진다. 반면, 태양을 기피하여 사람이 된 웅녀가 고조선의 개국시조 단군을 낳았다는 것은 단군이 주몽과는 다른 집단을 대표한다는 의미이기도 하다. 단군이 천신의 후손이면서 농경문화를 중심으로 하고 있다면, 주몽은 하늘의 태양을 상징하는 해모수의 후손이면서 수렵을 통한 기마민족의 성격을 보여주고 있다. 따라서 단군신화에서 햇빛을 차단한다는 의미는 해모수 집단과의 문화적 단절을 의미하며, 쑥과 마늘을 먹고 인간이 되었다는 것은 수렵생활을 청산하고 농경생활에 적응했음을 의미한다. 여기에 역사적 경험을 적용하면, 단군 집단이 장춘 부근에서 부여족에게 밀려 흑룡강 부근의 동해 지역으로 이동했다고 추정해볼 수 있다. 또한 해모수가 세운 부여 역시 동일한 혈통이 아닌 다른 집단에 정복되었으므로 부루는 부여를 떠나 동부여를 세웠고, 주몽 역시 동부여를 떠나 고구려를 세웠다. 그러나 후에 부여계가 고구려에 통합되면서 한동안 신화가 복잡하게 얽혀 일목요연하게 정리할 수 없었던 것이다. 당시 유이민들의 이동 과정을 보면 이를 알 수 있다.

흔히 부여족을 맥족이라 하고, 고구려도 부여와 같은 맥족으로 보기도 한다. 그리고 맥족과 함께 병칭되는 예족이 있다. 예족은 현재의 강원도와 함경도 그리고 흑룡강 동쪽 지역 바닷가에 거주했던 것으로 전한다. 따라서 단군의 고조선을 구성한 중심 집단은 예족이었고, 예족의 일부가 부루와 금와의 동부여와 연관되었을 것으로 볼 수 있다. 그리고 부루가 부여를 떠나 동부여를 세우게 된 내용과 부루가 금와에게 왕위를 이양한 사연이 첨부된 이유는 신성 지향을 달리하는 두 집단이 각기 다른 내용의 신화를 전승하고 있었지만 고구려에 통합되면서 신화가 뒤섞였기 때문이다. 또한 지배집단인 고구려 왕족도 국가적 통합 차원에서 왕실 이외의 신화를 어느 정도 수용함으로써 이들의 신화가 변형되어 전승하게 되었다. 이와 관련해서 『삼국지』「위지 동이전」에도 고구려에 추장사회가 존재했다는 다음과 같은 내용이 전한다.

> 본래 5족이 있었는데 연노부·절노부·순노부·관노부·계루부가 그것이다. 본래는 연노부에서 왕이 나왔으나 점점 미약해져서 지금은 계루부에서 대신하고 있다.

여기서 부部는 원시적 소국 또는 부족집단을 의미한다. 따라서 주몽이 고구려라는 고대국가를 건국하기는 했지만, 이 부족들이 고구려에서도 지배계층으로서 일정한 세력을 유지하고 있었음을 알 수 있다.

고귀한 혈통과 신화의 확장

모든 신화가 그렇듯 주몽신화에서도 고귀한 혈통은 영웅의 탄생을 알리는 가장 기본적인 요소에 해당한다. 여기서 고귀한 혈통이란 영웅의 부모 혈통과, 그들을 통해 영웅이 어떻게 잉태되어 태어났는가 등 복합적인 요인들을 포함하고 있다. 이와 관련하여 국내의 주요 자료를 표로 정리해보면 다음과 같다.

⊙ 우리나라 자료에 전하는 고구려 건국신화

	「광개토대왕릉비」	『삼국사기』	「동명왕편」	『삼국유사』	『제왕운기』
편찬 연대	414년	1145년	1193년	1281년	1287년
주인공	추모왕	주몽	주몽	주몽	주몽
개국명	고구려	고구려	고구려	고구려	고구려
출생국	북부여	동부여	동부여	동부여	부여
부계	천제 아들	천제	해모수	해모수	해모수
모계	하백여랑	유화	유화	유화	유화
잉태 방식	–	햇빛	햇빛	햇빛	–
출생 방식	난생	난생	난생	난생	난생
적대자	–	동부여 왕자와 대신	부여왕 태자 대소	동부여 왕자 대소	왕태자
비고	–	–	신모神母와 유리 이야기 추가	–	사후 이적 부연

이렇듯 국내 자료에서는 주몽의 출생국이 북부여·동부여·부여 등으로 다원화되어 있긴 하지만, 대부분 주몽의 부계와 모계의 혈통을 구체적으로 제시하고 있다. 특히 부계의 경우 '햇빛에 의해 주몽이 잉태되었다'는 '일광감응신화'로 하늘과 관련해서 건국시조의 신성한 혈통을 강조하고 있다. 『삼국사기』에는 주몽의 탄생을 다음과 같이 전한다.

> 왕(금와)은 천제자天帝子의 비(妃, 유화)임을 알고 별실에 그녀를 두었는데, 그 여자는 햇빛을 받고 임신을 해서 신작 4년 계해 여름 4월에 주몽을 낳았다. 아이의 울음소리가 크고 골표骨表가 영웅답고 기이했다.

여기서는 주몽의 탄생과 관련해서 해모수를 의미하는 햇빛과 지모신인 유화를 어머니로 하는 천지부모형 신화를 통해 영웅의 탄생을 알리고 있다. 물론 이러한 신화적 요소는 고구려만의 특징은 아니다. 우리 고대국가 건국기의 부여계 건국신화는 물론, 기마민족계열인 몽골·북위·북제·요·흉노 등의 부족신화에서도 일광감응이라고 하는 신화의 모티브를 발견할 수 있기 때문이다. 그리고 주몽이 '알에서 태어났다'는 난생신화의 알(卵)은 아이를 갖는 수태의 주된 방법으로 세계적으로 폭넓게 전하는 신화적 요소이다. 천신을 의미하는 태양신앙이 담긴 난생신화는 원시부족사회에서 '알에 생산력이 담겨 있다'는 믿음이 전하는 등, 아이의 잉태와 연관하여 다양한 속설이 전한다. 에스키모인들은 알을 먹으면 임신을 한다고 믿어 처녀가 알을 먹는 것을 금했으며, 집시들 사이에서는 남편이 알의 양쪽 끝에 구멍을 내고 내용물을 불어서 부인에게 먹이면 임신을 한다고 전한다. 특히 알이 성스러운 빛과 더불어 하늘에서 내려온다는 것은 평범한 아이가 아닌 천신 또는 태양의 아들, 즉 고귀한 혈통의 탄생을 의미했다. 중국의 경우 은나라 시조 계契와 진나라의 조상 대업 역시 어머니가 제비의 알을 삼키고 낳았다고 전하며, 다음과 같은 서국徐國의 '서언왕徐偃王신화'도 전한다.

▍서군徐君의 궁녀가 임신을 하여 알을 낳았는데, 불길하다고 해서 물가에 버렸다. 독고모獨孤母가 기르던 개가 물가에서 알을 주워 집으로 가져왔다. 독고모가 알을 따뜻한 곳에 두고 보살피자 알에서 아이가 태어났다. 태어날 때 반듯이 누운 자세였다고 해서 이름을 '누울 언偃' 자를 써서 서언이라 하였다. 임금이 이 소식을 듣고 궁중에 데려다 키웠는데, 장성하면서 어질고 지혜로워 서국의 왕이 되었다. 이후 서언왕의 덕망이 주변으로 소문이 퍼져 36개국이 복종했다고 한다. 그 후 개가 죽자 용이 되었다고 한다.

이 신화는 개가 등장하는 내용을 제외하면 영웅이 난생으로 탄생하고, 동물의 보호를 받으며, 노모에게 양육되어 결국 왕위를 계승하는 등, 고귀한 혈통을 강조하고 있는 주몽신화와 유사하다. 여기서 서국은 중국의 동부 해안 지역에 위치한 나라로, 동이계의 종족이 세운 것으로 추정된다는 사실 또한 흥미롭다.

그럼에도 신화에서 영웅의 탄생이 단순히 혈통만으로 완벽한 조건을 갖추는 것은 아니다. 영웅의 혈통은 잉태의 과정에서부터 출생방식과 성장 과정, 영웅이 새로운 터전을 찾아 떠나는 과정 등 다양한 신화적 요소들이 함께 작용할 때 더욱 구체화된다. 특히 풍부한 서사구조를 보여주는 주몽의 고귀한 혈통과 관련하여 다음과 같은 특징을 찾아볼 수 있다.

첫째, 주몽신화는 신성한 혈통을 확인하는 과정에서 다양한 신들이 등장하고 있다. 주몽의 탄생 과정에는 해모수의 북부여와 부루의 동부여 건국신화가 먼저 나오고, 해모수와 함께 수신인 하백과 유화의 이야기도 상당한 비중을 차지하고 있다. 그뿐만 아니라 금와의 이야기도 등장하고 있으며, 주몽신화의 마지막 부분에서는 주몽의 아들 유리왕의 이야기도 전하고 있다. 따라서 주몽신화는 해모수신화·해부루신화·금와신화·하백신화·유화신화·유리신화 등 다양한 신화가 포함된 거대한 서사로 이루어져 있다.

둘째, 비정상적인 잉태와 출생 과정을 통해 고귀한 혈통을 강조하고 있다. 일반적으로 영웅의 탄생은 잉태와 탄생 과정이 보통 사람과 달리 비정상적일수록 그 신이함을 더해준다. 주몽의 경우 아버지가 해모수라고 전하면서도 햇빛을 받고 잉태하였으며, 알로 태어나 버려지는 등 비정상적인 탄생 과정으로 시련을 겪는데, 이를 극복함으로써 신성성을 인정받고 있다. 즉 탄생과 함께 곧바로 영웅적 능력을 갖추는 필수 과정으로 시련을 통과하는 관습화를 따르고 있는 것이다.

셋째, 신과 교감하는 능력으로 지상에 하늘의 뜻을 분명하게 전하고 있다. 영웅들의 탁월한 능력은 다양하게 나타나지만 무엇보다 중요한 것은 불가항력적이고 결정적일 때 고귀한 혈통을 내세워 신과의 교감을 통해 난관을 극복하는 것이다. 주몽신화의 경우 주몽이 동부여를 탈출하다가 엄리대수에 막혀 위기에 처했을 때 활로 물을 치며 주문을 외쳐 난관을 극복하는 등, 고구려의 건국이 하늘의 뜻에 의해 이루어졌음을 반복적으로 확인하고 있다.

넷째, 주몽의 고귀한 혈통은 고구려 왕실의 권위와 국가의 정통성

확립과도 밀접한 연관성을 보여준다. 건국시조인 주몽이 천제의 아들이며, 하백의 외손임을 강조하고 있는 것이 대표적 예이다. 특히 주몽의 고귀한 혈통과 관련하여 고구려의 「광개토대왕릉비」도 주목된다. 「광개토대왕릉비」는 가장 빠른 시기에 문자로 자국의 역사를 정리한 자료이면서 국가의 공인절차를 거쳐 작성된 공식사료이다. 또한 고구려 전성기인 414년에 제작되어 당시의 고구려·백제·신라는 물론 왜와 중국과의 관계까지 알려주고 있어 동아시아의 블랙박스라는 평가를 받고 있다. 이러한 「광개토대왕릉비」에 주몽에 대해 다음과 같은 내용이 전한다.

▌ 옛날 추모왕이 나라를 세웠는데 북부여로부터 나왔다. 천제의 아들이고 어머니는 하백의 딸이며 알을 깨고 나왔다. 나면서부터 성스러움을 지니셨다.

여기서도 주몽의 신성한 혈통을 제일 먼저 확인하고 있다. 또한 5세기 중엽의 「모두루묘지」에는 모두루의 출생을 이야기하면서 주몽의 출생과 관련해서 다음과 같이 전하고 있다.

▌ 하백의 손자요 해(日)와 달(月)의 아들이신 추모성왕(주몽)은 원래 북부여에서 나오셨다. 천하 사방이 이 나라를 최고의 성스러운 나라로 알았다.

개인의 묘지에 세운 비문이라 간략하게 기록되어 있음에도 개국시조의 신성한 자취를 부각하려는 의도가 분명하게 담겨 있다. 그리고 천제라는 표현 대신 해와 달을 의미하는 일신과 월신으로 기술하고 있다는 점에서 이는 주몽신화를 민간에서 완전하게 수용하고 있다는 사실도 확인할 수 있다. 달리 말하면 5세기 중엽에 주몽신화가 이미 고구려 대중 사이에서 전승되고 있었던 것이다.

한편, 주몽의 부계는 천제의 아들인 하늘의 직계 자손으로 전하는데, 모계의 경우 하백의 손자로 기록되어 있어 부계보다 모계의 항렬이 한 대 위로 설정되어 있다. 또한 부여신화에는 보이지 않던 하백이 고구려신화에 보이는 것도 특이하다. 이는 하백을 시조신으로 하는 집단의 신화와 해모수를 시조신으로 하는 집단의 신화체계가 고구려 건국신화라는 새로운 신화체계로 결합하면서 일어난 비합리적인 현상으로 해석할 수 있다.

새로운 세상을 향한 험난한 여정

주몽은 "어려서부터 매우 영리하였고, 골격과 외모가 영특하고 기이했다"라며 전형적인 영웅상으로 전한다. 주몽이라는 이름을 갖게 된 이유에 대해서도 "당시 풍속에 활 잘 쏘는 이를 주몽이라 하였다"라고 하면서 주몽이 이미 어려서부터 사회적으로 그 능력을 인정받고 있었음을 강조하고 있다.

그럼에도 주몽은 대부분의 영웅신화의 주인공들이 그렇듯 시련기를 거친다. 특히 주몽에게 가장 먼저 닥친 시련이자 극복해야 할 가장 큰 장애는 금와왕의 아들들이었다. 궁궐에서 태어나 왕자들과 함께 성장한 주몽은 왕실 행사에도 함께 참석할 정도로 그들과 가까이 지냈지만, 왕실에서의 생활은 주몽에게 기회요인이 아니라 위기요인으로 작용했다. 이와 관련하여『구삼국사』에 다음과 같은 내용이 전한다.

▌ 나이가 들어 장대長大해지자 재능을 겸비하였다. 금와왕에게 아들 일곱이 있었는데 항상 주몽과 같이 사냥하였다. 왕자와 종자 사십여 인은 겨우 사슴 한 마리를 잡았으나 주몽은 사슴을 쏘아 잡은 것이 아주 많았다. 왕자는 이를 질투해서 주몽을 잡아 나무에 매어놓고 사슴을 빼앗아 가버렸는데 주몽은 묶여 있던 채로 나무를 뽑아서 돌아왔다.

왕자들은 주몽이 사냥한 것을 모두 빼앗고는 그를 나무에 묶어놓고 가버릴 정도로 그의 재능을 시기하고 질투했다. 물론 왕자들의 이러한 행동은 단순히 사적인 감정 때문만은 아니었다. 예로부터 명사수는 활이 상징하는 신능을 보유한 신성한 존재를 의미했다. 활을 잘 쏜다는 것은 하늘의 뜻으로 '왕위에 오르게 된다'는 의미이며, 신궁이라고 한 것도 이러한 이유에서였다. 따라서 주몽과 왕자들은 왕권과 관련하여 서로 경쟁관계에 있었고, 동부여의 왕자들은 물론 대신들까지 나서서 "주몽으로 인해 왕위가 위태로울 수 있으니 주몽을 제거해야 한다"며 금와왕에게 말한 것도 그 때문이었다. 하지만 금와왕은 이 말을 듣고도 주몽에게 말을 기르게 했고, 주몽은 유화의 도움을 받아 앞날을 위한 대비를 해나갔다. 그리고 마침내 때가 왔다는 유화의 권유에 따라 주몽은 동부여를 탈출한다. 이때의 상황을『삼국유사』에는 다음과 같이 전한다.

▌ 이에 주몽이 오이 등 세 사람과 벗이 되어 가다가 엄리대수에 이르러 물

에 고하기를 "나는 천제의 아들이고 하백의 손자다. 오늘 도망하는데 쫓는 자가 거의 미치니 어찌하랴?"고 하니, 이에 물고기와 자라가 다리를 만들었다. 주몽이 이를 건너자 다리가 없어지니 뒤쫓던 기병이 건너지 못하였다.

이처럼 주몽은 탈출하는 과정에서 첫 번째로 맞이한 위기를 초월적인 힘의 지원을 받아 극복했다. 즉 엄리대수라는 물의 위기를 초월적인 존재의 지원을 받아 극복함으로써 주몽의 개인적인 능력은 물론 신화적 의미까지 강화된다.

당시 주몽이 마주친 엄리대수는 문헌에 따라 각기 다르게 표기되어 있다. 중국 사서인 『논형』에는 '엄호수', 『위략』은 '시엄수施俺水', 『후한서』와 『통전』에는 '엄시수', 『양서』와 『북사』에는 '엄체수淹滯水' 그리고 『수서』와 『위서』에는 구체적인 이름을 밝히지 않고 큰 강을 의미하는 '일대수一大水'라고 전한다. 또한 우리 기록인 「광개토대왕릉비」에는 '엄리대수奄利大水'라 하였다. 이러한 차이는 글자나 음의 착오로 생겨난 현상으로 보이며, 현재 이곳의 정확한 위치는 알 수 없다. 다만 지금의 송화강이라는 설과 소요수小遼水 일대라는 설이 주목받고 있다. 첫 번째 설은 「광개토대왕릉비」의 엄리대수를 주목한다. '엄리'는 '크다'라는 뜻의 만주 방언으로, 주몽이 북부여에서 남쪽으로 이동하여 도읍을 정한 졸본의 위치를 감안한다면 엄리대수는 지금의 홍경을 경유하는 동가강 상류에서 발원하는 것으로 볼 수 있다. 그리고 두 번째 설은 주몽이 탈출한 북부여 일대를 지금의 농안農安 부근으로 보고 엄리대수를 그 인근에 위치한 송화강으로 보고 있다.

이처럼 주몽이 처음으로 마주친 엄리대수는 신화에서 중요한 상징적 의미를 지니고 있다. 우리 고대국가 건국신화의 주인공들인 부여의 동명, 신라의 혁거세와 그의 왕비인 알영, 그리고 탈해脫解 등이 모두 개국 과정에서 물과 밀접한 연관성을 전하며 등장하는 것도 이와 같은 이유이다.

물은 보통 종교나 문학에서 생명의 근원·창조·부활·재생·정화·시작 등의 의미를 지니고 있다는 점에서 첫출발을 뜻하며, 동시에 죽음·파괴·단절·소멸·끝이라는 정반대의 의미도 지니고 있다. 신화에서의 물도 생명과 죽음·창조와 파괴·소멸과 재생·끝과 시작이라는 상반된 의미를 동시에 지닌다. 주몽이 마주친 엄리대수는 공포와 위협을 의미하는 구세계, 즉 동부여를 벗어나 새로운 세상으로 진출하는 기회를 만들기 위해 스스로 해결해야 하는 첫 관문이었다. 여기에 주몽이 고구려의 건국 과정에서 보여준 천·지·수와 연관된 신들과 교통할 수 있는 주술적 능력을 생각하면, 당시 주몽은 앞으로 열릴 새로운 세상에 대해 이미 이해하고 있었음을 알 수 있다. 달리 말해 주몽이 앞날에 대한 비전을 지니고 있었다는 해석도 가능하다. 신화에서 주술은 세계와 사물을 이해하는 중요한 방식이기 때문이다.

그럼에도 주몽에게는 여전히 적지 않은 난제들이 놓여 있었다. 『삼국사기』에는 주몽이 탈출에 성공하여 비류곡 졸본에 도착했을 때의 여건에 대해 다음과 같이 전한다.

> 주몽이 졸본주(현도군의 경계)에 이르러 마침내 도읍하였으나 미처 궁실을 짓지 못하고 다만 초가를 비류수 가에 엮고 살면서 국호를 고구려라 하였고, 고高를 성씨로 삼았다.—원래 성은 해씨이다. 지금 스스로 천

제의 아들이라 하고 햇빛을 받고 태어났으므로 스스로 고로써 성을 삼았다—이때 나이 12세였으니, 한 효원제 건소建昭 2년 갑신년(기원전 37년)에 즉위하여 왕이라 칭하였다.

주몽은 고구려의 건국을 선언했지만 처음에는 새로운 정착지에서 초가를 짓고 살 정도로 형편이 열악했다. 그럼에도 그가 선택한 정착지에 대해 『삼국사기』에는 "그 토양이 기름지고 아름다우며, 산과 강이 험하고 견고한 것을 보고 마침내 도읍으로 하였다"라고 전한다. 주몽이 비록 초막을 짓고 정착생활을 시작했지만, 그 새로운 정착지는 농경생활은 물론 군사적으로도 유리한 여건을 지닌 곳이었다. 마침내 주몽은 이곳을 근거지로 삼아 건국을 위한 대장정을 시작하기에 이른다.

송양을 찾아가다

주몽이 새로운 정착지에서 결정적인 전환기를 맞이한 것은 비류국 왕인 송양과의 만남이었다. 『삼국사기』에는 주몽이 "비류수에서 채소가 떠내려 오는 것을 보고 상류에 사람이 살고 있음을 알게 되었다"라고 전한다. 그곳이 바로 송양이 다스리는 비류국으로, 이들은 물이 많이 필요하지 않는 기장이나 조 또는 수수 등을 산간에서 재배하는 원시농경생활을 하고 있었다. 당시 주몽은 수렵을 떠나는 길에 이곳을 찾아갔다. 주몽과 송양의 만남은 주몽의 계산된 방문에 따라 이루어진 것이었다. 『삼국유사』에는 당시 두 사람의 만남을 다음과 같이 전하고 있다.

▌ 송양왕이 말하기를 "나는 바다 모퉁이에 치우쳐 살고 있어 아직까지 군자를 만나볼 수 없었습니다. 오늘 우연히 서로 만나게 되었으니, 어찌 다행한 일이 아니겠소. 그런데 나는 그대가 어디서 왔는지 알 수 없습니다"라고 하자 왕(주몽)이 답하였다. "나는 천제의 아들인데 졸본천에 와서 도읍을 정했소"라고 하자, 다시 송양왕이 말하길 "우리는 선인의 후예로, 여러 대에 걸쳐 왕이 되었는데, 이곳은 땅이 좁아 두 임금을 받아들일 수 없소. 그대는 도읍을 정한 지 얼마 되지 않으니, 우리를 따르는 것이 어떻겠소?"라고 했다. 이에 왕(주몽)이 화를 내어 말로 다투다가 또 활을 쏘아 시험했다.

주몽과 송양의 이 대화에는 서로 지지 않으려는 일종의 기 싸움이 느껴질 만큼 둘은 한 치의 양보도 없었다. 특히 각자의 부계혈통의 계보를 밝히며 신성한 혈통을 강조하면서 두 사람 사이에 권력을 장악하기 위한 대립이 시작된다. 신성한 혈통은 고대사회에서 통치의 정당성을 확보하는 가장 기본적인 조건이었기 때문이다. 그러나 이것으로 상대가 굴복하지 않자 자신들의 혈통을 직접 확인하는 대결로 이어진다. 당시 상황을 『구삼국사』에는 다음과 같이 전하고 있다.

▌ 송양은 왕(주몽)이 여러 번 천손天孫이라고 말하자, 속으로 의심을 품고 그 재주를 시험코자 하여 말하기를 "왕과 더불어 활쏘기를 하자"라고 하였다. 그러고는 사슴을 그려서 백 보 안에 놓고 쏘았는데 화살이 사슴의 배꼽에 들어가지 못하고 손을 거꾸로 한 것 같았다. 왕은 사람을 시켜서 옥가락지를 백 보 밖에 걸고 이를 쏘니 기와가 깨지듯 부서졌다. 이를 지켜본 송양이 크게 놀랐다.

주몽은 활쏘기 대결에서 월등한 실력으로 송양을 크게 놀라게 했다. 물론 여기서 주몽의 뛰어난 궁술은 단순한 무력시위가 아니라 자신이 천손임을 증명하는 의미였다. 그럼에도 송양은 굴복하지 않았고, 이에 주몽은 무력이 아닌 다른 방법으로 송양을 굴복시키는 대안을 찾는다. 『구삼국사』에는 당시의 상황에 대해서 다음과 같이 전하고 있다.

> 왕(주몽)이 말하기를 "나라의 창업을 새로 해서 아직 고각鼓角의 위엄과 예법 등이 없어서 비류국의 사자가 왕래하되 내가 능히 왕의 의례를 갖추어 맞아들이고 보내는 절차를 행하지 못하니, 이것이 나를 가볍게 보는 까닭이다"라고 하였다. 이에 종신從臣 부분노扶芬奴가 대답하길 "신이 대왕을 위하여 비류국의 북을 취해 오겠습니다" 하니 왕이 말하되 "다른 나라의 감춘 물건을 네가 어떻게 가져오겠느냐?" 하니 대답하길 "이것은 하늘이 준 물건인데 어째서 취하지 못하겠습니까? 대왕이 부여에서 위기에 처했을 때 누가 감히 여기에 이를 줄 알았겠습니까? 이제 대왕이 만 번 죽을 위태로움에서 몸을 빼내어 요수 왼쪽에서 이름을 드날리니 이것은 천제가 명해서 된 것인데, 무슨 일이든 이루지 못할 것이 있겠습니까?"라고 하였다. 이에 부분노 등 세 사람이 비류국에 가서 고각을 가져왔다. 비류왕은 사자를 보내 고했으나, 왕은 고각을 와서 볼까 우려하여 색을 어둡게 칠해서 오래된 것처럼 하였더니 송양은 감히 다투지 못하고 돌아갔다. 송양은 도읍을 세운 선후를 따져 부용附庸하려 하므로 왕은 궁실을 짓되 썩은 나무로 기둥을 하니 오래됨이 천 년이 된 것 같았다. 송양이 와서 보고 마침내 감히 도읍 세운 것의 선후를 다투지 못했다.

주몽이 생각한 또 다른 대안은 다름 아닌 국가의 오랜 역사와 전통을 입증하는 방식이었다. 주몽이 나라를 세우고 나서 크고 화려한 북이 아닌 역사와 전통이 담긴 오래된 북이 없는 것에 탄식했고, 고각과 궁실을 오래된 것처럼 보이게 변색까지 했던 것도 이러한 이유에서였다.

고각은 현대적 의미로 '군중을 호령할 때 사용하던 북과 나팔'을 말한다. 특히 약 3000년 전부터 사용되어온 북은 특별한 상징적 의미가 있다. 악령을 퇴출하거나 신의 계시를 받는 등 종교적 의식에서 북은 인간과 신의 소통을 위한 주술적 도구로 신성기물에 해당했다. 북이 신화에 자주 등장하는 것도 이러한 이유 때문이다.

동양 신화에서 역사상 가장 큰 싸움이 벌어졌던 황제 헌원씨와 염제 신농씨의 대결에서도 북이 등장한다. 황제는 신기한 북을 만들어 자기 편의 사기를 돋웠고, 염제의 신하 치우군의 기를 꺾어놓아 막상막하의 상황을 뒤집고 승리하는 데 혁혁한 공을 세웠다. 당시 황제가 만든 북은 동해 바다의 유파산流波山이라는 섬에 살던 소의 생김새에 외다리를 하고, 천둥소리를 내던 괴물 기夔를 잡아 가죽을 벗겨 만든 것이었다. 그리고 뇌택이라는 호숫가에 살면서 스스로 배를 두드려 천둥소리를 내는, 용의 몸에 사람의 머리를 한 '뇌수雷獸'라는 괴물을 잡아 뼈를 꺼내 북채를 만들었다고 한다. 이렇게 만든 북채로 북을 치면 500리 밖

제주굿에 쓰이는 북

에서도 들릴 정도로 엄청난 굉음을 냈는데, 치우군은 이 엄청난 북소리에 놀라 정신을 차리지 못하고 우왕좌왕하다 황제군에게 몰살을 당하고 말았다.

또한 북은 북아시아 유목민들 사이에서 여러 집단의 통솔자를 상징할 정도로 샤먼에게 없어서는 안 되는 필수적인 무구巫具였다. 이러한 의미가 좀 더 확장되어 고대국가에서는 국가를 수호하는 신성기구로 인식되었다. 우리에게 잘 알려진 고구려 호동왕자가 낙랑공주를 꾀어 그 나라에 마력을 지닌 것으로 전하는 '자명고'를 훼손하는 이야기에서도 이러한 의미가 담겨 있다. 그리고 북은 고구려의 장례식에서 춤을 출 때 쓰는 악기이기도 했다. 여기에는 북이 지닌 마력의 소리가 사자死者의 승천을 상징하며, 저승과 소통한다는 믿음이 담겨 있다.

그뿐만 아니라 모양이 둥글고 넓은 북은 대지의 풍요를 상징하는 등 고대 농경사회와도 연관이 있었고, 군사를 통솔할 때도 중요한 도구로 사용되었다. 심지어 북은 이웃 나라의 사신들이 왕래할 때 사용하는 의례에도 동원되어 국가의 신성한 주권과 신을 대리하는 신왕神王으로서의 확고한 지위를 대외적으로 알리는 역할도 담당했다. 특히 고대국가 건국을 전후한 시기에 북은 국가적 차원에서 그 의미가 보다 분명하게 자리 잡았다. 그 예로 북은 하늘의 뜻을 전하는 정치권력과도 밀접한 연관이 있었다. 주몽의 측근 부분노가 "비류국의 고각을 훔쳐오겠다"라며 당당하게 말할 수 있었던 것도 고각은 '하늘이 내린 선물'이기에 그 행위가 단순한 절도 행위가 아닌 하늘의 뜻을 확인하는 절차에 해당했기 때문이다.

그러나 이러한 주몽의 전략적 대응에도 송양이 굴복하지 않자 주몽은 최후의 수단을 강구한다. 여기서 최후의 수단이란 현실적으로는 군사력의 동원을 의미하지만, 신화에는 다음과 같은 주술로 하늘에 지원을 요청하는 것으로, 이를 통해 건국에 대한 신성함과 당위성을 동시에 강조하고 있다.

> 왕(주몽)이 서쪽으로 사냥을 가서 흰 사슴을 잡아 와서 거꾸로 매달고 주술을 행해 말하길 "하늘이 만약 비를 내려서 비류의 왕도王都를 침몰 시키지 않으면, 나는 너를 놓아주지 않을 것이다. 이 난관을 면하려면 네가 능히 하늘에 호소하라"라고 하니 사슴이 슬피 울어 그 소리가 하늘에 사무쳤다. 마침내 장맛비가 칠 일이나 와서 송양의 도읍이 떠내려가 버렸다. 왕이 갈대 새끼줄을 가로질러 늘이고 오리말(鴨馬)을 타니 백성이 모두 그 줄을 잡았다. 왕이 채찍으로 물을 그으니 물이 다시 줄어들었다. 6월에 송양은 나라를 들어 항복하였다.

영웅이 위계와 주술로써 비류국을 굴복시키는 행위는 신화적 관점에서 보면 '성스러운 탈취'였다. 특히 여기서 주몽은 책략으로 난제를 돌파하는 영웅이자 신이한 약탈자의 면모를 뚜렷하게 보이고 있다는 점에서 해모수와의 공통점도 발견된다. 이처럼 다양한 상징적 의미들은 신화를 더욱 풍부하게 해주는 동시에 주몽이 송양을 상대하는 과정이 대단히 치열했음을 의미한다.

그럼에도 주몽은 난관을 극복하는 과정에서 신화의 상징적 의미들을 동원하면서 문제를 하나씩 풀어나갔다. 신화에 등장하는 흰 사슴은 고구려는 물론 몽골을 포함한 북방의 유목민들이 각별히 신성시하는 영물로 전한다. 따라서 주몽이 이를 통제할 수 있다는 것은 자신의 의지에 따라 하늘의 뜻을 지상에서 펼칠 수 있는 능력을 보여준 것이었다. 또한 주몽이 물에 빠진 백성들을 구하기 위해 하늘과 지상을 연결하는 도구인 '줄'을 사용했다는 것은 유목과 수렵사회에서 영웅의 등장을 의미했다. 달리 말하면, 탁월한 영웅의 능력으로 물에 빠진 백성들을 구함으로써 자신의 백성으로 새롭게 탄생시킨다는 의미가 담겨 있었다. 그리고 해모수가 '채찍으로 땅을 그어 순식간에 화려한 구리 집을 지었다'는 내용이나, 동명왕이 '활로 물을 치자 자라와 물고기가 다리를 만들었다'는 내용에서 알 수 있듯 주몽 또한 신화에서 반복적으로 등장하는 활과 채찍을 사용한다. 이 모두가 주술적 행위를 통해 하늘의 신성한 혈통을 입증하는 행위였지만, 특별히 주술을 부려 비를 내리게 하고 채찍으로 물을 그어 다시 수위를 조절하는 행위는 주몽이 사제자의 직능과 함께 기후조절 능력과 치수의 능력을 지니고 있었음을 의미한다. 특히 농경사회에서 기후와 물의 양을 조절하는 능력은 최고의 능력에 해당했고, 신화에서 홍수는 완전히 새로운 질서의 창조를 의미했다. 따라서 주몽의 고구려 건국은 문화적으로도 특별한 의미들을 담고 있었다.

역사와 문명을 뒤바꾸다

신화에서 홍수는 역사와 문명을 뒤바꾸어놓는 우주 질서의 재창조로 해석된다. 따라서 주몽의 고구려 건국은 혼돈 또는 구질서를 홍수라는 물의 심판을 통해 청산하고, 선진문화를 기반으로 한 전혀 다른 새로운 질서의 구축을 의미했다. 특히 흰 사슴의 저주로 일어난 대홍수는 새로운 질서를 통해 부활한다는 완성된 농업신적 성격으로의 진보를 의미했다.

그럼에도 주몽이 송양을 한번에 굴복시키지 못했다는 것은 송양 역시 그만큼의 혈통과 세력 기반, 그리고 역사적 정통성을 지니고 있었음을 의미했다. 송양이 누구인지에 대해서는 구체적으로 전하지 않는다. 다만 송양이 "나는 선인의 후예로서 여러 대에 왕 노릇을 했다"라고 스스로 말했듯이, 주몽이 이주해오기 전부터 오랫동안 대를 이어 왕위를 이어받아 이곳을 통치했음을 알 수 있다. 특히 여기서 선인은 산을 주요 거처로 하는 산신을 의미한다는 점에서 단군으로 해석되기도 하고, 기원전 2세기에 28만의 인구를 다스렸다는 예군穢君 남려南閭로 보는 견해도 있다.

또한 고구려를 세운 중심세력이 주몽이기는 하지만, 주몽이 비류국을 합병하는 과정은 몇 단계에 걸쳐 이루어졌으며, 송양의 발음이 고구려 5부의 하나인 소노消奴와 유사하다는 점에서 주몽에 의한 고구려 건국을 소노부에서 계루부로 왕실세력이 교체된 것으로 보기도 한다. 즉 송양과의 대결에서 주몽의 승리를 고구려 건국 초기에 다섯 씨족 중에서 먼저 세력을 잡고 있던 소노부에 이어 주몽의 세력 기반인 계루부로 패권이 교체되는 역사적 사건으로 본 것이다. 중국의 『삼국지』 「위지 동이전」에서 소노부를 계루부 이전에 왕을 배출했던 부족으로 전하는 것도 이러한 추론에 힘을 실어준다. 그러나 소노부 출신 왕들의 이름이 전하지 않아 이를 구체적으로 확인할 수 없다. 다만 『삼국사기』에서 주몽이 기원전 36년에 송양이 다스리던 비류국을 고구려 영역으로 편입해 '다물도多勿島'라고 이름을 고쳐 송양을 그 주인으로 봉했고, 이후 송양의 딸이 유리왕의 왕비가 되었다고 전하는 것으로 보아 송양 집단이 고구려의 건국 이후에도 왕비를 배출하면서 고구려에서 유력집단으로 세력을 유지한 것으로 보인다.

한편, 주몽은 송양의 항복을 받은 다음 달부터 본격적으로 도읍의 건설에 나서는 등 고구려의 건국사업에 속도를 붙였다.

> ▌ 칠월에 검은 구름이 골령鶻嶺에서 일어나서 사람들은 그 산을 볼 수 없고 오직 수천 명의 사람들이 토목土木 일을 하는 소리만 들렸다. 왕이 말하되 "하늘이 나를 위해 성을 쌓는다"라고 하더니 칠 일 만에 구름과 안개가 스스로 걷히고 성곽과 궁대宮臺가 저절로 이루어졌다. 왕은 하늘에 절하고 나아가 살았다.

이처럼 하늘의 뜻으로 국가의 체제가 갖추어졌으며, 이러한 과정은 주몽이 건국시조로서 부족함이 없음을 보여주고 있다. 그뿐만 아니라 고구려의 건국 소식을 듣고 사방에서 사람들이 주몽을 찾아왔으며, 주몽은 이들을 규합하며 적극적으로 세력을 넓혀나갔다. 주몽이 당시 인접 지역에 있는 말갈부락의 침략을 차단하기 위해 군사력을 동원하여 이들을 쳐서 "말갈이 두려워하여 복종하고 감히 침범하지 못했다"라는 기록도 전한다. 이후 고구려는 행인국·북옥저·선비족 일부·황룡국·해두국·개마국·구다국·갈사국 등을 차례로 복속하였고, 그 결과 4~5세기 고구려는 영토를 세 배로 확대하여 원주민보다 더 많은 이민족을 편입했다.

고구려는 자국의 영토에 사는 다양한 부족집단이나 이민족과 원만한 관계를 유지하고, 통치를 수월하게 하기 위해 그들의 신앙과 민속 및 신화들을 수용했다. 이때 주몽을 시조로 하는 고씨高氏 왕가의 신화를 재정립하는 과정에서 북부여의 시조 해모수가 주몽의 아버지로 설정되는 등 주몽신화에 외래적 요소가 포함되었다. 이러한 요소들은 4~6세기의 고구려 고분벽화의 주요 소재가 되기도 했다. 따라서 고분벽화에 전하는 해신과 달신, 그리고 기린마·황룡·신선과 활을 쏘며 사냥하는 집단 등 다양한 신화적 요소들은 주몽신화에서 전하는 신화의 세계와 깊은 연관성을 보이고 있다. 이후 5세기 초 장수왕 대에 조성된 「광개토대왕릉비」에 주몽신화를 기록한 것은 장수왕이 고구려 건국 후 군사적·정치적 성공의 상속자로서 역사적 자부심을 담기 위해서였다. 이와 더불어 국가의 정통성과 왕실의 권위를 지속적으로 유지하기 위한 선언적 의미가 담겨 있다는 점에서 「광개토대왕릉비」는 신성왕권의 기념비이기도 했다.

왕들의 대결과 통과의례

일반적으로 고대국가의 건국은 새로운 터전으로의 이주를 통해 이루어지게 된다. 따라서 새로운 정착지에 사람이 살지 않거나 조직적인 집단을 이루어 생활하는 토착세력이 존재하지 않는다면 갈등과 대립이 벌어질 가능성이 낮지만, 이미 토착세력이 형성되어 있는 경우에는 문제가 달라진다. 먼저 정착한 집단의 거주기간이나 규모, 그리고 그들이 지니고 있는 통치체제와 문화적 수준에 따라 갈등과 대립이 벌어질 수밖에 없다. 특히 이들의 대결은 시간과 공간 등에서 다양한 차이가 있음에도 다음과 같이 크게 세 단계로 구분할 수 있다.

첫 번째 단계에서는 가장 먼저 명분을 제시한다. 여기서 제시되는 명분은 최종적으로 천명, 즉 하늘의 뜻을 입증하는 것이었다. 하늘은 그 어떤 명분보다 우위를 차지하고 있기 때문에 하늘과의 혈통관계를 구체적으로 밝힐수록 유리한 위치에 설 수 있다. 그러나 양측이 고귀한 혈통으로 우열을 가리기 힘든 경우도 있었고, 시간이 흐름에 따라 신화의 상징성이 분화되어 상대방이 이를 수용하지 않는 경우도 있었다. 해당 지역의 문화적 척도에 따라 가치 기준이 달랐기 때문이다. 부루가 부여를 떠나 동부여를 세우게 된 것은 재상의 꿈에서 하늘의 뜻을 전해들은 것만으로도 명분이 되었지만, 주몽의 경우 송양과의 대결에서 하늘의 뜻을 분명하게 전달했음에도 간단하게 승부가 나지 않았던 것은 이러한 이유 때문이었다.

두 번째 단계에서는 하늘의 자손임을 증명하기 위해 직접 능력을 시험하는 경쟁이 벌어진다. 단순히 개인의 힘과 기술을 겨루어 누가 더 강한지를 판별하는 것이 아니라, 그들이 지닌 능력은 곧 '하늘의 뜻을 지상에서 수행하라'는 천명을 입증하는 것이었다. 이에 따라 하백과 해모수는 변신을 통한 대결로 승부를 결정하였지만, 주몽과 송양은 활쏘기 대결을 벌여 주몽이 월등한 실력을 발휘했음에도 송양이 결과를 승복하지 않아 다음 단계로 넘어갈 수밖에 없었다. 이는 두 사람 모두 대등한 명분을 지니고 있었음을 의미했다.

마지막 세 번째 단계는 직접적인 실력 대결이 벌어진다. 이때 하늘로부터 뜻을 이어받은 신성한 권위와 정통성을 입증하는 신이한 방법이 동원된다. 주몽의 경우 주술을 통한 초월적인 힘을 동원하여 물로 심판을 했다. 물론 현실에서는 물리적인 힘, 즉 군사력을 동원한 무력 충돌이 벌어졌을 것이다. 그리고 그 결과에 따라 승자는 자신이 원하는 것을 얻고, 패자는 승자의 처분에 따르는 절차가 이어진다. 이때 패자는 승자의 휘하에 흡수되거나 그곳을 떠나기도 하고, 때에 따라서는 목숨을 잃기도 한다.

하백과 해모수의 변신 대결에서 해모수가 승리하자 하백은 패배를 인정하며 자신의 큰딸과의 결혼을 허락했지만, 해모수가 유화를 데려가지 않을 것을 우려하여 술책을 쓴 것도 패자인 하백에게는 아무런 결정권이 없었기 때문이다. 반면, 해모수가 유화를 얻게 되었음에도 혼자 떠난 이유는 수신계, 즉 다른 세계의 여인을 아무런 절차 없이 하늘나라로 데려가야 한다는 점이 부담되었기 때문일 것이다.

주몽 역시 동부여에서 권력을 놓고 벌어진 경쟁에서 패배를 경험한 적이 있어, 동부여를 탈출한 주몽에게는 하늘의 뜻을 지상에 구체적으로 실현하기 위한 새로운 정착지를 물색하는 일이 가장 큰 첫 번째 과제였다. 이 과정에서 비류국의 송양과 대결을 벌이게 되었고, 그 결과에 따라 승자와 패자에 대한 절차가 진행되었다. 즉 승자인 주몽은 고구려 건국에 성공하였고, 패자인 송양은 승자의 휘하에 들어갔다. 만약 송양이 주몽의 휘하에 들어가지 않고 탈출을 선택했다면 '언제 어떻게 누구와 함께 떠났는가'에 따라 그의 앞날에 전혀 다른 변화가 생길 수도 있었다. 동부여를 탈출한 주몽의 예에서 보았듯이 '떠난다'는 것은 처음부터 다시 시작한다는 것을 의미했다. 하지만 뜻을 세울 장소를 제대로 확보하지 못하면 계속 천하를 돌아다니며 방랑생활을 할 수도 있었다. 따라서 영웅들의 이야기는 정착에 성공하면 신화를 남기지만, 실패하면 사라져

버리거나 숱한 고초를 겪으며 방랑하는 민간의 설화로 전락한다. 건국시조의 신격에 버금가는 비범한 능력을 소유했지만 왕조 창업에 실패한 아기장수가 신화의 주인공이 되지 못하고 일반 백성들 사이에 구전되는 설화의 주인공에 머문 것과 같다.

이러한 차이는 남의 것을 빼앗으려는 건달과 새로운 세계를 구축하려는 영웅의 태도에서도 볼 수 있다. 건달은 공적인 목적의식이 없이 단순히 남의 것을 빼앗기 위해 자신의 남루한 족보를 팔고, 여의치 않을 경우 물리력을 행사하며 평생을 보낸다. 하지만 영웅은 신성한 혈통, 즉 새로운 세상을 열겠다는 이상을 내세워 공적인 체제의 구축에 성공함으로써 역사에 이름을 남긴다.

특히 영웅들은 과제를 해결할 때 초월적인 힘에만 의지하지 않는다. 본인의 의지와 관계없이 발생하는 불가항력적인 사건에는 주술 등 초자연적인 도움을 요청하지만, 본인과 직접 관련이 있는 인간들과의 대결에서는 자신이 지니고 있는 능력이나 지혜로 상대방을 제압한다. 준마를 얻기 위해 계책을 이용하고, 경쟁자를 물리치기 위해 고각을 훔치는 일까지 서슴지 않는다. 이처럼 주몽의 책략적이고 약탈자적 면모는 신화적 관점에서 '성스러운 탈취'라고 할 수 있다. 따라서 신화에서 이러한 신성성을 제거하면 주몽의 고구려 건국기는 다음과 같은 평범한 이야기로 전하게 된다.

▌ 주몽이 졸본부여에 이르렀는데, 아들이 없는 왕은 주몽을 보고 범상치 않은 사람임을 알고, 그 딸을 아내로 삼게 하였다. 그 후 왕이 사망하자 주몽이 왕위를 이었다.

동부여에서 탈출에 성공한 주몽은 졸본부여에 도착했으나, 자신을 따르는 세력이 미약해 뜻을 펼치기에는 한계가 있었다. 이때 실제로 주몽에게 커다란 지원세력이 된 인물은 바로 졸본부여의 왕과 그의 딸 소서노였다.

졸본부여는 주몽이 이 지역에 도착하기 전에 이미 정치체제를 갖추고 어느 정도의 세력을 유지하고 있었다. 주몽은 이를 기반으로 훗날 고구려라는 고대국가를 건국한다. 따라서 신화가 아닌 현실세계에서 소서노는 주몽의 고구려 건국 과정에서 최고의 지원자였다. 그리고 주몽에게는 소서노 외에도 자신을 지원하는 참모 등 지원세력이 있었다.

건국을 지원한 주몽의 참모들

『삼국사기』에 의하면 주몽이 처음 동부여를 탈출할 때 "오이烏伊·마리摩離·협보陜父 등 세 사람과 벗을 삼아 함께 떠났다"고 전한다. 여기서 '벗을 삼았다'는 의미는 단순히 '친구가 되었다'는 의미보다 장차 무슨 일을 하든 뜻을 함께하는 동지가 되었음을 의미한다. 이 세 사람은 관계가 더 구체적으로 진전되면서 새로운 나라에 주군을 따르는 측근세력 또는 핵심 참모가 되었다.

오이와 관련해서 『삼국사기』에는 "기원전 18년에 주몽이 장수 오이와 부분노를 보내 행인국을 쳐서 굴복시켰다"라고 전하며, "유리왕 33년(14년)에 고구려왕의 명을 받고 양맥梁貊을 공멸하고, 지금의 흥경興京과 노성老城 방면의 고구려현을 취했다"라고 전한다. 따라서 오이는 군사 분야와 관련이 있는 인물로 추정된다.

협보는 좌보左輔와 우보右輔보다 높은 고위직인 대보大輔의 자리에 오른 인물이다. 그러나 그는 유리왕 22년(3년)에 정사에 소홀히 하는 유리왕에게 충언을 하였다가 왕의 노여움을 사서 관원으로 강등되었다고 하며, 그 해 10월에 관직을 박탈당하자 분개하여 남쪽으로 이주한 것으로 전한다. 따라서 그는 주몽을 정무적으로 보좌하던 참모였을 가능성이 크다.

마리는 "유리왕 33년 8월에 왕명을 받아 오이와 함께 군사 2만을 이끌고 양맥을 공격했다"라고 전한다. 따라서 마리 역시 무인 출신으로 주몽에 이어 유리왕 대에도 군사력에 기반하여 왕의 측근으로 활동한 인물이었음을 알 수 있다.

주몽과 송양의 대결 과정에서 비류국의 고각을 훔쳐와 고구려가 예법과 의식을 갖추는 데 공을 세운 부분노 역시 주몽의 측근 참모였다. 그는 고구려 건국 초기에 중요한 세력집단의 하나였던 부씨扶氏 출신으로, 오이와 함께 태백산 동남쪽 행인국을 정벌하여 성읍으로 삼았고, 고구려를 자주 침입하는 선비족에 대해 "계략을 써서 대파하여 속국으로 삼았다"라는 기록으로 보아 군사전략에 능통한 참모였던 것으로 추정된다.

이처럼 주몽과 함께 동부여를 탈출했던 인물들은 고구려 건국은 물론, 유리왕이 즉위한 후에도 오래도록 왕의 측근으로 활약했다. 따라서 그들이 주몽의 참모로 활동했을 당시에는 젊은 나이였을 것으로 보이며, 이어서 유리왕이 아버지의 측근세력을 수용했음을 알 수 있다. 다만 협보가 왕에게 충언을 했다가 '미움을 사서 떠났다'는 것으로 보아 유리왕은 자신에게 복종하지 않는 자에 대해서는 용납하지 않았음을 알 수 있다.

이외에도 주몽의 참모로 그가 동부여를 탈출하여 추격병을 따돌리고 엄리대수를 무사히 건넜을 때 만났던 세 사람이 더 있다. 당시 상황을 『삼국사기』에는 다음과 같이 전한다.

> 주몽이 모둔곡에 이르러 세 사람을 만났는데 그중 한 사람은 삼베옷(麻衣)을 입었고, 한 사람은 검은 옷(또는 누더기衲衣)을 입고, 또 한 사람은 마름옷(또는 수초로 짠 옷水藻衣)을 입고 있었다. 주몽이 "그대들은 어떤 사람이며 성은 무엇이고, 이름은 무엇인가?"라고 묻자, 삼베옷을 입은 사람은 이름을 재사再思라 하고, 검은 옷을 입은 사람은 이름을 무골武骨이라 하였으며, 마름옷을 입은 사람은 이름을 묵거默居라고 하였다. 그런데 성을 말하지 않으므로, 주몽이 재사에게는 극씨克氏를, 무골에게는 중실씨仲室氏를 그리고 묵거에게는 소실씨少室氏를 주었다.

주몽이 만났다는 재사·무골·묵거는 성이 없다는 점과 그들이 입고 있는 옷의 행색으로 보아 지배집단이 아니었을 것으로 추정된다. 그리고 이들의 행색은 그들이 지닌 재능과도 연관이 있었을 것으로 보인다. 먼저 삼베를 입은 재사의 경우, 사람의 죽음과 연관되는 어떤 종교적 성격을 지닌 분야에 속했던 것으로 보인다. 삼베는 우리 조상들이 선호하는 희고 깨끗한 색의 옷감으로, 1367년 원나라에

삼베로 지은 수의

서 목화를 들여오기 전에 상복으로도 많이 이용되었기 때문이다.

그리고 길고 검은색의 옷 또는 누더기 옷을 입은 무골의 경우, 특정 종교의 승려나 무당의 이미지가 연상된다. 그가 주몽으로부터 받았다는 중실씨라는 실씨 계통의 성은 대세력에 예속된 중간계층인 일반 읍락의 수장 층에 해당한다는 사실도 이러한 추측을 뒷받침해주고 있다. 그리고 마름옷 또는 수초로 짠 옷을 입은 묵거 역시 그가 받은 소실씨 성도 실씨 계통의 성에 속한다는 점에서 무골과 비슷한 수준의 세력집단 출신으로 보인다. 그런데 고대사회에서 단오절에 춤을 추는 무당은 대나무로 된 허리띠를 두르고 허리띠에 수생초와 다양한 색깔의 천으로 감았다는 점을 감안하면, 이와 유사한 묵거의 복장은 무당이 연상되기도 한다. 따라서 이들 세 사람은 세력이 큰 집단 출신은 아니었지만 지배층과 피지배층 중간에 속한 집단으로, 나름의 세력을 지녔거나 서로 다른 임무를 수행하는 무당, 즉 흰옷을 입은 무당, 검은 옷을 입은 무당, 물의 세계와 연관되어 있는 무당으로도 구분할 수 있다.

이처럼 초기에 주몽을 따르던 참모들의 세력은 강하지 않았지만, 주몽이 모둔곡에서 만난 세 사람에게 성을 주었다는 것은 예를 갖추어 사회적인 위상을 부여했다는 뜻으로 이들과 함께 새로운 출발을 하였음을 알리고 있다. 주몽이 이들 앞에서 했다는 다음과 같은 연설도 이러한 의미를 구체적으로 보여준다.

> 주몽이 여러 사람들에게 고하였다. "내가 지금 천명을 받아 나라를 세우려 하는데, 마침 이 세 어진 이를 만났으니 어찌 하늘이 주신 분이 아니겠느냐?"라 하고, 마침내 그들의 재능을 알아 저마다 알맞은 일을 맡기고,

함께 졸본천에 이르렀다.

주몽이 천명을 내세워 건국에 대해 공개적으로 거론한 것은 이때가 처음이다. 물론 당시의 연설이 단순히 선언적 의미만 있는 것은 아니었다. 강하지는 않았지만 주몽을 따르는 참모들이 있었고, 주몽은 이미 새 나라의 건국에 필요한 능력을 갖추고 있었다. 즉 주몽은 이미 동부여의 왕실에서 성장기를 보내면서 왕의 지근거리에서 통치행위를 간접적이나마 체험했고, 말을 다스리고 활을 잘 쏜 것으로 보아 군사력을 통솔하는 능력이 뛰어났을 것이다. 또한 그는 어머니 유화로부터 영웅이 갖추어야 할 교육을 받았고, 그녀로부터 전해 받은 선진문화라는 경쟁력도 갖추고 있었다.

역사로 기억되는 주몽, 신화로 기록되는 주몽

주몽신화에 의하면 기원전 37년에 주몽이 이끄는 부여족의 한 갈래가 졸본 지역에 도읍을 정하여 한반도 북부와 중국 동북 지역을 무대로 고구려를 건국한 것으로 전한다. 당시 주몽의 나이는 22세로 한나라 효원제 건소 2년이었고, 신라 시조 박혁거세왕 21년 갑신년으로 전한다. 그러나 여기서의 시간은 신화 속의 시간으로, 주몽이 동부여를 탈출하여 고구려를 건국하기까지 구체적으로 일어난 일들에 대한 역사에서의 시간과 동일하지는 않다.

역사적으로 고구려는 보장왕 27년(668)에 멸망할 때까지 28대에 이르는 왕들이 705년간 존속한 것으로 전한다. 그러나 아직까지 고구려의 정확한 건국연대는 밝혀지지 않고 있다. 계속해서 고고학의 연구 성과를 기대해야 할 정도로 현재 고구려의 건국과 관련된 역사자료는 많지 않으며, 그나마 자료에 따라 내용에 차이가 있다. 예를 들면 『삼국사기』에는 주몽이 기원전 37년에 즉위했다고 전하지만, 『삼국사기』의 또 다른 기록에는 고구려가 "진한秦漢 이래 중국의 동북 모퉁이에 있었다"라고도 전한다. 이 내용에 따르면 진秦 대인 기원전 249~207년에 고구려가 건국한 것으로 보아도 무리가 없다. 이후 고구려는 2~3세기의 기간을 거치며 소국에서 소국연맹 그리고 소국병합 단계로 정치적 발전을 한 것으로 보고 있다.

고구려는 원래 '구려句麗'라고 했다. 국가를 건설하면서 성읍城邑을 의미하는 '구려'에 각 세력권들이 점차 결집되는 과정에서 고구려인을 총칭하는 뜻으로 '높다' 또는 '크다'는 의미의 '고高'를 앞에 붙여 '고구려'가 되었다. 따라서 '고구려'는 국도를 의미하는 '대성大城' '수읍首邑' '상읍上邑'이라는 의미를 담아 나라의 이름으로 발전한 것이다. 이후 수도를 압록강 유역인 집안 지역에서 대동강 유역인 평양으로 옮긴 427년을 전후한 시기에 '고려高麗'가 되었다.

고구려를 뜻하는 고려는 이후 신라에 멸망한 뒤에도 발해가 고구려의 후예를 자처하며 그 명맥을 이어갔다. 그리고 후삼국시대에는 궁예가 고구려의 후예임을 내세우면서 다시 주목받았다. 이후 918년 궁예의 뒤를 이은 왕건이 새로운 나라를 건국하면서 국호를 '고려'로 선포하여 다시 역사에 공식적으로 등장하게 된다. 그런데 중국의 『한서』 『후한서』 『삼국지』 등에는 '高句麗(고구려)'를 대부분 '駒驪(구려)' '句驪(구려)' '高

句驪(고구려)'라고 하여 한자에 말을 의미하는 마馬 자를 덧붙여 표기했다. 이처럼 중국인들이 외국의 종족명이나 지명을 표기할 때 동물을 뜻하는 자변을 덧붙인 이유는 그들을 폄하하려는 의도에서였다.

한편, 중국의 『당서』에는 "정관 19년(645) 당태종이 고구려를 침략하였을 때 요동성에 주몽사당이 있었으며, 사당에는 쇠사슬로 만든 갑옷과 예리한 창이 있었다"고 전한다. 그리고 전연前燕시대에 '하늘에서 내린 것'이라는 기록과 함께, 당시 당나라의 포위가 급박해지자 성 안에 미녀를 꾸며 부녀신婦女神을 만들고는 무당이 말하기를 "주몽이 부녀신을 좋아하니 성城은 반드시 온전할 것이다"라고 했다는 내용도 전한다. 이렇듯 고구려인들이 요동성에까지 주몽의 사당을 만들어놓았다면, 늦어도 7세기 이후에는 주몽의 사당이 전국적으로 설치되어 수호신으로 받들어졌으며, 이미 주몽에 대한 관심이 일반인들에게까지 확장되었을 것으로 보인다. 이규보가 주몽을 주인공으로 하여 장편 한시인 「동명왕편」을 짓게 된 이유를 다음과 같이 서문에서 밝히고 있다는 사실도 이러한 추론에 힘을 실어주고 있다.

> ▎세상에 동명왕의 신이한 사적을 많이 이야기하고 있어 비록 어리석은 남정네나 모자라는 아낙네들까지도 그 사적에 대해서는 자못 잘들 말하곤 한다. 내가 일찍이 이러한 사실을 듣고 웃으며 말하되 "선사인 공자가 '괴력난신을 말하지 말라'고 하였는데, 이것은 실로 황당하고 기괴한 일이니 우리 무리가 말할 바가 아니다"라고 하였다.

유학자인 이규보는 "처음에는 주몽신화를 허황된 이야기로 취급하여 관심을 두지 않았다"라고 스스로 말하고 있다. 그러나 그는 백성들 사이에서 주몽과 관련한 이야기를 모르는 사람이 없을 정도로 전승되고 있다는 사실에 주목하게 되었고, 이러한 현실에 자극을 받아 우리 역사를 정직하게 쓰기 위한 시도라며 다음과 같이 덧붙였다.

> 『위서』와 『통전』을 읽어보니 또한 그 사적이 실려 있지만, 소략하여 자세하지 않으니 이는 곧 자기 나라 일은 자세하고 다른 나라 일은 생략된 뜻이 아니겠는가. 계축년 사월경에 『구삼국사』를 얻어 「동명왕본기」를 보니 그 신이한 자취가 세상에 떠드는 바를 넘어서는 것이었다. 그러나 역시 처음에는 이를 믿을 수가 없어 귀신의 환술로 생각하다가 두 번 세 번 탐미하여 그 연원을 점차 밟아 올라가보니 이는 헛것이 아니라 성스러운 것이고, 귀신의 일이 아니다. 이에 신의 사적임을 알게 되었다. 하물며 나라의 역사는 정직하게 써야 하는 글이라야 되니 어찌 망녕된 일을 전하겠는가.

이처럼 이규보는 『삼국사기』가 『구삼국사』를 그대로 수용하지 않고 신이한 내용을 삭제하는 등 간략하게 축소함으로써 주몽신화에 변형이 이루어졌다는 사실을 비판하면서 "건국신화는 자국의 성스러운 역사의 자취라는 사실을 자각하여 「동명왕편」을 써서 스스로 실천에 옮겼다"라고 밝히고 있다. 이규보의 이러한 실천은 대단히 큰 의미를 후세에 남기게 된다. 중국 사서에 비해 우리 고대사를 알리는 자료가 부족한 현실에서 「동명왕편」은 귀중한 자료였다. 그럼에도 「동명왕편」을 포함해서 주몽신화에 전하는 주몽의 죽음과 관련한 내용에는 적지 않은 의문점들이 발견되고 있다.

주몽의 죽음이 남긴 의문

주몽의 사망과 관련해서 "추구월에 왕은 하늘로 올라가고 다시 내려오지 않으니, 그때 나이가 사십이었다. 태자는 왕이 남긴 옥편玉鞭으로 용산龍山에 장사 지냈다"라고 전한다. 이때가 주몽이 즉위한 지 19년이 되는 해였다. 이후 고구려는 해마다 10월에 추수감사제를 지내면서 주몽과 그의 어머니 유화의 영혼을 함께 추모했다. 이 행사는 부여의 영고나 동예의 무천과 유사한 축제로, 동맹이라고 한다. 그러나 주몽의 죽음에는 석연치 않은 의문이 남아 있다.

주몽은 신화에서 보듯 어려운 난관을 극복하여 마침내 고구려 역사의 문을 연 개국시조이며, 고구려를 20여 년 동안 통치한 초대 국왕이다. 그럼에도 그의 죽음에 대한 기록은 대단히 축약되어 있다. 또한 주몽신화 속 여러 문맥에서 다음과 같은 의문들도 발견된다.

첫째, 주몽이 "하늘로 올라가 다시는 내려오지 않았다"라는 문장은 신화적 관점에서 보면 '하늘로 올라가 신이 되었다'는 의미로 해석된다. 즉 이는 '승천'을 말하는 것으로, 현실적으로는 '사망했다'는 의미이다. 그런데 '다시 내려오지 않았다'는 표현은 왜 붙여놓았을까? 한번 사망하면 다시 돌아올 수 없는 것은 당연한 이치임에도 이런 표현을 붙여놓았다는 것은 의문이다. 물론 신화의 주인공이라는 점에서 이러한 표현이 부활에 대한 기대감을 담고 있는 것으로 볼 수도 있다. 그러나 주몽의 사망을 전하는 다른 문장들에서는 주몽의 부활을 기대할 만한 어떤 표현도 찾아볼 수 없다. 심지어 주몽의 사망에 대한 백성들의 반응 등 당시의 사회적 분위기도 전하지 않고 있으며, 주몽의 사망을 전후하여 벌어지는 신이한 사건이나 주술행위 등도 전혀 보이지 않는다.

둘째, 주몽의 시신을 찾을 수 없어 그가 남긴 유품인 옥편, 즉 '옥으로 만든 말채찍'으로 장례를 치렀다는 점도 의문이다. 물론 여기서 옥으로 만든 말채찍은 주몽을 대신하는 상징성과 함께 신성한 의미를 담고 있다. 말채찍은 무속에서 사용하는 도구로, '귀신을 불러오는 도구'라는 상징적 의미가 담겨 있으며, 동시에 이질적인 세계를 왕래하기 위한 도구라는 점에서 신화적인 의미도 담겨 있다. 그럼에도 옥으로 만든 채찍과 주몽의 죽음에 대한 구체적인 연관성은 전하지 않는다. 그뿐만 아니라 '왕의 시체를 찾을 수 없다'는 것은 주몽이 어디에서 어떻게 사망했는지조차 분명하지 않다는 것을 의미한다. 따라서 주몽이 사망한 장소는 분명 궁궐이나 그의 시체를 거두기에 공개할 만한 장소가 아닌, 사연을 밝힐 수 없는 장소였을 수도 있다. 예를 들면 혼자 어디선가 실종되었거나 또는 어떤 비상 상황에서 의문의 죽음을 맞이했을 가능성도 추론해 볼 수 있다. 따라서 주몽의 죽음을 전하는 문장을 현실적인 관점에서 다시 정리하면 '주몽이 죽어 하늘나라로 올라갔다'고는 하지만 그의 죽음을 직접 확인한 사람은 없으며, 이후에도 그의 시신은 발견되지 않았다. 따라서 태자가 '주몽의 유품으로 장사를 지냈다'는 해석도 가능하다.

셋째, 주몽의 건강이나 신체 조건에 대해 구체적인 내용이 전하지는 않지만, 주몽이 평소 허약했거나 심각한 병에 걸렸다는 내용을 찾아볼 수 없다. 그리고 주몽의 죽음을 전하는 내용으로 보아 병으로 인한 자연사로 볼 수 있는 근거 또한 찾아보기 힘들다. 오히려 그의 죽음은 갑작스러운 것으로 느껴지며, 그의 사망에 대해 이렇게까지 간략하면서도 추상적으로 전한다는 점은 확실히 의문이다. 더구나 주몽이 사망했을 때의 나이가 불과 40세였다는 사실까지 밝히고 있다는 점도 석연치 않다. 일반적으로 신화에 등장하는 주인공들의 수명에 대해서는 사실 여부와 관계없이 시간적으로 상당히 관대하기 때문이다. 단군은 2000세 가까이 살았고, 1500여 년 동안 고조선을 통치했다고 전한다. 그리고 가락국의 수로왕과 그의 왕비 역시 150세 넘게 살며 가락국을 통치했다고 전한다. 이러한 사실과 비교하면 고구려를 건국하여 20년도 못 되는 기간을 통치하다가 불과 40세에 요절한 시조 주몽의 죽음에 대해 어떠한 애도나 구체적인 설명도 없다는 것은 분명 이상하다.

넷째, 비록 후대에 작성되었지만 왕실에서 작성한 공식 기록인「광개토대왕릉비」의 후반부에 전하는 다음과 같은 내용도 주목된다.

> 세상의 왕위에 즐거움을 느낄 수 없게 되자 하늘에서 황룡을 아래로 보내어 그를 맞이하였다. 왕은 홀본 동쪽 언덕에서 용의 머리를 딛고 하늘로 올라갔다. 세자에게 나랏일을 부탁하였는데 유류왕(유리왕)은 도道에 따라 다스림을 일으켰다.

이 기록에 따르면, 주몽이 왕위에 싫증을 느끼자 하늘에서 황룡을 내려보내 주었고, 주몽은 용의 머리를 딛고 하늘로 올라갔다고 전한다. 그런데 주몽이 '하늘에서 보낸 용의 머리를 딛고 하늘로 올라갔다'는 표현은 신화적 요소가 담겨 있기는 하지만, 전체적으로 부자연스럽고 능동적이지 못하다. 심지어 누군가에 의해 떠밀렸다는 느낌마저 든다. 영웅은 죽음을 맞이할 때도 신비함과 함께 능동적으로 행동하는 것이 일반적이다. 따라서 이러한 의미를 담아 주몽의 죽음을 전한다면 '주몽이 스스로 하늘에서 황룡을 호출하여 이를 타고 승천하였다'는 것이 가장 자연스러운 표현이다. 또한 어려운 난관을 극복하여 자신의 손으로 나라를 세웠고, 새로운 출발에 대해서 자부심이 넘쳐났던 주몽이 불과 20년도 되지 않는 기간 동안 통치를 하고 '왕위에 싫증을 느꼈다'는 표현 역시 납득하기가 쉽지 않다. 이러한 표현은 신화에서 좀처럼 사용하지 않으며, 국가의 위상은 물론 건국시조로서의 품위를 손상시키는 표현이다. 이는 단군신화에서 고조선의 멸망을 전하는 상징적 표현에 이어 '단군이 아사달로 돌아와 산신이 되었다'고만 전하고 있을 뿐, 단군의 구체적인 심정이나 행동까지는 전하지 않은 점과도 비교된다.

다섯째, 주몽의 아들로 전하는 유리의 등장과 이후 고구려 왕실에서 벌어진 상황도 주목된다. 유리는 아버지 주몽을 찾아와 왕비인 소서노의 두 아들을 제치고 고구려 건국 19년(기원전 19년) 4월 태자에 책봉되었고, 같은 해 9월에 주몽의 사망으로 왕위에 올랐다. 유리가 출현한 이후 주몽이 죽어 왕위에 오르기까지 불과 다섯 달밖에 걸리지 않았다는 사실은 '갑작스럽다'고 표현해도 무리가 없을 정도이다. 또한 유리가 동부여에서 태어나서 성장했던 시기에 친할머니 유화는 동부여에 생존해 있었는데, 유리는 동부여를 떠날 때까지 친할머니인 유화를 찾지 않은 등, 이들의 관계와 관련하여 한마디도 거론하지 않는다. 특히 유화는 단순히 영웅을 낳은 여인이 아니라 여신으로 추앙받았을 만큼 자신의 모든 것을 동원하여 주몽을 영웅으로 키워 고구려의 건국에 커다란 영향을 미쳤던 인물이다. 그런데 그런 유화가 주몽의 뒤를 이을 자신의 친손자에게는 아무것도 하지 않았던 것이다. 따라서 이러한 의문들이 주몽의 죽음과 연관성은 없는지에 대해 생각해볼 여지가 있다.

여섯째, 주몽의 죽음에 대한 의문은 중국의 순임금과 두 왕비의 죽음이 연상된다. 순임금은 선양의 방식으로 요임금에게 왕위를 물려받아 통치기간 동안 최고의 태평성대를 누린 임금이었다. 따라서 그는 동양 역사에서 성군의 대명사로 꼽히는 인물임에도 순임금은 남쪽 지역을 두루 돌아보던 중 창오라는 들녘에서 객사했다고 전하고, 민간에서는 사람을 해치는 거대한 구렁이와 싸우다 죽었다는 전설도 전한다. 그리고 두 왕비는 순임금의 죽음을 슬퍼하며 남쪽으로 갔는데, 눈물이 대나무에 떨어져 오늘날까지 중국 강남 지역의 대나무에 반점이 남아 있다는 이야기와 함께 상수라는 강을 건너다 풍랑을 만나 물에 빠져 죽어 두 왕비의 혼이 상수의 여신이 되었다고 전한다.

따라서 순임금의 뒤를 이어 우임금이 선양의 방식으로 왕위를 물려받았다고 전하지만, 순임금과 두 왕비의 비극적인 죽음은 우임금과의 사이에서 왕권을 놓고 벌어졌던 갈등과 대립 때문이었을 수도 있다. 그럼에도 순임금이 '덕이 있는 사람에게 왕위를 양보했다'고 전하는 것은 후대의 유학자들이 최고의 가치로 여기는 선양이라는 방식을 강조하려는 의도가 담긴 것으로 해석할 수도 있다.

이러한 해석을 주몽의 죽음에도 적용해볼 수 있다. 거대한 대서사시라고 평가받는 주몽신화에서 고구려의 건국시조인 주몽의 죽음에 대해 대단히 축약된 내용만 전하고 있음에도 누구도 공개적으로 의문을 제기하지 않았고, 후대의 대표적 공식 기록으로 왕실의 후손이 작성한 「광개토대왕릉비」에서도 모호함이 느껴지는 표현을 사용했다. 물론 시간이 흐름에 따라 의문만 남고 구체적인 흔적이 사라져버려 이렇게 표현할 수밖에 없었을 수도 있다. 그러나 한편으로는 왕실 전체의 존엄성 차원에서 직설적인 화법을 사용할 수 없는, 즉 밝힐 수 없는 어떤 이유가 있었을 것으로 생각해볼 수도 있다. 예를 들면 주몽이 변란으로 타살된 것이 아니라 해도 왕이 가뭄 등과 같은 자연재해에 대한 책임을 지고 쫓겨나거나 죽음을 당했던 부여계의 풍습도 상상해볼 수 있고, 주몽이 왕위를 내놓고 궁궐을 떠나야 했던 어떤 다른 이유가 있었을 가능성도 있다. 따라서 주몽의 죽음과 관련한 의문과 함께 주몽의 뒤를 이어 왕위에 오른 유리왕의 등장도 대단히 주목된다.

유리, 주몽을 극복하라

고구려 왕실에 파장을 몰고 오다

유리는 주몽의 아들로 전한다. 하지만 유리의 존재는 고구려가 건국된 이후에도 신화에 등장하지 않는다. 그리고 그에 관한 개인적으로 전하는 내용도 찾아보기 힘들다. 즉 신비한 색채나 초월적인 능력 등 신성한 존재감은 물론, 출생시기와 성장 과정 그리고 행적 등에 대해서도 구체적으로 알 수 없다. 따라서 유리는 자신의 신화를 지닌 존재로 보기는 힘들다. 하지만 주몽신화에서 전하는 유리의 성장 과정을 살펴보면, 자신의 정체성과 부재했던 아버지 찾기에 성공했고, 특히 그가 왕위에 오르는 과정에서 신화적 요소들을 발견할 수 있다는 점은 흥미롭다. 『삼국사기』에는 이와 관련하여 다음과 같이 전한다.

▌ 유리왕이 왕위에 올랐다. 이름은 유리類利 혹은 유류孺留라고도 한다. 주몽의 원자元子이며, 어머니는 예씨이다. 처음에 주몽이 부여에 있을 때 예씨의 딸에게 장가들어 아이를 배게 했는데, 주몽이 떠나간 후에 낳게 되니 그가 바로 유리이다.

이 내용에 의하면 주몽이 동부여에서 예씨의 딸과 결혼하였고, 유리는 주몽이 동부여를 탈출한 후에 태어났다. 이후 유리는 동부여에서 어머니와 함께 살면서 성장했다. 유리 역시 어린 시절부터 활을 잘 쏘았다고 전하는데, 『삼국사기』에는 그의 성장 과정과 함께 아버지를 만나게 되는 과정을 다음과 같이 전하고 있다.

▌ 유리가 어릴 때 놀러 나가 저잣거리에서 새를 쏘았는데 잘못해서 물을 길어오는 부인의 질그릇을 깨뜨렸다. 이에 부인이 "아비가 없기 때문에 성질이 거칠기가 이와 같구나!"라고 꾸짖자 유리가 부끄러워하며 집으로 돌아와 어머니에게 물었다. "아버지는 어떤 사람이며 어디에 계십니까?" 이에 어머니가 "네 아버지는 보통 사람이 아니었는데, 이 나라에서 용납되지 못해 남쪽으로 도망하여 나라를 세우고 왕이 되셨다. 그리고 떠날 때 나에게 말하기를 '만일 사내아이를 낳거든, 내 유물을 일곱 모난 돌 위, 소나무 밑에 감추어두었으니, 그 아이로 하여금 찾도록 하라. 만일 이것을 찾아낼 수 있는 자라면 곧 내 아들이다'라고 하셨다" 하였다. 유리는 이 말을 듣고 산골짜기로 갔으나 찾지 못하고 지쳐서 돌아왔다. 어느 날 아침 마루에 앉아 있는데 기둥과 주춧돌 사이에서 무슨 소리가 나는 것 같아 가까이 가서 살펴보니 소나무 기둥 밑에 주춧돌이 일곱 모로 되어 있었다. 곧 기둥 밑

을 찾아서 부러진 칼 한 토막을 발견했다. 마침내 그것을 가지고 옥지屋智·구추句鄒·도조都祖 등 세 사람과 함께 졸본천에 이르러 부왕父王을 찾아뵙고 부러진 칼을 바쳤다. 왕은 자기가 가지고 있던 토막 난 칼을 꺼내 맞추어보니 한 자루의 칼이 되었다.

이처럼 유리가 동부여에서 태어나 성장하는 과정은 주몽과 유사하다. 그리고 유리는 동부여를 떠날 때 옥지·구추·도조 등 세 사람과 함께 동행한 것으로 전한다. 이들은 주몽이 동부여를 떠날 때 '뜻을 같이한 세 사람과 함께 떠났다'는 것이 연상되지만, 전하는 자료가 없어 구체적으로는 알 수 없다.

유리의 성장 과정 또한 의문이 적지 않다. 무엇보다도 주몽이 동부여를 탈출하기 전까지 유리의 생모인 예씨 부인은 전혀 등장하지 않는다. 또한 유리가 태어나서 성장하던 시기는 주몽의 어머니 유화가 동부여에 생존해 있었다. 주몽을 제외하고 가족 모두가 동부여에 살고 있는 셈이었다.

그럼에도 이들의 관계에 대해 전혀 언급이 없고, 유리가 동부여를 떠나는 과정도 주변의 시련에 의한 것이 아니라 스스로의 결정에 따라 이루어진 것이었다. 또한 정착지에 대한 막연한 기대감으로 출발한 것이 아니라 처음부터 목적지가 분명했으며, 고향을 떠나 아버지를 만나기까지 신이한 이적이나 초월적인 존재의 도움을 받았다는 이야기도 없이 지극히 현실적인 이야기만이 전하고 있다. 반면, 유리가 아버지를 만나 고구려의 왕위에 오르는 과정에서는 최고의 신화적 요소들이 전한다.

정복군주인가, 세력연대인가?

유리가 주몽을 만났을 때의 상황에 대해 『구삼국사』에는 다음과 같이 전하고 있다.

> 전한前漢 홍가鴻嘉 4년 여름 4월에 유리가 고구려로 달아나서 칼 한 조각을 왕에게 바치니 왕이 가지고 있던 칼 한 조각을 꺼내어 이를 맞추자 피를 흘리며 이어져서 칼이 되었다. 왕이 유리에게 말하기를 "네가 실로 나의 아들이라면 어떤 신성함이 있는가?"라고 물으니 유리는 이에 응해 몸을 공중으로 솟으며 창을 타고 해에 닿아 그 신성의 기이함을 보였다. 왕은 크게 기뻐하며 유리를 태자로 삼았다.

이 장면은 부자 간의 상봉이 하늘의 뜻에 의해 이루어졌다는 의미를 담고 있다. 특히 칼은 권력을 상징한다는 점에서 부러진 칼을 맞추는 절차에는 왕권을 이어받을 자격을 갖추었다는 상징적 의미가 있다. 그런데 두 조각의 칼을 맞추자 '피를 흘리며 이어졌다'는 대목은 단순히 부자관계를 확인하는 절차를 넘어 무력 충돌과 같은 갈등과 대립의 결과가 연상되기도 한다.

또한 유리가 부러진 칼로써 주몽이 제시한 통과의례를 거쳤음에도 주몽은 다시 한 번 유리에게 천자의 자손임을 증명하라고 요구했다. 물론 이러한 요구는 왕위를 물려받을 자격을 여러 사람이 보는 앞에서 공개적으로 공인받는 절차로 해석할 수 있지만, 당시 유리가 보여준 행동은 단순히 부자관계를 증명하는 절차를 넘어섰다는 느낌이 든다.

유리가 '공중으로 솟으며 창을 타고 해에 닿았다가 다시 지상으로 돌아왔다'는 행동에는 기본적으로 승천이라는 의미가 담겨 있다. 승천을 한다는 것은 곧 스스로 하늘의 자손임을 직접 증명하는 것이라는 점에서 신이함 중에서도 최고의 상징성이었다. 하늘과 접촉을 시도한다는 것 자체가 인간 세상을 초월하는 존재감을 확인하는 절차였다. 하지만 하늘의 승인 없이 하늘로 올라간다는 것은 하늘에 의해 응징을 당할 정도로 무모하고 욕심에 찬 도전이었다. 우리나라에서 오랫동안 산신으로 산을 지켰던 호랑이도 하늘의 허락을 받지 못했고, 서양의 경우 이카로스는 아버지 다이달로스의 충고를 무시하고 밀랍으로 새의 깃털을 이어붙인 날개를 달고 태양 가까이 날아갔다가 날개의 밀랍이 녹아 추락하여 물거품이 되고 말았다. 그리고 천마 페가수스를 타고 하늘에 오르려던 벨레로폰은 제우스의 노여움을 사서 결국 절름발이 장님이 되어 사람들이 다니는 길을 피해 다니다가 죽고 말았다.

더구나 하늘로 승천했다가 다시 지상으로 내려올 수 있다는 것은 단순한 승천과는 비교할 수 없는 상징성을 의미했다. 하늘에서 직접 내려온 환웅이나 해모수를 제외하고 승천했다가 다시 지상으로 내려온 영웅은 찾아볼 수 없기 때문이다. 즉 승천은 '다시 하늘로 돌아갔다'는 의미로 일반적으로 사망을 뜻했지만, 승천했다가 다시 지상으로 내려왔다는 것은 부활을 의미했다. 따라서 이러한 능력을 직접 보여준 유리는 주몽을 능가하는 존재임을 증명한 것이었다. 그뿐만 아니라 유리의 행동은 일반적으로 신화의 주인공들이 백마나 황룡 등을 타고 승천했고, 동명왕이 기린마라는 신성함을 상징하는 상상의 동물을 타고 하늘로 올라갔던 것과도 확실하게 비교된다. 절대 권력을 상징하면서 동시에 갈등과 대립의 관계를 해결하기 위한 무기인 '창'을 타고 유리가 승천했다가 지상으로 내려왔다는 것은 하늘과 소통하는 능력과 신성함을 상징하는 백마나 황룡 등과는 그 의미가 확실히 다르다. 심지어 주몽의 요구에 대한 답으로 유리가 보여준 행동은 상당히 전투적인 느낌마저 든다. 달리 말하면 주몽과 유리의 만남은 단순히 신성한 혈통의 확인 절차를 넘어 갈등과 대립을 극복하는 과정으로 보이기도 한다. 유리가 '창에 올라 해를 맞이하였다'는 것은 자신이 태양신의 직계혈통임을 증명함과 동시에 고구려의 수호신인 태양신의 제전에서 신으로부터 후계자로 인정받는 의식을 직접 거행한 것으로 해석할 수도 있다. 따라서 유리의 등장으로 벌어진 일련의 행동들은 유리가 주몽의 아들이 아닌 정복군주였거나 또는 주몽세력과의 연대를 통한 새로운 왕의 탄생을 스스로 알리는 의식으로 볼 수 있다.

이상에서 살펴보았듯이 유리 역시 자신의 신화를 가지고 있었을 가능성은 충분하다. 중국의 『수신기』에도 유리신화와 유사한 다음과 같은 내용이 전한다.

▌ 초나라 왕의 명을 받은 관리가 삼 년 만에 자웅雌雄으로 된 두 개의 칼을 만들어서 한 자루만 왕에게 바쳤다. 때문에 화가 난 왕은 관리를 처형했다. 그런데 관리는 죽기 전에 임신 중인 아내에게 "만약 아들을 낳거든 남산南山 상석上石의 소나무에 숨겨진 칼을 찾게 하라"는 유언을 남겼다. 후에 관리의 아들이 커서 어머니에게 아버지에 대해서 물었다. 어머니는 그동안의 사정과 아버지가 남긴 유언을 말해주었다. 아버지의 유언에 따라 칼을 찾아 나선 아들은 마침내 집 안의 소나무 기둥 밑에 돌이 있음을

알아내고, 기둥을 도끼로 쪼개어 칼을 찾았다. 이후 날마다 아버지의 복수를 할 기회만 노리던 아들이 초왕의 꿈에까지 나타났다. 초왕이 이상히 여겨 천금을 현상금으로 내걸었고, 아들은 결국 산으로 도망쳤다. 그리고 산에서 한 사내를 만나 그동안의 사정을 말하자 사내가 복수를 대신해주겠다고 맹세하였다. 이에 아들이 자결을 했고, 사내는 아들의 목을 가지고 가서 초왕에게 바치며 "탕湯에 삶으라"라고 한 뒤, 탕 속을 살피던 왕의 목을 자르고 사내도 스스로 목을 쳐서 자결했다. 그런데 탕 속에 빠진 머리 세 개가 누구 것인지 구분할 수 없어 탕 안의 내용물을 세 개로 나누어 장사 지냈다. 이 때문에 사람들은 이를 삼왕묘三王墓라 했다.

이 이야기가 유리신화에 영향을 미쳤을 것이라는 견해도 있으나 시간적으로 어느 것이 앞선 것인지 확실하지 않으며, 구체적인 증거가 미약해 단정할 수는 없다. 그럼에도 유리가 아버지를 찾기 위해 주몽이 남긴 과제를 해결하는 과정은, 남성 중심의 인식을 담은 신화에서 동서양을 막론하고 공통적으로 보여주는 하나의 전형이기도 했다. 서양의 경우 아테네의 창건신화에 나오는 아이게우스가 뜻하지 않게 트로이젠의 공주 아이트라와 하룻밤을 보내고, 떠나기 전에 궁전의 댓돌 밑에 칼 한 자루와 가죽신 한 켤레를 넣어놓은 뒤 공주에게 말하기를 "댓돌 밑에 나의 신표인 칼과 가죽신을 숨겨두었으니 만약 공주가 아들을 낳거든, 아이가 성장하여 댓돌을 들 수 있게 되었을 때 그것을 찾아 내게로 보내시오"라는 말을 남기고 떠났다. 이후 공주는 아들을 낳았고, 아들이 성장하자 아버지가 남긴 말을 전했다. 아들은 아이게우스의 신표를 찾아 아버지를 찾아 길을 떠나는데, 그가 곧 다양한 모험담을 남긴 테세우스이다.

이렇듯 동서양의 신화에서 유리신화와 유사한 내용이 전하고 있다는 점은 대단히 흥미롭다. 이는 기본적으로 신화에 남성 중심의 사고가 담긴 결과이면서 동시에 신화의 확장성을 확인할 수 있는 예라고 할 수 있다. 따라서 유리신화에 대해 더 구체적으로 관심을 기울일 필요가 있다.

유리신화는 왜 주몽신화에 접목되었을까?

유리의 아버지 찾기와, 이 과정에서 거치는 통과의례는 주변 사람이나 세상과의 갈등과 대립에 의한 것이 아닌, 모두 주몽과의 사이에서 일어나고 있다. 즉 유리는 주위로부터의 시련을 헤치고 미지의 세계를 극복하며 새로운 세상을 만들기 위해 도전했다기보다 주몽을 극복하는 과제를 수행했던 것이다. 이러한 특징은 유리신화가 주몽신화와 유사한 이야기 구조를 통해 건국시조인 주몽의 영웅성과 신성성을 이어받고 있으면서도, 다른 한편으로는 주몽신화와의 커다란 차이점이기도 하다. 특히 유리가 주몽을 극복하는 통과의례를 성공적으로 치름으로써 왕위에 오르는 점에서 유리와 주몽 사이에 아버지와 아들의 관계를 뛰어넘는 정치적 의미를 발견할 수 있다.

유리는 주몽의 장남으로 전하며, 개인적인 성격에서부터 정치세력과 주요 활동 등 여러 면에서 월등한 능력을 갖추고 있었다. 『삼국사기』나 『삼국유사』에 의하면, 고구려 개국시조 주몽의 성은 고씨이나 유리왕부터 5대 모본왕까지는 해씨로 전한다. 중국의 『위서』에도 유리왕의 뒤를 이어 왕위에 오른 그의 후손들의 이름을 다음과 같이 전한다.

> 주몽이 죽자 여달이 왕이 되었고, 여달이 죽자 아들 여율如栗이 왕이 되었다. 그리고 여율이 죽자 아들 막래莫來가 왕이 되었다.

여기서 여달은 동부여에서 온 유리왕이고, 그의 아들 여율은 대무신왕이다. 그 뒤를 이어 민중왕과 모본왕 등 고구려는 2대에서 5대까지 유리의 후손들이 왕위를 물려받았다. 그런데 이들 모두가 해모수를 시조로 하는 해씨 성을 지닌 후손이라는 견해도 있다. 그리고 5대 모본왕은 성품이 포악하고 정사를 돌보지 않아 백성들의 높은 원성을 샀고, 결국 신하 두로에게 피살되었으며, 그 뒤를 이어 6대 국조왕(國祖王, 태조왕)이 즉위하여 다시 고씨가 왕통을 회복하게 되었고, 이후 고씨들이 왕위를 물려받아 고구려의 시조인 주몽의 제사를 지냈다고 한다.

이 견해에 따르면 주몽과 유리는 혈통이 다른 집단으로, 고구려 건국과 관련해 해씨 왕족 사이에도 그들의 신화가 존재했을 가능성은 충분하다. 즉 현재 전하는 신화에는 주몽신화의 뒷부분에 유리신화가 포함되어 있지만, 처음부터 이러한 신화구조가 아니라 주몽신화와 별개로 유리신화가 존재했으나 후대에 와서 주몽신화에 유리신화가 접목된 것으로 볼 수도 있다. 그리고 주몽이 개국시조로 전하게 된 이유는 고구려 왕실의 권위와 정통성을 유지하기 위해 계루부의 조상인 주몽을 해씨의 조상인 유리왕 앞에 올려놓고 개국시조로 삼는 과정에서 유리신화가 주몽신화에 담겨 대내외적인 통합과 동시에 왕권의 강화를 시도했던 것으로 해석할 수 있다. 따라서 유리신화는 비록 대단히 축약되어 있지만 다음과 같은 신화적 특징을 발견할 수 있다.

첫째, 부러진 칼을 통해 친자를 확인하는 절차는 일종의 신화적 윤색이지만, 여기에는 왕위에 오른 유리가 왕권에 대한 정당성을 대내외적으로 전파하는 절차적 의미가 담겨 있다. 즉 부러진 칼을 맞추어보는 과정은 단순히 친자를 확인하는 절차를 넘어 왕위에 오를 자격을 획득하는 일종의 신성한 의식이었다.

둘째, 주몽이 혈통을 확인하기 위해 유리에게 요구한 행동은 고대국가 건국기에서 왕의 자리를 지키려는 세력과 이를 빼앗으려는 세력 사이에 벌어지는 대결의 의미도 포함한다. 이로써 유리는 승자로서 당당하게 왕위에 올랐고, 승자인 유리신화를 주몽신화에 접목시킴으로써 갈등과 대립의 구도를 약화시켜 반대세력의 반발을 무마하려는 의도를 보여준다.

셋째, 유리는 철저하게 자수성가형 영웅이었다. 유리는 혼자의 힘으로 자신의 신성한 혈통을 증명하는 등 왕위에 오르기까지 누구의 지원도 받지 않고 스스로의 힘으로 난관을 극복해나갔다. 이는 동부여를 탈출하기 전에 이미 어머니로부터 영웅으로서의 교육을 받았고, 신성한 부계혈통을 반복적으로 확인했던 주몽의 경우와도 비교된다. 또한 주몽의 정식왕비인 소서노와 그의 아들이자 왕자 비류와 온조가 유리의 즉위에 위기의식을 느껴 곧바로 따르는 무리를 이끌고 고구려를 떠나 남하를 실행에 옮긴 것도 유리가 어떤 방식으로든 이들과의 권력투쟁에서 신속하고도 완벽하게 승리했음을 의미한다.

넷째, 유리는 왕권 유지를 위해 스스로 적극적인 노력을 기울였다. 유리왕 즉위 2년 7월에 토착세력의 딸로 소노부(다물도)의 추장이었던 송양의 딸을 왕비로 맞아들인 것이 그 예이다. 송양은 주몽이 고구려를 건국할 때 기반이 되었던 비류국 왕족 출신이었다. 따라서 유리가 이들 부족에서 왕비를 맞아들인 것은 외부에서 들어온 유이민 세력이 왕권을 견고하게 다지기 위해 토착세력과의 연대를 구축하는 일종의 전략적 판단이었다.

신성함만으로 건국이 완성되지 않는다

주몽과 유리의 관계는 시조묘 건립과 관련해서도 의문을 남기고 있다. 고구려의 경우 개국시조인 주몽의 고귀한 혈통이라는 신성성을 강화하기 위해 부여의 개국시조인 해모수가 아버지로 등장하지만, 고구려의 시조는 국가를 개국한 초대 왕 주몽이다. 그리고 시조신화는 바로 개국시조의 일대조一代祖, 즉 주몽신화에 관한 이야기를 말하며, 시조왕묘始祖王廟는 시조왕이 사망한 후에 건립하는 것이 일반적이었다. 따라서 고구려에서 시조가 사망하고 2대 왕이 즉위하자마자 시조왕묘의 공사가 착수되었다면, 2대 왕 즉위 2년에서 3년 사이에 완공되어야 했다. 신라 역시 건국의 기틀을 마련하기에 바쁜 와중이었지만 시조묘가 건립된 시기는 2대 남해왕 3년 정월이었다.

그런데 고구려에서 시조묘가 건립된 것은 3대 대무신왕 3년 2월로, 대무신왕이 즉위와 함께 곧바로 시조묘를 건립했음을 알 수 있다. 시조인 주몽의 묘가 유리왕을 건너뛰어 주몽이 사망한 지 30여 년도 더 지난 뒤에서야 조성된 것이다. 그렇다고 유리왕이 시조묘를 조성하기 어려운 여건에 있었던 것도 아니었다. 유리왕은 골천에 이궁離宮을 지었고, 후실인 화희와 치희를 위해 양곡凉谷 지역의 동쪽과 서쪽에 두 채의 궁을 짓기도 했다.

따라서 시조묘의 건립시기만 놓고 보면 고구려의 국조신화는 주몽과 유리왕까지 해당되거나 유리왕이 실질적인 개국시조라는 해석도 가능하다. 주몽의 죽음에 적지 않은 의문이 제기되고, 유리왕 대에 주몽에 대한 시조묘가 건립되지 않았으며, 이에 대한 어떠한 설명도 찾아볼 수 없기 때문이다.

또한 주몽의 신이한 탄생과 행적, 그리고 갑작스러운 죽음 등으로 볼 때 주몽이라는 존재는 고구려 왕실의 필요성에 의해서 창작된 영웅이었거나 유리왕이 평범하게 왕위를 물려받지 않았을 가능성도 있다. 다시 말해 유리왕이 즉위하는 과정은 단순히 아버지를 찾아와 태자에 봉해지고 왕위를 물려받은 것이 아니라, 유리를 중심으로 한 유이민 세력이 고구려에 들어와 왕위에 오르기까지 새로운 건국에 해당할 정도의 과정을 거쳤을 가능성을 말한다. 이주민이었던 주몽에 의해 고구려가 건국된 후 또 한 차례의 이주세력인 유리가 고구려의 왕위를 차지하였다면 그것은 제2의 건국에 해당한다고 볼 수 있기 때문이다. 고구려 왕실이 유지되었음에도 유리의 성씨가 주몽과 다른 해씨였다는 사실도 이러한 추론에 힘을 실어준다.

그럼에도 주몽신화가 고구려의 개국신화로 전하고, 유리신화가 주몽신화에 접목된 이유는 부여계 세력의 추가 유입 과정에서 주몽신화의 상징적 요소가 확대되는 것이 유리에게도 불리하지 않았기 때문일 가능성도 충분하다. 주몽신화에서 해모수를 삭제하지 않았던 것도 천제의 아들인 해모수와 주몽이 부자관계라는 혈통을 내세워 국가의 통합과 왕실의 신성성을 확보하려는 의도에서였다.

그러나 현실정치에서는 유리의 즉위를 기정사실화하는 것이 최우선 과제였으므로 주몽의 사망과 사후 처리에 대해서는 간단명료할 수밖에 없었을 것이다. 즉 건국이라는 대업은 신성함만으로 이루어질 수 없었기에 주몽의 신화는 승천하는 것으로 막을 내리고, 현실에서 왕위에 오른 유리왕을 통해 새로운 역사의 시작을 알리고자 했던 것이다. 유리신화를 주몽신화의 일부분으로 덧붙이면서 고구려 건국신화의 가장 뒷부분에 배치한 것도 이러한 이유에서였다.

역사 속 유리왕과 「황조가」

유리왕은 용맹스러운 왕이었고, 많은 업적을 남긴 것으로 전한다. 기록에 의하면, 유리왕은 기원전 9년에 선비족을 쳐서 항복을 받았고, 기원후 12년에 중국의 왕망이 흉노를 정벌하기 위해 고구려에 군사 출동을 요구하자 이를 거부하고 오히려 한나라를 공격했다. 이때 타격을 받은 왕망은 높을 고高 대신 아래 하下를 써서 유리왕을 '하구려후下句麗侯'라고 비하했다는 일화도 전한다. 그리고 이듬해인 13년에는 부여가 침범하였으나 대승하였으며, 14년에는 양맥을 쳐서 멸망시키고 한의 고구려현을 빼앗았다.

유리왕 22년(서기 3년)에는 도읍을 홀본(졸본)에서 국내성으로 옮겼다. 현재의 환인 지역에서 집안현 통구성通構城 지역으로 천도한 것이다.

이곳은 427년 20대 장수왕 대에 평양으로 천도할 때까지 400여 년간 고구려의 수도가 되었다. 그런데 평양에서 주몽의 무덤을 의미하는 동명왕릉과 그의 원찰로 추정되는 정릉사가 발굴되어 북한은 주몽의 무덤이 평양에 있는 것으로 단정 짓기도 했다. 즉 427년 장수왕이 국내성에서 평양으로 천도하는 과정에서 졸본에 있던 무덤을 옮겨왔다고 본 것이다. 한편, 당시의 천도가 돼지에 의해서 이루어졌다는 다음과 같은 민담도 전한다.

▎유리왕 21년 봄, 동맹제에 쓰려고 기르던 돼지가 우리를 벗어나 달아나 버렸다. 이를 알게 된 유리왕이 제사용으로 희생될 동물을 관리하던 설지薛支에게 "당장 찾아오라"고 불호령을 내렸고, 설지는 돼지를 찾아 나섰다가 국내성까지 이르게 된다. 이곳에서 아름다운 주위의 경치와 아늑하고 기름진 땅을 본 설지는 졸본으로 돌아와 유리왕에게 국내성에 대해서 자

평양시 역포구역의 동명왕릉 1994년 개수공사와 사당을 정비했다.

세히 보고했다. 이에 유리왕도 마음이 움직여 국내성까지 직접 거동하여 살펴보았고, 설지의 보고가 사실임을 확인하고 이듬해 국내성을 도읍으로 삼아 새 왕궁을 지어 천도하게 되었다.

이처럼 고구려가 국내성으로 천도하던 시기는 이미 소국병합을 전개하여 그 영역을 크게 넓힌 상태였다. 또한 왕위 계승을 안정적으로 정착시키기 위해 왕이 생존해 있을 때 태자를 세워 후계자를 미리 정하는 방식도 도입했다. 이러한 방식은 왕을 배출한 집단이 왕실세력이라는 최고의 신분층을 구성하였고, 그 밑에 왕을 따라 이주한 세력 등이 신료집단이라는 지배계층을 형성하게 되었음을 의미했다. 그리고 국내성에 천도한 유리왕 22년 개국시조에 대한 제사의례를 갖추게 됨으로써 국가의 통치체제가 자리를 잡았다.

한편, 유리왕은 「황조가」와 관련한 유명한 일화도 남겼다. 『삼국사기』에 의하면, 유리왕은 왕비 송씨가 사망하자 귀족 출신인 골천 사람의 딸 화희禾姬와 상인 출신인 한인漢人의 딸 치희稚姬를 부인으로 삼았다고 전한다. 그런데 두 여인은 유리왕을 사이에 두고 질투가 심해 사이가 좋지 않았다. 이에 유리왕은 동쪽과 서쪽 계곡에 각각 궁을 짓고 두 여인을 떨어져 살게 했다. 그러던 어느 날 유리왕이 기산箕山으로 사냥을 나가 7일간 돌아오지 않는 사이에 두 여자가 서로 다투게 되었다. 이와 관련하여 『삼국사기』에는 다음과 같이 전한다.

▌ 두 여자는 서로 다투어 화희가 치희를 꾸짖기를 "너는 한 나라의 비첩으로서 어찌 무례함이 이렇게 심한가?" 하니 치희는 부끄러워서 원한을

품고 집으로 돌아가 버렸다. 왕은 이 말을 듣고 말을 달려 쫓아갔으나, 치희는 노하여 돌아오지 아니하였다.

당시 혼자 돌아오던 유리왕은 나무 밑에서 잠시 쉴 때 꾀꼬리 한 쌍이 정답게 날아오르는 것을 보고 "펄펄 나는 꾀꼬리는 암수가 서로 정다운데, 외로운 이 내 몸은 뉘와 함께 돌아갈까?"라며 자신의 외로움을 담아 우리나라 최초의 서정시가인 「황조가」를 지었다고 전한다.

하지만 「황조가」와 관련해서는 창작연대·작가·내용 그리고 문학사적 의미는 물론, 역사적으로도 전혀 다른 견해들이 존재한다. 그 예로 「황조가」가 유리왕의 작품은 맞지만 단순한 서정시가가 아닌 당시의 사회 현실을 반영한 작품으로 보는 견해가 있다. 즉 「황조가」에서 화희와 치희의 싸움이 단순히 여인들 사이의 질투 때문이 아니라 성격을 달리하는 두 종족 사이의 갈등과 대립을 묘사한 것으로, 유리왕이 두 집단을 화해시키려고 노력했으나 실패한 후 자신의 심경을 담은 것으로 해석한다. 이러한 견해는 당시 왕비인 송씨의 사망 기록이 전하지 않는 등의 이유를 들어 유리왕이 후처를 들였다는 것은 사실이 아니며, 수렵경제생활에서 농업경제생활 상태로 변화하는 과정에서 벼 또는 곡물을 의미하는 화禾가 있는 화희를 농경신족의 대표로, 그리고 꿩을 의미하는 치雉가 있는 치희를 수렵신족의 대표로 해석하고 있으며, 이들의 대립과 갈등으로 치희가 떠나버린 것은 수렵신을 상대로 농경신이 승리하는 풍요제의 의미로 보고 있다.

이외에도 「황조가」는 작자 미상의 노래로, 제례의식에서 남자와 여자가 배우자를 선정하는 것과 관련된 사랑의 노래라는 견해 등 해석이 다양하다. 동양에서 꾀꼬리와 관련하여 다음과 같은 이야기가 전해지는 것도 흥미롭다.

> 옛날 북쪽 헌원산에 황조라는 새가 살았는데 올빼미 같은 생김새에 머리에 흰빛이 있으며, 자기 이름을 부르는 소리를 내며 울었다.

여기서 황조는 오늘날 꾀꼬리라고도 하는데 이 새를 잡아먹으면 불같은 질투심이 돌연 사라진다고 한다. 마치 질투로 인해 애첩과 이별해야 했던 유리왕의 외로운 심정을 다독이고, 남녀가 짝을 찾을 때 질투심을 가장 경계해야 한다는 의미를 대변하는 듯하다.

『수서』

당나라 태종太宗의 명을 받아 장손무기長孫無忌와 위징魏徵 등이 완성한 수나라 역사서이다. 「동이東夷」편에는 고구려·백제·신라·말갈·유구·왜국 순으로 다루고 있다. 또한 유럽에서 16세기에 계산했던 원주율을 소충지(429~500)가 3.1415927까지 계산했다는 기록도 전한다.

『북사』

남북조시대의 북조에 해당하는 왕조인 북위·서위·동위·북주·북제·수나라의 역사를 담은 중국 북조의 역사서이다. 위진 남북조시대의 남조와 북조는 서로 적대적인 관계로 자기 나라에 대해서는 상세하게 기록하였지만, 다른 나라에 대해서는 간략하게 다루고 있다. 이대사李大師는 이 점을 바로잡기 위해 새로운 역사서의 편찬을 시도했지만, 완성하지 못하고 사망하여 그의 아들 이연수李延壽가 사마천司馬遷의 『사기』 체제에 따라 16년 만에 『남사南史』와 『북사北史』의 두 사서를 완성했다. 위서에 기록되지 않은 서위의 인물에 대한 증보 부분이 많다는 점이 특징이다.

『만주실록』

청을 건국한 누루하치의 일대기를 다룬 만주족의 방대한 건국 기록으로, 만주족의 전통과 정신이 담겨 있다. 또한 백두산을 신성시했고, 조선을 비롯한 만주와 몽골 등 주변국들과의 전투 상황과 복식·무기·생활방식을 사실적이고 생동감 있는 그림으로 전하고 있어 귀중한 자료로 평가받고 있다.

『동국이상국집』

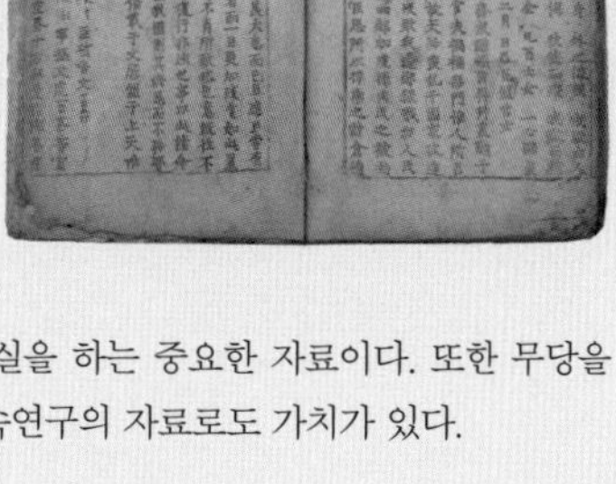

고려 고종 28년(1241)에 간행된 이규보의 문집으로, 「동명왕편」이 수록되어 있다. 『구삼국사』라는 우리나라 사서의 존재를 밝히는 등 사료로서의 가치가 높고, 문학의 이론과 창작에 관련된 글, 공적인 글과 자기 표현의 글 등은 설화와 소설을 잇는 교량적 구실을 하는 중요한 자료이다. 또한 무당을 경계하는 뜻에서 지은 시는 무속연구의 자료로도 가치가 있다.

『필원잡기』

조선 전기에 서거정이 역사에 누락된 사실과 세간에 떠도는 이야기들을 소재로 편찬한 대표적인 한문 수필집이다. 조선의 대학자로 추앙받던 서거정은 해박한 지식과 탁월한 식견을 기반으로 관련 자료들을 널리 채집하여 역대 창업은 물론, 공경대부들의 도덕과 언행·문장과 정사들 중에서도 모범적인 내용을 선별하여 형식에 얽매이지 않고 간결한 필체로 기술했다. 잡다한 내용을 체계 없이 서술한 일종의 수필집으로 조선 초의 인정·풍물을 파악하는 데 귀중한 자료이며, 서거정의 다른 저작인『태평한화골계전太平閑話滑稽傳』과 함께 설화문학의 훌륭한 작품으로 평가받고 있다.

『한서』

후한 초기의 문인이자 역사가 반고(班固, 32~92)가 편찬한 전한의 역사서로, 아버지 반표가 편찬을 시작하여 반고를 거쳐 여동생 반소 대에 완성되었다.『전한서』라고도 하며, 한 고조 유방이 전한을 창건한 기원전 206년부터 왕망의 신나라가 망한 24년까지 230년 동안의 중국 문화의 뿌리인 전한시대의 역사를 다루고 있다. 자료가 풍부하고 정확하여『사기』와 함께 정사의 모범으로 평가받는다. 주요 인물 54명의 이야기를 담고 있으며, 각 장의 시작 전에 주요 인물과 그를 둘러싼 주변 인물·키워드·중대 사건·고사 등을 수록하였으며, 전한의 개국 군주인 한 고조 유방, 악독함과 과감함을 보여준 여치, 한나라의 개국 공신으로 뛰어난 책략을 지녔던 한신과 장량, 태평성세를 이룬 한 문제 유항 등 전한시대 여러 분야의 대표적인 인물들을 재조명하고 있다. 한 시대를 열정적으로 살았던 인물들이 인간으로서 고뇌하고 절망을 극복하거나 실패하는 진솔한 모습을 통해 고전이 지닌 오랜 지혜의 정수를 엿볼 수 있는 책이다.

5장

백제 건국, 기억에서 사라진 신화

소서노, 2000년 만에 재조명 받다

역사와 함께 묻히다

소서노는 여성이면서도 고대국가 건국신화의 주인공으로 손색이 없을 정도로 남성 중심의 역사에서 독보적인 존재감을 보여주고 있다. 그녀는 자신의 터전에서 이주세력인 주몽의 고구려 건국을 적극 지원하였고, 이후 고구려 초대 왕으로 즉위한 주몽의 정식 왕비로 20여 년간 당당한 지위를 누렸다. 그리고 그녀의 아들이며 백제를 건국한 비류와 온조 형제가 '성덕을 지니신 어머니'라고 평가했을 정도로 백제의 건국 과정에도 함께했다. 심지어 그녀의 후손은 일본으로 건너가 백제 문화와 정치를 전파하기도 했고, 오늘날 일본 천황이 백제의 후예라고 전하는 것도 소서노와 무관하지 않다.

일반적으로 나라를 창건하는 일은 천명天命 없이는 불가능하다. 고

환무천황 자화상 아키히토 천황은 "『속일본기』에 환무천황의 생모가 백제 무령왕의 자손이라 쓰여 있어 한국과의 혈연을 느낀다"라고 언급한 적이 있다.

대국가의 경우 극소수만이 개국에 성공하여 신화를 남기게 되는 것도 이러한 이유 때문이다. 따라서 이의 신화에는 어떤 방식으로든 하늘의 뜻이 반드시 담겨 있다. 그러나 백제는 건국신화를 갖지 못할 정도로 건국과정의 신성성을 정리해내지 못했다. 심지어 개국시조와 관련해서도 혼란을 일으킬 정도로 구체적인 자료가 전하지 않는다. 그리고 이러한 분위기는 소서노의 존재감에도 영향을 미쳤다.

백제의 시조와 관련해 비류와 온조 외에도 비류와 그의 아버지로 전하는 구태仇台를 전승하여 부여와의 혈연관계를 강조하는 반고구려계열의 이야기도 전한다. 그 예로 백제는 성왕 대에 국호를 남부여로 고치고 백제 왕실의 성을 부여씨로 하는 등 전 시기에 걸쳐 일관되게 부여의 기원설을 천명하며 정통성을 강조했다. 그러나 고구려를 아버지의 나라로 인식한 온조와 도모대왕 설화도 전하며, 일본 역사서인 『속일본기』에는 비교적 도모대왕 설화가 자세하게 수록되어 있다. 여기서 도모는 백제시조의 별칭으로, 일본에 귀화한 백제인의 자손들은 그들의 시조를 이야기할 때 항상 "백제국 도모왕 몇 대손, 어느 왕의 후예이다"라고 말한다. 백제가 멸망하자 유민들이 일본열도에 대거 이주한 것과 연관이 있기 때문이다.

이처럼 백제의 건국시조와 관련해서 복잡한 관계가 전하고 있지만, 이들의 혈연관계의 중심에는 비류와 온조 형제의 어머니인 소서노가 있다. 달리 말하면 소서노는 백제의 건국 과정에서 왕실의 혈통을 하나로 묶어주고 있다. 그러나 남성 중심의 역사서술과 연구태도 등의 영향으로 고구려는 물론, 백제의 건국신화에도 그녀의 존재감은 찾아보기 힘들다. 이러한 분위기는 선덕여왕에 의한 여성의 통치에 노골적으로 불편한 심기를 표현하고 있는 김부식의 『삼국사기』에도 잘 나타나 있다.

> ▌하늘을 두고 말한다면 양陽은 강하고 음陰은 부드러운 것이요, 사람을 두고 말한다면 남자는 높고 여자는 낮은 것이다. 어찌 늙은 할미(선덕왕)가 안방에서 뛰어나와 국가의 정사를 처리하는 것을 허락할 수 있을 것인가? 신라는 여자를 잡아 일으켜 임금 자리에 앉게 하였으니, 참말 어지러운 세상에나 있을 일이었다. 나라가 망하지 아니한 것이 다행이다. 『서경』에 이르기를 "암탉이 새벽에 운다"라고 하였고, 『주역』에 이르기를 "암돼지가 껑충거렸다"라고 하였으니 어찌 경계하지 아니할 것인가?

김부식은 남녀의 차별을 음양의 원리에 기반하여 우주의 절대적 질서까지 동원하여 이야기하고 있다. 이러한 남존여비사상은 김부식뿐만 아니라 유교사상이 깊이 뿌리내렸던 조선시대까지 이어진 보편적인 법칙이면서 동시에 인간관계를 유지하는 사회질서의 근본이었다. 물론 삼국시대에 들어온 유교는 불교만큼 사회에 큰 영향력을 행사하지는 못했지만, 시간이 흐르면서 사회에 뿌리를 내리게 되었다. 특히 고려 초기인 광종 때 실시한 과거제도는 유교가 사회에 뿌리내리는 데 커다란 영향을 미쳤다. 과거를 통해 선발된 지식인들이 유교사상으로 무장한 관료집단을 형성하면서 점차 사회적 영향력을 확장해나갔기 때문이다. 이후 『삼국사기』가 완성된 12세기에 들어서면서 거란족의 침입으로 사회는 혼란해졌고, 한편으로는 귀족세력들의 융성에 따라 인종仁宗은 유교를 기반으로 하는 중앙집권화에 눈을 돌리게 된다. 즉 유교를 통한 가부장적인 정치사회제도를 기반으로 하여 중앙집권에 의한 왕의 강력한 통치를 기대했던 것이다.

김부식의 『삼국사기』 역시 이러한 영향을 강하게 받았다. 그는 『삼국사기』를 저술하면서 중국의 왕조사 중심의 역사서와 유교적 역사 편찬법을 채택했고, 역사철학은 공자의 『춘추春秋』에 뿌리를 두었다. 동양에서는 『춘추』 이래 역사에 대한 이중적 태도를 견지했는데, 역사는 사실 그대로를 기록해야 함과 동시에 역사서는 도덕적 목적에 봉사해야 한다는 것이었다. 즉 역사를 기록할 때 드러난 목적은 사실을 기록하는 것이고, 숨겨진 궁극적인 목적은 세상의 질서를 바로잡고 도덕을 드높이기 위한 것이어야 한다는 공자의 유명한 '춘추필법'을 따랐던 것이다. 이러한 사회적 분위기는 조선시대까지 이어졌고, 이를 어기면 질서가 무너진다고 받아들일 정도로 철저하게 신봉했다.

이처럼 유교라는 문화적 틀을 기반으로 한 가부장적 정서가 강화되면서 신화는 물론 역사도 소서노를 주목하지 않았다. 이에 덧붙여 신라가 삼국을 통일하고, 뒤를 이어 고구려 계승을 천명한 고려가 개국하면서 삼국의 역사에서 백제의 역사는 축소 또는 삭제되었고, 그녀의 존재감 역시 더욱 위축되었다. 뿐만 아니라 소서노는 주몽의 건국을 지원한 고구려의 조력자이면서 고구려의 경쟁국인 백제의 건국과 밀접한 연관이 있는 배신자라는 이중성을 지니게 되었다. 따라서 소서노는 다른 개국시조의 어머니들처럼 시조모로서의 신성함을 부여받는 데 한계가 있었고, 백제 내부에서도 고구려와의 경쟁을 의식하여 외부인 부여에서 시조신을 찾음으로써 그녀에 대한 신성함은 물론, 역사적 평가에서도 그녀를 주목하는 데 한계가 있었다.

2000년의 시간을 뛰어넘다

우리 역사에서 소서노를 주목하고, 공식적인 평가가 이루어진 시기는 근대였다. 그녀의 존재가 2000여 년 만에 재조명을 받게 된 것이다. 특히 누구보다 먼저 그녀를 주목했던 신채호는 『조선상고사』에서 다음과 같이 그녀를 평가했다.

> 시조는 소서노 여대왕이다. 소서노는 조선역사상 유일한 여성 창업자일 뿐만 아니라, 곧 고구려와 백제 두 나라를 건설한 사람이다.

이처럼 소서노는 신채호에 의해 '고구려와 백제를 세운, 우리 역사상 유일한 창업 여대왕'이라는 최고의 평가를 받았고, 이를 계기로 고대 국가 건국기에서 그녀의 존재를 주목하게 된다.

현재 전하는 기록에 의하면 소서노는 졸본부여의 5부족 중 하나인 계루부의 공주였다고도 하고, 졸본 사람인 연타발延陀勃의 딸이었다고도 전한다. 연타발은 전하는 자료가 없어 구체적으로 알 수 없지만, 그녀의 가문은 졸본 지역에서 일정 세력을 지녔던 토착세력으로 추정된다. 그럼에도 소서노가 고구려 개국시조 주몽의 부인이며, 백제의 시조 비류와 온조의 어머니라는 사실은 분명하다. 그녀의 결혼과 관련해서 『삼국사기』에는 다음과 같이 전한다.

> ▌ 주몽이 북부여로부터 난을 피하여 졸본부여에 이르렀다. 왕은 아들이 없고 다만 세 딸이 있어 근심하던 중 주몽을 보고 비상한 사람임을 알아보고 둘째 딸을 그의 아내로 삼게 했다. 얼마 지나지 않아 왕이 돌아가므로 주몽이 왕위를 잇고 두 아들을 낳았는데, 장자는 비류라 하고 둘째는 온조라 하였다.

여기서 말하는 왕의 둘째 딸이 곧 소서노이다. 그런데 『삼국사기』에는 주를 달아 다음과 같은 내용도 전한다.

> ▌ 소서노는 졸본 사람 연타발의 딸이다. 그녀가 처음 우태와 결혼하여 비류와 온조를 낳았으나, 우태가 죽자 졸본으로 와서 살았다. 뒤에 주몽을 부여에서 용납하지 않으므로 전한 건소 2년 2월에 남쪽 졸본으로 달아나서 도읍을 정하고 나라를 세워 국호를 고구려라 하였다. 이어 주몽은 소서노

를 아내로 맞아 왕비로 삼았는데, 그녀는 창업의 기반을 열 때 자못 내조가 있었으므로, 주몽은 그녀를 총애하고 특별히 후대하며 비류 등도 자기의 아들과 같이 대하였다.

이처럼 소서노가 우태와의 첫 번째 결혼에서 비류와 온조를 낳았다고도 하고, 주몽 사이에서 낳았다고도 하는 등 자료마다 비류와 온조의 아버지를 다르게 전한다. 그럼에도 소서노가 주몽과 결혼한 것은 사실이며, 주몽을 도와 '터를 열고 창업하는 데 내조가 매우 많았다'는 평가를 받을 만큼 고구려 건국의 동업자임은 분명하다. 이러한 내용을 여성에게 인색한 김부식이 『삼국사기』에서 별도의 주를 달아 설명했다는 점도 주목할 만하다. 이는 김부식이 『삼국사기』를 저술하면서 참고한 자료에 이미 이러한 내용이 기록되어 있었고, 김부식으로서도 이를 무시할 수 없었음을 의미하기 때문이다.

신화 속 여신보다 역사 속 여걸을 선택하다

일반적으로 우리 신화에는 여성의 역할이 한정되어 있다. 신화의 뿌리인 우주기원신화에서도 여신이 등장하지만, 생명의 원천으로서의 본래적 기능을 상실하고 있다. 즉 우주기원신화에서 여신은 주체가 되어 우주 만물을 낳는 어머니 신이 아니라, 남신이 있음으로 해서 천지창조가 가능한 것으로만 전한다. 물론 고대국가의 건국신화에 등장하는 여신의 위상도 예외는 아니다. 건국시조를 낳은 어머니가 모두 여신으로서의 위상을 지닌 것도 아니고, 심지어 처녀가 뜻하지 않는 임신을 하여 시련을 겪으며 영웅을 출산하는 것을 끝으로 신화에서 그 존재감이 사라지기도 한다.

그럼에도 소서노를 비롯해 고대국가의 건국신화에 등장하는 웅녀와 유화는 모두 충분히 주목할 만한 가치가 있다. 비록 그녀들의 주체적인 목소리는 전하지 않지만 신화 속에서 이들의 상징적 의미나 존재감을 확인할 수 있기 때문이다.

우리 신화에서 가장 먼저 여신의 존재감을 발견할 수 있는 존재는 웅녀이다. 그녀는 신화적 질서에서 보면 다른 세계의 존재였던 곰이었다가 인간으로 변하여 단군을 낳음으로써 지상에서 탄생한 영웅의 어머니가 된다. 단군신화에는 고조선의 건국 과정을 구체적으로 전하지는 않지만 웅녀라는 존재를 통해 단군의 신성한 혈통을 강화하였고, 특히 신화에서 겪게 되는 갈등과 대립 그리고 통과의례를 통해 질적으로 변화하고 성장하는 유일한 존재였다. 즉 웅녀는 인간이 되고 싶은 염원을 성취하기 위해 상상할 수 없는 이질적인 문화를 이겨내는 통과의례를 극복하여 마침내 인간이 되었고, 결혼하여 아이를 얻기 위해 적극적으로 나선 결과 인간으로 변한 환웅과 결합하여 단군을 낳는다. 따라서 단군신화에서 웅녀의 존재는 여신으로서의 상징성을 부여받을 수 있었다. 그럼에도 웅녀는 단군 출산 이후 그 존재감을 찾아볼 수 없으며, 시조의 어머니로서 구체적으로 어떤 대우를 받았는지에 대해서도 내용이 전하지 않는다.

반면, 고구려의 건국 과정에서 주몽의 어머니 유화는 웅녀와는 다른 존재감을 보여준다. 유화는 현실적으로 어떤 물리적 기반을 지녔던 것도 아니고, 그녀 스스로 선택할 수 있는 여지 또한 거의 없었다. 그럼에도 그녀는 하늘의 뜻에 의해 영웅을 낳았고, 주몽이 현실에 적용되는 권능을 갖춘 영웅으로 상승하는 여정의 매 시기마다 직접적이면서 결정적인 역할을 보여준다. 그녀는 이러한 과정에서 수신·유목신·곡신 등의 권능을 보여줌으로써 건국 영웅과는 별도로 독립적인 신격의 위상에 이르게 된다. 따라서 웅녀가 통과의례를 극복함으로써 자신의 세계를 초월하여 영웅의 어머니가 되는 과정을 보여주었다면, 유화는 영웅의 성공기에 직접 참여하는 과정을 통해 여신의 탄생을 보여주고 있다. 특히 유화는 특정한 왕실이나 국가에 한정된 존재가 아니라 고구려를 포함한 범부여계통의 집단에서 여신으로 추앙받았을 정도로 그 존재감을 확장했다.

그러나 소서노의 존재감은 웅녀는 물론 유화와도 달랐다. 결론부터 말하자면 그녀는 여신이라기보다는 현실에 존재한 여걸女傑이었다. 즉 소서노는 신화 속에서 존재감을 발휘했던 여신의 상징적 의미를 깨고 현실세계로 나왔던 것이다. 고구려와 백제의 건국 과정에서 소서노는 자신에게 닥친 시련을 극복하고 통과의례를 거친 것이 아니라 현실에서 자신의 삶을 스스로 결정하고 실행에 옮긴 여걸이었다.

먼저, 고구려의 건국 과정에서 주몽을 선택했던 것부터가 결코 쉽지 않은 결정이었을 것이다. 소서노는 주몽보다 열 살이나 연상이었고, 당시 주몽은 확실한 세력을 지니고 있지 않은 정치적 망명자였다. 그럼에도 그녀는 주몽을 선택하는 모험을 했고, 고구려 건국에 성공했다. 또한 주몽이 사망하고 유리가 왕위에 오르자 기득권을 버리고 곧바로 고구려를 떠나기로 결정, 이를 실행에 옮기는 등 그녀는 스스로 새로운 도전을 선택하는 결단력까지도 보여준다.

이처럼 자기 확신과 추진력을 겸비한 소서노는 연속되는 결단을 통해 스스로 난제들을 헤쳐나갔다. 그리고 이러한 과정에서 두 명의 건국시조를 배출함으로써 창조적인 야망을 분명하게 보여주는 등 여신으로서의 자격을 충분히 갖추었다. 그럼에도 그녀는 신화의 신성함보다는 현실에서의 여걸을 선택했고, 이러한 특징은 소서노가 여신으로서 대우받지 못한 이유임과 동시에 웅녀는 물론 유화와도 비교되는 차이점이다.

신화를 두 번 쓰다

기록에 의하면, 주몽의 장남인 유리가 고구려로 찾아와 태자에 봉해지자, 소서노의 장남인 비류가 신변에 위협을 느껴 '고구려를 떠나자'며 동생 온조와 어머니 소서노를 차례로 설득한 것으로 전한다. 이 과정에서 소서노의 반응이나 역할은 구체적으로 전하지 않지만, 그녀의 역할이 없지는 않았을 것으로 보인다. 이와 관련해서 『환단고기』에는 다음과 같은 이야기가 전한다.

> ❙ 소서노가 기원전 32년에 패수와 대수 사이의 땅이 기름지고 살기 좋다는 말을 듣고 남으로 진번지간眞番之間의 바다가 외진 곳에서 10여 년간 살면서 사람과 재산을 축적하여 북쪽은 대수, 서쪽은 큰 바다에 임하여 500여 리를 차지하였고, 주몽에게 사신을 보내자 그가 소서노를 '어하라(왕의 별칭)'에 책봉하였다.

일반적으로 『환단고기』를 역사적 자료로 어느 정도 신뢰해야 할지에 대한 논란이 있기는 하지만, 소서노가 새로운 건국을 위해 보여준 적극적인 의지를 확인하는 데에는 무리가 없을 것으로 보인다. 무엇보다도 고구려를 세울 때의 주몽처럼 아직 정치적으로 미숙했던 어린 아들 비류와 온조는 물론, 그들을 따르는 신하와 백성들에게 그녀의 존재감은 분명 남달랐기 때문이다. 이와 관련해 그녀의 성장 배경도 살펴볼 필요가 있다.

소서노가 성장한 것으로 전하는 환인 지역의 오녀산성 부근에서 '다섯 자매가 500명이 넘는 적군을 물리쳤다'는 유래담이 전하는 것으로 보아 소서노가 성장한 지역의 여성들은 대단히 용맹스럽고 활동적이었음을 알 수 있다. 소서노가 이러한 지역에서 성장했다면 집안 살림만 하는 평범한 여성은 아니었을 것이다. 더구나 고구려의 건국을 전후한 시기는 계루부를 비롯한 다섯 부족이 연합 형식으로 이루어진 사회였고, 소서노는 계루부 족장의 딸이었다. 따라서 지역의 정치 지도자를 아버지로 둔 소서노의 위상 또한 평범하지 않았을 것이다. 특히 당시 개방적인 사회 분위기에서 소서노가 말을 타고 활을 쏘며 무리를 이끄는 등 지도자로서의 수업을 어느 정도 받았을 가능성도 있다. 소서노라는 이름에 '종교적·정치적 리더를 상징하는 서쪽에서 온 여성 무당이자 전문적인 궁수'라는 의미가 있다고 전하는 것도 그 예라 할 수 있다.

그뿐만 아니라 소서노는 주몽과 함께 고구려를 건국하는 과정에서 다양한 실전 경험도 쌓았다. 20대 중·후반의 소서노가 10대 중·후반의 주몽과 결혼했을 당시 주몽은 정치적 망명자에 지나지 않았기에 궁실도 지을 여력이 없어 비류수 강가에 초가를 짓고 살며 나라를 세우기 위해 동분서주했다. 또한 그를 따르는 소수의 이방인들의 힘으로는 기존의 특권을 지닌 토착세력을 지배하기에 한계가 있었다. 따라서 주몽에게 토착세력의 지배계층인 소서노의 존재는 현실적으로 대단한 지원군이었다.

소서노는 권력의 속성에 대해서도 잘 알았다. 남편 주몽이 동부여를 탈출해야 했던 이유가 결국 권력투쟁과 무관하지 않았다는 사실을 알고 있었고, 고구려의 건국 과정과 20여 년 동안 왕비의 자리에 있으면서 쌓은 국가통치에 대한 경험을 통해 권력과 정치의 본질을 충분히 터득하고 있었다. 특히 왕권은 나누어 갖는 것이 불가능하기 때문에 권력을 놓고 벌이는 갈등은 철저한 복종이 아니면 어느 한쪽이 죽음으로써 끝난다는 사실도 이미 알고 있었다. 주몽의 갑작스러운 죽음으로 유리가 왕위에 오르자 지체하지 않고 고구려를 떠나기로 결정하고 곧바로 실행에 옮긴 것도 이러한 경험과 무관하지 않았다.

소서노의 죽음을 또 한 번의 기회로 삼다

소서노는 백제의 건국 이후에도 20여 년을 더 살았다. 하지만 그녀에 대한 기록이 전하지 않아 구체적인 내용은 알 수 없다. 다만 『삼국사기』에는 "소서노가 61세의 나이로 사망했다"라고 전한다. 이때가 온조왕 13년이었다. 그리고 기록에 의하면 그녀가 태어난 시기는 기원전 55년이거나 기원전 66년이라는 두 가지 설이 있다. 따라서 소서노가 '61세로 사망했다'는 기록을 감안하면 그녀는 기원전 55년에 태어나 기원후 6년 2월에 사망했거나 또는 기원전 66년에 태어나 기원전 6년에 사망한 것으로 추정하고 있다. 『삼국유사』에는 그녀의 죽음을 다음과 같이 전한다.

▌ 온조 13년(기원전 6년) 3월에 서울의 한 노파가 변하여 남자가 되었고, 호랑이 다섯 마리가 도성으로 들어왔다. 왕모王母가 61세로 돌아갔다. 5월에 왕은 신하들에게 말하기를 "국가는 동東에 의지하고 북北으로 말갈이 있어 늘 강역을 침범하므로 조금도 편할 날이 없고 항차 이 즈음에는 요망한 징조가 여러 번 나타나고 국모國母가 세상을 버리는 등 정세가 자못 편안하지 못하니 장차 서울을 옮겨야 되겠다. 내 지난날에 한수(漢水=漢江)의 남쪽으로 나가서 돌아보니 땅이 기름지므로 마땅히 그곳으로 도읍을 옮겨 영원히 안전한 계책을 도모하는 것이 옳겠다" 하고 한산(漢山=廣州) 밑으로 나가서 성책을 세워 위례성의 민가를 옮기고 8월에 사자를 마한으로 파견하여 천도를 알리고 강역을 정하였는데, 북은 패하에 이르고, 남은 웅천(熊川=公州)에, 그리고 서는 대해大海에 접하고, 동은 주양(走壤=平康)에 이르렀다.

이 내용에서 소서노를 백제의 국모로 대우하고 있으며, 백제의 국내외 정세가 안정적이지 않았음을 알 수 있다. "서울의 한 노파가 변하여 남자가 되었고, 호랑이 다섯 마리가 도성으로 들어왔다"라는 내용은 국모인 소서노의 죽음을 예언하는 기이한 현상으로도 해석할 수 있지만, 한편으로 백제의 불안한 정국을 의미했다. 이러한 위기를 극복하기 위해 온조왕은 국모의 죽음을 기회로 천도를 꾀했다는 점은 대단히 주목된다. 천도는 간단한 문제가 아니었기 때문이다.

일반적으로 도읍을 옮기는 것은 더 좋은 조건의 도읍지를 찾아가는 것을 의미한다. 당시 백제는 천도를 통해 대외적인 여건을 감안하여 나라의 안정을 꾀하고 동시에 왕권의 안정을 도모하고자 했다. 하지만 앞날에 대한 확신이 없을 경우 천도는 오히려 백성들의 불안을 조성하고, 지배층의 반대 여론으로 저항을 불러와 사회가 혼란에 빠질 위험도 있었다. 특히 혼란이 극심할 경우 왕권이 위협받을 수도 있었기 때문에 이러한 위기요인들을 사전에 차단하고 천도를 하기 위해서는 무엇보다도 다수가 수용할 수 있는 명분과 비전이 중요했다. 천도를 제2의 건국에 비유하는 것도 이러한 이유 때문이다.

그런 점에서 소서노의 죽음을 백제의 도읍을 옮기는 기회로 삼았다는 것은 주목할 만하다. 소서노의 죽음을 내세워 천도를 단행함으로써 혹시 발생할지도 모르는 혼란을 사전에 차단하려 했다는 것은 백제에서 그녀의 위상이 어느 정도였는지를 보여준다. 그런데 천도와 관련해서 경황이 없었는지 소서노의 장례 등에 대한 기록은 전하지 않는다. 이 때문에 소서노의 무덤은 물론, 그녀가 사망한 이후에 대해서도 구체적으로 알 수 없다. 다만 소서노의 묘는 하남위례성 안에 있었다고 추정될 뿐이다. 천도를 완료한 후인 온조왕 재위 17년 봄에 낙랑이 쳐들어와 위례성에 불을 지르는 사건이 발생했을 때 백제가 "그해 4월 사당을 세워 국가의 안녕을 기원했다"라는 등 당시 사당에 국모인 소서노를 모셨다고 전하는 내용이 이러한 추론에 힘을 실어준다.

비류가 미추홀을 선택한 까닭은?

떠나는 길이 살길이다

비류는 고대국가 건국기에서 가장 안정적이고 확실한 지위를 보장받고 있었던 인물이다. 비류의 아버지는 고구려를 건국하여 초대 왕으로 즉위한 주몽이었고, 어머니 소서노는 고구려의 정식 왕비로 토착세력을 기반으로 한 세력까지 지니고 있었다. 이러한 환경에서 장남으로 태어난 비류는 고구려 왕위를 이어받을 1순위 후보였다. 그러나 주몽의 또 다른 아들 유리가 찾아오면서 비류의 입지는 하루아침에 뒤바뀌게 된다.

유리는 주몽의 아들 중에서 가장 나이가 많았다. 즉 왕실에 새로운 장남이 나타났던 것이다. 더구나 주몽이 왕비인 소서노를 총애하고 비류와 온조를 사랑했다고는 하지만, 장남 유리에 대해서는 더욱 각별했던지 곧바로 유리를 태자로 삼았다. 곧이어 주몽이 사망하고, 이에 비류는 위기의식을 느끼며 고구려를 떠나기로 결심한다. 『삼국사기』에는 당시의 상황을 다음과 같이 전하고 있다.

> 주몽이 부여에서 낳은 예씨의 아들 유류가 오자 그를 태자로 세우고, 왕위를 잇도록 하였다. 이에 비류가 아우 온조에게 말하기를 "처음 대왕(주몽)이 부여에서 난을 피하여 여기로 도망하여 오자, 우리 어머니가 가재를 기울여 방업을 이루는 것을 도와 그 근로勤勞가 많았다. 그러나 대왕이 세상을 떠나자 나라는 유류의 것이 되었으니, 우리는 한갓 여기에 있어 혹과 같을 뿐이다. 차라리 어머니를 모시고 남쪽으로 가서 땅을 택하여 새로이 나라를 세우는 별립국도別立國都만 못하다"라고 하였다. 그리고 마침내 아우와 함께 당류를 거느리고 패수와 대수의 2수를 건너 미추홀에 이르렀다.

이처럼 유리가 주몽의 뒤를 이어 왕으로 즉위하자 비류가 위기의식을 느꼈다는 것은 당시 상황이 예사롭지 않았음을 의미한다. 비록 어머니가 왕비였고 비류와 그의 동생인 온조는 왕자였지만, 세상에 태양은 하나이듯이 새로운 왕이 즉위함으로써 남은 것은 철저한 복종이나 죽음이라는 두 가지 선택뿐이었기 때문이다. 더구나 이에 대한 선택마저도 자신들의 의지에 달려 있지 않았다. 최종 선택은 최고 권력자의 몫이었다. 따라서 더 이상 고구려에 기대할 것이 없다고 판단한 비류는 동생 온조와 어머니 소서노를 설득해 고구려를 떠날 것을 제일 먼저 제안했고 신속하게 실행에 옮겼다.

이후 비류 형제와 소서노가 자신들을 따르는 집단을 이끌고 고구려를 떠나 남하하는 과정은 비류가 주도했다. 반면, 비류의 동생 온조에 대한 구체적인 내용은 보이지 않지만, 이후 백제의 건국 과정에는 비류보다 온조와 관련한 내용이 더 구체적으로 전한다. 따라서 백제의 건국과 관련해 비류와 온조는 서로 빈약한 내용을 보완해주고 있지만, 백제의 본격적인 건국 과정에는 온조가 주도적으로 앞장섰음을 알 수 있다. 그럼에도 백제의 건국시조가 비류라는 설과 온조라는 설로 나누어지고, 심지어 백제의 건국 이후 비류계와 온조계 세력이 교차하며 왕권을 이어받았다고 전하는 이유는 백제의 건국 과정이 그리 간단치 않았음을 의미한다.

비류가 온조와 소서노를 이끌고 남하한 후 주도적으로 활동한 기간은 그리 길지 않은 것으로 보인다. 기록에 의하면, 비류의 가족이 고구려를 떠난 시기는 주몽이 사망한 직후, 즉 기원전 19년 가을이고, 온조가 남하하여 나라를 세우고 왕이라 칭한 시기는 기원전 18년인 유리왕 2년으로 전한다. 백제의 건국시기와 관련하여 전하는 기록과는 달리, 온조가 십제라는 소국을 형성한 시기를 기원전 2세기로 보는 견해도 주목받고 있다. 즉 기원전 2세기 말 또는 기원전 1세기 초에 십제는 비류 집단이 세웠던 미추홀의 소국을 병합하여 백제로 성장하기 시작했고, 기원을 전후한 시기에 백제는 현재 경기도 일대의 소국을 병합한 왕국으로 성장한다. 그리고 기원후 2세기 후반 충청도 일대를 장악함으로써 명실상부한 고대국가의 틀을 갖추어나간 것으로 보인다.

이와 관련해서 전하는 자료는 미약하지만, 백제의 왕성王城인 위례성에 기원전 2세기부터 풍납토성이 축조되기 시작하여 몇 차례의 수축 과정을 거쳤다는 고고학적 연구 성과가 있다. 1999년에 발굴조사로 드

풍납토성 발굴 현장 전경

러난 거대한 왕성 규모의 풍납토성은 백제가 고대국가의 체제를 갖추고 세력을 확장해나갔다는 사실을 확인시켜준다. 따라서 온조가 왕을 칭한 것으로 백제의 건국이 완성되었다고 보기에는 무리가 있지만, 백제의 건국시기가 언제이든 비류와 온조가 끝까지 함께하지 않았다는 점은 분명하다.

백제의 시조와 복잡한 가계도에 담긴 의미

백제는 건국과 관련하여 전하는 자료가 절대적으로 부족하며, 자료마다 내용에 차이가 있어 건국시조에 대해서도 혼란을 일으키고 있다. 특히 비류와 온조의 복잡한 가계도는 백제의 건국시조에 대한 혼란을 더욱 가중시키고 있다.

중국의 『해동고기』에 의하면 백제의 시조는 우태이며, 비류는 그의 아들로 전한다. 그리고 『책부원귀』 『주서』 등에서도 구태를 백제의 시조로 지목하고 있으며, 『삼국사기』 등 국내 자료에서 비류왕을 시조로 하는 건국설화의 뒤에 중국의 『북사』와 『수서』를 인용하여 "구태가 시조였다"라고도 전한다. 그런가 하면 『삼국사기』는 물론 『삼국유사』에서도 비류와 온조를 주몽의 아들로 전하면서 아래와 같은 별도로 주를 달아 비류와 온조 형제의 복잡한 가계도를 전하고 있다.

> 백제의 시조는 비류왕으로 그 아버지는 북부여의 왕 해부루의 서손 우태이며, 어머니는 졸본 사람 연타발의 딸 소서노이다. 소서노는 처음 우태와 결혼하여 비류와 온조를 낳았으나, 우태가 죽은 뒤 주몽이 고구려를 세우는 것을 돕고 그와 결혼하였다.

이 내용에 의하면 비류와 온조는 소서노가 우태와의 첫 번째 결혼으로 태어났고, 소서노는 주몽과 다시 결혼했다. 따라서 비류와 온조 형제에게 주몽은 친아버지가 아니었다. 비류와 온조의 친아버지로 전하는 구태에 대해서 『삼국사기』에는 다음과 같은 내용도 전한다.

> 『책부원구(귀)』에 말하기를 백제는 매년 사중지월四仲之月에 왕은 하늘 및 오제五帝의 신에게 제사 지내고, 그 시조 구태묘仇台廟를 국성國城에 세워 해마다 네 번 제사하였다.

이처럼 백제에서 구태제가 행해졌다면 구태는 백제의 시조가 분명하다. 또한 『삼국사기』에는 북부여를 탈출한 주몽이 졸본에서 결혼했다는 공식적인 기록이 보이지 않으며, 다만 백제의 건국시조 온조와 관련한 내용에서 별도의 주를 달아 주몽과 소서노의 결혼을 전하면서 비류와 온조의 아버지를 주몽으로 기록하고 있을 뿐이다. 그런데 여기에는 "주몽이 졸본에 이르러 월군녀에게 장가들어 두 아들을 낳았다"라며 주몽이 소서노가 아닌 다른 여자와 결혼했다는 내용이 포함되어 있다.

주몽이 동부여를 떠나기 전에 이미 결혼하였고, 졸본부여에서 다시 소서노와 결혼하기 전에 월군녀와 결혼하여 두 아들을 낳았다고 하지만, 두 아들이 비류와 온조라는 사실은 확인할 수 없다. 여기에 동부여에서 주몽의 아들 유리가 찾아오는 등 혼란을 가중시키고 있다.

이외에도 비류가 우태의 친아들이고, 온조는 소서노가 주몽과 결혼하여 낳았다는 견해가 있는가 하면, 『주서』『수서』『북사』 등 중국의 정사에는 백제의 시조로 구태 외에도 동명이 등장하기도 한다. 『수서』에는 다음과 같은 내용도 전한다.

> 동명의 후예에 구태라는 자가 있었는데, 사람들에게 두터운 신망을 받았다. 그가 처음으로 대방 옛터에 나라를 세우니 요동태수 공손도公孫度가 딸로 아내를 삼게 했다. 점차 번성하고 강해져서 동이의 강국이 되었다.

이 내용에 따르면 백제에도 동명신화가 전승되었으며, 중국에 전해진 것으로 보인다. 그런데 백제의 역대 왕들 중에서 즉위를 알리려는 목적에서 동명왕묘에 배알한 경우는 다수 있지만, 구태에게 즉위를 알리는 제의를 거행했다는 기록은 보이지 않는다. 따라서 동명왕을 백제에서 국가적으로 숭상했다면, 구태는 비류·온조 형제와의 혈연관계에서 앞선 것이라 보는 견해도 있다. 그리고 백제의 시조에 부여의 건국시조 동명왕이 등장한 이유는 백제가 자국의 정통성을 부여에서 찾고 있음을 의미했고, 백제를 직접 건국하지 않은 구태가 개국시조가 된 이유는 구태가 혈연적으로 비류나 온조의 아버지 또는 직계 조상이었다는 해석도 가능하다.

하지만 중국의 사료를 그대로 믿기에는 무리가 있다. 당시 중국과의 외교관계가 지속적으로 빈번하게 이루어진 것도 아니었고, 중국의 입장에서도 주변국의 역사를 구체적으로 확인할 정도로 적극적인 관심을 기울일 이유가 없었으므로 백제의 건국시조에 대해서 정확하게 전했을 가능성은 희박하다. 비류와 온조가 백제의 시조라고 해도 중국과의 외교관계가 본격적으로 이루어진 성왕 대부터 새로운 시조로 제례된 구태가 북제北齊·북주北周 등에 전해졌기 때문에 이들 형제가 중국 사서에 기록될 여지는 더욱 좁아진다. 중국의 『양서』『수서』『북사』 등의 문헌에서 고구려와 백제의 선조로 부여의 시조 동명왕을 언급하고 있으며, 온조가 주몽의 아들이라는 사실과 주몽을 동명왕으로 혼동하여 백제의 연원을 고구려로 전하고 있는 것이 그 예이다.

⊙ 중국 사서에 기록된 백제의 연원

역사서	『양서』	『남사』	『주서』	『위서』	『구당서』
백제 연원	동이	동이	고구려	부여의 별종	부여의 별종

여기서 '별종'은 종파에서 갈라져 나온 지파支派를 의미한다. 따라서 백제에서 시조로 수용한 동명은 부여족 공동의 조상으로서의 동명과 거기에 가탁한 고구려의 주몽이 공존하고 있었다.

반면, 국내의 경우 온조는 근초고왕 대에 편찬된 『서기書記』에서 비로소 백제의 건국시조로 정립되었다. 이후 『삼국사기』에도 비록 별도의 주를 달아 "비류가 백제의 시조"라고 기록하고 있지만, 본문에서는 "백제의 시조는 온조왕"이라고 기록하고 있다. 따라서 백제의 건국시조를 알기 위해서는 온조를 중심으로 백제 건국의 단초를 마련했던 비류와 함께 이들 형제를 따라 남하했던 세력들의 성격에 대해서도 살펴볼 필요가 있다.

대표적인 예로, 백제의 시조는 비류이며, 그의 친아버지 우태를 '북부여의 왕 해부루의 서손'으로 전하는 이유는 비류와 온조 형제와 함께 남하한 무리 중에 우태와 같은 북부여 출신들이 포함되어 있었기 때문이며, 이들의 출신지를 대외적으로 강조한 것은 주몽이 건국한 고구려와의 연관성을 단절하고 그 뿌리를 북부여에서 찾으려고 한 것과 연관이 있다. 즉 '백제의 건국시조는 누구인가?'라는 문제는 백제의 관점에서 보면 '누구를 시조로 숭앙할 것인가?'라는 정치적 문제이기도 했다. 백제가 건국된 해에 온조왕이 "동명묘를 세웠다"라고 전하는 기록도 백제의 건국시조와 백제에서 모시게 된 시조가 동일하지 않다는 사실을 잘 보여주고 있다.

비류와 온조의 선택과 추종세력들

백제의 건국시조와 관련해서 "비류와 온조가 남하하여 처음에는 미추홀에 함께 정착했다"라는 기록도 주목된다. 비류의 주도하에 형제가 행동을 같이했다면 그들이 처음으로 선택했던 정착지에 건국 장소라는 의미를 부여할 수 있고, 남하를 주도한 비류는 건국시조로 볼 수 있기 때문이다. 반면 백제의 시조가 온조라는 설에 의하면, 비류와 온조가 미추홀까지 함께 가지 않았다는 견해도 주목할 필요가 있다. 『삼국사기』에는 다음과 같은 내용이 전한다.

> 마침내 한산漢山에 이르러 부아악負兒嶽에 올라 가히 살 만한 곳을 살폈다. 비류는 바닷가에 살기를 원하니, 십신十臣이 간하여 말하기를 "생각건대 이 하남의 땅은 북으로 한수를 끼고, 동으로는 높은 산악山岳에 의거하였고, 남으로는 옥택을 바라보고, 서로는 넓은 바다가 막고 있으니 그 천험지리天險地理는 얻기 어려운 지세地勢입니다. 여기에 도읍을 만드는 것이 좋지 않겠습니까?"라고 하였으나, 비류는 듣지 않고 백성을 나누어 미추홀로 가서 살았다.

이렇듯 비류는 주변의 반대를 뿌리치고 미추홀을 선택했고, 자신의 선택을 따르는 백성들과 함께 미추홀로 가서 살았다. 비류와 온조 형제가 남하하는 무리를 이끌었으나, 정착지를 선택하는 과정에서 이들을 따르는 무리가 각각 나누어졌던 것이다. 따라서 백제의 건국시조는 온조로 볼 수 있다. 그럼에도 백제의 건국시조와 관련해서 비류설과 온조설이 병존하는 하는 이유는 비류와 그를 따르던 무리의 성격과도 연관이 있었다.

비류는 신생국 고구려에서 유리가 나타나기 전까지는 건국시조인 주몽의 장남이었고, 토착세력의 지도자였던 졸본부여 왕의 외손자였으며, 정식 왕비인 소서노의 장남이었다. 그리고 비류라는 이름 역시 고구려의 건국 과정에서 반복해서 등장하는 비류수·비류국·비류곡 등을 통해 정통성 등 역사적 의미를 발견할 수 있다. 비류수는 졸본 지역에 있는 강으로 주몽이 동부여를 탈출하여 처음 정착한 곳이고, 고구려 건국의 토대가 된 비류국은 비류수가 있는 지역을 기반으로 송양이 왕으로 있던 오래된 나라였다. 그뿐만 아니라 비류곡은 「광개토대왕릉비」에 '비류곡 홀본'이라 하여 홀본, 즉 졸본과 함께 쓰는 등 고구려의 도읍지와도 밀접한 연관성이 있었다. 따라서 비류는 고구려를 떠나 남하했던 무리의 대표성을 지니고 있었을 가능성이 충분했다.

또한 비류와 온조 형제를 따라 남하했던 무리 중에는 고구려 건국 이전부터 거주하던 토착세력으로 소서노 집안을 따르는 세력이 있었고, 유리왕의 즉위로 고구려에서 이탈하려는 주민들도 포함되어 있었다. 그리고 비류와 온조 형제가 고구려를 벗어나 남하하는 과정에서 송양이 주몽에게 패하여 고구려에 흡수된 것에 불만을 품고 일찍 고구려를 떠나 남하했던 무리가 뒤늦게 합류하는 등 성격을 달리하는 집단들이 무리를 이루고 있었다. 따라서 이들 무리가 나이가 어린 동생 온조보다는 정통성을 지니고 있던 장남 비류를 선택했을 가능성이 크다. 이와 관련하여 비류가 자신을 따르는 무리를 이끌고 미추홀로 떠난 후에도 백제가 완벽한 국가체제를 갖추기까지에는 상당한 시간이 걸렸고, 이 과정에서 비류의 사망이 하나의 전기轉機를 마련하게 된다는 『삼국사기』의 다음과 같은 기록도 주목된다.

> 온조는 하남 위례성에 도읍하고 10명의 신하로 보좌하게 하고 국호를 십제라 하였다. 이때가 전한 성제 홍가 3년(기원전 18년)이었다. 비류는 미추홀의 땅이 습하고 물이 짜서 편안하게 살 수 없었는데, 위례성에 와서 보니 도읍이 안정되고 백성들이 편안하였다. 마침내 참회하며 죽으니 그 신하와 백성들이 모두 위례로 돌아왔다. 후에 백성들이 올 때 기뻐하며 즐겨 따랐으므로 국호를 백제로 고쳤다. 그 세계世系는 고구려와 더불어 부여에서 함께 나왔기에 부여로 성을 삼았다.

이처럼 온조가 본격적으로 백제의 건국을 주도하는 과정에서 비류를 따르던 무리가 온조에 합류함으로써 전기를 맞이한다. 또한 백제가 건국한 후 부여의 정통성을 이어받았다는 의미로 백제 왕실의 성씨를 '부여'로 했다고 전하지만, 『삼국유사』에는 백제 왕실의 성씨가 해씨였다는 기록도 전한다. 이에 따라 온조 이후 개루왕까지는 비류왕계인 해씨였고, 초고왕부터 온조왕계인 부여씨로 교체되었다고 보기도 한다. 이러한 추론은 모두 비류를 추종하는 세력과 연관이 있었다. 즉 미추홀에 살던 세력은 비류를 해씨 혈통을 이어받은 것으로 인식했으며, 이들이 온조에 병합된 후에도 백제의 지도부에 합류하여 세력을 유지하고 있었기에 비류에 대한 인식이 유지되었던 것이다.

이상에서 살펴본 바와 같이 비류는 끝까지 온조와 함께하지 않았고, 백제의 건국은 온조가 주도했다. 그럼에도 누구보다 먼저 고구려를 떠나 남하를 결심하고 곧바로 실행에 옮긴 비류의 결단이 있었기에 백제의 건국이 가능했다. 그뿐만 아니라 온조가 왕을 칭하기 전에 비류가 미추홀에 정착하면서 먼저 왕을 칭하는 등 고구려를 떠나 남하하여 백제 건국 이전까지 비류의 건국기가 온조보다 구체적으로 전하고 있고, 비류의 추종세력이 백제의 건국에 기반이 된 것도 사실이다.

여기에 사실 여부와 관계없이 비류의 혈통을 거슬러 올라가면 비류는 우태의 아들이고, 우태는 부루의 아들이며, 부루는 단군의 아들로, 고조선의 단군에서 시작된다. 따라서 일반적으로 개국자는 '새로 나라를 세운 자'를 의미하고, 시조는 가문이나 씨족의 선임자를 의미한다는 점에서 온조왕은 백제의 시조라기보다 백제의 건국자가 더 적합하며, 시조는 비류에게 적용할 수 있다.

비류는 왜 미추홀을 선택했을까?

비류의 성품이나 능력 등에 대해 구체적으로 전하는 자료는 찾아보기 힘들다. 하지만 주몽의 장남 유리가 태자가 되었을 때 지체 없이 남하를 결심하고 동생 온조와 어머니를 설득하여 실행에 옮겼으며, 당시 그들을 따르는 백성들이 많았다는 정황만으로도 비류는 냉정한 상황 판단력과 결단력, 그리고 이를 실행에 옮기는 추진력과 무리를 이끄는 리더십까지 갖추고 있었음을 알 수 있다. 그럼에도 비류가 역사에 주목받지 못했던 이유는 미추홀을 정착지로 선택한 것과도 직접적인 연관이 있었다. 그의 선택은 결과적으로 실패했기 때문이다. 비류의 실패는 '온조와 뜻을 함께했던 열 명의 신하 등이 주변에서 만류했다'는 내용에서도 이미 예견된 듯했다. 따라서 비류는 스스로 자책하며 사망했다고 전하며, 문맥상으로 보아 충격에서 벗어나지 못한 비류가 자살한 것으로 해석될 정도이다. 고대국가 건국의 실패는 패배를 의미했고, 패배는 떠남을 의미했기에 극단적인 방법을 선택했을 가능성도 없지 않다. 그렇다면 비류가 끝까지 온조와 함께하지 않고 미추홀을 고집했던 이유는 무엇 때문이었을까?

미추홀은 넓게 보면 임진강 유역의 파주와 양주 지역 등으로 확대 해석할 수도 있지만, 현재 인천의 문학산을 중심으로 보는 것이 일반적인 견해이다. 문학산 아래는 실제 백제의 우물터가 현재까지 남아 있고, 정상에서 백제 초기의 유물도 출토되었다. 인천을 미추홀로 부르는 것도

문학산 일대에서 출토된 백제 토기 유물

비류백제의 도읍지라는 의미를 담고 있기 때문이다. 『삼국사기』에 전하는 "미추홀의 땅이 습하고 물이 짜다"라는 내용 역시 바다와 인접해 있음을 의미하며, 『인천부읍지』에는 "미추왕릉으로 불리는 유적이 존재했다"라는 기록도 전한다.

그런데 고구려를 떠난 남하 세력 중에 비류수·비류국·비류곡 등과 관련한 집단이 있었다면, 이들을 강과 바다를 무대로 활동하는 해상세력과도 연관시킬 수 있다. 즉 비류 집단에는 해안선이나 강을 따라 거주하면서 어로와 해상활동을 주로 하는 거주민이 포함되어 있었고, 비류라는 이름에 이들을 대표하는 의미가 포함되어 있었다.

온조의 백제 건국 과정에서도 이와 관련한 근거를 발견할 수 있다. 대표적인 예로 온조가 국호로 삼았던 십제와 백제에 공통적으로 사용된 '제濟'는 '나루터'를 의미한다. 『삼국지』「위지 동이전」에 보이는 '백제伯濟' 역시 '으뜸이 되는 나루터'를 의미한다. 따라서 십제는 '열 개의 나루터', 백제는 '백 개의 나루터'가 되며, 한강 및 서해안 일대의 포구세력을 중심으로 성장한 해상세력과 백제의 연관성을 발견할 수 있다. 즉 온조가 백제 건국 후 성읍국가의 성격만 추구한 것이 아니라 비류가 지향한 해양국가의 성격도 추구했음을 알 수 있다. 따라서 강과 바다와 관련한 지식과 이동기술 등을 지니고 있던 해상세력 집단이 고구려를 떠나 남하하는 비류의 무리에 합류하였고, 강과 바닷길로 이동하는 과정에서 미추홀에 주목했을 가능성도 있다.

이러한 추론은 비류와 온조를 선택한 추종세력의 성격과도 관련이 있었다. 즉 성읍에 근거한 세력은 방어 위주의 군사력을 우선해야 한다는 온조왕의 현명함을 추종했고, 다소 불편함을 감수하더라도 해안을 중심으로 한 무역과 상업을 선택했던 해양세력은 과감한 결단력을 지닌 비류왕을 선택했던 것이다. 이와 더불어 백제의 건국에 성공한 온조가 주변세력들을 포용하는 과정에서 성읍국가만 고집한 것이 아니라 해상세력에도 관심을 기울였기 때문에 비류를 추종한 세력이 백제에 지배집단으로 편입될 수 있었던 것이다. 고대국가 성립 과정에서 패배한 쪽의 신화는 도태되는 것이 일반적이지만, 비류와 온조가 각각 백제의 건국시조로 전승되었던 것도 이러한 이유 때문이었다.

비류가 지향한 해양국가의 성격은 미추홀의 특성과도 연관이 있었다. 미추홀은 서해를 통해 들어오는 해상세력과 연관이 있는 지역으로, 특히 경기만의 중심지에 위치한 미추홀의 지리적 조건은 해상물류와 염전 그리고 어업 등에 유리한 여건이었다. 따라서 비류가 미추홀 정착에 실패한 이유를 이러한 관점에서 살펴볼 필요가 있다.

일반적으로 고대국가 건국 과정에서 이주집단이 소유한 선진문화와 수준 높은 정치체제의 경험은 새로운 정착지에서 지배세력으로 자리잡는 데 유리한 조건이다. 따라서 이 점을 고려하면 미추홀을 선택했던 비류의 실패는 단순히 열악한 환경에 있었던 것이 아니라 다음과 같은 이유도 생각해볼 수 있다.

첫째, 비류가 선택했던 미추홀에 이미 집단을 이루고 사는 부족이 있었다면, 비류 세력이 지녔던 정치체제의 경험과 문화 등이 월등하게 선진적이지 않았기 때문에 경쟁력을 갖추지 못했을 가능성이 있다.

둘째, 미추홀이 비류가 구상했던 해상세력의 구축에 여건이 적합하지 않았을 가능성도 없지 않다. 즉 하천과 바다를 오가며 활동했던 비류의 추종세력이 바다를 중심으로 활동하는 미추홀 지역에 적응하기에는 여러 가지로 어려움이 있었을 것이다. 비류 집단이 '미추홀 지역의 염분 때문에 정착에 어려움을 겪었다'고 하는 것도 이러한 추론을 뒷받침해 준다.

셋째, 비류가 미추홀 지역 토착민들과의 연대에 실패했을 가능성도 있다. 즉 두 집단 사이의 문화적 차이를 극복하지 못했던 것이다.

이상으로 살펴본 바와 같이 비류의 선택은 전적으로 그의 잘못된 판단이라기보다는 주변 여건과 문화적 차이로 인한 전략적인 후퇴였을 수도 있다. 『삼국사기』에는 "비류가 위례성으로 돌아와 부끄러워하다가 죽었다"라고 전하지만 전혀 다른 설도 전하고 있기 때문이다. 예를 들면 비류의 도읍지가 상당 기간 존속했다거나 사라진 비류가 일본으로 건너갔다는 이야기가 전한다.

특히 비류백제의 마지막 왕인 응신應神이 396년 고구려 광개토대왕의 공격을 받고 일본으로 건너가 15대 일왕이 되었다고도 하며, 일본 왕가의 뿌리를 비류백제와 연결시키기도 한다. 응신은 이전의 일본 왕들과는 다른 성을 사용하여 『일본서기』에서 표방하는 내용과 큰 차이가 있는 인물로 주목받고 있다. 즉 응신은 일본 황실의 혈통이 단 한 번도 단절된 적이 없으며 온 세상이 일본 천황과 한 핏줄이라는 일제의 왜곡된 역사관을 선전하기 위해 주장한 만세일계萬世一系의 황통에 어긋나며, 현재까지도 일본 황실의 뿌리가 베일에 싸여 있다는 사실을 감안하면 비류백제와 일본 황실의 혈통에 대한 이야기는 대단히 흥미롭다.

온조, 위기를 또 다른 기회로 만들다

백제는 건국신화가 없다?

백제는 신화의 공백지대에 해당한다. 비류와 온조 형제가 지극히 현실적인 이유로 고구려를 떠나 남하하게 되었다는 이야기 외에는 백제를 건국하기까지 하늘의 계시는 물론, 시련이나 통과의례를 거치는 이야기도 전하지 않는다. 심지어 도읍을 정하는 과정에서 신화적 공간이 아니라 세속적인 공간만 등장하고 있다. 그렇다고 백제의 건국기가 역사의 시간에 완전히 편입된 것도 아니다. 백제의 건국기를 '온조설화'라고 하는 것이 바로 그 예이다.

중국의 『주서』에는 백제의 건국시기부터 위덕왕 25년(578)까지의 사실이 기록되어 있다. 특히 여기에는 백제의 문화 등 풍부한 내용이 전하며, 일반적으로 앞서 작성된 역사서의 내용을 그대로 옮겨 적은 중국의 어느 역사서들과는 달리 새로운 자료를 많이 싣고 있어 주목받고 있다. 『삼국사기』와 중국의 『북사』 『수서』 등에도 백제 관련 기사가 전하고 있다. 하지만 백제 건국기와 관련해서는 내용이 빈약하고 자료에 따라 커다란 차이를 보인다. 『삼국사기』의 저자 김부식 역시 "백제의 건국설화는 어느 편이 옳은지 알지 못하겠다"라고 기록하고 있을 정도로 백제 신화 연구는 오래전부터 주변부에 머물러왔다.

백제는 무왕 대에 와서야 비로소 신화적 요소가 발견된다. 『삼국유사』에 의하면 "무왕의 어머니는 과부였는데 남지南池에 가서 집을 짓고 홀로 살던 중 그 연못의 용과 교통하여 무왕을 낳았다"라며 무왕이 용의 아들임을 언급하고 있다. 따라서 일반적으로 고대국가는 대부분 건국신화를 가지고 있고, 이를 통해 건국의 정당성과 자부심을 강조함으로써 피지배층에 대한 지배층의 통치논리를 강화해나갔지만, 백제의 경우는 예외에 해당한다. 이러한 현상은 현재 전하는 백제 건국기와 관련한 자료가 대단히 부족하고, 건국 과정에서 신화에 관심을 기울일 수 없었던 당시 백제의 상황을 직접적인 이유로 꼽을 수 있다. 따라서 백제에 건국신화가 없었다고는 단정할 수 없다.

백제는 마한의 50여 부족국가 중 하나로 출발하여 마한의 여러 부족국가들을 차례로 병합하면서 고대국가를 완성했다. 이에 따라 백제는 복잡하게 얽힌 다원적인 사회체계를 이루고, 어떤 방식으로든 이러한 특성이 반영된 신화가 존재했을 것이다. 그뿐만 아니라 마한이 백제에 완전히 병합되기까지 일정 기간 병존했다는 점을 생각하면 마한의 신화도 분명 영향을 미쳤을 것이다. 하지만 마한은 주변 지역에 영향력을 행사하며 강력한 세력을 지니고 있었음에도 그 신화를 찾아볼 수 없고, 전하는 자료가 미약하여 마한의 존재조차 구체적으로 확인하기 힘들 정도이다. 이처럼 마한은 물론 백제의 건국과 관련하여 신화적 요소를 찾아보기 힘든 이유는 다음과 같이 정리할 수 있다.

첫째, 백제가 마한이라는 부족연맹체의 사회를 완전히 복속시키는 과정에서 그들의 신화를 말살했으며, 그 후 통일신라나 고려시대를 거치면서 백제나 후백제에 대한 정치적 적대감으로 인해 잔존해 있던 지역의 신화를 다시 한 번 삭제했기 때문에 백제와 주변 지역의 신화들이 설 자리를 잃어버렸을 가능성도 있다.

둘째, 백제는 국가 형성시기가 상대적으로 늦어 구전을 통한 백제 건국신화의 전승 기간이 짧았다. 백제는 근초고왕 대에 박사 고흥高興이 처음으로 『서기』를 편찬했다고 전하고 있어 늦어도 350년대 중반에 백제의 건국신화가 문자로 정리되었을 것으로 보고 있다. 따라서 신화의 구전 기간이 길었다면 자연스럽게 다양한 신화적인 요소가 포함되었겠지만, 상대적으로 일찌감치 문자로 정착되면서 신화적 요소가 들어설 자리를 찾지 못했던 것이다.

셋째, 백제의 건국은 처음부터 실존하는 인물들이 중심이 되었고, 백제 건국기에는 신화를 만드는 것보다 현실적인 과제들을 해결하는 것이 우선적으로 필요했다. 즉 신화를 통해 왕권의 존엄성과 국가의 정통성을 대내외적으로 알리는 과제보다 현실적인 힘을 바탕으로 인접한 세력집단을 직접 상대하며 자신들의 우월성을 증명하는 것이 선결과제였다.

넷째, 온조와 백제 건국을 지원한 세력과의 관계도 주목할 필요가 있다. 고구려나 신라는 건국시조가 지닌 지배력에 종교적 권위를 부여하기 위해 천신신앙을 바탕으로 한 건국신화를 구성했다. 이에 따라 백제의 건국시조인 온조 역시 당연히 신성한 종교적 권위를 갖추어야 할 것으로 생각되지만, 당시 백제의 국내외 상황은 고구려나 신라의 건국 상황과는 달랐다. 특히 온조에 의한 백제 건국은 새로운 정착지에서 경쟁력을 내세울 만한 선진문화를 가지고 있었다는 구체적인 근거가 보이지 않으며, 정치적으로도 외부에서 이주한 세력들의 연합에 의한 국가 건설에 해당했다. 따라서 온조는 스스로를 시조로 자처하기보다는 자신과 연합하거나 지원한 집단의 세력도 고려해야 했다. 여기에 토착세력과도 경쟁해야 했기 때문에 이들에게서 신화적 요소를 가져오는 것도 무리가 있었다. 온조는 백제를 건국했음에도 시조의 제사를 통해 추앙받았다는 기록이 전하지 않을 정도로 백제의 건국기는 대내외적으로 대단히 복잡하게 얽혀 있었던 것이다. 이러한 상황에서 온조는 독자적인 신화보다 부여계의 시조인 동명왕의 혈통에 주목하여 그 후손임을 천명하는 전략적 방법을 선택했던 것이다.

전략적으로 탄생한 시조신화

『삼국사기』에는 온조가 십제를 건국한 원년, 즉 고구려보다도 38년이나 빨리 동명왕묘를 세웠고, 백제 다루왕 2년에 동명왕묘에 참배했다는 기록이 전한다. 그리고 백제 13대 근초고왕(재위 346~375)은 371년에 평양으로 쳐들어가 고구려 16대 고국원왕(재위 331~371)을 사살했지만, 평양을 백제의 영토로 편입하려는 적극적인 노력을 기울이지 않고 다시 한성으로 되돌아오기도 했다. 『삼국사기』에 따르면, 당시 근초고왕의 아들인 태자가 대패한 고구려군의 추격을 계속하려 하자 장군 막고해幕古解가 "족함을 알면 치욕을 당하지 않고, 멈출 줄 알면 위태로워지지 않는다"라며 말렸다고 한다. 이 기록은 도교가 깊이 뿌리를 내리고 있었던 당시 백제의 사회적 분위기를 보여주기도 하지만, 부여를 계승한 대국으로서 백제 왕실의 존재감과 함께 위엄을 과시하려는 의도를 보여주기도 한다.

이처럼 백제시조의 탄생에는, 주변국은 물론 경쟁국인 고구려에 필적할 만한 왕실 혈통의 유구한 역사를 강조하기 위해 온조의 다음과 같은 전략적 판단도 작용했다.

첫째, 백제의 왕족이 부여 건국시조 동명의 유일한 정통 계승자임을 표방하기 위해 동명신화에 백제 왕실의 계보를 연결하여 왕실과 국가의 신성한 권위와 정통성을 강화하고자 했다.

둘째, 백제 건국 과정에서 북부여와 고구려 지역에서 이주한 집단의 시조를 의식하지 않을 수 없었기 때문에 동명신화에서 그 뿌리를 찾았고, 이를 부여와 고구려계 종족과 결속력을 강화하기 위한 장치로 활용하는 등 내적인 지배이데올로기의 확립을 시도했다.

셋째, 동명을 시조로 모심으로써 주몽의 상징성을 약화시키고, 온조의 모계를 강화하려 했다. 예를 들면 모계는 부여 왕녀로 고귀하게 설정되어 있지만, 『일본서기』「백제본기」에는 주몽은 북부여에서 난을 피해서 온 유이민이며, 주몽의 혈통에 대해서도 구체적으로 기록하지 않고 있다. 또한 주몽이 졸본부여 왕의 사위가 되었다가 아들이 없는 왕이 사망하자 주몽이 왕위를 이어받은 것에 불과하다고 전하고 있다. 달리 말해 백제의 건국주인 온조의 입장에서 보면 '피난자에 불과한 주몽이 결혼을 잘해서 왕이 되었다'는 것이다. 백제가 왕실의 혈통을 이은 시조로 구태묘를 조성하고, 1년에 네 차례씩 제사를 지낸 것도 이러한 이유와 연관이 있었다. 구태가 백제를 건국한 온조왕의 친아버지인가에 대한 의문이 먼저 해결되어야 할 문제이긴 하지만, 백제는 어머니 소서노를 중심으로 한 혈통을 강조하는 한 과정에서 구태를 등장시키는 등 일종의 주몽 지우기라는 해석이 가능하다.

일반적으로 고대국가에서 신화는 지배자와 피지배자 사이에 질서를 세워 통합을 이루어내고, 이로부터 파생된 결집력을 통해 사회 구성원 모두의 생명과 국가체제를 지키는 힘을 도출하게 된다. 국가를 지키는 근원은 법령과 제도 그리고 군사력에만 있는 것이 아니라 구성원들의 정서와 심리적 유대감에서 파생된 결집력 또한 중요하게 작용하기 때문이다. 고대국가의 정치체계가 안정기에 접어든 이후 지배세력의 통치체제를 더욱 확고하게 유지하기 위해 강력한 목적의식이나 사회적 공감대를 형성하는 건국시조와 관련된 신화를 만들어내는 것도 이와 무관하지 않다. 따라서 신화의 신성성과 종속성이 그 힘을 유지할 때는 지배자나 피지배자 사이에 불화가 적고 신화가 존중받는 상황이 지속된다. 그런 점에서 온조의 전략적 판단은 정치적 차원에서 신화의 본질을 제대로 꿰뚫고 있었다. 하지만 이러한 전략적 선택은 결과적으로 실질적인 건국시조신화가 들어설 자리를 위축시켜 온조설화가 그 자리를 대신하게 되었다.

설화 속에 담긴 신화 읽기

온조설화는 비록 내용이 간략하게 전하지만 그의 성품과 재능을 확인할 수 있다. 온조는 이미 남하 과정에서부터 자신을 따르는 무리를 통솔하는 리더십을 발휘하여 안정적으로 새로운 정착지에 자리 잡았고, 미추홀을 도읍지로 선택한 형 비류와 의견 차이가 있을 때는 그의 의견을 존중하여 백성들을 나눔으로써 갈등과 분열의 소지를 제거하기도 했다. 그리고 후에 비류의 추종세력이 자신을 찾아왔을 때 이들을 받아들이는 등 합리적 절차와 포용력도 갖추었다.

『삼국유사』에 의하면, 온조는 "체격이 홍대洪大하고, 성품은 효성과 우애가 있고, 말을 잘 타고 활쏘기를 잘했다"라는 내용도 전한다. 여기서 '말을 잘 타고 활을 잘 쏘았다'는 의미는 단순히 '사냥에 뛰어났다'는 의미가 아니라 군사적으로 뛰어난 능력을 겸비한 군왕의 자질을 갖추고 있었음을 의미한다. 『삼국사기』에 온조왕이 "여덟 차례의 전쟁에 직접 참가하여 모두 승리했다"라고 전하는 것도 이를 뒷받침해주고 있다. 물론 이러한 온조왕의 성품과 능력은 백제의 건국 과정에서 빛을 발했다. 백제의 건국과 관련해서 『삼국사기』에 전하는 다음과 같은 내용부터 살펴볼 필요가 있다.

> 온조 24년 가을 7월에 (백제)왕이 웅천책을 세우자, 마한의 왕이 책망하기를 "왕이 처음 강을 건너 발붙일 곳이 없을 때, 내가 동북의 1백 리의 땅을 떼어 살게 하였다"라고 한다.

백제는 건국 과정에서 마한의 도움을 받았으며, 그 규모가 방백리方百里였을 정도로 시작이 대단히 미약했다. 그럼에도 온조는 이를 기반으로 꾸준히 세력을 키워나갔다. 이와 관련해 중국의 『양서』에도 "백제는 마한의 한 나라였는데, 후에 점차 강대해져서 여러 소국을 겸병해나갔다"라는 내용이 전한다.

온조는 백제를 건국하기 전에 먼저 십제를 세웠다. 십제는, "오간烏干·마려馬黎 등 10명의 신하와 남으로 떠나니 백성 중 따르는 자가 많았다"라는 기록에서 알 수 있듯이, 백제를 건국하는 과정에서 열 명의 신하들의 보필을 받았다는 의미를 담고 있다. 따라서 십제는 하나의 소국이었으며, 열 명의 신하들은 온조를 지원하는 세력집단이기도 했다. 기록에 따르면 이때가 고구려 유리왕 2년 10월로 전한다. 이후 온조는 소국 병합에 적극적으로 나서서 세력을 키워나가는 과정에서 비류의 미추홀 주민들이 합류하고, 마침내 백제 건국에 성공한다. 당시 백제라는 나라 이름에는 "처음에 졸본부여를 떠나올 때 백가百家가 건너왔다"라는 의미가 담겨 있었다. 따라서 백제의 건국은 온조가 고구려를 떠나 남하했던 세력들의 규합에 성공함으로써 남하세력을 이끄는 이주민 집단의 리더에서 명실공히 국가의 왕이 되었음을 의미했다.

하지만 온조가 백제를 건국하고 왕이 되기까지의 과정이 순탄했던 것은 아니었다. 한강 가에 자리 잡은 온조의 세력이 점차 강성해지자 주변의 견제로 침략을 받기도 했다. 특히 말갈은 온조왕 3년에 동북쪽을 공격한 것을 시작으로, 10여 년 동안 세 차례나 침략을 거듭하는 등 온조왕을 심하게 괴롭혔다. 말갈족은 고구려 동북쪽에 있는 말갈과 동일한 부족으로, 옥저에 의해 지금의 강릉과 춘천 등지로 밀려나 살고 있던 빗살

무늬 토기인을 말한다. 온조왕은 이들의 침략을 매번 물리쳤지만, 앞날에 대비하여 도읍을 옮기는 천도를 단행하기도 했다. 당시 온조왕이 천도한 곳은 바로 하남 위례성으로, 온조왕 14년의 일이다. 하남 위례성은 북으로는 한강을 두고, 동으로는 험준한 산맥이 성곽처럼 둘러져 있으며, 남으로는 기름진 평야가 펼쳐졌고, 서쪽으로는 바다를 가까이 하고 있어 한 나라의 중심이 되는 도읍지로 손색이 없다는 평가를 받고 있다.

온조왕은 도읍을 옮긴 이듬해 궁궐을 갖추었고, 주위에 여러 성들을 축조해 방어체계를 구축하는 등 도읍으로서의 구조와 위상을 갖추어나갔다. 특히 온조왕은 새로 들어서게 될 도읍의 지세를 직접 살피고, 치밀한 계획을 수립하는 등 도읍 조성에 주도적으로 나서서 신속하게 조성하였다고 한다. 그리고 궁전은 "검소하면서도 누추하지 않고, 화려하면서도 사치스럽지 않다"라고 하여 온조왕의 검소한 성품도 확인할 수 있다.

이처럼 온조왕은 도읍의 위치를 결정하고 도성을 조성하는 과정에서 명철한 판단력과 치밀함 그리고 추진력을 갖춘 리더십, 검소한 성품 등 군왕으로서의 탁월한 자질을 보여주었다. 또한 천도 후에도 백제 초기의 5부部체제를 정비하는 등 정치·경제·사회·문화의 중심지로 왕도를 구축하였고, 한편으로는 부락을 순회하면서 백성들을 위무하고 농사를 장려하는 등 민심안정책에도 적극적인 관심을 기울였다. 온조왕이 정복군주로서의 능력은 물론, 민생을 책임지는 자애로움과 농경군주로서의 면모까지 갖춘 덕화군주德和君主로 평가받는 것도 이러한 이유 때문이다.

또한 온조왕은 탁월한 외교력을 발휘하며 백제의 건국 초기에 불안정한 정국을 극복하면서 꾸준하게 세력을 키워나갔다. 그리고 마침내 강국이었던 마한을 멸망시킴으로써 백제는 지역의 맹주로 부상한다.

마한을 극복하라

온조왕이 십제를 세우기 이전부터 한강 남쪽 지역에 소국들과 함께 마한이라는 강력한 정치세력이 존재했다. 따라서 온조왕이 국가체제를 구축하고 성장하기 위해서는 한강 유역에 있던 토착세력과의 관계를 어떻게 풀어갈 것인가가 중요했다. 특히 이들 세력 중 마한의 존재는 백제의 건국 과정에서 반드시 극복해야 할 대상이었다.

『삼국사기』에 의하면, 온조왕이 국토를 개척해나가면서 한편으로는 유례 없는 축성築城작업을 벌였다고 전하는 것도 이러한 주변 여건을 감안한 대비책이었다. 축성작업은 국가가 확보한 영토를 공고히 하여 안정을 유지하려는 것이 목적이므로 국왕의 통치와 관련해서 기본적인 작업에 해당했다. 또한 왕조국가에서 자기 나라에 대한 명확한 영토의 개념이 서지 않으면 통치자가 자기 백성의 구분을 명확히 할 수 없다는 점에서 이를 통해 개국시조로서 온조왕의 영토의식과 자기 백성에 대한 통치의식을 동시에 확인할 수 있다.

그뿐만 아니라 온조왕의 축성사업은 영토 확장을 위한 정복사업을 염두에 두고 벌어졌다. 온조왕이 재위기간 동안 벌인 축성사업은 백제만의 특성으로 꼽을 수 있을 정도로 그 규모가 고구려나 신라 개국시조들과는 비교가 되지 않았다. 물론 백제 건국기와 관련해서 전하는 모든 업적이 온조왕 대에 이루어진 것은 아니었다. 즉 백제 시조왕의 위엄과 왕실의 정통성을 강조하려는 의도에서 후대에 이루어진 역사적 치적까지 소급하여 개국시조인 온조왕 대의 일로 기록했을 가능성이 충분하다. 예를 들면 마한의 병합을 통한 백제의 확장 역시 모두 온조왕의 업적으로 보기에는 무리가 있다. 그럼에도 온조왕이 마한과 치열한 경쟁을 벌였던 것은 사실이며, 국가의 기본 영역이 시조왕 대에 이미 확정되었음을 선포함으로써 백제 건국의 토대를 구축한 것은 분명했다.

특히 십제가 형성되는 시기는 북방에서 이주민들이 대거 몰려오는 시기였다. 따라서 먼저 자리를 잡고 있던 마한은 이들의 이주가 부담스러울 수밖에 없었다. 마한이 이주민이었던 온조 집단에 북쪽의 경계 지역에 땅을 주어 소국의 형성을 허용했던 것은 밀려들어오는 이주민들을 통제하려는 의도에서였다. 온조왕은 마한의 의도를 오히려 자신의 세력 기반을 확장하는 기회로 삼았다. 온조왕이 백제의 성장을 위협하는 말갈의 침공을 막아내고, 낙랑의 견제에서 벗어나기 위해 적극적으로 군사를 동원하여 대외활동을 펼쳤던 것이 그 예로 볼 수 있다. 이 과정에서 온조왕은 자국의 안전을 우선하면서도, 군사력을 축적하며 궁극적으로는 마한의 영역까지 정복하기 위한 일련의 정복사업을 벌여나갔다. 온조왕 8년에 낙랑태수가 사신을 보내 온조왕의 축성을 문제 삼자 온조왕은 다음과 같이 대응했다는 일화도 전한다.

▍"근자에 사신을 보내어 우호를 맺었기에 가족같이 여기었는데, 지금 우리 강역 가까이에 성책城柵을 만드는 것은 혹시 잠식할 계책이 있어서가 아닌가? 만일 예전의 우호관계를 저버리지 않고 성책을 헐어버린다면 의심할 바 없겠지만, 혹시 그렇지 않다면 싸워서 승부를 결정하자"라고 하였다.

온조왕이 대답하기를 "요새를 베풀어 나라를 지키는 것은 고금의 떳떳한 도리이거늘 어찌 이로써 우호적인 관계에 변함이 있을 것인가? 조금도 의심할 바가 아닌 것 같다. 만일 강함을 믿고 군대를 낸다면 우리도 이에 대응할 뿐이다"라고 하였다. 이로 인하여 낙랑과 우호관계가 깨지게 되었다.

온조왕의 단호함과 더불어 군사력에 대한 자신감을 잘 보여주는 대목이다. 그러나 온조왕이 처음부터 영토 확장을 위해 강경책만 쓴 것은 아니었다. 초기에는 온조가 마한의 눈치를 볼 수밖에 없었던 상황이라 군사력 외에도 국내외 정세를 적절하게 활용하며 외교력을 동원했다. 『삼국사기』에 따르면 온조왕 13년에 "마한에 천도할 것을 알렸다"라고 전할 정도로 온조왕은 마한과의 관계에 상당히 조심스럽게 접근했다. 온조왕 24년에 웅천책을 축조했을 때 마한왕이 사신을 보내 책망하자 온조왕은 다음과 같이 조치한 것도 그예이다.

▌"왕이 처음 강을 건너왔을 때는 발붙일 곳이 없었으므로 내가 1백 리의 땅을 갈라주어 편히 살게 하고, 왕에 대한 예우도 후하게 하였으므로, 마땅히 이의 보답을 생각하여야 할 것인데, 지금 나라가 완전히 이룩되자 우리와 대적하지 못할 것이라 이르며, 성城과 주위에 연못을 설치하며 우리 강토를 침범하니, 그 의리가 어찌 되는 것인가!" 하므로 온조왕이 부끄러워 곧 웅천책을 헐어버렸다.

온조왕이 이처럼 마한의 배려에 대해 예의와 신의를 지키려는 행동을 취했던 것은 아직 온조의 세력이 마한을 상대하기에는 무리가 있다는 판단에서였다. 그러나 온조왕은 마한에 순종적인 태도만 보인 것은 아니었다. 온조왕 10년에 사냥에서 잡았다는 신록神鹿을 마한으로 보냈다는 것을 그 대표적 예로 꼽을 수 있다.

신록은 평상시 존재하지 않는 동물로, 신록의 등장에는 천인감응설이라는 신화적 요소가 담겨 있었다. 즉 이는 정치가 잘 이루어지면 하늘이 봉황새와 같은 신성한 동물을 보내 그 상서로운 징조를 드러내고, 정치가 어지러우면 산이 무너지는 등 천재지변으로 경고를 내린다는 의미였다. 더구나 신이한 사슴인 신록을 잡는다는 것은 하늘의 뜻이 없이는 불가능한 일이었다. 따라서 온조왕이 신록을 잡았다는 것은 그의 무예와 용맹이 범상치 않음을 주변에 선전하는 의미와 함께 하늘이 온조왕 편이라는 암시도 담겨 있었다. 그리고 마한에 신록을 보냈다는 것은 귀한 선물을 함으로써 강대국에 대한 외교적 예우를 지키면서, 한편으로는 하늘의 뜻에 따라 언젠가 마한을 병합하고 정치적 주도권을 잡을 것이라는 메시지도 담겨 있었다.

온조왕이 몸소 천제에 제사를 지냈다는 것도 이와 무관하지 않았다. 하늘에 올리는 제사를 직접 주관했다는 것은 신성함과 고귀한 혈통 등을 스스로 확인하는 절차임과 동시에 온조왕이 하늘의 뜻을 빌어 때를 기다리고 있음을 의미했기 때문이다. 그리고 마침내 때가 왔다고 판단한 온조왕은 다음과 같이 자신의 의지를 공표하며 실행에 옮겼다.

> 7월에 왕이 말하기를 "마한은 점점 쇠약해지고 상하의 인심이 이반하니, 능히 오래 지탱하지 못할 형세이다. 만일 남에게 먹힌다면 순망치한脣亡齒寒의 격이 될 것이니, 후회하더라도 이미 늦을 것이다. 남보다 먼저 취

하여 후환을 면함만 같지 못하다"라고 하였다.

이처럼 온조왕은 때를 기다리며 마한과 주변의 정세를 유심히 살폈고, 때가 왔다고 판단하자 마한에 대한 공격을 단행했다. 그러나 그는 "왕이 군사를 내어 겉으로 사냥을 한다고 하고, 몰래 마한을 쳐서 멸망시켰다"라고 전할 정도로 상당히 신중하게 군사를 움직였다. 반면, 온조왕은 마한의 장수 주근이 반역했을 때는 직접 군사를 거느리고 쳐들어가 주근의 허리를 끊어버리고, 그의 가족까지 죽이는 일벌백계의 단호함도 지니고 있었다.

온조왕의 사망과 잊힌 신화

온조왕은 백제를 건국한 뒤 재위 46년 만에 세상을 떠났고, 그의 아들 다루多婁가 뒤를 이어 2대 왕으로 즉위한다. 이때가 서기 28년이었다. 온조왕이 사망한 시기를 전후하여 신화적 요소가 담긴 사건들이 발생했다는 이야기도 전한다. 온조왕 말기인 재위 43년에 다음과 같은 사건이 일어났다.

> 9월에 기러기 백여 마리가 왕궁에 모여들었다. 일관이 말하기를 "큰 기러기는 백성의 상징이니 장차 먼 데 있는 사람들이 와서 투항하는 일이 있을 것이다"라고 하였다. 10월에 남옥저의 구파해 등 20여 가구가 부양—지금의 강원도 평강—에 이르러 귀의하니 왕이 이들을 받아들여 한

산—지금의 서울 부근—서쪽에 안치하였다.

이는 남옥저 주민들의 귀순을 전하는 내용으로, 온조왕이 사망할 때까지 백제가 강력한 세력을 기반으로 주변 지역을 병합해가고 있었음을 알 수 있다. 온조왕 45년에는 한재旱災와 지진 등 자연재해가 일어나 시조 온조왕의 사망을 예고하기도 했다. 하지만 온조왕은 백제의 멸망 후에 역사에서 점차 잊혀갔다.

통일신라시대에는 물론, 고려시대에도 삼국 역사의 기록에서 신라에 비해 고구려나 백제의 역사를 소략하게 전했으며, 건국시조로서의 온조왕의 능력에 대해서만 높이 평가했을 정도이다. 그리고 조선시대에 들어오면 백제의 시조로서만 온조왕을 기억했을 뿐 온조왕에 대해 특별히 주목하지 않았다. 온조왕에 대한 성씨를 부여씨가 아니라 고씨로 이해했을 정도로 조선시대에는 백제사에 대한 연구나 인식 자체가 미약했다. 때문에 백제와 온조왕은 신라나 고구려 시조에 비해 상대적으로 낮은 평가를 받았다. 온조왕이 조선에서 숭렬전崇烈殿이라는 제대로 된 전호를 가지게 된 것은 삼국 가운데 가장 늦은 조선 중기 이후로, 정조 때였다. 그러나 이러한 조치도 백제의 개국시조로서 온조왕을 주목한 것이 아니라 조선의 역사적 경험과 연관이 있었다. 『정조실록』에 백제의 도읍과 관련하여 호국신적護國神的 성격을 보여주는 다음과 같은 이야기가 전한다.

▌ 정조 3년 8월 9일 임금이 남한에 있었을 때, 영의정 김상철이 아뢰었다. "그때 인조대왕께서 꿈에 온조왕이 와서 적병이 성에 오른다고 알리는 것을 보셨습니다. 성조께서 놀라서서 곧 명하여 정탐하게 했더니 과연 그

숭렬전　조선 인조 16년에 지은 사당으로, 백제시조 온조왕을 모시고 있다.

말과 같아서 장사를 시켜 베어 죽이거나 사로잡아 적을 격퇴하게 하셨습니다. 그래서 환도한 날에 특별히 명하여 온조묘를 세워 봄과 가을로 제사하게 하셨으니, 일이 매우 영이靈異합니다."

백제의 건국 과정에서 도읍으로 삼았던 남한산성은 조선시대에도 수도를 방위하는 중요한 요충지였다. 특히 인조 대의 호란胡亂을 겪는 과정에서 왕의 거처였던 남한산성에 대한 인식이 확장되면서 온조왕을 주목하는 기회가 마련되었다.

그러나 이후 실학자들 역시 『삼국사기』를 기반으로만 백제를 인식하였고, 대부분의 지식인들은 백제에 대한 인식 수준이 낮은 편이었다. 안정복의 경우 "백제의 역사는 계통이 없어 문란하여 고증할 수 없다"라고 평하기도 했다. 이러한 인식은 기본적으로 백제와 관련하여 전하는 자료가 부족한 것이 가장 큰 이유였지만, 백제의 역사에 특별히 관심을 기울이지 않았기 때문이다. 현재까지도 백제 역사는 여전히 미지의 분야로 남아 있고, 온조왕 역시 많은 의문 속에 남아 있다.

남한산성

주요 고전 문헌 살펴보기

『속일본기』

일본 헤이안시대 초기에 편찬된 칙찬사서勅撰史書로, 697년에서 791년까지 95년간의 역사를 비교적 상세하게 다루고 있다. 나라奈良시대를 연구하는 기본 사료이며, 신라에서 일본에 파견한 사신이나 발해가 일본에 파견한 사신에 대한 기록이 포함되어 있는 등, 우리 고대사 연구에 참고 자료가 되기도 한다.

『춘추』

유교의 5경 가운데 하나로, 기원전 722년부터 기원전 479년까지 242년간 공자가 독자적인 역사의식과 가치관을 담아 자신의 모국인 노나라 12제후들의 주요 사건들을 기록한 책이다. '춘추'는 '춘하추동'의 줄임말로, 사건의 발생을 연대와 계절별로 구분하던 고대의 관습에서 유래했다. 이 책은 단순한 역사적 사실만 담겨 있는 것이 아니라 공자의 예禮와 명분을 중시하는 정치 이념에 기반하여 사건이나 인물들을 비판 또는 평가하고 있다. 공자의 독특한 필법이 경문 전체에 일관하고 있다는 평가를 받고 있다.

『남사』

이대사(李大師, 570~628)가 중국 남북조시대의 남조에 해당하는 송나라·제나라·양나라·진나라의 역사를 서술한 역사서로 아들 이연수에 의해 완성된다. 서술이 간략해서 널리 읽히고 있으며, 왕조의 흥망과 상관없이 정리하여 기술하는 가전의 방법을 취하고 있어 남북조시대에 만연했던 문벌귀족사회의 실상을 알 수 있는 좋은 자료이면서 인과응보담 등의 소설적 요소가 많다는 점도 특징이다.

『일본서기』 나라시대에 펴낸 일본 역사서로, 일본의 가장 오래된 정사이다. 『고사기』를 포함하면 현존하는 일본 역사서 중 두 번째로 오래된 역사서로, 왕실 중심의 순한문 편년체로 기록되어 있으며, 천황제의 근본적인 재정립을 위한 내용도 담겨 있다. 한국의 사료와 중국의 사서를 병용하고 있어 고대 한반도 제국과 일본과의 관계 연구에도 도움이 된다. 일본에서는 비교적 객관적으로 저술한 역사서로 자부하고 있으나 연대가 백제의 기년紀年과는 약 120년의 차이가 있는 등 한국과의 관계에서 왜곡된 부분이 많아 한국 학자 중에는 사서史書가 아니라 사서詐書로 평하기도 한다.

『서기』 백제 중기의 학자 고흥이 지은 백제의 역사책으로, 현재 전하지 않는다. 반면 '서기'를 보통명사로 해석하여 공식적인 문서 기록이 제도화된 것을 가리키는 것으로 보는 견해도 있다. 하지만 백제는 일찍부터 낙랑과 대방군 등을 흡수해 높은 수준의 한문 소양을 갖추고 있었고, 신라의 역사책인 『국사國史』가 진흥왕眞興王 때 편찬된 것을 감안하면, 4세기 중엽 근초고왕 때에 역사책이 편찬될 수 있는 여건이 충분했던 것으로 보인다. 특히 백제가 국가의 제도를 정비하고 대외적인 발전을 시작할 무렵에 편찬한 이 책은 중앙집권적 귀족국가 건설의 문화적 기념탑으로 평가받고 있다.

6장

신라 건국, 축제로 이어지다

6촌장, 군왕을 모셔 오라

군왕을 기다리다

신라의 건국신화는 지상에 거주하던 집단의 우두머리들이 먼저 자신들을 통치할 군왕의 필요성을 인식하고 하늘에 기원했다는 특징을 지니고 있다. 이들이 바로 6촌장이다. 『삼국사기』에는 6촌장과 관련해서 "이에 앞서 조선朝鮮의 유민들이 산골짜기에 나누어 살며 6촌六村을 이루고 있었다"라고 전한다. 이는 신라가 고대국가체제를 갖추기 시작한 초기 단계, 즉 서라벌 소국이 형성되기 이전에 이미 이 지역을 중심으로 6촌이 존재했음을 말해준다. 그리고 중국의 『삼국지』「위지 동이전」에는 "노인들이 전하여 말하기를, 옛날의 망명인으로 진秦의 역을 피하여 한국韓國으로 왔는데, 처음에는 6국이었던 것이 점차 나누어져 12국이 되었다"라고 한다. 물론 여기에는 6촌장이 다스리던 집단도 포함되어 있었다. 이 기록에 따르면, 이들은 처음부터 이곳에서 정착생활을 했던 토착민이 아니라, 일찍부터 외부에서 들어와 정착했던 이주민 출신이었다. 이후 6촌은 이 무리들 중에서 씨족적인 취락을 형성하며 각 족장의 지도 아래 혈연이나 지연으로 결합된 사회조직으로 발전했을 정도로 점차 규모가 확대되었다. 그리고 신라 3대 왕 노례왕(유리왕) 9년(서기 32년)에 6부의 행정조직으로 개편될 때 그 중심축이 되었다. 그러나 6촌장과 이들이 다스렸던 집단에 대해 구체적인 내용은 전하지 않는다.

6촌의 조상들이 언제, 어디에서 이곳으로 이주해와서 지배집단을 형성하게 되었는지와 관련하여 역사적으로 집단적 이주현상이 발생하기 시작한 요동 지역의 고조선까지 거슬러 올라가기도 한다. 시기적으로는 최소한 기원전 12세기경으로, 고조선이라는 고대국가가 건국될 때 이주민이 발생하면서 한반도 남쪽으로도 이동이 이루어졌고, 기원전 5세기 말에 고조선이 소국의 병합을 전개할 때도 이주민이 발생했다. 그리고 기원전 4세기 말에서 3세기 초에 이르는 기간 중에도 중국 연나라의 침략을 받아 고조선이 도읍을 평양으로 옮기면서 이주민이 발생한다. 『삼국지』 「위지 동이전」에 의하면, 기원전 190년경 연나라 출신의 위만 세력에 의해 "고조선의 준왕이 왕위를 빼앗긴 채 소수의 무리를 이끌고 한반도 남쪽 어딘가로 쫓겨나 왕을 칭하며 정착했다"라는 기록도 전한다. 물론 이때도 적지 않은 이주민이 발생했고, 위만조선의 우거왕 대에는 고조선의 토착세력 출신으로서 중앙정부에 참여하여 조선상이라는 관직을 지냈던 역계경이 "왕과의 갈등으로 2천여 호의 주민을 거느리고 동쪽의 진국으로 갔다"라는 기록도 전한다. 여기서 말하는 동쪽은 중국의 관점에서 기록한 것으로, 중국의 동쪽에 위치한 한반도의 남쪽으로 추정된다.

그 밖에도 기록으로는 전하지 않지만 크고 작은 사건이 발생할 때마다 이주민이 발생했고, 이때마다 이주민이나 토착민 모두가 크고 작은 영향을 받았을 것으로 추정된다. 유이민들의 이동은 단순한 이동을 의미하는 것이 아니었기 때문이다. 특히 이주민 집단 중에는 새로운 정착지에 자신들이 겪은 정치체제에 대한 경험이나 농경과 금속문화 등 선진문화를 전파함으로써 사회적으로 획기적인 변화에 영향을 미친 집단도 있었다.

이 유이민들 중에서 특히 서라벌 6촌의 근간이 된 이주민은 대체로 기원전 3세기 말에서 2세기 초에 이동했을 것으로 추정하고 있다. 이 시기는 중국의 진·한 교체기로, 중국 동북 지역의 연·제·조로부터 발생한 이주민들이 고조선을 비롯한 한반도 지역으로 이동했으며, 시기적으로 위만 세력이 고조선의 준왕을 몰아내고 조선의 왕권을 장악한 것과 이들을 연관 짓기도 한다. 이후 대략 기원전 2세기 전반기에 경주 일대에도 이주민들이 각각 촌장들을 지도자로 하여 독립적으로 촌락사회를 이루고 정착생활을 한다. 특히 이들 촌장은 모두 자신들만의 성씨와 시조가 '하늘에서 내려왔다'는 신화도 가지고 있었고, 나름의 지배체제를 갖추어 통치질서를 유지하고 있었다.

6촌장과 관련하여 중국의 『구당서舊唐書』에는 신라사회를 설명하면서 "왕의 성은 김씨이며, 귀족의 성은 박씨이다. 백성은 성이 없고 이름뿐이다"라는 내용도 전한다. 이는 6촌장이 신라가 건국되기 전에 이미 성씨를 지니고 있었다는 점에서 그들이 씨족을 중심으로 한 지배집단을 형성하고 있었음을 알 수 있다. 또한 그들이 하늘과 연계한 신화를 지니고 있었다는 사실로 보아 6촌장은 하늘을 숭배하는 천신신앙을 토대로 천신의 후예라는 종교적 권위를 내세워 전통적 관습과 혈연적 우위를 확보하였고, 집안 대대로 촌장의 지위를 유지하며 지배력을 합리화하면서 제정일치사회를 유지했을 것으로 추정한다. 하지만 6촌장의 위상은 왕이 아닌 촌장 또는 추장의 지위를 유지하는 정도로, 국가체제는 갖추지 못했다.

또한 6촌장과 가족들이 모여 중요한 안건을 처리하기 위한 회의를 열었다는 기록에서 6촌장과 그들의 친족집단을 중심으로 지배집단을 형성하여 연합체적 성격을 유지하고 있었음을 알 수 있다. 『삼국유사』에 전하는 다음의 내용도 그 예이다.

> 전한 지절 원년 임자—기원전 69년, 옛 책에는 건호 원년(25년)이라 하고 또는 건원 3년(기원전 138년)이라고도 하나 모두 잘못이다—3월 초하루에 육부六部의 조상들이 각기 자제들을 데리고 알천閼川의 언덕 위에 모여서 의논하여 말하기를 "우리들은 위로는 백성을 다스릴 군주가 없으므로 백성들이 모두 멋대로 지껄이고 행동하니 어찌 덕 있는 사람을 찾아 임금으로 삼아 나라를 세우고 도읍을 정하지 않겠는가."

이처럼 6촌장이 자제들을 거느리고 알천에서 회의를 열어 나라를 세우고 도읍을 정하는 일을 논의했다는 사실은 대단히 흥미롭다. 이들이 6촌을 통합하는 확대된 정치체제를 논의했다는 점에서 당시의 회의는 역사적으로 커다란 의미를 지니고 있기 때문이다. 즉 고대국가로서의 규모와 통치체제 등의 필요성을 스스로 자각하고, 자신들의 통치자를 맞이하기 위한 회의를 연다는 것은 고대국가의 문을 여는 시도였으며, 이는 곧 건국신화의 탄생으로 이어진다.

6촌장은 누구인가?

6촌장이 회의를 열었던 3월 초하루는 한 해의 농사가 시작되는 시기였다. 그리고 그들이 모였다는 알천 언덕은 신군神君을 모시기 위해 국사를 토의하거나 제의를 벌이는 신성한 장소를 의미했다. 따라서 신성한 장소에서 농경을 시작하는 시기에 6촌장이 모여 회의를 열었다는 것은 농경 생산신인 태양신과 지신 그리고 수신에게 한 해의 풍흉豊凶과 촌락의 운수에 대해 점을 치는 의식이었고, 여기서 새로운 국왕의 추대를 논의했다는 점에서 일종의 신성한 제의에 해당했다.

특히 6촌장을 중심으로 신라의 시조를 맞이하는 과정이 상당히 직접적이면서 능동적이라는 점과 "덕이 있는 자를 군주로 삼아 나라를 세우자"라며 지도자의 자질에 대해 구체적인 기원을 하늘에 전했고, 하늘이 이에 응답하는 형식으로 시조왕이 탄생하게 되었다는 것은 다른 신화와의 분명한 차이점이다. 신라의 건국신화는 정복전쟁과 같이 개국시조가 일방적으로 왕위에 오른 것이 아니라, 토착집단의 요구와 타협에 따라 왕이 탄생했다.

표암 6촌장이 모여 화백회의를 열고 신라 건국을 의결했다고 전해지는 곳이다.

그뿐만 아니라 6촌장이 '덕이 있는 군주'를 제시했던 것은 통치자의 신성한 혈통보다 도덕적 우월성을 요구하는 인간 중심의 가치관이 반영된 것으로 해석할 수 있다. 따라서 갑작스러운 변혁이나 사회적 혼란을 종식시킬 수 있는 무력을 기반으로 한 강력한 지배자의 등장과는 거리가 있다. 물론 6촌장이 이러한 요구를 했다는 것은 당시 그들을 중심으로 유지된 사회가 상당히 수준이 높았음을 의미한다. 때문에 신라의 건국신화에서 6촌과 6촌장의 존재는 대단히 주목된다.

6촌장에 대해서는 『삼국사기』와 『삼국유사』에 모두 그 내용이 전한다. 다음은 이 자료들에서 전하는 6촌과 관련된 기본적인 내용을 표로 정리한 것이다.

⊙ 『삼국유사』에 등장하는 6촌 관련 내용

6촌명	촌장	시조 강림지	시조 성씨	신라 6부 → 고려 6부	관계
알천 양산촌	알평謁平	표암봉瓢嵓峰	이씨李氏	급량부及梁部 → 중흥부中興部	모계
돌산突山 고허촌高墟村	소벌도리 蘇伐都利	형산兄山	정씨鄭氏	사량부沙梁部 → 남산부南山部	–
무산茂山 대수촌大樹村	구례마 俱禮馬	이산伊山 개비산皆比山	손씨孫氏	점량부漸梁部 → 장복부長福部	부계
취산觜山 진지촌珍支村	지백호 智伯虎	화산花山	최씨崔氏	본피부本彼部 → 통선부通仙部	–
금산金山 가리촌加里村	지타祗沱 / 지타只他	명활산明活山	배씨裵氏	한기부漢岐部 → 가덕부加德部	여女계
명활산明活山 고야촌高耶村	호진虎珍	금강산金剛山	설씨薛氏	습비부習比部 → 임천부臨川部	자子계

이처럼 6촌장은 각각의 시조와 자신들만의 성씨를 지니고 있었고, 일정한 영역에서 지배력을 행사했다. 그리고 이들은 이후 신라가 건국되는 과정에서 서라벌 6촌을 형성하여 신라의 도읍인 왕경을 중심으로 6부의 토대가 되었고, 고려시대에는 6부의 근간이 되었다.

또한 『삼국유사』에 전하는 "지금 풍속에는 중흥부를 어머니라 하고, 장복부를 아버지라 하며, 임천부를 아들이라 하고, 가덕부를 딸이라 하는데 그 이유는 알 수 없다"라는 내용에서 6촌장 사이에서의 혈연관계도 발견된다. 6촌장이 살았던 시대와 『삼국유사』가 작성된 고려시대는 오랜 시간의 차이가 있어 구체적인 자료가 전하지 못한 채 대단히 축약된 기록만 남게 되었지만, 『삼국유사』의 내용은 서라벌 6촌의 관계를 설명해주는 중요한 자료이다. 주로 혈연적 관계를 기반으로 하는 씨족집단이 하나의 가계집단을 이루었다는 당시 사회의 특성을 감안하면, 서라벌 6촌의 성립과 관련한 선후관계 역시 부모와 아들·딸의 관계였을 것으로 볼 수 있기 때문이다. 즉 6촌 집단이 혼인을 통해 관계를 맺었던 알천 양산촌과 무산 대수촌이 먼저 형성되어 어머니와 아버지라고 하였고, 이들 사이에서 태어난 자식들이 분가함으로써 명활산 고야촌과 금산 가리촌이 형성되었던 것으로 해석할 수 있다.

이러한 추론은 사회의 양적·질적 확대와도 밀접한 관련이 있다. 일정한 공간에 형성된 하나의 촌이 인구 증가 등으로 점차 규모가 확대되면서 농경지 등 기존의 생활기반만으로는 먹고 살기에 부족해지고, 이러한 어려움을 해결하기 위해 주민들 중 일부가 분가하여 새로운 마을이나 촌을 형성하는 과정을 반복하는 것은 일반적인 현상이기 때문이다. 이러한 과정에서 때로는 보다 선진적인 문화와 정치체계를 갖추게 되고 고대국가의 건국에 성공하여 그들만의 신화를 전하기도 한다. 그럼에도 6촌장의 신화가 모두 '처음에 시조가 어느 산이나 봉우리에서 내려왔다'며 대부분의 신화에서 전하는 보편적 구조만을 전할 뿐 그 이상으로 더 발전하지 못한 것은 6촌장이 다스리는 사회가 고대국가 수준으로 발전하지 못했음을 의미한다. 그럼에도 6촌장은 고대국가의 건국과 신화의 탄생에 매개자 역할을 담당했으므로 구체적이지는 않지만 건국신화에 그들의 존재가 함께 전할 수 있었던 것이다.

6촌장이 군왕을 호출한 까닭은?

6촌장과 그 자제들이 자신들을 다스릴 군왕이 필요했던 이유는 무엇일까? 그 답을 찾기 위해서는 먼저 그들이 알천 언덕에 모여 회의했던 내용부터 구체적으로 살펴볼 필요가 있다.

6촌장은 회의에서 '백성들이 모두 제멋대로 행동하는 것'을 바로잡기 위해서는 '덕이 있는 군주를 추대하여 나라를 세워야 한다'며 대책을 논의했다. 이는 자신들의 지배력만으로는 질서 유지에 한계가 있음을 스스로 인정했을 정도로 당시 사회가 양적·질적으로 변화하고 있었음을 보여준다. 따라서 6촌장이 말하는 해결책은 단순히 군주를 세우는 일이 아니었다. 내부적으로는 사회의 양적·질적 변화에 따른 새로운 정치체제의 구축과, 외부적으로는 전쟁이나 교역 등 대내외적으로 차원 높은 대비책이 필요했다.

기본적으로 사회 규모의 확대는 사회 구성원의 증가 현상이 핵심

원인이며, 그로 인해 이제까지 경험하지 못했던 일들이 발생하기도 하고, 또 때로는 사회가 심각한 혼란에 빠지기도 한다. 인구의 증가는 출산에 따른 자연 증가만이 아니라, 외부에서 유입되는 이주민들에도 이루어지므로 기존의 방식으로 사회 질서를 유지하기에는 한계가 있다. 그리고 기본적으로 사회의 혼란은 구성원들의 의·식·주와 관련하여 그동안 유지되어왔던 질서유지 방식의 한계로 발생하지만, 사회질서를 유지하던 문화에 충격을 가할 정도의 이질적인 문화가 들어왔을 때의 파장은 이보다 더욱 크다. 특히 이질적인 문화가 월등한 선진문화라면 상황이 더욱 간단치 않다. 선진문화에 의한 생산량의 증가현상이 대표적인 예이다. 생활에 필요한 각종 생산품이 기본적 수요에 비해 부족하지 않을 경우에는 큰 문제가 없지만, 부족할 경우에는 다툼이 발생하고, 수요보다 생산량이 증가할 경우에는 내부적으로는 물론, 촌락 간의 교역이 확장되는 과정에서 이제까지 경험하지 못했던 새로운 질서와 통제가 필요했기 때문이다.

이러한 교역 과정에서 생필품만이 아니라 청동기나 옥玉 등으로 교역품이 확대되면서 상품의 가치 평가나 개인의 재산에 대한 의식의 변화 등으로 인해 종래의 교역방식으로는 한계가 있었다. 이러한 요인들로 새로운 제도의 탄생이 필요했고, 특히 이주민들의 유입 과정에서 그들의 선진문화가 더해지면서 사회가 양적·질적으로 확대된다는 것은 기본적으로 생산과 분배 그리고 촌락 간의 교역 등에 따른 갈등과 대립으로 확산될 소지가 충분했다. 자칫 심각할 경우 목숨을 잃는 전쟁으로 확대될 수도 있었다. 실제로 사회의 양적·질적 변화를 불러왔던 지석묘의 축조시기와, 그와 비슷한 시기였던 무문토기를 사용하던 시대의 주거지들이 화재로 폐기된 예가 많은 것은 당시에 전투가 많았음을 보여준다. 그리고 청동검 등의 무기가 단순히 지배자의 신성한 권위만 상징하는 것이 아니라, 촌락과 촌락 또는 촌락 안의 마을에서 전투가 벌어졌을 때 사용되었을 것으로 보는 것도 같은 맥락이다.

이러한 관점에서 볼 때 새로운 사회질서의 구축과 관련하여 6촌장이 말한 '입방설도立邦設都'라는 표현도 주목된다. 이 말은 '입방'과 '설도'로 나눌 수 있는데, 입방은 서라벌 6촌을 통합하여 하나의 소국을 세우는 것을 의미하고, 설도는 국가통치의 중심이 되는 도읍의 건설을 의미한다. 특히 도읍을 세운다는 것은 그만큼 사회의 규모가 확대됨에 따라 새로운 통치의 중심지가 필요하다는 뜻으로, 지리적·공간적 변화가 필요한 고대국가의 건국과 밀접한 관련이 있었다. 기본적으로 고대사회에서의 건국은 생산력의 발전으로 혈연에 기반한 씨족세력들의 기반을 넘어 지역적으로 연합하는 등의 통합이 필요했고, 이때 중요한 것은 보존과 재분배 또는 약탈을 효율적으로 관리하는 권력의 존재였다. 물론 여기에는 새로운 사회질서의 구축 등 차원 높은 정치체제를 통한 사회적 변화에 따른 대책도 포함되어 있으며, 고대국가라는 확장된 정치체제를 구축하기 위해 대규모 공공사업 등에 따른 노동력의 효율적인 동원과 원활한 재원의 충원도 필요했다. 따라서 이러한 과제를 원활하게 수행할 수 있는 지도자의 리더십과 이를 지원하는 세력이 대단히 중요했다. 건국신화는 이러한 권력을 구축하기 위한 과정을 사실적으로 표현한 것이 아니라 신성한 것으로 인식되도록 꾸민 이야기라 할 수 있다.

이처럼 6촌장이 '군주를 옹립하여 나라를 세워야겠다'고 한 것은 6촌을 통합한 단일한 정치조직과 이를 이끄는 지배자의 필요성을 의미하는 것이었다. 즉 사회의 양적·질적 확대로 인해 대내외적으로 발생할 수 있는 혼란에 대한 예방책으로 선택한 것이 바로 군왕을 추대하여 국가 형태를 갖추는 일이었던 것이다. 그리고 이러한 논의를 통해 혁거세의 탄생과 건국신화가 만들어지게 된다. 특히 당시 회의가 누군가의 정복에 의해서 투항을 결정하는 마지막 회의가 아닌, 6촌장과 같은 지배집단의 추대에 의해 새로운 왕을 모셔오는 절차였다는 점도 주목할 필요가 있다.

고대국가의 건국을 위하여

6촌장의 회의를 통해 탄생한 건국시조는 6촌을 통합하여 사로국을 세웠고, 6촌장이 지배하는 조직보다 차원이 높은 소국의 정치 지도자가 된다. 이후 사로국은 주변의 소국들을 병합하여 신라라는 고대국가의 건국을 완성한다. 이 과정에서 6촌은 신라 건국의 기반이 되었고, 이들의 신화 역시 신라의 개국신화에 어떤 형태로든 영향을 미치게 된다. 하지만 신라의 개국시조와 6촌장 사이에는 혈연적 관계는 물론, 그 어떠한 관계도 찾아볼 수 없다. 그럼에도 신라의 개국신화는 6촌장을 포함해 다른 시조 또는 세력이 현실세계에서 서로 정치적 인연을 이어간다는 특징이 발견된다.

고대국가 개국신화는 고조선과 부여 그리고 고구려가 계통상 큰 줄기를 형성하고 있다. 이들 신화는 하늘을 정점으로 '천제-천제자-천제손' 또는 '천제-천왕-천왕자'의 계통을 밟고 있다. 그리고 이러한 계통의 개국시조는 어떤 방식으로든 부모가 모두 전하며, 부모의 결혼으로 시조가 탄생함으로써 신성한 혈통을 분명하게 밝히고 있다. 고조선의 단군신화나 고구려의 주몽신화에서 개국시조가 등장하기 이전에 부모의 결혼과 관련한 이야기가 먼저 나오며, 그로써 태어난 아들, 즉 개국시조의 이야기가 전개되는 것도 그 예라 할 수 있다.

반면, 신라의 개국신화에는 시조의 부모와 관련한 내용을 찾아볼 수 없으며, 시간과 공간적 차이를 두고 여러 명의 신화가 전하고 있다는 점이 특이하다. 박혁거세와 석탈해 그리고 김알지 등이 그들이다. 엄밀히 말하면 이들의 신화가 모두 신라의 개국신화는 아니며, 이들은 신라의 개국과 밀접한 관련을 지닌 특정 집단의 시조라 할 수 있다. 혁거세신화는 신라의 개국시조이면서 박씨 시조에 관한 이야기이고, 탈해신화는 외부에서 들어온 탈해가 신라 왕실과 인연을 맺으면서 왕으로 즉위하는 석씨昔氏의 시조에 관한 이야기이다. 그리고 '알지신화'는 신라 김씨의 시조이면서 신라 왕실에서 김씨 왕조를 여는 연원을 담고 있다. 이들 시조는 시간과 공간적으로 전혀 다른 탄생담을 전해 혈연적으로 아무런 관계가 없음에도, 먼저 탄생한 시조에 의해 뒤에 태어난 시조가 양육되거나 후견인 역할을 담당하면서 서로 협력하고 공존하다가 왕위를 물려받는 등 특별한 정치적인 인연도 발견된다.

가장 먼저 태어난 신라 개국시조의 경우 앞서 존재했던 6촌의 지도자들에 의해서 탄생하여 성장하게 된다. 따라서 신라의 건국과정에서 6촌장의 존재는 신라 왕실이 독자적으로 통치세력을 구축하지 못했으며, 이후 등장하는 신화의 주인공들 역시 왕실의 필요에 따라 세력 연합이 이루어졌고, 이를 통해 통치체제와 함께 왕실을 유지할 수 있었음을 의미했다. 물론 세력연대 과정에서 갈등과 대립이 발생했을 가능성도 있고,

세력연대를 통해 승자의 이야기는 신화로 남겨지고 패배한 세력은 주목 받지 못했기 때문에 이들의 이야기는 전하지 않았을 것이다. 신라의 개국시조 신화가 주인공 한 사람을 중심으로 전하는 것이 아닌 복수의 독립된 신화로 전하면서 신화를 공유하는 집단이 이루어낸 문화의 상징성을 보여주고 있는 것도 이러한 추론을 뒷받침한다.

시조의 등장을 알리며 등장하는 흰 말과 계룡 그리고 흰 닭 등이 신화에서 영웅의 탄생을 알리는 신성한 사자 역할을 담당하면서 동시에 왕실세력과의 연대에 성공한 집단이 숭배하는 토템신앙을 보여주는 것도 그 예라 하겠다.

혁거세, 1000년 역사의 문을 열다

영웅을 기다리다

혁거세는 복수로 전하는 신라 건국신화에서 최초로 등장하는 주인공으로, 신라의 개국시조이다. 하지만 그는 베일에 싸인 존재이기도 하다. 혁거세신화에서, 그는 기원전 57년에 즉위하여 기원후 4년에 사망한 것으로 전하지만, 실제로는 그가 언제 태어났는지, 혁거세신화를 누가·언제·왜 만들었는지에 대해 구체적으로 알 수 없다. 그럼에도 신라의 건국시조이자 박씨 시조의 이야기로 오랜 시간 동안 전승되어온 혁거세신화에는 여러 신화적 의미가 담겨 있다.

많은 사람들이 신화에 대해 다양한 해석을 시도하면서 때로는 역사에서 그 답을 찾기도 한다. 건국신화에는 어떤 방식으로든 역사적 의미가 담겨 있고, 단순히 신화의 논리만으로는 건국신화를 설명할 수 없기 때문이다. 달리 말하면 신화는 단순히 신성함을 과시하는 것이 아니라 해당 사회의 시대적 요구까지 포함하고 있다. 따라서 신화는 고정불변하거나 사적인 이익을 위한 것이 아닌 공적인 기능도 담당하고 있다. 신화의 구조를 갖추고 있지만 사적인 영역에서만 이야기가 전개된다면, 그것은 단순히 옛날이야기이거나 사회적 물의를 일으키는 사이비집단의 교리에 지나지 않는다. 또한 봉건사회에서는 종족의 시조신화가 후손들의 사회적·정치적 지위의 근거가 되기도 한다. 물론 혁거세신화의 탄생 역시 당시 사회가 요구했던 왕실과 국가에 권위와 정통성을 부여하고, 백성들에게는 국가와 왕에 대한 신뢰와 충성심을 심어주는 역할을 했다.

혁거세신화는 현재 『삼국사기』와 『삼국유사』에 전하고 있다. 『삼국사기』에 따르면, 진흥왕 6년(545) 7월에 이사부異斯夫가 왕에게 아뢰어 『국사』가 편찬될 때, 혁거세신화가 여기에 기록되었을 것으로 추정된다. 하지만 이 『국사』는 현재 전하지 않아 구체적인 내용은 확인할 수 없다.

또한 『화랑세기』에는 20세에 풍월주를 지낸 예원공이 648년 김춘추를 수행하여 당나라에 갔을 때 당의 재상과 나누었다는 다음과 같은 대화가 전한다.

> 당의 재상이 묻기를 "가야가 너희 나라를 부용으로 삼았는지, 너희 나라가 가야를 부용으로 삼았는지 어느 것이 옳으냐?"라고 묻자, 예원공이 "우리나라는 한의 선제 오봉 원년(기원전 57년)에 섰고, 가야는 한 광무제光武帝 건무建武 18년(42년)에 섰으니, 누가 옳은지 알 수 있다"라고 대답했다.

이처럼 '기원전 57년에 신라가 건국되었고, 가야는 약 100여 년 후인 42년에 건국되었다'는 사실을 648년에 신라인들이 알고 있었다면 적어도 600년대 중반 이전에 이미 신라의 건국을 기록한 역사서가 있었음을 알 수 있다. 그리고 그 역사서에 신라의 건국신화도 함께 전했을 가능성도 있다.

따라서 신라의 건국신화가 구전되기 시작한 시기는 이보다 훨씬 이전으로 보는 것이 타당하다. 특히 혁거세가 사망한 후 그의 아들 남해왕이 즉위했고, 그의 뒤를 이어 남해왕의 아들, 즉 혁거세의 손자가 노례왕으로 즉위하는 과정에서 이미 혁거세신화가 구전으로 전해졌을 가능성은 충분하다. 건국신화가 왕실의 위엄과 국가질서 유지에 중요한 단서가 된다는 사실을 신라 왕실과 신라인들이 몰랐을 리 없기 때문이다. 혁거세왕 사후의 국내외 상황도 이러한 추론에 힘을 실어주고 있다.

유리왕, 즉 노례왕과 그 뒤를 이어 즉위한 탈해왕 대에는 서라벌과 이웃한 소국들을 병합해나갔던 시기로, 『삼국유사』에는 노례왕 19년(42)에 이서국을 멸망시켰다는 내용이 전하며, 『삼국사기』에는 "탈해왕 대에 우시산국과 거칠산국을 병합하였다"라는 내용도 전한다. 이때가 1세기 중·후반으로, 나라의 앞날을 보호해주는 무언가가 필요했던 시기이기도 했다. 신라에서 시조인 혁거세가 사망하자 뒤를 이어 즉위한 왕에 의해 시조묘가 조성되고 제사를 지낸 것도 이러한 이유와 무관하지 않았다. 여기에는 단지 시조를 추념하는 의미 외에 살아 있는 사람들의 결속을 다지고, 지배층 사이에서는 자신들의 권위를 확인함과 동시에 서열을 정하는 등 왕권과 왕실의 존재를 인정하고 신성시하기 위한 의미가 담겨 있었던 것이다. 당시 사회에서 지배계층의 신분적 차별성은 왕의 무덤인 고분의 유형과 유물에서도 발견할 수 있다.

이처럼 시조묘는 왕실세력에게 특권을 부여하는 현장이었고, 시조묘에 대한 제사는 종교적인 의식이면서 정치적인 행위에 해당했다. 이러한 과정에서 시조신화 역시 지배세력을 유지하는 중요한 장치로 기능했음은 물론이다. 특히 그중에서도 건국시조의 신비한 탄생은 왕과 왕실에 주술적인 힘을 부여해주어 후손들의 권위를 높이는 바탕이 되었으므로 일찍부터 주목을 받았다. 혁거세의 탄생과 관련해서 『삼국유사』에는 다음과 같이 전한다.

> 이때에 높은 곳에 올라 남쪽을 바라보니 양산 아래 나정蘿井 곁에 이상한 기운이 번개처럼 땅에 드리우더니 흰 말 한 마리가 꿇어앉아 절하는 형상을 하고 있었다. 그곳을 찾아가 살펴보니 자주색 알 한 개가 있는데, 말은 사람을 보자 길게 울면서 하늘로 올라가 버렸다. 그 알을 쪼개니 사내아이가 나왔는데, 모양이 단정하고 아름다웠다. 놀랍고 이상하게 여겨 그 아이를 동천東川에서 목욕시켰더니 몸에서는 광채가 나고 새와 짐승이 모두 춤추며 천지가 진동하고 해와 달이 청명해졌다. 따라서 이름을 혁거세라 했고, 왕위의 호칭은 거슬한居瑟邯 혹은 거서간居西干이라고도 했다. 처음에 스스로 말하기를 "알지거서간閼智居西干이 한 번 일어났다"라고 해서 그 말을 따라 불렀다. 이후 왕의 존칭이 되었다.

이처럼 혁거세의 탄생에서는 번개와 광채가 빛을 발하고, 해와 달이 청명해지는 등 빛을 강조함으로써 부계혈통이 하늘과 연관되어 있다는 상징적 의미가 동원된다. 또한 번갯불이 땅으로 드리운 것은 남성을 상징하는 하늘과 여성을 상징하는 땅의 결합을 의미하며, 하늘에서 내려온 자주색 알에서 혁거세가 탄생하는 과정에 흰 말이 등장하여 신성함을 강화해주고 있다. 따라서 혁거세신화는 난생신화이면서 천부지모형에 해당한다. 그러나 혁거세의 모계에 대해서는 부계인 하늘에 대비되는 지모신의 성격만 발견할 수 있을 뿐 구체적으로 전하지는 않는다.

혁거세의 모계와 관련하여 토착신앙을 기반으로 한 또 다른 이야기가 전하고 있다. 여기서는 서술성모西述聖母가 혁거세는 물론 그의 배우자가 되는 알영까지 낳은 것으로 전한다. 서술성모는 여산신女山神으로, 우리의 토착신이다. 그리고 서술성모가 혁거세와 알영을 낳았다는 것은 생물학적 출산에 의한 근친상간을 의미하는 남매혼이 아니라, 여신이면서 산신인 서술성모가 혁거세와 알영의 탄생을 주관했다는 신화적 출산을 의미한다.

이렇듯 혁거세신화는 민간에서 전하는 별도의 신화가 전승되는 등, 다른 신화들과 비교되는 다양한 특징들을 발견할 수 있다는 점에서 대단히 흥미롭다.

신라를 더욱 신라답게 만들다

고대국가 건국신화에서 예외 없이 등장하는 빛은 건국시조 등 영웅의 탄생을 예언하는 성스러움을 의미한다. 그리고 영특하고 신비스러우며 존귀함을 상징하는 자주색 역시 고귀한 생명의 탄생을 뜻하는 색으로, 시조왕 등 영웅의 탄생에서 신화적 요소로 자주 등장하고 있다. 그뿐만 아니라 자주색은 고대국가의 체제가 갖추어지는 실제 과정에서도 등장한다. 대표적인 예로 백제의 경우 관료체계를 16등계等階로 구분하면서 고위직인 1품에서 3품까지의 복색을 자색으로 했고, 신라는 최고 관직에서부터 다섯 번째까지의 관복을 자색으로 하는 등 모두 고위직의 관복에 자주색을 사용했다.

신라의 시조신화에서 반복적으로 등장하는 우물 역시 중요한 신화적 요소이다. 2005년 6월 24에 방송된 KBS의 HD 역사스페셜 「신라의 수수께끼, 나정은 알고 있다」에 따르면 "나정 우물가에서 발견된 100여 장의 기와에 날 생生 자가 적혀 있었다"고 한다. 여기서의 '生' 자는 혁거세의 탄생을 상징하고 있다는 점에서 시조신화의 탄생과 관련하여 우물을 통해 신성함을 전하고 있음을 알 수 있다. 우물은 '생명이 태어나는 공간'이면서 동시에 '생명을 지속시키는 근원'인 신성한 공간으로 해석된다. 또한 우물은 농경사회로 들어서는 과정에서 생명신의 탄생으로 이어진다. 수렵을 주로 했던 고구려는 신화에서 강과 하천이 주로 등장

나정 석재

하지만, 혁거세신화에서 우물이나 샘이 반복적으로 등장하는 것은 농경사회의 상징적 의미가 담겨 있다. 이후 농경사회에서는 우물을 중심으로 마을이 형성되고, 우물터에서 마을의 모든 소식이 알려지는 등 인류가 집단적으로 정착생활을 하면서 공동으로 관리하는 가장 중요한 공간으로 자리매김한다.

혁거세신화에 등장하는 백마 역시 중요한 의미가 담겨 있다. 일반적으로 신화에 등장하는 말은 하늘과 지상을 이어주는 중계자 역할을 담당했으며, 특히 백마는 하늘에 바치는 신성한 희생물 중에서도 가장 귀하게 여기는 최고의 제물이었다. 이와 관련해서 신라 문무왕文武王이 당나라 군사와 합세하여 백제의 항복을 받은 뒤, 웅진성에 친히 대병을 이끌고 가서 의자왕의 태자였던 부여융扶餘隆을 도독으로 삼고, 화친의 맹세를 거행하면서 제단을 만들어 백마를 바치며 천신과 산신에게 제사 지냈다는 이야기도 전한다. 또한 백마는 하늘과 땅을 왕래하는 신인을 직접 운송하는 신마神馬로, 말 중에서도 최고의 상징적 의미를 지니고 있어 신마신앙神馬信仰으로 발전되는 등, 신라의 전통적인 사상으로 신라인의 정신세계 속에 줄곧 자리 잡아왔다.

혁거세신화에 등장하는 백마 역시 태양신의 후손을 운반하는 천신의 사자로, 혁거세가 태어나기 전 알을 지상으로 운반하는 성스러운 임무를 수행하고 있다. 이러한 의미는 후에 더욱 확장되어 「천마도天馬圖」에 담긴다. 그러나 천마총天馬冢 안에 있는 벽화 「천마도」가 죽은 자의 영혼이 천마를 타고 하늘로 올라간다는 신앙의 소산이었다면, 혁거세는 하늘에서 내려올 때 백마를 중계자로 했다는 데 차이가 있다.

신라의 건국신화에서 말에 대한 상징성은 고구려와도 비교된다. 고구려 벽화에서 말을 타고 사냥을 하며 힘차게 달리는 그림으로 기마민족이 연상된다면, 신라는 홀로 하늘을 나는 천마가 하늘의 태양신과 연계되어 농경신앙으로 이어진다. 물론 혁거세의 탄생에서 백마의 등장 역시 태양신을 생산신으로 하는 농경민족과 연관이 있었다.

천마도

여기에 혁거세가 알로 태어났다는 의미를 더하면 이는 하늘과 땅이 분리되기 이전의 혼돈 상태에 있던 우주가 깨어나 생명체가 탄생하고, 새로운 질서가 시작된다는 의미로 해석할 수 있다. 그리고 이러한 의미는 농경사회에서 중요하게 여기는 '싹을 틔우는 씨앗의 탄생'으로 이어지게 된다. 따라서 혁거세의 탄생은 농경문화라는 선진문화에 기반한 새로운 사회의 건설이라는 의미도 담고 있었다. 이처럼 혁거세의 탄생담은 주몽의 탄생담과도 차이가 있다.

혁거세와 주몽은 모두 알에서 탄생했지만 신화적 의미는 다르다. 알로 태어난 주몽의 경우 불길하다며 버림을 받는 등 환영받지 못했고, 결국 버려져 시련의 과정을 거쳐야 했다. 그리고 금와왕이 알을 깨뜨리려고 했지만 성공하지 못하고 주몽이 스스로 알을 깨고 나왔다. 그러나 혁거세의 경우 천마가 길게 울면서 알의 출현을 알리며 신비로운 분위기를 지상에 전달한 채 하늘로 올라갔고, 사람들의 관심 속에서 6촌장이 알을 깨자 단정한 동자가 태어났다. 이러한 차이는 주몽이 스스로의 힘으로 개국에 성공한 전투적인 영웅을 상징한다면, 혁거세는 지도자들의 추대로 왕위에 오른 평화로운 성군을 상징하고 있다. 혁거세가 처음 세상에 나왔을 때 "동천東川에서 목욕시켰더니 몸에서는 광채가 나고 새와 짐승이 모두 춤추며 천지가 진동하고 해와 달이 청명해졌다"라고 전하는 등 혁거세가 탄생하자마자 왕의 즉위를 알리는 일종의 의식이 이어졌다.

동천은 기본적으로 동쪽의 방위를 가리키며, 동쪽은 해가 떠올라 세상 만물에 빛을 줌으로써 생명체가 약동하는 새로운 시작을 의미한다. 여기에 목욕이라는 의미가 더해져, 부정한 것의 접근을 막고 깨끗하게 씻어냄으로써 새로운 질서를 갖춘 사회의 출현을 알리고 있다. 따라서 혁거세가 탄생하자 물의 세례를 통한 일종의 추대의식을 진행했고, 신라라는 고대국가의 건국을 알리고 있다.

문화영웅의 탄생과 지원세력

『삼국사기』에는 혁거세의 신라 건국에 대해 다음과 같이 전한다.

▌ 시조의 성은 박씨이고, 이름은 혁거세이다. 전한 효선제 오봉五鳳 원년 갑자 4월 병진에 왕위에 오르니 왕호는 거서간이다. 그때 나이는 열세 살이었다. 나라 이름을 서나벌徐那伐이라 하였다. 이보다 앞서 조선 유민들이 산곡 사이에 나누어 살면서 6촌을 이루었다. 진한 사람들은 표주박을 박朴이라 했는데, 처음에 큰 알이 표주박과 같았으므로 박으로 성을 삼았다. 거서간은 진한 말로 왕이다.

여기서 말하는 조선 유민은 넓은 의미에서 북쪽의 조선에서 이주한 무리로, 여기에는 위만조선의 멸망으로 발생한 유이민도 포함되어 있었다. 기원전 194년부터 기원전 108년까지 약 90년 동안 존재했던 위만조선은 압록강 이남 지역에서 청천강 이북에 이르는 지역에 위치했던 것으로 전한다. 『위략』에는 이 시기의 위만과 관련해서 다음과 같이 전한다.

▌위만이 중국에서 망명하여 조선의 준왕에게 서쪽 경계에 기거할 것을 요청하면서 그 대가로 변방을 지켜줄 것을 맹세하였다. 준왕은 그를 믿고 박사에 임명한 후 백 리의 땅을 주었다. 고조선의 문화보다 우수한 철기문화로 무장하고, 수천의 무리를 이끌고 정착하게 된 위만은 중국에서 도망쳐온 자들을 규합해 세력을 확장해나갔다. 그러던 어느 날 거짓으로 한나라의 군사가 침입한다고 고조선의 준왕에게 보고하면서 "자신이 고조선의 도성인 왕검성을 지키는 것을 돕겠다" 하며 군대를 이끌고 도성으로 들어갈 수 있도록 왕에게 허락을 받아낸 뒤, 궁궐로 가서 준왕을 몰아내고 스스로 왕위에 올랐다. 이때가 기원전 194년이다.

이처럼 위만조선의 세력 기반이 철기문화라는 선진문화를 지니고 있었다는 점도 주목된다. 혁거세의 이동이 이들 유이민 세력과 관련 있다면 철기문화를 경험한 세력이었을 가능성이 있기 때문이다. 그러나 이러한 가능성은 추론에 그칠 뿐 정확한 근거는 미흡하다. 그럼에도 급변하는 사회의 질서를 바로잡기 위해 새로운 군주를 옹립하려는 6촌장의 결의는 보다 선진적인 문화의 유입과도 무관하지 않다. 특히 6촌장이 기본적으로 자신들의 세력을 유지하면서, 새로운 통치체제의 구축을 시도

했다는 점에서 여기에는 일방적인 정복과 복종의 건국방식이 아닌 선진적인 문화를 기반으로 하는 협치의 의미가 포함되어 있었다. 아마도 이러한 욕구가 충족되지 못했다면 6촌장을 중심으로 거센 저항을 불러일으켰을 것이다. 따라서 이주세력으로 보이는 혁거세와 그를 따르는 집단이 새로운 국가를 건국하여 경영했다면, 물리적인 세력에 의존한 것이 아니라 이에 걸맞은 선진적인 문화를 보유했을 것이라는 점에서 혁거세는 문화영웅이기도 하다.

그러나 혁거세가 모든 면에서 토착세력보다 월등하게 앞서는 선진문화를 지니고 있지 않았다면 개국 과정에서 모든 것을 독자적으로 실행에 옮기기에는 한계가 있었을 것이다. 그리고 이후 혁거세의 통치 과정에서 6촌장 중에도 혁거세를 보다 적극적으로 지원하는 새로운 지원세력이 생겨났을 가능성도 충분하다. 즉 6촌장 모두 혁거세를 왕으로 옹립했지만 그들 중에 혁거세와 각별하게 동맹관계를 맺은 세력이 있었을 가능성을 말한다. 대표적인 예로 혁거세의 왕비가 된 알영이 속한 집단이 우선적으로 주목되며, 이후에 등장하는 탈해 집단이나 알지 집단도 이러한 관점에서 살펴볼 필요가 있다.

혁거세의 죽음과 선진문화적 징후들

혁거세의 통치 과정에 대해서는 구체적으로 전하지 않지만, 그 이름만으로도 통치방식을 추론해볼 수 있다. 박혁거세에서 '박'은 태양을, '혁거세'는 광명을 상징한다. 특히 신라시대의 말로 혁거세왕은 '널리 동방을 빛나게 하라' 또는 '밝음으로 세상을 다스린다(光明理世)'라는 뜻을 지닌 불구내왕弗矩內王이라고도 한다. 한편, 그의 사망과 관련하여 『삼국유사』에 전하는 다음과 같은 내용도 주목된다.

> ▌ 나라를 다스린 지 61년 만에 왕이 하늘로 돌아가더니, 그 후 7일 만에 유해가 흩어져 땅에 떨어졌으며, 왕후도 따라 돌아가셨다. 나라 사람들이 합장하고자 하매, 큰 뱀이 쫓아와 방해함으로 오체五體를 각각 나누어 장사 지내어 오릉五陵이라 하고, 또한 뱀과 연관이 있다고 해서 사릉蛇陵이라고도 하니 담엄사 북쪽 능이 이것이다. 태자 남해왕이 왕위를 이었다.

이처럼 혁거세왕이 사망한 후 하늘로 승천함으로써 그가 태양신의 후예임을 다시 한 번 확인할 수 있다. 그런데 그의 유해가 '7일 만에 하늘에서 떨어졌다'는 내용이 무엇을 의미하는지에 대해서는 구체적으로 전하지는 않는다. 따라서 이 내용은 당시 사회의 문화적 관점에서 살펴볼 필요가 있다.

영웅이 죽으면 '하늘로 다시 돌아간다'고 믿는 것은 일반적인 현상이었다. 그리고 이를 위해 지상에서는 사체를 처리하는 절차, 즉 장례를 치르게 된다. 특히 신라의 경우, 사람이 죽으면 시체를 일정 기간 동안 임시로 지상에 묻어두었다가 살이 모두 썩어 없어지고 뼈만 남으면, 이를 추려서 다시 매장하는 2차장을 치렀다. 2차장 풍습은 이중장 또는 복장제複葬制라고도 하며, '뼈를 잘 씻어서 모시는 것이 중요하다'는 의미로 세골장洗骨葬 또는 본장이라고도 한다. 물론 이러한 풍습에는 죽은 영혼이 하늘로 편히 올라가기를 기원하는 염원이 담겨 있었다.

백제의 옹관

이러한 풍습은 고인돌과 관련한 고고학적 연구 성과에서도 확인할 수 있다. 당시 제작된 고인돌 석실은 크기가 130센티미터 내외였고, 한강 유역에서 발견된 백제 초기 고분에서는 목관을 대신해서 옹관甕棺을 썼는데, 이 역시 어른의 시체가 들어가기에는 무리가 있었다. 따라서 시체를 1차로 세골하여 뼈만 남으면 2차장을 치르는 풍습이 신라시대 이전부터 넓게 분포되었을 것으로 추정된다.

혁거세왕 역시 당시의 풍습에 따라 뼈만 남은 유해를 다시 매장하는 장례 절차를 따랐을 것이다. 그런데 7일이라는 기간은 뼈만 추리기에는 무리가 있다. 따라서 다른 관점을 적용할 필요가 있다. 즉 『삼국유사』에서 "하늘에서 하루는 인간의 1백 세에 해당한다"라는 내용이나, 제주도의 「차사본풀이」에서 "강님이 염라대왕이 있는 저승에 다녀오는 데 3일이 걸렸는데, 이승에 와보니 3년이 되었다"라는 내용에 따라 혁거세 신화에서 말하는 하늘에서의 7일은 지상에서의 700년 또는 7년으로 해석할 수 있다. 이승에서 사체가 썩어 뼈만 남기에 700년은 무리가 있지만 7년이라면 충분한 시간이다.

혁거세의 장례기간에 대한 설명이 가능하다고 해도 '유체가 하늘에서 흩어져 지상에 떨어졌다'는 의미는 구체적인 해석에 어려움이 있다. 우리 신화에서 이와 유사한 내용을 찾아보기 힘들기 때문이다. 다만 이와 관련하여 서양의 신화와 비교해보면 흥미로운 내용을 발견할 수 있다. 예를 들면 이집트의 '오시리스 신화'에는 죽은 오시리스의 시체를 조각내어 여러 곳에 흩뿌리게 하였는데, 여기에는 농부가 씨를 뿌리는 시기의 파종의례라는 의미가 담겨 있었다. 즉 이는 하나의 이삭이 낱알로 지상에 흩어져서 다시 새로운 싹을 피워 곡식을 생산한다는 농경사회에서의 곡신신앙穀神信仰을 말한다. 따라서 혁거세의 사체가 여러 부분으로 나뉘어 지상으로 떨어졌다는 의미는 농경사회의 곡신신앙과 연계해볼 수 있다. 혁거세왕의 능으로 조성한 오릉의 '오五'가 농경사회에서 전통적인 곡류의 총합 개념인 오곡을 연상시키는 것도 이러한 추론을 뒷받침해준다.

고대국가 건국기에서 선진문화를 상징하는 오곡은 이미 주몽신화에서 등장했다. 다만 차이가 있다면 혁거세신화에는 오곡을 은유적으로 표현하고 있을 뿐이다. 그렇다고 혁거세신화가 주몽신화보다 신화적 요소가 약한 것은 아니다. 여기서 사체를 다섯으로 나누었다는 것은 오곡의 씨앗이 다섯 방위로 널리 전파되었다는 구체적인 의미로 해석할 수 있기 때문이다. 즉 곡식은 사람의 피와 살을 의미할 정도로 고귀한 상징이었고, 동시에 하늘로부터 받은 최고의 선물이기도 했다. 따라서 다섯 토막의 사체가 오방, 즉 국가의 곳곳에 파종되는 오곡을 상징한다는 해석은 그 의미가 더욱 구체화된 것이다. 그리고 유해를 합치려는 것을 '뱀이 나타나 막았다'는 내용 역시 이러한 의미를 반복해서 확인해준다. 뱀은 세계적으로도 널리 분포되어 있는 신화 속 동물이다.

특히 뱀은 '삶의 이미지'가 담겨 있는 등, 본래 '위대한 여신'의 생명력을 상징하는 신성한 동물이었다. 그러나 남성 중심의 고대사회에 접어

들면서 뱀의 상징성에도 분화가 일어나게 된다. 일반적으로 신화에서 뱀의 상징성은 긍정성과 부정성으로 크게 나누어진다. 에덴동산에 등장하는 뱀은 부정적인 이미지를 전하는 대표적 예에 해당한다. 반면, 허물을 벗는 뱀의 특성에서 재생한다는 긍정적 의미도 전한다. 뱀이 다산을 상징하는 달에 비유되는 것도 그 예이다. 그뿐만 아니라 뱀은 지상에서 하늘의 사자인 용의 명령을 수행하는 존재로, 오래도록 도를 닦게 되면 용이 되어 승천한다고도 전한다. 즉 지상에 존재하는 뱀은 하늘의 사자인 용의 전신으로서 용으로 변신하는 순환적 재생 능력을 지니고 있으며, 농경문화와 관련하여 풍요와 다산을 상징하는 등 지모신의 상징적 의미도 지니고 있다. 혁거세신화에 등장하는 뱀 역시 농경문화와 관련한 긍정적 의미를 담고 있다.

그럼에도 혁거세왕의 사망과 관련한 이야기에는 농경문화와 관련하여 외국 신화와의 차이점을 볼 수 있다. 서양에서 곡물기원신화는 불씨를 하늘에서 훔쳐다 인간에게 전해준 프로메테우스형과 같은 갈등과 대립형 신화가 전하며, 다음과 같은 민다나오Mindanao 섬에 사는 만다야족의 신화와도 비교된다.

▌ 옛날 해와 달이 결혼해서 행복한 시간을 보내며 많은 아이들을 두었다. 그런데 하루는 말다툼으로 달이 해의 곁에서 도망쳐버렸고, 부모가 헤어지자 아이들이 차례로 죽어갔다. 어머니인 달은 아이들의 시체를 모아 잘게 썰어서 지상의 여러 곳에 뿌렸다. 이때 물에 떨어진 것은 물고기가 되었고, 땅에 떨어진 것은 동물이 되었으며, 위로 날아간 것은 별이 되었다고 한다.

이렇듯 농경문화의 기원과 관련한 외국의 신화는 단순하게 보면 상당히 잔혹하다는 점에서 혁거세신화와 다르다. 이러한 차이가 생긴 것은 중국 화중 지방의 반고盤古신화가 잡곡을 재배하는 화전경작의 농경문화와 복합되어 한반도의 북부지방으로 전파되는 과정에서 상당히 정화된 것으로 보는 견해도 있다.

1000년 역사를 품은 남산과 신라 왕실의 인연

혁거세가 6촌을 통합하여 건국한 서라벌 소국은 현재의 경주 일대에 해당한다. 그러나 구체적인 위치에 대해서는 의견의 차이가 있다. 다만 『삼국사기』에 따르면 서라벌 소국의 이웃에 이서국·골벌국·우시산국·거칠산국 등이 있었다고 전하고 있어 6촌의 위치와 서라벌 소국의 영역은 현재 경상북도 청도·영천과 울산의 울주 및 부산의 동래 지역 등에 둘러싸인 곳으로 추정하고 있다.

그리고 혁거세가 처음 정착하여 성장한 곳은 남산으로 전한다. 남산은 현재 경북 경주시 남쪽에 위치하고 있으며, 북쪽의 금오봉金鰲峰과 남쪽의 고위봉高位峰에서 흘러내리는 60여 개의 계곡이 있다. 정상인 고위봉이 468미터로 높은 산은 아니지만, 신라의 개국시조 혁거세와의 인연을 시작으로 신라 왕실과 지속적인 인연을 맺은 1000년의 신라 역사를 품고 있는 산이다.

49대 헌강왕 때는 "남산신이 나타나 왕 앞에서 춤을 추었는데 왕 이외의 다른 사람들의 눈에는 보이지 않았다"라는 이야기도 전한다. 이

때 왕도 남산신을 따라 춤을 추었다고 해서 사람들은 이 춤을 '어무상심御舞祥審' 또는 '어무산신御舞山神'이라고 했다.

55대 경애왕은 신라 호국신인 남산신을 제사 지냈던 굿당인 남산 포석정에서 비빈들과 잔치를 벌이며 흥겹게 놀다가 후백제 견훤의 군사들이 이곳까지 들이닥쳐 처참하게 죽음을 당했다는 슬픈 역사도 전한다. 그 밖에 남산에는 왕릉으로 전하는 고분 12기가 자리 잡고 있다. 특히 시조 혁거세왕릉을 비롯하여 55대 경애왕릉에 이르기까지 박씨 왕릉 10기가 혁거세와 왕비의 탄생과 관련이 있는 나정과 알영정 및 혁거세왕릉인 오릉을 중심으로 분포하고 있다.

남산의 자연 바위에는 다양한 형태의 불·보살상들이 다듬어져 있는 등 신라 불교와도 밀접한 인연이 전한다. 조사에 따르면 현재까지 107구의 석조 불·보살과 함께 남산의 봉우리와 평지 곳곳에 세워진 97기의 탑

경주 오릉

도 확인되었다. 또한 경주 지역의 사찰은 모두 220여 개소로, 이 중 남산에 조성된 사찰이 150여 개소에 달한다. 사찰은 대부분 신라가 통일한 이후에 세워졌으며, 현재 문헌으로 남아 있는 사찰 중에서 천룡사·보리사·천은사·천관사·남간사·인용사·즙장사·석가사·양피사·피리사·불무사·창림사·생의사 등이 대표적인 사찰로 꼽힌다. 한마디로 신라에서 남산은 중요한 불국토였다. 그러나 불교를 탄압한 조선시대에 들어와서 대부분 법통이 끊어졌고, 현재는 조선 후기에 극히 일부 사찰에서 그 법맥을 유지했다는 사실이 개인 문집 등을 통해 확인할 수 있을 뿐이다. 지금은 탑의 잔영이나 축대와 건물 터만 남아 있고, 대부분 폐사되어 일부 흔적만 보일 뿐 법통이 유지되는 사찰은 거의 없다.

남산 불곡 마애여래좌상

한편, 알에서 태어난 혁거세를 목욕시켰던 동천에 진평왕이 이를 기념하여 동천사를 창건했다는 이야기도 전한다. 동천사는 현재 경북 상주시 북천 부근에 위치하며, 창건 당시 진평왕이 500인의 성인들(五百聖衆)을 봉안奉安하고 오층탑을 세우면서 전답도 헌납했다고 한다. 그러나 그 후의 역사가 전하지 않아 구체적인 내용은 알 수 없다. 다만 『삼국유사』에 의하면, "동해의 용왕이 이 절에 자주 와서 법문을 들었다"는 이야기와 함께 호국용이 한 마리씩 살고 있는 세 개의 우물이 경주에 있었다는 이야기가 전해진다. 이는 곧 동천사의 청지淸池와 동지東池, 그리고 분황

분황사의 돌우물

현재 남아 있는 통일신라시대의 돌우물 가운데 가장 크고 모양도 정교하며,
현재 사용해도 될 정도로 보존 상태가 양호하다.

사의 우물을 말한다. 795년, 당나라 사신이 하서국河西國 사람 둘을 데리고 와서 우물에 살던 신라의 호국용을 물고기로 변하게 하여 잡아가려고 하는 것을 원성왕이 막았다고 해서 '삼룡변어정三龍變魚井'이라고 불렀다는 이야기도 전한다. 분황사의 돌우물은 지금도 남아 있지만 동천사의 청지와 동지는 확인할 수 없고, 현재 절터에는 석탑의 부재들과 석조물이 흩어져 있을 뿐이다. 하지만 이 이야기는 단순한 설화가 아니라 원성왕이 중국을 직접 상대하며 견제에 나섰을 정도로 독자적인 외교를 펼쳤다는 역사적 의미를 담고 있는 귀한 자료이다.

알영, 준비된 왕비가 탄생하다

준비된 왕비의 탄생

알영은 혁거세왕의 왕비로, 그녀의 탄생담은 한마디로 '준비된 왕비의 탄생'이라 할 수 있다. 알영 역시 혁거세와 마찬가지로 탄생 과정부터 6촌장이 절차적 의식을 주관했고, 이후 6촌장은 혁거세와 알영이 성인이 될 때까지 이들을 위해 궁궐을 조성하고 양육하면서 후견인 역할을 담당했다. 그리고 이들이 성장하여 결혼하고 왕과 왕비로 즉위하는 과정에서도 6촌장이 주도적으로 나섰다. 이와 관련해서 『삼국유사』에는 다음과 같이 전한다.

> 여자아이는 그가 나온 우물 이름을 따서 알영이라 하였다. (……) 궁실을 남산 서쪽 기슭—지금의 창림사昌林寺—에 세워 두 성스러운 아이를

받들어 길렀다. (……) 두 사람이 열세 살이 되어 성인이 되자 오봉 원년 갑자(기원전 57년)에 남자는 왕이 되고, 그 여자를 왕후로 삼았다. 국호를 서라벌徐羅伐 또는 서벌徐伐이라 하고 혹은 사라斯羅 또는 사로斯盧라고도 하였다. 처음에 왕이 계정鷄井에서 출생한 까닭에 혹은 계림국鷄林國이라 하니 계룡이 상서祥瑞를 나타낸 까닭이었다.

이처럼 6촌장은 개국시조의 탄생뿐만 아니라 그의 배우자도 직접 선택하였으며, 자발적으로 배우자의 후견인 역할도 담당했다. 현실적인 관점에서 보면 이는 혁거세가 왕으로 추대되기는 했지만 이들과 협의를 통해 의사를 결정했음을 의미한다. 따라서 왕실의 혼인을 주도했던 6촌장의 존재는 왕실과의 권력관계와도 연관이 있었다. 왕의 배우자인 왕비를 배출한다는 것은 새로운 권력집단의 탄생을 의미하거나 때에 따라서는 왕실과 주요 세력집단 사이의 연합을 의미했다. 알영의 출생담이 신화적 요소를 담고 있으면서도 신라의 시조모를 상징하기보다는 왕의 배우자임을 강조한다는 것도 이와 무관하지 않다. 즉 알영의 존재는 남편의 신성함에 걸맞은 배우자의 조건을 충족하는 상징적 의미가 우선적으로 강조되고 있다.

그리고 이러한 상징성은 궁극적으로 신라 왕실에 대한 위엄과 정통성을 부여하여 국가의 지배집단은 물론 전체 구성원들에게 영향력을 행사했다. 따라서 '알영신화'는 구체적인 신이성이 미약하다는 평가를 받는 등 다른 신화와 비교된다. 예를 들면 고조선과 고구려의 경우 건국시조의 신성함을 지원하려는 의도에서 여신이라는 신화적 표상이 형성되는 과정을 중요하게 여겼다면, 알영은 개국시조의 신화적 표상이 형성된 이후에 등장하여 왕실의 위엄과 권위에 그 상징적 의미를 더하고 있다. 또한 알영신화는 이를 통해 다른 집단의 표상을 포섭할 수 있는 추상적 근거를 마련하는 우선적 과제를 수행했다. 『삼국유사』에는 이러한 의미가 담긴 알영의 탄생을 다음과 같이 전한다.

> 당시 사람들이 서로 다투어 치하하며 말하기를 "이제 천자가 내려왔으니 마땅히 덕 있는 여군女君을 찾아 배필을 삼아야 한다"라고 하였다. 이날 사량리沙梁里 알영정閼英井, 혹은 아리영정娥利英井 가에 계룡이 나타나 왼편 갈비에서 여자아이를 낳았는데—혹은 용이 나타나서 죽었는데 그 배를 가르고 얻었다고도 한다—자태와 얼굴은 유달리 아름다웠으나 입술이 닭의 부리와 같았다. 이에 월성月城의 북천北川에 가서 목욕시키니 부리가 떨어졌다. 그로 인하여 그 내川에 '뽑다(撥)'는 뜻을 더해 발천撥川이라 하였다. 그리고 궁실을 남산 서쪽 기슭—지금의 창림사—에 세워 두 성스러운 아이를 받들어 길렀다.

이처럼 알영의 탄생에 다양한 신화적 요소들이 포함되어 있지만 신라의 개국시조인 혁거세신화와는 상당히 대조적이다. 기본적으로 혁거세가 알이라는 원초적 모습으로 처음 세상에 나온 것과는 달리 알영은 계룡의 옆구리에서 여아女兒로 탄생했다. 즉 혁거세가 일종의 제의의식으로 통해 태어났다는 점에서 하늘의 정기를 받았다면, 계룡이 낳은 알영은 땅의 정기를 받아 태어났음을 의미했다. 따라서 알영과 혁거세의 결합은 '천지합일天地合一'이라는 최고의 결합을 상징했고, 또 한편으로는 농경사회에서 농업신과의 연관성도 지녔다.

알영과 혁거세의 출생 장소는 모두 우물과 관련이 있으면서도 공간적으로는 대조적인 곳에 위치한다. 또한 혁거세신화에는 그의 탄생과 관련해서 말이 등장하지만, 알영신화에는 용과 닭이 등장한다. 이와 관련해서 경주 남산 기슭에서 발견된 유물도 주목된다. 이 유물에서 닭을 의인화한 그림은 모두 여성이고, 말을 의인화한 그림은 모두 남성으로 전하고 있어 신라 시조신화의 주인공인 혁거세와 알영과의 연관성을 발견할 수 있다. 즉 두 신화는 왕과 왕비의 신성함을 입증하는 정령적 존재로 보편적인 신앙의 표상인 동물의 상징성을 활용하고 있으면서도, 한편으로는 특정 정치집단에 의해 신화의 형식을 담아 배타적으로 독점한 결과물이라는 차이점을 발견할 수 있다. 달리 말하면 알영신화와 혁거세신화는 단순히 왕과 왕비의 신화라는 차이점을 넘어 세력 기반을 달리하는 두 집단의 결합이라는 의미를 담고 있었다.

시조신화를 쓰다

알영이 '계룡의 옆구리에서 나왔다'는 탄생담은 기본적으로 신성한 존재인 국모의 탄생을 말하지만 이외에도 다양한 의미를 담고 있다. 예를 들면 그녀의 탄생담에서 석가의 탄생이 연상되는 것도 후대에 유입된 불교의 영향을 받아 윤색된 것으로 보인다. 그리고 계룡은 혁거세를 운반한 백마에 비유되는 신성한 존재로, 말과 용은 서로 통용되는 동물이라는 점에서 그녀가 국왕의 배필로 하늘이 정해준 천생연분이라는 의미를 찾을 수 있다. 여기에 알영의 입술이 '닭의 부리 같았다'는 내용을 더하면 신라만의 특별한 의미를 발견할 수 있다.

「무신도」 용궁부인

일반적으로 농경사회에서 용은 하늘의 뜻을 지상의 지모신 또는 농경신인 곡모신에게 전하는 역할을 수행한다. 또 용은 바람과 비의 조절자로 풍요를 상징하며, 곡모신으로서의 신성한 상징성도 지니고 있다. 물과 관련된 여신이었던 '용궁부인'이 등장하는 「무신도」는 그 기본 구도가 한결같이 물결 위에 용이 있고, 용 위에 여신이 있어 물과 관련한 신앙에서 용에 대한 여신의 위상을 잘 보여준다. 물론 영천靈泉·약수藥水·우물(井) 등 물이 모이는 곳에 용신을 모셨던 용신신앙도 이와 무관하지 않다. 또한 닭은 동쪽에서 해가 떠오르는 것을 알리는 동물로, 특히 『삼국유사』에 따르면 "그 나라(신라)에서는 계신鷄神을 높이 받드는 까닭으로, 그 깃을 꽂아서 관冠을 장식한다"라고 하여 신라에서 닭의 존재가 단순히 가축이 아니라 신앙의 대상으로 특별하게 대우받았음을 알 수 있다.

따라서 알영의 탄생담은 그녀의 출신집단인 김씨 부족이 신성하게 여기는 닭을 토템으로 하여 조상숭배와 함께 다산과 풍요에 대한 기원을 담고 있으며, 더 나아가 왕권과 연계하여 호국을 상징하는 용과 결합하여 계룡鷄龍을 창출해내고 있다. 여기서 계룡은 닭을 의미하는 계鷄와 용

龍을 합한 단어로, 경주 지역을 계림이라고 한 것과도 이와 밀접한 관련이 있다. 즉 바다에 있는 용을 해룡海龍, 연못에 있는 용을 지룡池龍, 못이나 바다 깊숙이 숨어서 파괴적인 행위를 하는 용을 독룡毒龍 또는 악룡惡龍이라 하고, 계룡은 숲이 우거진 계림에 서식하는 용을 의미한다. 따라서 계룡은 경주 지역이 중심인 집단을 상징하는 신라의 신화에서만 전하고 있는 특징이기도 하다. 물론 다른 건국신화에도 유사한 의미를 지닌 새가 등장하기는 하지만, 신라처럼 신앙의 대상으로 숭배되는 등 보편적인 상징성을 지닌 존재로는 자리 잡지 못했다.

또한 알영의 탄생에 등장하는 우물인 알영정은 현재 경상북도 경주시 탑동 77번지에 위치한 숭덕전 안에 있으며, 숭덕전은 조선시대 세종 11년(1429)에 건립되었다. 우물에는 돌 세 개를 덮어놓았으며, 그 곁에 1929년 중수 당시 기념으로 세운 「신라시조왕비 탄강유허비誕降遺墟碑」가 있다. 알영정은 6촌의 거주지 중에서 사량리 사람들이 식수로 이용하는 우물로, 혁거세의 탄생과 관련된 나정과 대응된다. 특히 우물의 이름 알영이 그대로 왕비의 이름인 것은 그녀가 지역의 대표성을 상징한다는 점에서 토착세력인 해당 지역의 지배세력과의 연관성을 엿볼 수 있다.

알영의 입술이 '닭의 부리와 같았다'와 '북천에 가서 목욕시키니 부리가 떨어졌다'는 의미 역시 혁거세신화에서 '동천에 가서 목욕시켰다'는 의미와 대비된다. 이처럼 각 내용의 신성한 의미는 동일하지만 서로의 숭배 대상과 지역 연고는 다르다. 그럼에도 이들의 탄생신화는 일종의 통과의례 또는 세례의식을 통해 인격 전환의 의식이 거행되었으며, 두 사람이 성인의 나이인 13세가 되었을 때 "오봉 원년 갑자에 혁거세는 왕이 되고, 알영은 후后로 삼았다"라고 하여 두 사람의 결혼으로 서로 다른 세력의 연합이라는 성대한 의식을 성공적으로 마무리하였음을 전하고 있다. 물론 여기에는 서로의 다름을 극복하여 하나가 된다는 의미가 담겨 있으며, 한편으로 왕실 행사에 6촌이라는 토착세력이 함께 참여함으로써 집단의 풍요와 번영, 무병과 안녕, 국가와 백성의 갱신을 기원하는 축제로 확장되었음을 보여준다.

지상에 이상국가를 추구하다

알영은 용모와 인품도 뛰어났고, 왕을 보필하는 왕비로서의 훌륭한 자질도 갖추고 있었다. 『삼국사기』에 따르면 "왕이 6부를 돌아다니며 위문하는데, 왕비 알영도 함께 나가 양잠을 장려하고 농토를 알뜰하게 이용하도록 하였다"라며 백성을 아끼는 마음과 부지런한 성품으로 왕을 적극적으로 지원한 것으로 전한다. 또한 나라 사람들이 이들 부부를 두 성인이 나왔다는 의미로 "이성二聖이라고 했다"는 이야기가 전할 정도로 이들 부부는 백성들의 존경과 사랑을 받았다. 다만 『삼국사기』에는 김부식의 가부장적인 유교 윤리관의 영향으로 알영이 지닌 농업신적 성격을 보다 구체적으로 담아내지 못했지만, 우리는 이러한 내용을 통해 알영이 고대국가에서 왕비의 역할을 훌륭하게 수행했음을 알 수 있다.

알영이 혁거세의 왕비가 된 것은 그들의 전투적 욕망의 실현이 아니라 신라인들의 소원을 바탕으로 이루어졌다. 그리고 여기에는 만인의 추앙을 받은 왕과 왕비가 다스린 신라에는 고대인들이 추구했던 이상국가에 대한 염원이 담겨 있었다. 이와 관련하여 『삼국사기』에는 다음과 같은 내용도 전한다.

▌두 성인이 나라를 이룩한 후부터 인사가 바로잡히고, 천시가 고르고 곡식이 창고에 가득하여 나라 사람들이 서로 공경하고 사양하였다.

▌낙랑 사람들이 군사를 이끌고 침입했는데, 이 지방 사람들이 밤에도 문을 닫지 않고 노적가리를 그대로 쌓아둔 것을 보고 말하기를 "이 지방 사람들은 서로 도둑질을 하지 않으니 사람으로서 마땅히 지켜야 할 도덕과 의무를 지키는 나라이다. 그런데 우리들이 몰래 군사를 이끌고 와서 습격하는 것은 도적놈과 다름없으니 어찌 부끄럽지 않겠는가?"라며 곧 군사를 이끌고 돌아갔다.

알영과 혁거세를 성인으로 칭송하면서, 외부에서 침입한 군사들이 신라 사회의 분위기만 보고도 스스로 감화하여 철수했을 정도로 당시의 신라는 그야말로 지상의 낙원이었음을 강조하고 있다. 즉 백성을 다스릴 군주가 없어 백성들이 마음대로 행동하는 등, 혼란스러웠던 사회를 혁거세와 알영이라는 두 성인이 나타나 다스림으로써 하늘의 질서가 지상에 펼쳐지는 이상적인 사회가 되었음을 보여준다. 결과적으로 6촌장에 의한 왕과 왕비의 추대는 성공적이었던 것이다.

한편, 신라의 초대 왕비가 된 알영을 목욕시켜 닭의 부리 같은 입술이 떨어졌다는 북천도 주목된다. 북천은 현재 경상북도 경주시 중심가 북쪽에 위치한 하천으로 형산강의 지류이다. 이곳은 신라에서 군대를 검열하기 위해 열병閱兵이 거행되는 공간으로 사용했을 정도로 물이 불어

나지 않은 시기에는 평지의 규모가 상당히 넓었다. 그러나 물이 불어나면 경주의 서천이나 남천과 달리 물의 흐름이 급하고 자주 범람하여 큰 피해가 발생했다. 이러한 북천의 범람은 신라의 왕위 계승과 관련하여 『삼국유사』에 유명한 일화가 전한다.

▎선덕왕 때의 왕족으로 당대의 세력가였던 김주원이 최고의 관직인 상재上宰를 지냈고, 또 다른 왕족인 김경신이 두 번째 재상을 지냈다. 하루는 김경신이 자신이 썼던 두건을 벗고 흰 갓을 쓴 채 손에는 12현금을 잡고 천관사 우물 속으로 들어가는 꿈을 꾸었다. 잠에서 깨어난 김경신이 이상한 생각이 들어 사람을 시켜 점을 쳤더니 "북두를 벗은 것은 실직할 징조고, 12현금을 든 것은 죄를 지어 목에 칼을 쓸 조짐이며, 우물 속으로 들어간 것은 감옥에 갇힐 징조이다"라고 해몽해주었다. 이 말을 들은 김경신은 자신에게 화가 닥칠 것을 예방하기 위해 두문불출杜門不出했다. 당시 여삼이라는 사람이 김경신이 보이지 않자 이상하게 여겨 그를 찾아가 이유를 물었다. 그리고 김경신의 꿈 이야기를 들은 여삼은 해몽하기를 "두건을 벗는 것은 자기 윗자리에 사람이 없다는 것이요, 흰 갓을 썼다는 것은 면류관을 쓸 조짐이요, 12현금을 들었다는 것은 12대 손자에게 왕위를 전한다는 조짐이며, 천관사 우물에 들어간다는 것은 대궐에 들어갈 조짐입니다"라고 말하면서 김경신에게 왕위에 오르거든 자신을 기억해 달라는 부탁을 했다. 김경신은 여삼의 해몽을 듣고 비밀리에 북천신에게 제사를 지냈는데, 얼마 되지 않아 선덕여왕이 자식이 없이 사망하자 나라 사람들이 왕위 계승 1순위였던 김주원을 대궐로 맞아 왕으로 모시려고 했다. 하지만 개천의 북쪽에 집이 있었던 김주원은 갑자기 불어난 물 때문에 북천을 건널 수

없었고, 김경신이 먼저 대궐로 들어가 왕위를 물려받아 38대 원성대왕으로 즉위하게 되었다.

당시 여삼은 이미 사망했기에 그의 자손이 벼슬을 받았다고 한다. 반면, 왕위 계승전에서 패배한 김주원은 신변의 위험을 느꼈던지 지금의 강릉인 명주 지방으로 이주해 지방호족 세력으로 정착한 후 명주군왕을 칭하며 강릉 김씨의 시조가 되었다. 시조모를 맞았던 신라 왕실과 북천의 인연이 강릉 김씨의 시조 탄생과 함께 왕을 배출하는 인연으로 확대되었을 정도로 북천은 신라 왕실과 특별한 인연을 지니고 있었다.

탈해, 스스로 하늘의 지지를 이끌어내다

탈해의 신라 정착과 홈바위 전설

탈해는 신라의 건국시조가 아니라 신라 석씨 시조이다. 그럼에도 탈해의 이야기는 출생부터 즉위 과정, 그리고 사망 후의 신이한 일까지 신화의 구조를 완벽하게 갖추고 있다. 특히 탈해신화는 현재까지 독립적인 신화로 전승될 정도로 극적인 요소와 다양한 상징적 의미들을 담고 있어 흥미를 더하고 있다.

무엇보다도 탈해가 자신의 존재론적 한계를 극복하고 왕위에 오르는 과정은 탈해신화의 최고 절정에 해당한다. 어느 시대나 왕위에 오른다는 것은 하늘의 뜻을 타고 태어나야 가능한 일이었지만, 탈해는 현실사회에서 이러한 징표의 부재를 스스로 극복함으로써 최고의 자리에 올랐다. 그런 점에서 탈해는 서사문학에서 또 하나의 영웅 탄생을 전하고 있으며, 주몽과 함께 우리 신화에서 보기 드문 투쟁형 군왕으로 꼽을 수 있다.

『삼국사기』와 『삼국유사』에 전하는 탈해신화는 신화의 구조는 비슷하지만 『삼국유사』의 내용이 좀 더 풍부하다. 다만 연도 등의 구체적인 내용에 차이가 있어 혼란을 일으키기도 한다. 대표적인 예로 『삼국사기』에는 탈해는 혁거세왕 39년(기원전 19년)에 진한의 아진포阿珍浦에 도착했다고 전하며, 『삼국유사』에는 일연이 별도의 주를 달아 "고본古本에 임인년에 왔다고 한 것은 잘못이다. 뒤의 일이라면 노례왕의 즉위 초보다 뒤질 것이니, 양위讓位를 다투지 않았을 것이요, 앞의 일이라면 혁거세 때 일일 것이니, 임인년이 아님을 알 수 있다"라며 "탈해이사금은 남해왕 때에 계림 동쪽 하서지촌下西知村 아진포에 이르렀다"라고 탈해의 신라 정착 시기를 다르게 전하고 있다. 그리고 당시 탈해의 배가 신라에 처음 정박했던 아진포에 대해 일연은 "지금도 상서지와 하서지라는 마을 이름이 있다"라며 탈해가 신라에 처음 정착한 곳을 계림의 동쪽에 있는 하서지촌의 포구로 기록하고 있다. 그러나 이 지역에 관해 더 이상의 구체적인 설명은 없고, 조선시대에 작성된 다양한 지리지에서도 하서지촌 아진포에 대해 서로 다른 내용이 전한다. 따라서 정확한 위치는 알 수 없으며, 다만 현재 울산이나 경주시 감포읍 또는 양남면 하서리와 나아리羅兒里 등으로 추정하고 있다.

현재 경북 경주시 양남면 나아리는 속명俗名이 아진포라는 기록과 함께 '홈바위 전설'이 전하고 있으며, 나아천羅兒川 하구 남쪽 해안에 위치한 수애부락의 북단 솔밭에 위치한 장아리長兒里는 탈해가 성장했다는 전설이 전하고 있다. 그러나 이곳을 포함한 인근 지역은 월성원자력발전소의 건설로 1975년에 철거되어 장아리는 월성원자력발전소 남문 경내에 있으며 현재는 부락의 모습조차 찾아볼 수 없다. 다만 1985년에 이 지역에서 전하는 홈바위 전설과 관련해서 다음과 같은 조사가 이루어져 주목받았다.

> ▌ 장아리 앞 갯가가 아진포이다. 어린 탈해가 자라난 곳이라 하여 '장아리'라고 한다. 아진포 갯가에 홈바위가 있는데, 지금은 나아천에서 밀려온 토사土砂에 덮여 보이지 않는다. 1959년 사라호 태풍 때 덮여 있던 모래가 쓸려 내려가 바위의 모습을 드러낸 일이 있었다. 홈바위에는 큰 홈이 나 있었는데 바닷물이 그 홈으로 드나들었다. 옛날 탈해가 탔던 배가 그 홈으로 바닷물에 밀려 올라왔고, 사람들이 그 배를 끌어올렸다.

이 조사에 따르면, 당시 아진포 앞바다에 홈바위가 있었고, 탈해의 배가 아진포로 올라올 때 홈바위를 통해 들어왔다는 전설을 확인할 수 있다. 1989년에 다시 이루어진 현지조사에서 다음과 같은 홈바위의 규모에 대한 기록이 전한다.

> ▌ 홈바위는 해수면 위로 1미터 정도 드러났다. 드러난 바위의 길이는 20미터쯤이었고, 폭은 넓은 곳이 10미터 정도였다. 바위 위는 굽어서 홈이 나 있는데 물이 드나드는 홈의 너비는 1미터쯤이었다. 홈의 깊이는 육지 쪽은 허리까지 차는 데가 있어 60센티미터는 되어 보였고, 바다 쪽은 깊이를 알 수 없었다. 홈 양편으로 드러난 바위 모습은 넓은 곳이 4미터 정도였다.

「신라석탈해왕 탄강유허비」

이처럼 실제로 홈바위는 큰 배가 드나들기에는 무리가 있었지만, 신화를 생산해낼 정도의 규모는 갖추고 있었음을 알 수 있다. 이곳 주변에 조선 헌종 11년(1845)에 건립된 「신라석탈해왕 탄강유허비」가 있으며, 여기에서도 아진포와 관련한 내용이 전한다. 그리고 탈해의 배를 묶어두었다는 나무숲으로 추정되는 장소도 발견되었으나, 1990년대 이후 나아천 하구 주변이 급속하게 개발되면서 홈바위가 있던 해변은 방파제 공사로 축대 밑 땅속 깊이 묻혀 현재 정확한 홈바위의 위치 확인이 어렵다.

한편, 이곳에서 고기잡이로 생계를 유지하던 아진의선이라는 노파가 탈해를 거두어 키웠다. 이후 이곳은 석씨 부족의 발상지가 되었으며, 탈해가 중앙으로 진출한 뒤에도 그를 지원하는 세력 기반이 되었다. 특히 『삼국유사』에 따르면 이곳은 옛 금산가리촌과 연계된 곳으로, 6촌장 중 하나인 금산가리촌 촌장 지타가 개척한 지역으로 전한다. 따라서 탈해의 정착 과정은 어떤 방식으로든 이들과 연관이 있었을 것으로 보인다.

축원을 받으며 출발하다

탈해가 바다를 통해 신라에 들어왔다는 것은 토착민이 아님을 의미한다. 『수이전殊異傳』에서도 "탈해의 출생지는 용성국龍城國으로, 그가 계림인이 아닌 것을 왕이 알았다"라고 전하며, 『삼국유사』에는 탈해가 자신의 출신지를 직접 말하는 다음과 같은 내용도 전한다.

▎ 나는 본래 용성국 사람으로, 우리나라에 일찍이 28용왕이 있었다. 모두 사람의 태台에서 나왔고, 5~6세 때부터 왕위를 이어 만민을 가르쳐 모든 생물을 올바르게 하였다. 8품의 성골姓骨이 있으나, 선택하는 일이 없이 모두 왕위에 올랐다. 이때 우리 부왕 함달파含達婆가 적녀국積女國의 왕녀를 맞아서 왕비를 삼았다. 그러나 오래도록 아들이 없어 기도하여 아들을 구했더니, 7년 뒤에 큰 알 하나를 낳았다. 이에 대왕이 말하기를 "사람으로서 알을 낳음은 고금에 없는 일이니 이것이 불길한 징조이다" 하자 어머니가 궤를 만들어 나를 넣고 또 칠보와 노비를 배 안에 가득 실어 바다에 띄우면서 축원하기를 "마음대로 인연이 있는 곳에 가서 나라를 세우고 집을 이루라"라고 하였다. 그러자 문득 붉은 용이 나타나 배를 호위하여 여기에 왔노라.

이 내용은 하백에 의해 유폐된 유화가 금와왕에게 구출되어 자신이 유폐된 내력을 말하는 장면과 유사하다. 그러나 탈해신화에는 비록 어머니의 말을 빌리고 있기는 하지만 "마음대로 인연이 있는 곳에 가서 나라를 세우고 집을 이루라"라는 축원을 통해 자신이 고국을 떠나게 된 이유와 신라에 오게 된 목적을 분명하게 밝히고 있다. 그리고 어머니의 축원이 있은 후 "문득 붉은 용이 나타나 배를 호위하여 여기에 왔노라"라는 등 신화적 요소를 발견할 수 있는데, 하늘과 연관된 혈통이나 천명에 대한 언급은 구체적으로 전하지 않는다. 따라서 탈해의 존재감은 다른 신화에 등장하는 주인공의 위상과는 차이가 있다.

탈해신화에는 그가 '용성국 용왕인 함달파와 적녀국의 왕녀 사이에서 출생했다'고 하여 혁거세신화와는 달리 부모의 결혼과 자신의 출생을 밝히고 있으며, 그가 신라에 정착하는 과정에서 신라 왕실의 아니공주와 결혼한 내용도 전하고 있다. 그런데 특이하게도 신화에는 결혼과 관련한 이야기가 한 번만 나오는 반면, 탈해신화에는 부모의 결혼과 탈해의 결혼 이야기가 모두 전한다. 그리고 부모의 결혼은 신화적 요소를 담고 있지만, 탈해 자신의 결혼은 신화적이기보다는 세속에서 신라 왕실에 완벽하게 편입되었다는 의미를 담고 있다.

이처럼 탈해는 자신의 출신지와 부모의 이름까지 구체적으로 밝혔지만, 그 상징적 의미는 물론 구체적인 내용을 확인할 수 없다. 예를 들면 탈해의 출신지인 용성국에 대해 『삼국유사』에는 "용성국은 정명국正明國이라고도 하고 완하국琓夏國 또는 화하국花夏國이라고도 하며, 용성은 왜倭의 동북쪽 1천 리에 있다"라고 주를 달아 전한다. 그러나 용성국은 물론, '정명국' '완하국' '화하국' 등은 신라의 인근 지역명에서 찾아볼 수 없으며, 동해 지역에서도 이와 관련한 지역명을 찾아보기 힘들다. 그리고 『삼국사기』에 파라국은 "다파나국多婆那國이라고도 한다"고 기록하고 있지만 이 역시 어디를 말하는지 구체적으로 알 수 없다. 다만 탈해가 배를 타고 바다를 건너왔고, 용성국은 물과 연관된 용과 관련하여 용궁龍宮 또는 용왕국龍王國 등이 연상되며, 탈해가 직접 용왕에 대해 거론했다는 점에서 '바다의 신'을 숭배하는 해양세력과 연관이 있었을 것으로 추정된다.

예를 들면 탈해의 부계혈통은 어로족漁撈族이면서 수신을 숭앙하는 용의 후예로, 그의 아버지 용성국의 국왕 함달파는 바닷가에 거주하면서 어업이나 해상무역에 종사하는 등 일찍부터 바다에 대한 정보와 배를 부리는 항해술이 발달한 해상세력과 연관됐을 것으로 보인다.

탈해의 어머니 역시 적녀국 또는 여인국 출신이라고 하지만 그 구체적인 지역은 알 수 없다. 일반적으로 알려진 적녀국은 여성들만 사는 나라를 의미하지만, 사회를 유지하려면 인구의 재생산이 이루어져야 한다는 점에서 아마도 적녀국은 여인이 정치적 지배권을 장악하고 있는 나라였을 것이다. 예로부터 동아시아 지역에 이러한 나라가 존재했다는 다양한 기록이 전하는 것도 흥미롭다.

『삼국지』「위지 동이전」의 동옥저조에 "한 나라가 있으니, 또한 바다 가운데(海中)에 있다. 거기엔 모두 여자뿐이며 남자는 없다. (……) 그 지역은 옥저 동쪽의 넓은 바다 가운데 있다"라는 기록이 전한다. 여기서 동옥저는 현재의 함경도 동해안 지역에 있던 나라로, 중국의 역사서에도 기록될 정도로 당시 여인국에 대한 전설이 널리 유포되어 있었음을 알 수 있다. 『후한서』에도 "바다 가운데 여자의 나라가 있는데 남자는 없다"라는 내용과 함께 "그 나라에 우물이 하나 있는데, 이를 엿보기만 해도 문득 아이를 갖게 된다"라는 내용도 전한다. 그리고 7세기의 『대당서역기』나 13세기의 마르코 폴로Marco Polo의 책에도 여인국에 대해 전하고 있어 여인국의 이야기가 고대국가 이후에도 지속적으로 이어졌음을 알 수 있다.

비록 구체적인 내용은 전하지 않지만, 이러한 기록들을 고려하면 탈해는 옛 고조선 지역에 해당하는 북방 지역의 출신이었을 가능성도 없지 않다. 그리고 탈해의 아버지 이름 등에서 불교와의 연관성이 보이는 것은 불교가 유입된 이후 그의 탄생에 신성함을 더하기 위해 신화가 윤색되었을 가능성도 충분하다. 즉 탈해신화는 부족국가의 성립과 연관하여 전승되는 과정에서 고대국가 건국신화의 일부로 편입되기도 했고, 이후 불교가 들어오면서 불교설화를 차용하여 자연스럽게 변형되는 등 사회문화의 변화에 지속적으로 영향을 받았다고 볼 수 있다. 불교설화와 관련하여 다음과 같은 이야기도 전한다.

> 반차라국般遮羅國의 왕비가 오백 개의 알을 낳고 부끄러워하면서, 혹시 재앙을 불러올까 두려워하여 조그만 함에 넣고 긍가하殑伽河에 버렸다. 함은 강을 따라 떠내려갔고, 이웃 나라 왕이 함을 보고 사람을 보내 가져오게 하였다. 왕이 함을 열어 알들을 가지고 궁궐로 돌아왔다. 며칠이 지나 함을 열어보았더니 알에서 아이가 하나씩 나왔는데, 자라면서 대단히 용감해서 가는 곳마다 모두 복종하였다.

이는 탈해신화와 유사한 내용이 담긴 불교설화로, 불교가 유입되면서 탈해신화가 그 영향을 받아 윤색되었음을 보여주는 사례라 하겠다.

아진의선은 누구인가?

탈해의 배가 아진포구에 도착했을 때 아진의선이라는 노파가 처음 발견했다. 아진의선과 탈해의 첫 만남에 대해 『삼국유사』에 다음과 같이 전하고 있다.

> 그때 갯가에 한 노파가 있어 이름을 아진의선이라 했다. 곧 해척(海尺, 어부)의 어미로서 이것을 바라보며 말하기를 "이 바다에 원래 바위가 없는데 어떤 까닭으로 까치들이 모여 우는가?"라고 말하고는 배를 저어 찾아가 보니 까치가 배 위에 모였고, 그 배 안에 궤 하나가 있었다. 길이는 20자이고 너비는 13자였다. 그 배를 끌어다가 어떤 나무숲 밑에 두었는데, 흉한지 길한지 알 수 없어 하늘을 향해 고하고 곧 열어보니 단정한 남자가 있었으며, 아울러 칠보와 노비가 그 안에 가득하였다.

탈해를 처음으로 발견한 아진의선은 이후 외지 출신인 탈해가 신라에 정착하는 과정에서 대단히 중요한 역할을 한다. 그런데 탈해의 배를 발견한 후 아진의선이 보여준 행동이 예사롭지 않다는 것도 대단히 흥미롭다. 까치가 모여드는 것을 보고 상서로운 일이 일어날 것을 예견하고, 길흉을 점치기 위해 하늘을 향해 주문을 외는 등 예지와 점복을 행하는 능력을 지닌 샤먼의 성격을 그녀에게서 발견할 수 있기 때문이다. 그뿐만 아니라 아진의선이 '탈해가 타고 있던 배를 끌어올렸다'는 내용도 주목된다.

탈해가 탄 배는 먼 바닷길을 헤쳐왔고, 안에 길이가 20척, 폭이 13척되는 궤짝이 있었으며, 이 안에 남자아이와 함께 칠보와 노비들이 가득 담겨 있었다는 내용을 감안하면 배의 크기와 무게가 보통 이상이었을 것으로 추정된다. 따라서 이 정도 규모의 배를 육지로 끌어 올렸다는 것은 아진의선의 힘이 대단한 장사였거나 또는 그 정도의 힘을 동원할 수 있는 권력을 지니고 있었음을 의미한다. 이와 관련해 아진의선이 해척어멈으로 전하는 기록도 주목된다. 해척海尺에는 어부라는 의미도 있지만, 노래와 관련한 가척歌尺, 춤과 관련한 무척舞尺, 물의 관리와 연관이 있는 수척水尺 등에서 어미 척尺의 쓰임새로 보아 해척을 단순한 어부가 아닌 바다와 관련한 특수한 기능을 보유한 전문인으로 해석할 수 있다. 또한 해척을 신라의 고위 관리인 파진찬과 동일한 의미로도 해석할 수 있다는 점에서, 아진의선에게서 하서지촌 아진포를 관장하는 등의 당시 지역사회에서 권력을 지니고 있던 제사장의 성격도 발견할 수 있다. 따라서 탈해가 탄 배를 발견한 후 아진의선이 보여준 행동은 자신의 영역으로 들어온 외부인을 하늘로부터 허락받는 의식이면서 동시에 탈해를 아진의선이 받아들임으로써 새로운 장소에서 새 출발을 하게 되었음을 의미한다. 즉 아진의선의 행위는 새로운 탄생을 알리는 제의로도 해석할 수 있다.

이처럼 새로운 정착지에서 새 출발을 하게 된 탈해는 비로소 자신의 성과 이름을 갖게 되는 등 신라에서 존재감을 확인받는 절차를 치른다. 이와 관련하여 다음과 같은 이야기가 『삼국사기』에 전한다.

> 어떤 이가 말하기를 "이 아이는 성씨를 알 수 없으나 처음 궤가 올 때 까치 한 마리가 울며 따라왔으니, 마땅히 까치 작鵲 자를 줄여 석昔으로 성씨를 삼는 것이 마땅하다. 또 궤짝을 풀고 나왔으니 탈해로 이름하는 것이 마땅하다"라고 하였다.

성과 이름을 갖게 된 석탈해는 아진의선에 의해 양육되었고, 『삼국사기』에는 석탈해의 성장 과정을 다음과 같이 전하고 있다.

> 아진의선이 탈해를 데려다 길렀다. 탈해가 성장하자 키가 9척으로 풍신이 빼어났으며, 지식이 다른 사람보다 뛰어났다. (……) 탈해는 처음에 고기 잡는 것을 생업으로 삼았는데, 그 어머니를 봉양하는 데 한번도 게으른 기색이 없었다. 어머니가 말하기를 "너는 예사 사람이 아니다. 골격과 모습이 특이하니 마땅히 공부하여 공명을 세워라"라고 하였다. 이에 오로지 학문에 전념하였고, 겸하여 지리地理를 알았다.

아진의선은 영웅을 알아보았고, 이에 걸맞은 양육을 하였다. 즉 탈해가 성공적으로 신라에 정착하여 남다르게 성장했던 배경에는 아진의선의 영향이 컸다. 또한 외지인 출신인 탈해가 겪은 신라사회에서의 성장 과정은 다음과 같은 의미도 발견할 수 있다.

탈해가 신라에 정착한 후 고기잡이를 생업으로 하는 집단의 일원이 되어 성장하면서 뛰어난 능력을 갖추게 되었고, 이후 중앙으로 진출하여 신라사회에 완전히 편입하게 된 것은 수신계통의 용신신앙과 농경신앙의 결합이라는 문화적 융합을 의미했다. 그리고 풍어와 안전한 귀가를 기원하는 어촌의 용신신앙과 비를 뿌려주는 등 풍요를 기원하는 농촌의 용신신앙의 융합을 의미한다는 점에서 이는 곧 사회적 통합을 이루었다고도 해석할 수 있다. 또한 탈해가 사망한 후 동해 바다에 위치한 높은 산봉우리인 토함산신이 되었다는 내용도 이와 무관하지 않다. 용은 바다는 물론 산에서도 거주하며 하늘과 교통하는 영적 존재였기 때문이다.

이와 관련해서 어로문화 집단이 남긴 문화 유적으로, 동해안 일대와 남해안 일부 지역에서만 무려 14곳에 분포되어 있는 암각화岩刻畵를 찾아볼 수 있다. 울산시 대곡리에서 최초로 발견된 '반구대 암각화'는 스칸디나비아에서 시베리아에 걸쳐 있는 토기의 분포 및 교류와 관계가 있으며, 그 시기가 신석기시대(청동기시대 말기에서 철기시대 초기로 보는 견해도 있다)로 추정된다는 점에서 우리 민족의 기원과도 연관 지어 볼 수 있다. 특히 이 암각화에는 고래·물개·거북 등 바다에서 생존하는 75종의 생명체가 그려져 있어 동북 시베리아 일대의 어로문화의 특징도 발견할 수 있다. 또 대곡리를 포함한 천전리와 벽연리 암각화에 그려진 배는 꼬리와 머리가 위로 치솟은 용선龍船이며, 거대한 돛을 달고 있는 범선의 모양으로 동북 시베리아의 어로문화 집단이 우리 동해안 일대에 도래했다는 사실을 말해준다.

따라서 탈해신화에서 '붉은 용이 나타나 배를 호위해주었다'는 내용 역시 시베리아 일대에서 들어온 어로문화 집단들 가운데 발달된 철기문화를 가지고 있던 집단의 이주를 뜻한다는 추론이 가능하다.

반구대 암각화

천전리 각석

탈해가 가락국에 들른 이유는?

동명과 주몽 그리고 탈해는 모두 알에서 태어났다는 공통점이 있다. 하지만 동명과 주몽이 앞날에 대한 아무런 보장도 없이 시련 속에 던져졌다면, 탈해는 물질적 지원과 함께 축원을 받으며 새로운 삶의 터전을 개척하기 위한 항해를 시작했다. 즉 탈해의 항해는 정복자에게 패배하여 쫓겨난 것이 아니라 재물과 노비를 갖추고 분가하는 형식을 취하고 있다. 출발부터 붉은 용이 배를 호위했다는 것도 항해기간 동안 시련에 지쳐 있었던 것이 아니라, 희망을 품고 안전하게 항해했다는 의미를 더해주고 있다.

그런데 탈해의 배는 신라에 도착하기 전 먼저 수로왕의 가락국에 들렀고, 탈해가 다시 가락국을 떠날 때 중국의 배가 와서 닿은 물길을 따라 떠났다는 이야기도 흥미롭다. 가락국에서 일찍부터 낙랑과 원거리 교역을 했다는 사실을 감안하면, 탈해 집단 역시 해상 교역으로 낙랑과 일정한 관계를 유지했을 가능성이 있기 때문이다. 그리고 중국의 『한서』에 따르면 낙랑군이 설치된 초기에 요동군에서 관리를 뽑아왔고, 중국 본토에서도 상인들이 왔었다는 기록이 전하는 것도 이러한 추론에 힘을 실어준다.

따라서 이들이 낙랑 지역에 머물면서 교역을 했을 가능성도 있지만, 기원전 108년에 낙랑군이 설치된 후 배를 타고 다니며 조선현에서 교역하던 해상세력이었을 수도 있다. 물론 이들이 원거리 교역 과정에서 한반도의 남쪽 지역까지 왕래했을 가능성도 배제할 수 없다. 따라서 탈해가 신라에 도착하기 전 가락국을 들렀다는 사실은 이상한 일이 아니다.

그럼에도 『삼국유사』에는 당시 "수로왕이 백성들과 북을 치고 떠들면서 맞으려고 했지만 배가 달아나 버렸다"라고 전하며, 『삼국사기』에는 탈해의 배가 가락국에 먼저 도착하였으나 "궤짝을 괴이하게 여겨 버렸다"라고 전하고 있다. 또 『가락국기』를 인용한 『삼국유사』에는 다음과 같은 이야기도 함께 전한다.

▌ 이때에 홀연히 완하국 함달왕含達王의 부인이 임신하였는데, 달이 차서 알을 낳았다. 알이 변하여 사람이 되니 이름을 탈해라고 하였다. 바다를 건너왔는데, 신장이 3척이고 머리의 둘레가 1척이었다. 즐거운 마음으로 가락국의 궁궐을 찾아와서 수로왕에게 말하기를 "내가 왕의 자리를 빼앗고자 하여 왔다"라고 하였다. 수로왕이 대답하기를 "하늘이 나를 명하여 왕위에 올라 장차 나라 안을 안정시키고 백성들을 편안하게 하라고 했는데, 감히 천명을 어기어 왕의 자리를 주지 못할 것이며, 또한 우리나라와 우리 백성을 너에게 맡길 수도 없다"라고 하였다. 탈해가 말하기를 "그러면 술법을 겨루어보겠느냐?"라고 하니 수로왕이 "좋다" 하였다. 잠시 후 탈해가 매로 변하니, 왕은 독수리로 변하였다. 탈해가 참새로 변하니 왕은 새매로 변하였는데, 그 사이에 조금도 시간이 걸리지 않았다. 탈해가 본래의 모습으로 변하자, 수로왕도 또한 그렇게 하였다. 탈해가 이에 항복하여 말하기를 "내가 술법을 다투는 데 있어 독수리 앞의 매, 새매 앞의 참새가 되었으나 죽음을 면한 것은 대개 성인이 죽이기를 싫어하는 인덕의 소치이며, 내가 왕과 더불어 자리를 다툼이 실로 어렵다"라고 말하고는 곧바로 작별인사를 하고 나가서, 교외에 있는 나루터에 이르러 중국의 배가 와서 닿은 물길을 따라 떠나려고 하였다. 수로왕은 그가 체류하여 난리를 꾀할까 염

려하여 급히 배 5백 척을 보내어 쫓으니, 탈해가 계림의 땅 경계로 달아나므로 배가 모두 돌아왔다. 여기에 실린 기사는 신라의 것과는 많이 다르다.

이 내용은 가락국 수로왕의 관점이 강하게 반영되어 있다. 탈해의 머리둘레가 1척이고, 신장은 3척이라며 대단히 볼품없고 비정상적인 모습으로 과장되게 전하는 것이 그 예이다. 또한 탈해가 신라에 도착하기 전에 수로왕의 가락국에 먼저 들른 것이 사실이라면 탈해의 나이가 상당히 어릴 것이라는 점에서 시기적으로 무리가 따른다.

그럼에도 탈해가 외지인으로 새로운 정착지를 찾는 과정에서 언젠가 가락국을 넘보았을 가능성은 충분하다. 그리고 이로 인해 갈등이 발생했다면 수로왕과 탈해의 대결은 동해안 지역의 탈해 집단과 남해안 지역의 수로 집단 사이의 충돌이라는 점에서 이는 고대국가 건국기에 보이는 문명의 충돌에 해당했다. 신화에서의 변신술 대결은 이러한 의미를 구체적으로 담고 있기도 하다. 하백과 해모수의 대결에서 이미 보았듯이 변신술 대결은 신성한 존재들이 동물로 변하여 벌이는 대결이다. 여기에는 인간에게 부재한 자연의 원초적 힘을 상징한다는 의미가 담겨 있으며, 이를 통해 하늘의 뜻을 이어받은 신성한 왕권을 확인하는 절차도 포함되어 있었다. 따라서 비록 살아서 가락국을 떠날 수 있었지만, 수로왕에게 도전했다가 완패했다는 것은 탈해가 신성한 자격을 갖추지 못했거나 최소한 아직 때가 아님을 의미했다.

탈해의 변신은 무죄

탈해가 신라에 정착하기 전에 먼저 가락국으로 향했다는 것은 그가 새롭게 정착할 곳을 탐색하고 다녔음을 의미했다. 따라서 이 과정에서 갈등과 대립이 발생할 가능성은 충분했다. 때문에 탈해와 수로왕은 대결을 벌였고, 그러나 수로왕과의 대결에서 탈해의 패배는 이미 예견된 것이었는지도 모른다. 고대국가의 신화에서 하늘로부터 내려온 영웅은 대부분 건국자가 되고, 바다로부터 들어온 영웅은 주로 왕후나 왕의 조력자가 되어 국정을 보좌하는 역할을 했다. '하늘에서 내려왔다'는 것은 좀 더 완전한 신격을 갖추었음을 의미한다면, '바다로부터 왔다'는 것은 하늘의 뜻을 지상에 실현하기 위한 지원세력을 의미했던 것이다. 바다를 건너온 수로왕의 왕비 허황옥은 물론, 바다는 아니지만 물을 상징하는 수신계통의 유화와, 우물과 연관성을 보여주는 알영 등도 이에 속한다. 때때로 이들 중에 왕이 되는 경우가 있기는 하지만 어느 정도 시간이 지난 후에 가능한 일이었다. 그런 점에서 탈해의 패배는 시간이 더 필요했음을 의미했다.

탈해 역시 이러한 사실을 인지하고 있었는지 확신할 수는 없지만, 수로왕에게 도전하여 패한 후 대폭적인 전략 수정을 보여주었다는 점은 대단히 흥미롭다. 이러한 변화는 탈해가 신라에 정착하면서 가장 먼저 보여준 다음과 같은 행동에서도 발견된다.

> ▌탈해가 지팡이를 끌며 두 종을 데리고 토함산에 올라 석총石冢을 만들고 7일 동안 머무르면서 성 안에 살 만한 곳이 있는가 살펴보았다.

비록 간략한 내용이지만 탈해가 가락국에서 보여준 행동과는 분명히 다름을 알 수 있다. 신라에서의 탈해는 가락국에서 보여준 직접적이고 공격적인 행동을 접고, 먼저 주변의 정황을 살펴보는 등 침착함과 신중함을 보여주고 있다. 이처럼 탈해의 전략 수정에는 다음과 같은 복합적인 의미가 있다.

첫째, '지팡이를 끌면서 토함산을 올랐고, 돌로 무덤을 쌓았다'는 의미는 죽은 사람을 장사 지내는 일종의 의식이었고, 무덤 안에 머무른 것은 죽음과 재생의 통과의례를 의미했다. 따라서 이러한 행동은 탈해가 스스로에 대한 장례를 치름으로써 죽음과 재생의 통과의례를 거치고, 새로운 정착지에서 새로운 출발을 준비했다는 최고의 상징적 의미를 담고 있었다.

둘째, 신라의 최고 신령스러운 산이었던 토함산에 무덤을 쌓고 거행한 이러한 의식은 산신에게 새로운 정착지에서 자신에게 닥칠지도 모르는 부정을 막고, 자신을 받아줄 것을 요청하는 일종의 제의의식이었다. 따라서 여기에는 토함산의 산신과의 소통력을 세상에 알림으로써 자신의 특별한 존재감을 확인하는 의미도 있었다.

셋째, 새로운 지역에서의 성공적인 정착을 위해 전략을 구상하는 현실적인 이유도 있었다. 외지의 해상세력이었던 탈해가 육지에 도착하여 산속에서 석총을 짓고 머물렀다는 것은 육지에서의 삶의 방식을 체득함과 동시에 이 기간을 토함산 아래에 거주지를 형성하고 있던 촌락에 대한 다양한 정보를 획득하는 기회로 활용했다는 의미였다. 이를 위해 함께 따라간 두 종을 활용하였음은 물론이다. 탈해는 이 기간 동안 자신이 정착하여 거처할 장소를 물색하여 호공瓠公의 집을 차지할 계략으로 용성국의 왕자에서 서라벌의 대장장이로 다시 태어나는 신분 전환을 꾀하기도 했다.

이처럼 탈해는 수로왕 세력에게 패배를 경험한 이후 자신의 세력에만 의지하지 않고, 치밀한 정보 수집과 이를 전략적으로 활용할 줄 아는 지략형 영웅의 모습을 보여주고 있다. 따라서 탈해의 변신은 무죄였다.

어쩌면 이것이 탈해의 본모습이었을 가능성도 없지 않다. 즉 탈해가 무모하게 가락국의 수로왕에게 도전한 것이 아니었을 수도 있다. 다시 말해 『삼국유사』에서 전하는 "수로왕이 백성들과 북을 치고 떠들면서 맞으려고 했지만 배가 달아나 버렸다"라는 기록이 사실이었을 수도 있다. 이러한 탈해의 행동은 그가 수로왕과 가락국의 정세만 보고도 자신과 대적할 만한 상대인지 아닌지를 알 수 있는 냉정한 판단력의 소유자였다는 해석이 가능하다. 그리고 탈해가 토함산을 내려와 보여준 첫 번째 행동도 이러한 추론에 힘을 실어주고 있다. 그가 토함산에서 내려와 공식적으로 첫 인연을 맺은 호공에 대해서도 무력적인 방식이 아닌 대단히 전략적인 방식으로 접근을 시도하고 있기 때문이다.

호공을 주목하다

『삼국유사』에 따르면 탈해가 토함산에 올라가 살 만한 곳을 살피면서 호공의 집을 주목한 것으로 전한다.

> 탈해가 성 안에 살 만한 곳이 있는가 바라보니, 마치 초생달같이 둥근

산봉우리가 있어 지세가 오래 살 만한 곳이었다. 이에 산을 내려와 찾으니 바로 호공의 집이었다. 탈해가 모략을 써 몰래 숫돌과 숯을 그 집에 묻어 두었다. 그리고 이튿날 이른 아침에 그 집을 찾아가서 "이 집이 우리 조상 때의 집이다"라고 하였다. 호공은 "사실이 아니다"라고 하여 서로 다투어 결론을 내리지 못하고, 관가에 고하였다. 관에서는 "무엇으로써 너의 집임을 증거하겠느냐"라고 하니 탈해가 말하길 "우리는 본래 대장장이였는데 잠시 이웃 시골에 간 동안 다른 사람이 빼앗아 살고 있으니, 그 땅을 파보면 알 것이다"라고 하였다. 그의 말대로 땅을 파보니 과연 숫돌과 숯이 있으므로, 탈해가 그 집을 차지하게 되었다. (……) 탈해가 내 집이라 해서 남의 집을 빼앗았으므로 성을 석昔씨라 하였다.

이처럼 탈해는 술책을 이용해서 자신이 거처할 곳을 마련하였고, 그가 석씨 성을 갖게 된 또 다른 내력을 보여주고 있다. 또한 이를 통해 탈해가 지세를 살필 줄 아는 안목과 정확한 정보력, 치밀한 전략을 갖추었음을 알 수 있다. 특히 탈해가 '숫돌과 숯'을 이용하여 자신의 출신을 '대장장이 가문'이라 말했다는 점도 대단히 흥미롭다.

대장장이는 불을 사용해서 쇠를 주조할 수 있는 능력을 지닌 사람이다. 그리고 불에 대한 신앙이 다른 시대보다 강했던 철기시대에는 대장간에서 쇠를 다루는 사람은 샤먼으로 존경을 받았다. 철의 제련과 불의 숭배는 철기시대 초기의 특징적 신앙에 해당함과 동시에 선진문화를 의미했다. 따라서 탈해가 대장장이 집안을 내세운 것은 그가 이미 선진문화인 철기문화에 대한 구체적인 지식을 지니고 있었음은 물론, 신라사회의 철기문화 수준에 대해서도 동향을 파악하고 있었음을 의미했다.

또한 탈해는 당시의 사회상에 대해서도 정확하게 파악하고 있었다. 호공이 자신의 집을 외지인이었던 탈해에게 빼앗겼다는 것은 당시 법질서가 공고하게 자리 잡지 못했음을 의미했다. 특히 탈해는 당시 주택의 소유가 합법적으로 인정받는 절차가 확립되어 있지 않다는 사실을 이미 알고 있었고, 소유권을 놓고 분쟁이 일어났을 때 집주인 호공이나 관가에서 어떻게 반응할지에 대해서도 알고 있었던 것이다. 그리고 호공이나 관가의 대응방식으로 보아 이러한 분쟁이 드문 일은 아니었으며, 탈해는 분쟁에서 이길 수 있는 결정적인 증거로 숯과 숫돌을 선택할 정도로 사전 정보를 지니고 있었다. 물론 탈해가 호공이라는 인물에 대한 정보도 이미 파악했을 가능성도 충분했다.

호공이 탈해에게 이토록 쉽게 집을 빼앗긴 것은 호공 역시 외지인 출신으로, 이와 비슷한 방식으로 자신의 주거지를 선택했을 가능성도 추론해볼 수 있다. 호공이 선조 대부터 거주했거나 합법적인 절차로 주거지를 획득했다면 이렇게 쉽게 탈해에게 당하지는 않았을 것이기 때문이다. 그런 점에서 탈해의 상대로 선택되었던 호공이라는 인물도 주목된다. 탈해의 궁극적인 목적은 호공의 집이 아니라 호공이라는 인물일 수도 있었다.

『삼국사기』에 따르면 "호공은 본래 바다를 건너온 왜인 출신으로, 박을 차고 바다를 건넜다"고 해서 표주박을 의미하는 호공瓠公이라는 이름을 갖게 되었다. 그럼에도 그는 신라 건국 초기에 왕실과 밀접한 인연을 보여주는 등 대단히 특이한 이력을 소유하고 있던 인물이었다.

혁거세왕 즉위 38년(기원전 20년)에 마한의 왕이 공물을 보내지 않자에 왕이 분노했다. 이때 왕의 명을 받고 마한에 사신으로 갔을 정도로 호공은 신라의 시조 혁거세왕 때부터 왕실과 인연을 맺고 있었다. 『삼국사기』에 따르면, 호공은 당시 마한 왕에게 신라 왕실의 권위를 내세우며 설득하다가 마한 왕을 화나게 해서 죽을 고비에 처했는데, 다행히 주변에서 만류하여 겨우 죽음을 모면했다는 일화도 전한다.

이처럼 호공은 토착민이 아니었고 지배층에 속하는 세력도 아니었지만, 혁거세가 왕위에 올랐을 때 조정에 진출하여 왕실을 위해 활동했다. 그뿐만 아니라 탈해가 왕위에 오른 후 즉위 2년(58)에는 귀족회의의 장長, 즉 군사 등 국가의 정사를 위임받은 최고 관직으로 왕권과도 밀접한 연관이 있던 대보大輔의 자리에 올랐다. 이는 호공이 왕의 측근이자 신흥 권세가로 부상했음을 의미했다. 또한 호공은 탈해왕 9년(65)에 또 한 사람의 신라시조인 알지의 탄생과 신라 왕실 사이에도 특별한 인연을 전한다. 알지가 담긴 황금 궤짝을 최초로 발견한 사람이 바로 호공이며, 그는 이 사실을 탈해왕에게 알림으로써 알지와 신라 왕실과의 인연을 이어주는 중계자 역할을 담당했던 것이다. 따라서 호공은 신라 왕실의 중심축을 형성한 혁거세와 탈해 그리고 알지를 시조로 하는 박·석·김씨의 가문과 모두 특별한 인연을 갖고 있었다.

이처럼 호공의 특이한 이력은 탈해의 주목을 받기에 충분했고, 호공이 탈해에게 집을 빼앗긴 사건은 두 사람의 정치적 인연을 연결해주는 특별한 사건이었다. 그 사건을 계기로 탈해와 인연을 맺은 호공은 탈해가 신라에 정착하는 과정에서 지원세력이 되었다. 물론 이러한 관계는 한쪽의 일방적 충성이 아니라 양측 모두에게 유익한 정치적 의도와 함께, 호공과 신라 왕실의 관계는 단순히 왕과 신하의 관계가 아닌 일종의 정치적 연대의 성격을 띠었다.

호공이 신라 왕실과 관련하여 활동한 기간이 한 사람의 활동기간으로 보기에는 너무 길다는 점도 이러한 추론을 뒷받침해준다. 호공이 사신으로 마한에 간 시기는 기원전 20년인 혁거세왕 38년이고, 알지를 발견하여 탈해왕에게 보고한 시기는 탈해왕 9년인 기원후 65년으로 85년의 차이가 있다. 호공이 처음으로 대외활동을 시작한 시기를 10대 중반부터라고 보아도 알지를 발견했을 때는 이미 100세 가까운 나이이다. 그리고 호공이 신라와 인연을 맺기 전에 이미 일본 등 외지에서 활동했다면 100세가 훨씬 넘는 나이라는 모순이 발견된다.

물론 호공을 뛰어난 능력으로 왕을 지원했던 신화 속에 존재하는 상징적 인물로 본다면 이러한 모순은 큰 문제가 되지 않는다. 그러나 호공은 신라 건국 초기의 왕들과의 구체적인 관계와 함께 반복적으로 등장하고 있으며, 당시 호공의 역할이 왕실에 신성함을 더해주는 추상적인 역할이 아니라 현실정치에서 상당히 구체적으로 나타난다는 점에서 실존하지 않은 인물로 보기에는 무리가 있다. 따라서 호공이라는 호칭은 개인의 이름을 의미하는 고유명사가 아니라 대를 이어 그러한 임무를 수행하는 특정 세력을 지닌 가문이나 또는 특정 분야의 전문성을 갖춘 집단을 대표하는 호칭으로 볼 수 있다. 특히 호공이 바다를 건너왔다는 점을 고려하면 교역에 종사하는 해상세력과 연관되었을 가능성도 있다. 호공이 일찍부터 신라 왕실을 위해 대외적으로 활동했던 이유도 바다를 왕래하는 과정에서 주변 정세를 알게 되었고, 선진문물에 대한 경험과 정치적 식견 등을 축적할 수 있었기에 가능한 일이었다. 그런 점에서 탈해와 호공의 만남은 우연이 아니라 탈해의 전략적 선택이었을 가능성도 충분하다.

탈해의 성장과 철鐵

『동국여지승람』에 따르면 "탈해는 장성하자 빼어나게 명랑하며, 지식이 남보다 뛰어났다"라고 전한다. 이러한 탈해의 품성과 능력은 그가 신라에 성공적으로 정착할 수 있는 유리한 조건이었음이 물론이다. 그리고 그는 신라 왕실과의 결혼 이후 고위직인 대보의 자리에 오르면서 신라 왕실에 완전하게 편입된다. 이와 관련해서 『삼국사기』에는 다음과 같이 전한다.

> 성은 석씨이고 왕비는 아효부인이다. (……) 남해왕 5년에 이르러 그가 어질다는 말을 듣고 남해왕이 자신의 딸을 처로 삼게 하였고, 7년에 이르러 그를 등용하여 대보로 삼고 정사를 맡겼다.

이처럼 탈해의 성공은 그에 대한 남해왕의 신임이 있었기에 가능했다. 특히 남해왕이 탈해를 주목하게 된 계기는 호공의 집을 차지한 사건이었고, 여기서 탈해의 재치나 지혜가 아니라 숯이 의미하는 철기문화라는 선진문화와 연관되어 있었다. 탈해가 호공의 집을 차지할 수 있었던 것도 결과적으로 보면 이러한 조건을 바탕으로 하고 있었기 때문에 가능한 일이었다.

동양의 고대사회에서는 무당이 대장장이를 겸했다. 특히 불을 다루어 금속을 정련하는 기술은 무당이 지닌 특별한 능력이기도 했다. 탈해와 관련해서 단야술鍛冶術에 주목하는 이유도 여기에 있다. 탈해족이 진한의 철로 유명한 감은포와 달천의 철산을 지배했으며, 철을 제련하는 기술을 지닌 단야족鍛冶族과도 관련이 있었던 것으로 추정한다. 단야술은 금속을 불에 달구어 제련하는 기술로 당시 사회에서는 첨단기술에 해당했으며, 그 자체가 권력과 부의 원천이었다. 따라서 탈해와 그를 따르는 세력은 토착세력에 비해 소수였지만, 이러한 기술과 부를 바탕으로 세력을 키웠다. 즉 이들은 초기에 감은포 철광 개발과 어염으로 부를 축적하여 세력을 확장하면서 토함산 일대를 지배하게 되었고, 이후 모화와 달천 지역의 철산을 지배하는 등 세력을 확장하면서 경주평야로의 진출에 성공했다. 그리고 이 과정에서 주변의 단야족은 물론 호공족을 정복하고, 월성과 계림을 단야의 성소로 하는 지배체제를 수립하게 된 것이다.

이처럼 탈해는 철기문화라는 선진문화를 통해 부족연맹체에서 고대국가체제로 이양해가는 사회적 변동에 대응하며 신라에 성공적으로 정착할 수 있는 최적의 조건을 지녔다. 그럼에도 탈해가 가락국에 정착할 수 없었던 이유는 가락국 역시 뛰어난 제철기술을 지녔기 때문이다. 특히 가락국은 대외적으로 수출까지 할 정도로 우수한 철기문화를 지녔기에 탈해는 가락국에서 더 우월한 경쟁력을 확보할 수 없었던 것이다. 그러나 『삼국사기』에 탈해왕 21년 8월에 "아찬 길문이 가야 병사를 상대로 황산진 어귀에서 싸워 1천 명을 사로잡았다"라는 기록으로 보아 탈해가 왕으로 즉위한 후 신라가 가락국을 앞지를 정도로 빠르게 성장했음을 알 수 있다.

고고학 연구 성과에서도 신라의 철기문화 수준을 확인할 수 있다. 한반도는 대동강 유역에서 기원전 3세기경부터 철기시대 초기에 해당하는 철제 무기와 농기구 등이 출현할 정도로 철기가 발달했고, 이후 보급이 확장되면서 철제 농기구와 소를 이용한 밭갈이 등 농경문화가 발전했

신라시대 쇠거울과 쇠손칼

음을 알 수 있다. 특히 낙동강 하류 지역에서는 철을 생산하여 낙랑과 일본에 수출했을 정도로 철을 다루는 기술이 발달했다. 이와 관련해서 중국의 『삼국지』「위지 동이전」과 『후한서』에는 "그 나라에는 철이 나는데 예濊와 왜倭, 마한 등에서 가져가며, 시장의 매매에 중국에서 돈을 사용하듯이 모두 쇠를 사용하며, 또 쇠는 낙랑군 등 두 군郡에도 공급한다"라는 기록이 전한다.

한반도 동남부에 위치하여 입지 조건이 불리했던 신라가 후에 통일의 대업을 이룬 것도 철기의 생산력이 튼튼한 기초가 되었기 때문이다. 5세기 초, 신라 천마총에서 1000여 점의 쇠붙이가 출토되었는데, 이는 같은 무렵의 백제 무령왕릉에서 한 점의 일괄 쇠붙이밖에 출토되지 않은 것에 비교하면 엄청난 양이라 할 수 있다. 그리고 광복을 전후한 시기에 남북한을 통틀어 전국 고분의 쇠붙이 출토율의 87퍼센트 이상이 영남 지방에 편중되어 있는 통계표에서도 당시 신라사회의 철 생산량을 짐작할 수 있다. 이와 관련해 철광산으로 경상남도 울주군 달천리(현재 울산광역시 북구 달천동으로 편입)의 달내쇠곳을 주목하기도 한다. 이 일대에는 양질의 토철土鐵이 무진장으로 매장되어 있었고, 치술령·토함산·운문산 등 주변 지역에는 풍부한 연료원과 함께 100여 곳의 용광과 주조의 흔적이 발견되기도 했다. 따라서 백제가 신라에 패배한 이유는 계백장군의 마지막 전투 이전에 이미 철기의 생산력에서 뒤처졌기 때문이라고 보는 견해도 있다.

한편, 신라는 건국을 전후한 시기에 외부에서 적지 않은 유이민들이 들어왔다. 이로 인해 사회적으로 갈등과 대립이 발생했지만, 한편으로는 새로운 정착지에 성공적으로 자리를 잡기 위해 외부에서 유입된 세력들과 토착세력 또는 먼저 정착한 이주세력과의 연대가 이루어졌다. 외지인 출신이었던 탈해와 호공 역시 갈등과 대립으로 인연이 시작되었지만 연대에 대해 관심을 기울일 수밖에 없었고, 이러한 관계는 남해왕과 탈해의 인연으로 이어지는 계기가 되기도 했다. 물론 이들의 연대는 탈해가 신라사회에 정착하여 위상을 갖추는 데도 도움이 되었지만, 탈해 집단이 지니고 있는 철기문화는 왕실 입장에서도 권위와 통치력의 강화 차원에서 도움이 되었다. 신라사회에서 정착에 성공한 탈해는 마침내 왕위에 오르게 된다.

『삼국사기』와 『삼국유사』에는 탈해가 62세의 늦은 나이에 즉위했다고 전한다. 탈해가 이처럼 늦게 왕위에 오른 것은 그가 왕위에 오를 기회를 사양할 정도로 신중하게 행동했기 때문이다. 그런데 탈해가 아진포에 도착한 시기는 혁거세왕 39년(기원전 19년)이라 밝히고 있고, 그가 기원후 57년에 왕으로 즉위했다면 이 사이에 76년의 시간 차가 있다. 따라서 탈해가 62세에 즉위했다면 출생하기 14년 전에 이미 아진포에 도착한 것이 되므로 탈해의 즉위시기에 착오가 있었을 것으로 보인다. 이러한 시간적 착오는 아마도 탈해에 관한 이야기가 설화로 구전되던 것을 후대에 기록으로 정리하는 과정에서 발생했을 것으로 보인다. 아무튼 탈해가 남해왕의 장녀와 결혼하고 고위직에 올랐으며, 왕위에 오르게 되었다는 사실까지 의심할 필요는 없을 것 같다.

탈해의 즉위와 관련하여 신라 건국 초기의 왕위 세습 과정을 살펴볼 필요가 있다.

신라의 개국시조 혁거세왕의 뒤를 이어 즉위한 왕은 남해왕이었다. 남해왕은 혁거세왕과 알영부인의 장남이었다. 그리고 남해왕의 왕비는 운제부인(雲帝夫人 또는 雲梯夫人)으로, 그녀는 사망한 후 여신인 산신이 되어 "지금의 영일현 서쪽 운제산 성모가 되었고, 가뭄에 빌면 감응이 있다"라는 이야기가 함께 전한다. 다시 말해 혁거세왕이 신라의 시조가 되었고, 혁거세왕의 뒤를 이어 아들 남해왕이 왕위에 올라 건국의 주체가 되었으며, 그 왕비 또한 산신신앙과 국모신화가 연계되어 백성들에게 경외의 대상이 되었음을 알 수 있다. 부여계와 고구려에서 유화를 위한 시조묘를 조성하고 치제를 드렸다면, 운제부인의 경우 산신인 성모로 수용하여 치제했던 것이다. 남해왕과 운제부인 사이에 노례라는 아들이 있었고, 탈해는 남해왕의 사위였다. 노례왕은 유리왕이라고도 하며, 탈해와 노례는 처남과 매부 사이였다. 그리고 두 사람은 남해왕이 사망하자 왕위를 서로 양보했다는 일화도 전한다.

왕위를 양보하다

남해왕은 기원후 4년에 즉위하여 20여 년간 신라를 통치하다가

23년에 사망했다. 당시 남해왕의 뒤를 이어 왕위에 오를 후보로 남해왕의 아들 노례와 사위 탈해가 있었다. 『삼국유사』에는 당시 상황을 다음과 같이 전한다.

> 이사금은 잇금이라고 하는데, 처음에 남해왕이 죽자 아들 노례가 매부인 탈해에게 왕위를 양보하였다. 이에 탈해가 말하기를 "무릇 덕이 있는 사람은 이(齒)가 많으니 마땅히 그 많고 적음으로 시험해봅시다"라고 하여 떡을 물어 시험해보니 왕(노례)이 이가 많으므로 먼저 왕위에 올랐다.

이처럼 고대사회에서 이(齒)가 많다는 것은 연장자를 의미했고, 연장자는 덕과 지혜를 갖춘 지도자를 의미했다. 즉 왕권을 하늘이 내려준 신탁으로 받아들였던 고대사회에서 이가 많은 자는 연륜을 갖춘 연장자를 의미했고, 연장자는 하늘로부터 왕의 자격을 부여받았다는 의미로도 해석되었다. 이는 당시 왕의 호칭이었던 '이사금'은 치아를 의미한다는 사실과도 무관하지 않다. 탈해보다 연장자였던 노례왕은 뛰어난 자질을 지니고 있었다고 전한다. 노례왕 즉위 18년에 이서국을 공격하여 흡수하기도 했고, 쟁기와 보습, 얼음창고 그리고 수레 등을 만들어 백성들의 생활에 편의를 제공하는 등 생활정치를 펼치기도 했다. 그뿐만 아니라 즉위기간 동안 통치체제 정비의 하나로 국가의 근간에 해당하는 6부의 이름을 고치고, 각 부에 성姓을 내리는 등 차원 높은 사회질서를 유지하여 국가체제를 갖추었다. 『삼국유사』에 "6부의 이름을 개정하고 각각 성을 내려준 해에 민속民俗이 즐겁고 편안하여 비로소 왕이 「도솔가」를 지으니, 이는 가락歌樂의 시초였다"라고 평할 정도로 노례왕이 나라를 평안하게 잘 다스렸고, 백성들이 그를 칭송한 것으로 전한다.

노례왕의 업적과 관련해서 「도솔가」를 예로 든 것은 특별한 의미가 있었다. 노례왕이 지었다는 「도솔가」는 구체적인 내용은 전하지 않지만 신라 건국 이전에도 이미 노래가 있었다는 점을 감안하면, 단순히 노래와 음악의 시초를 말하는 것이 아니라는 것을 알 수 있다. 「도솔가」는 궁중에서 행하는 의식과 관련된 특정한 목적이 담긴 음악으로, 나라의 태평과 백성의 안정을 기원하고, 민심을 순화하는 등 사회적 통합의 기능을 담당했다. 특히 고대사회에서는 왕의 훌륭한 치세와도 연관이 있었다. 그런 점에서 탈해가 노례왕에게 왕위를 양보한 행동은 형식적인 것이 아니라 순리를 좇는 선택이었다. 그리고 이를 통해 결코 무리하지 않는 탈해의 정치적 연륜을 다시 한 번 확인할 수 있다. 물론 노례왕의 즉위로 탈해가 모든 것을 포기한 것은 아니었다. 노례왕의 즉위기간 동안 탈해 역시 적극적으로 활동했다. 이 시기의 탈해와 관련하여 『삼국유사』에 다음과 같은 일화가 전한다.

▌ 하루는 탈해가 동악에 올라갔다가 돌아오는 길에 백의白衣를 시켜 물을 구해오라고 하였는데, 백의가 물을 떠오는 도중에 먼저 맛보려고 하다가 표주박이 입에 붙어 떨어지지 않았다. 이에 탈해가 꾸짖으니, 백의가 맹세하기를 "이후에는 가깝거나 멀거나 감히 먼저 맛보지 않겠습니다"라고 말하자 그제야 떨어졌다. 이로부터 백의는 탈해를 두려워하여 감히 속이지 못하였다. 지금 동악에 우물 하나가 있어 사람들이 요내정遙乃井이라 하니 바로 그 우물이다.

이처럼 탈해와 관련해서 전하는 신이한 이야기는 고대국가의 체제를 갖추어가는 과정에서 탈해의 능력과 활약상을 보여주는 예이기도 하지만, 한편으로는 그가 왕위에 오를 것을 예언하는 신화적 요소로도 해석할 수 있다. 그리고 마침내 탈해에게도 기다리던 때가 옴으로써 이를 확인할 수 있다. 탈해는 광무제 중원中元 2년 정사(丁巳, 57년) 6월에 마침내 노례왕의 뒤를 이어 신라 4대 왕으로 즉위한다. 당시 상황을 『삼국사기』에는 다음과 같이 전하고 있다.

> 탈해이사금이 왕위에 올랐다. 그때 나이가 62세였다. 성은 석씨이고 왕비는 아효부인 — 또는 아니부인阿尼夫人 — 이다. (……) 노례왕이 죽을 때 말하기를 "선왕이 유언하기를 내가 죽은 후에 아들과 사위를 따지지 말고 나이가 많은 어진 사람으로 왕위를 잇게 하라고 하였다. 이에 내가 먼저 왕이 되었으나, 이제 마땅히 왕위를 탈해에게 전해야 한다"라고 하였다.

이처럼 탈해는 비록 늦은 나이에 즉위하지만, 사로국은 고대국가의 체제로 발전하는 시기에 혈연에 의한 세습이 아닌 평화적인 권력이양이 이루어졌다. 탈해의 즉위는 석씨 왕족이 신라를 건국한 박씨 왕족과 연합하여 새로운 통치체제를 열었다는 역사적 의미도 있었다.

2000년의 생명력을 유지하다

탈해신화는 다양한 신화적 요소를 지니고 있다. 영웅신화로서 탈해

신화의 구조는 아서왕이나 로빈 후드 등 서양의 영웅담은 물론, 해양성 신화와 아마존의 여전사국 신화도 담고 있다. 그리고 불교가 전래된 후 윤색이 이루어지면서 현실세계의 이야기와 종교적 상징성이 결합되었다. 이로써 더욱 풍부한 내용과 흥미를 더하게 된 탈해신화는 동서양을 막론하고 어느 신화에서나 볼 수 있는 다음과 같은 가장 기본적인 신화의 구조를 지니고 있다.

첫째, 탈해는 태어나면서 부모로부터 버림을 받았고, 누군가에게 발견되어 양육되었다. 둘째, 실패를 극복하고 계략으로 새로운 곳에서 정착의 토대를 마련하였다. 셋째, 새로운 정착지에서 그 나라의 공주와 결혼하여 새로운 사회에 성공적으로 편입했다. 넷째, 지배층에 올라 교류의 폭을 확장하면서 나라의 기강을 세우는 데 나서게 된다. 다섯째, 마침내 최고의 지위인 왕으로 즉위하고, 사망한 후에는 나라를 지키는 호국신이 되어 자신의 신화를 후대에 남겼다.

탈해신화가 2000년 동안 생명력을 유지하며 전승될 수 있었던 것은 이러한 기본 구조에 다음과 같은 구체적인 이야기가 담기면서 신화의 차별성이 강화되었기 때문이다.

첫째, 탈해의 아버지는 다파나국 국왕이었고, 어머니는 여인국의 왕녀였다. 여기에 탈해가 알에서 태어남으로써 하늘과 연관된 고귀함 등 신성한 존재임을 강조한다. 그리고 현실에서는 비록 부모의 축원을 받았지만, 그의 앞날에 대해 어떠한 보장도 받지 못한 채 먼 길을 떠나게 된다. 탈해의 선택과 판단에 모든 것이 달려 있는 영웅의 모험담이 시작된 것이다.

둘째, 가락국을 정복하기 위해 수로왕과 경쟁을 벌였다가 패배한 경험은 탈해에게 시련이 아니라 큰 자산이 된다. 이후 탈해는 전략을 대폭 수정하여 서라벌에 정착하는 과정에서 자신에게 필요한 정보를 먼저 입수하고, 이를 활용하여 계책을 세우는 등 침착하면서도 치밀하게 실행에 옮기는 변신을 하게 된다.

셋째, 탈해를 최초로 발견한 아진의선이라는 노파의 탁월한 양육이 발판이 되어 새로운 정착지에서 앞으로 필요하게 될 많은 것을 갖추게 된다.

넷째, 세력 기반을 넓혀나갔던 탈해는 왕위에 오를 기회가 왔을 때 겸손과 양보의 미덕을 발휘하면서 동시에 적극적으로 활동했다. 그리하여 하늘에 의한 어떠한 징표도 지니지 못했지만 스스로의 노력만으로 마침내 왕위에 오르게 된다.

다섯째, 탈해신화는 건국신화가 아닌 석씨의 시조신화로, 이후 강화봉씨 또는 한음 봉씨 전설이 더해지는 등 탈해의 사망 이후에도 지속적으로 이야기가 더해지고 윤색이 가해졌다. 특히 사망한 후에는 신이한 현상을 보여주면서 신라의 영산인 동악신으로서 신라인들의 정신 속에 영원히 살아 있게 된다. 이와 관련하여 『삼국유사』에 다음과 같은 이야기가 전한다.

▌탈해가 재위한 지 23년인 건초建初 4년 기묘(己卯, 79년)에 사망했다. 소천구疎川丘에 장사를 지냈는데 후에 신이 명하여 "내 뼈를 조심히 묻으라"라고 하였다. 파내어 보니 그 두개골의 둘레가 3자 2치가 되고 몸의 뼈 길이가 9자 7치나 되며, 이빨은 엉키어 하나가 된 듯하고 뼈마디는 모두 연결되어 참으로 천하무적의 역사力士다운 골격이었다. 뼈를 부수어 진흙으

로 인물의 형상(塑像)을 만들어 궐내에 모시었더니 신이 또 이르기를 "내 뼈를 동악에 두라" 하므로 모시게 되었다. 한편 왕이 세상을 떠난 뒤 27대 문무왕 때인 조로調露 2년(680) 경진 3월 15일 신유辛酉 밤에 태종 무열왕의 꿈에 나타나 얼굴이 무섭게 생긴 노인이 말하기를 "나는 탈해인데 내 뼈를 소천구에서 파내어 소상을 만들어 토함산에 봉안하라"라고 하였다. 왕이 그 말을 따랐으므로 지금까지 나라에서 국사國祀가 끊이지 않았으니, 곧 동악신이라 한다.

이처럼 탈해는 사망한 후 다른 신화에서 볼 수 없는 신이한 이적을 전하며 신라를 대표하는 토함산의 산신이 되었다. 그리고 뼛가루를 빚어 죽은 이의 형상을 만드는 시베리아 지역의 샤머니즘에서 볼 수 있는 '온곤(ongon, 형상을 깃털, 천, 가죽, 나무로도 만듦)'과 유사한 내용도 발견된다.

또한 탈해가 묻힌 토함산은 신라의 고찰인 불국사와 석굴암이 있는 신성한 산으로, 불교와도 밀접한 연관이 있었다. 토함산은 탈해가 신라에 진출하는 과정에서 가장 먼저 올랐던 산으로, 『동국여지승람』 등의 문헌에 의하면 탈해가 쌓았다는 석총과 동일한 위치에 탈해의 사당인 석탈해사昔脫解祠와 석불사가 있었다고 전할 정도로 탈해와의 특별한 인연이 지속적으로 이어졌던 산이기도 하다. 따라서 탈해가 신라의 불교와는 별개로 토함산을 통해 신라의 호국신으로서의 존재감을 확장하면서 탈해신화가 오랜 기간 동안 전승되어왔음을 알 수 있다.

일반적으로 고대사회에서 산신신앙은 공동체의 안녕과 풍년을 기원하는 최고의 토착신앙이었다. 특히 신라는 국초부터 왜군과 낙랑군의 침입이 잦았고, 이후 토함산은 삼국이 경쟁하는 시기에 국방의 요충지가 되었다. 동해에서 서라벌에 이르는 가장 빠른 이동로가 토함산을 통과하는 길이었으므로 토함산은 신라가 건국된 이후 동해 방면에서의 위협을 막아주는 중요한 군사적 요새였다. 신라에서 토함산을 신성시하여 호국진산護國鎭山으로 나라에서 제사를 지낸 것도 이러한 이유에서였다.

물론 국가수호의 성격이 부각되는 사회적 분위기가 산신에 반영되어 탈해를 통해 호국신앙을 강화했던 데에는 국왕과 왕실의 통치력을 강화하여 국가적인 통합을 이루어내려는 정치적 의도도 포함되어 있었다. 탈해가 현몽을 통해 '소상을 토함산에 안치하라'고 전하며 태종 무열왕과 문무왕이 등장하는 것도 이와 무관하지 않았다. 특히 신라 29대와 30대 왕으로 각각 즉위한 태종 무열왕과 문무왕은 모두 신라의 삼국통일과 호국을 대표하는 왕으로, 살아서는 신라를 신라답게 만든 왕이었고, 죽어서는 신라가 존재하는 의미를 지켜주는 왕이었다. 따라서 신라를 대표하는 토함산신이 되어 신라를 지킨 탈해를 시작으로 바다의 용이 되어 신라를 지키겠다며 바다에 묘를 쓴 문무왕으로 이어지는 신라 왕실의 호국정신을 강조하고 있다.

토함산

김알지, 가문의 계보를 역사에 남기다

신화를 탄생시키고 영웅으로 남다

알지는 신라 왕실과 독특한 인연을 보여주면서 신화적 요소를 확장한 인물이다. 그는 왕위에 오르지는 않았지만 신라 김씨의 시조이면서 동시에 신라 김씨왕조의 시조이다.

알지신화는 『삼국사기』 『삼국유사』 『삼국사절요』 『신증동국여지승람』 등 다양한 자료에 전한다. 알지의 탄생과 관련하여 『삼국유사』에는 다음과 같이 전한다.

> ▌ 탈해왕이 즉위한 지 4년째 되던 해인 영평永平 3년(60년) 8월 어느 날 밤, 호공이 월성 서쪽 마을을 가고 있는데 시림始林에서 커다란 광명이 있었다. 그곳에는 자주색 구름이 자욱했는데, 구름 속을 살펴보니 나뭇가지

에 금 궤짝 하나가 걸려 있었다. 밝은 빛은 궤짝에서 나왔고, 흰 닭이 나무 아래서 울고 있었다. 이 광경을 목격한 호공은 왕에게 알렸고, 왕이 친히 숲에 행차하여 궤짝을 열자 사내아이가 누워 있는데, 곧바로 일어섰다. 옛날 혁거세가 태어나자마자 곧바로 일어서서 "알지거서간"이라 하였기에, 아이의 이름을 알지라고 짓고는 품에 안고 수레를 타고 궁궐로 돌아왔다. 이때 새와 짐승들이 함께 따라와 기뻐서 날뛰며 춤을 추었다고 한다.

이처럼 커다란 광명을 시작으로 자주색 구름을 통해 신성한 징조를 예고하면서 빛을 타고 하늘에서 내려온 금으로 된 궤짝에서 동자童子가 출생하였다고 알지의 탄생을 전한다. 간략하지만 이는 밝고 명랑하면서도 신성한 '영웅의 탄생'이라는 일반적인 신화의 의미를 보여주고 있다.

알지신화는 '궤짝에서 태어났다'는 점에서 알을 의미하는 난생신화에 해당하며, '커다란 광명'과 '자주색 구름이 땅에 드리웠고, 금궤에서 빛이 나왔다'는 것으로 보아 하늘과 관련한 태양신앙이 담겨 있다. 특히 고대사회에서 황금은 고귀하고 완전함을 의미했으며, 태양의 화신 또는 천손의 계보를 상징하며, 고대국가 건국신화에서는 하늘의 태양과 연계하여 지상에서 군왕의 탄생을 예고하고 있다. 여기에 알지신화에는 흰 닭이 등장하여 지역 토템신앙을 덧붙여 지상에서의 영웅의 탄생을 다시 한 번 강조한다. 하늘의 색인 흰색과 날개를 가진 새는 하늘과의 소통을 의미했으며, 동시에 사람의 탄생과 죽음을 새와 연결시키는 샤머니즘적 요소를 보여주는 것이었다. 특히 시베리아 계통의 샤먼에서는 독수리를 비롯해 부엉이·백조·거위 등 새의 날개 모양이 자주 보이는데, 알지신화에는 흰 닭이 등장한다는 점에서 알지가 하늘을 숭배하는 천신신앙 중에서도 닭을 토템으로 하는 토착세력 출신이었음을 알 수 있다.

또한 알지신화에는 신라의 개국시조인 혁거세신화와의 연관성도 발견된다. 순백의 의미를 지닌 흰 닭의 상징성은 혁거세신화에 등장하는 흰 말과 유사하다. 또 알지의 탄생을 예고하는 '시림에서 커다란 광명을 보았다'는 내용은 혁거세신화에서 빛의 출현과 유사한 이념적 상징성을 보여준다. 그리고 혁거세가 태어나자마자 스스로 일어나 "알지거서간"이라고 말한 것에 빗대어 아이가 스스로 일어나 알지라는 이름을 갖게 되는 등 혁거세와 유사한 영웅의 탄생을 예고함과 동시에 알지와 신라 왕실과의 각별한 인연도 보여주고 있다. 특히 탈해왕이 그를 '품에 안고 궁궐로 돌아갔다'는 의미는 탈해왕이 그의 정치적 후견인을 자처함으로써 알지가 신라 왕실에 편입될 가능성을 예고한다. 그리고 이 과정에서 새와 짐승들이 노래하고 춤추며 따라왔다는 것은 이러한 의미를 확인하는 희망적인 예언이 담긴 신화적 표현이기도 하다.

그럼에도 알지는 현실세계에서 혁거세와 다른 길을 걸었고, 알지의 탄생은 하늘을 대리하는 신성한 왕을 의미하는 최고 통치권자의 탄생이 아니라, 새로운 세상에서 최고 통치권자를 지원하는 새로운 세력의 탄생으로 전승되었다. 그런 점에서 알지는 신화를 탄생시켰지만, 미완의 신화를 남겨 특이한 존재감을 보여준다.

탈해왕이 알지를 맞이한 까닭은?

알지신화에 의하면 멀리서 이상한 기운을 발견하고 가까이 가서 확인한 호공이 탈해왕에게 이를 알렸고, 탈해왕이 직접 현장에 나와 알지를 맞이했다. 그런데 이 내용은 아무리 축약되었다고 해도 어딘가 어색한 면이 있다. 신성한 영웅의 탄생이라면 어떤 형식으로든 의식이 진행되는 것이 일반적이다. 즉 지상의 무리가 영웅을 맞이하는 의식은 신성한 영웅의 탄생을 확인하는 역할도 했지만, 새롭게 탄생한 영웅을 왕으로 추대하는 의식이기도 했다. 그리고 이에 대한 답으로 지상에서 탄생한 영웅은 자신이 어디에서 어떻게 왔는지, 그리고 왜 오게 되었는지를 상징적으로나마 밝힘으로써 최고 권력자로서의 위상을 확인받는 절차를 밟는다.

하지만 알지의 탄생에서는 이러한 내용을 찾아볼 수 없다. 그럼에도 알지를 현직에 있던 왕이 직접 맞이했다는 점은 특이하다. 혁거세신화나 수로신화에도 이와 관련한 상징적 의미와 함께 그들이 지상에 탄생한 이유를 전하고 있으며, 지상에서 영웅을 맞이하는 의식이 거행되었다. 이에 비해 알지의 탄생은 분명 신화의 구조를 갖추고 있음에도 다른 신화에서 보이는 목적의식은 물론, 출신지와 행적 등 신이한 상징성이 미약하다. 여기에 알지의 앞날에 대한 또 다른 예언이 담겨 있는 듯하다. 먼저, 알지신화가 혁거세신화나 탈해신화와 함께 신라 시조신화의 하나로 전승된 이유부터 살펴볼 필요가 있다.

알지는 무엇보다도 외부에서 들어온 혁거세와 탈해와는 성격을 달리한다. 즉 알지는 현지의 토착세력 출신이었고, 알지가 속한 세력집단은 이미 당시 사회에 존재하고 있었다. 따라서 간략하게 축약된 신화적 요소만으로도 그의 존재감은 사회적으로 수용이 가능했다. 한편으로는 그에 대한 신화를 만들어내기보다 현존하는 기록들을 삭제하는 것이 오히려 신비한 요소가 더욱 확장될 수 있었을 것이다. 왕이 직접 나와서 알지를 맞은 것은 알지가 속한 토착세력 집단과 신라 왕실의 연대라는 상징적 의미를 전하고 있다. 따라서 알지의 탄생신화에는 토착부족의 지배계층에 속했던 알지를 자신들의 미래 지도자로 추대하는 의식이 포함되어 있었다. 즉 커다랗고 화려한 빛이라는 하늘의 태양신앙을 현실에 호출하는 동시에 자신들이 숭배하는 닭과 연계하는 토템신앙이 담긴 의식을 치름으로써 이러한 사실을 하늘에 고하고, 다시 하늘로부터 인정받는 절차를 밟고 있다. 그리고 탈해왕이 알지를 궁으로 데려가 태자로 삼음으로써 의식이 마무리된다.

알지의 탄생 과정에서 호공의 역할도 상당히 주목된다. 의식을 치르는 과정에서 왕의 측근인 호공은 왕을 모시고 나오는 중계자 역할을 맡고 있기 때문이다. 특히 이러한 행동은 호공의 존재감으로 볼 때 신라 왕실을 지원하는 세력과의 연대를 중재하는 의미로도 해석된다. 즉 신라 왕실과 친밀했던 호공이 알지가 속한 토착세력 집단과 신라 왕실을 연결해주는 역할을 했던 것이다. 알지가 혁거세왕처럼 곧바로 스스로 일어난 것도 세력연대를 확인하는 절차였으며, 탈해왕은 이에 대한 응답으로 알지를 품에 안고 궁으로 들어간다. 이때 '새와 짐승까지 기뻐서 노래하고 춤을 추었다'는 것은 일종의 축제 분위기를 신화적 상징성으로 표현한 것으로 해석할 수 있다.

그런데 『삼국유사』에는 탈해왕이 알지를 궁으로 데려간 다음 길일을 택해 그를 태자로 삼았지만, 후에 그는 파사에게 양위하고 왕위에 오르지 않았다. 알지가 스스로 왕위에 오를 기회를 사양함으로써 노례왕의 둘째 아들인 파사가 신하들의 추대를 받아 신라의 5대 왕으로 즉위한다.

후손들이 미완의 신화를 완성하다

신라는 초대 왕인 혁거세왕의 뒤를 이어 그의 아들과 손자인 남해왕과 노례왕이 2대와 3대 왕으로 즉위했고, 뒤를 이어 다른 성씨인 탈해왕이 4대 왕으로 즉위했다. 탈해왕과 혁거세왕은 모두 외부 세력으로 전하지만, 신라에 들어온 경로와 경위에서 보듯 성격이 다른 집단이었다. 따라서 탈해가 남해왕의 사위가 된 것은 외부에서 들어온 서로 다른 세력과의 연대를 의미했다. 그리고 신라 왕실과 토착세력과의 연대는 혁거세왕 대에 시작되었지만, 탈해왕과 토착세력인 알지세력의 연합은 더욱 특별한 의미를 가지게 된다.

『삼국유사』와 『삼국사기』에 전하는 신라의 건국신화에 의하면 하늘에서 내려온 알에서 혁거세가 탄생했고, 우물 옆에서 계룡의 옆구리에서 태어난 알영과 혼인하여 신라를 건국했다. 이는 천신족 계통의 이주세력인 박씨 부족과 지신족 계통의 토착세력인 김씨 또는 알부족 사이의 결합을 의미했다. 그리고 알지와 알영은 동일한 부족 출신으로 추정된다. 그 예로 계룡의 왼쪽 겨드랑이에서 태어난 알영의 입술이 '닭 부리와 같았다'고 하여 알영의 탄생담에 등장하는 '계룡'과 '닭의 부리'는 알지의 탄생담에 등장하는 흰 닭, 즉 '백계白鷄'와 동일한 신화적 상징을 담고 있다. 또한 알영과 알지의 탄생과 관련하여 월성 지역이 공통적으로 거론되고 있다. 기록에 의하면 이들이 속한 집단은 사량리를 본거지로 세력을 형성했을 것으로 보이며, 특히 이들은 양산촌이 근거지였던 6촌의 하나인 알천세력으로 추정된다. 즉 이미 왕비를 배출했을 정도로 신라 왕실과 밀접한 관련을 맺고 있었던 알천세력이 탈해왕 대에 와서 알지를 통해 다시 한 번 연대를 재확인하고 세력 확장을 시도했던 것이다.

이와 관련하여 알지가 태어난 시림이라는 지명이 '신라'라는 국명과 밀접한 연관성을 보여주고 있다는 점도 주목된다. 시림은 구림이라고도 하며, 경주의 계림을 말한다. 현재 경주시 교동 1번지에 해당하며, 사적 제19호로 지정되어 있다. 이곳이 사적으로 지정된 것은 "시림의 이름을 계림으로 바꾸고 나라 이름으로 삼았다"는 『삼국유사』와 『삼국사기』의 기록과 연관이 있다. 또한 『삼국유사』는 다음과 같은 내용도 전한다.

> 일설에는 탈해 때에 김알지를 얻었을 때 "닭이 숲속에서 울었으므로, 국호를 고쳐 계림이라 하였다"라고 하는데, 후세에 와서 신라라는 국호를 정하였다.

계림 비각

이처럼 시림과 구림 그리고 계림은 알지가 태어난 곳으로, '신라'라는 국호를 사용하기 전에 '계림'이라는 국호를 사용했음을 알 수 있다. 따라서 신라의 국호였던 계림이 알지의 탄생과 연관이 있다는 것은 그가 속한 집단의 세력이 신라를 대표하는 세력에 해당했으며, 왕실과도 밀접한 관계를 유지하고 있었음을 보여준다. 그리고 어느 시점에선가 이러한 관계를 재확인하고, 관계의 지속과 확장을 위한 새로운 형태의 맹약이 두 세력 사이에서 필요했을 가능성은 충분하다. 알지의 탄생신화가 왕의 탄생신화와 유사한 구조를 지녔지만, 별도의 이야기로 기록되지 않고 탈해신화에 포함된 것도 이러한 추론에 힘을 실어준다.

알지신화의 또 다른 특징으로는 알지가 '태양의 뜻을 받들고 하늘에서 내려왔다'는 상징적 의미를 지닌 존재이면서도, 지상에서 활동하고 있는 인격신의 존재로 전하고 있다는 점이다. 즉 그는 신성하다고 여겨지는 존재일 뿐 신성함을 지닌 신 또는 신격을 갖춘 영웅의 위상과는 거리를 두고 있다. 또한 태자에 봉해진 알지가 왕위에 오를 기회를 '스스로 사양했다'고 전하면서 '탈해왕이 사망한 후 파사가 신하들의 추대를 받아 왕위에 오르게 되었다'는 기록이 전하는 것도 이러한 사실과 무관하지 않다. '파사가 신하들의 추대를 받았다'는 사실은 알지세력이 비록 신라 왕실과의 연대를 강화했다고는 하지만 신라의 조정까지 장악할 정도로 지지 기반을 확장하기에는 한계가 있었음을 의미하기 때문이다. 하지만 이후 지속적으로 지지 기반을 확장한 알지 가문은 7대손인 미추味鄒가 왕위에 오르면서 마침내 알지는 신라 김씨왕조의 시조가 됨으로써 미완의 신화를 완성하게 되고, 가문의 계보를 역사에 남기게 된다.

가문의 계보를 역사에 남기다

알지의 탄생신화에서 알(卵)은 등장하지 않는다. 그럼에도 알지가 금 궤짝에서 나오는 과정은 알의 상태를 깨고 나온 것을 의미한다. 따라서 알지신화는 하늘에서 내려온 천강신화와 난생신화라는 상징적 의미와 함께 새로운 문화, 즉 선진문화의 유입과도 관련이 있다. 금 궤짝은 발달한 제련기술 등 선진문화를 의미하며, 북방세력의 진출과도 연관 지을 수 있기 때문이다. 특히 탈해가 왕으로 즉위한 이후 건국을 전후한 시기보다 철기문화가 확장되었으므로 알지가 태어난 금 궤짝이 상징하듯 토착세력도 선진문화를 수용하였고, 이는 세력의 유지와 확장에 영향을 미쳤다. 그런 점에서 토착세력인 알지세력과 신라 왕실과의 결합은 세력연합이라는 성격이 강했고, 한편으로 신라사회가 신화의 시대와 관련한 요소들이 축소되고, 역사의 시대에 들어서고 있음을 의미했다. 『삼국유사』와 『삼국사기』에서 이제까지의 개국시조들의 신화와는 다르게 알지의 후손들을 구체적으로 기록하고 있는 것도 그 예이다. 약간의 차이가 있기는 하지만, 알지의 후손과 관련하여 다음과 같이 알지에서 시작되는 신라 김씨의 계보를 확인할 수 있다.

⊙ 『삼국유사』와 『삼국사기』에 전하는 김알지 후계도

	1대	2대	3대	4대	5대	6대	7대
『삼국유사』	알지	열한熱漢	아도阿都	수류首留	욱부郁部	구도俱道	미추
『삼국사기』	알지	세한勢漢	아도阿道	수류	욱보郁甫	구도仇道	미추

이처럼 알지는 후손의 계보를 역사에 남겼고, 그의 7대손 미추왕의 즉위와 관련하여 『삼국사기』에 다음과 같이 전한다.

> 미추이사금이 왕위에 올랐다. 미추는 미조라고도 하고, 성은 김씨이다. 어머니는 박씨로 갈문왕 이칠의 딸이다. 왕비는 석씨인 광명부인이니 조분왕의 딸이다. 그 선조는 알지로 계림에서 나왔고, 탈해왕이 데려다 궁중에서 길러 후에 대보로 삼았다. (……) 첨해왕이 아들이 없으므로 나라 사람들이 미추를 왕으로 세웠으니 이것이 김씨가 나라를 다스린 시작이다.

알지의 후손인 미추는 아들이 없었던 첨해왕沾解王의 뒤를 이어 왕위를 이어받는다. 그러나 단순히 왕위를 이어받을 아들이 없어서 미추에게 기회가 돌아온 것은 아니었다. 알지의 김씨 가문은 미추왕이 탄생하기까지 신라 건국 초기부터 다수의 왕비를 배출하는 등 200여 년간 신라 왕실과 꾸준하게 관계를 맺으며 세력 기반을 다져나갔고, 미추왕 대에 이르러 그는 이미 확실한 왕족의 반열에 올라 있었던 것이다.

신라 3대 유리왕, 즉 노례왕의 왕비는 사요왕의 딸 김씨이며, 그의 차남으로 석탈해의 뒤를 이어 5대 왕으로 즉위한 파사왕의 왕비 역시 김씨인 사성부인으로 허루許婁 갈문왕의 딸이다. 그리고 6대 왕으로 즉위한 지마왕은 파사왕과 어머니 사성부인 사이에서 장남으로 태어났고, 왕비는 김씨인 애례부인愛禮夫人으로 갈문왕 마제摩帝의 딸이다. 그리고 9대 왕으로 즉위한 벌휴왕은 석씨였고, 어머니가 김씨인 지진내례부인이었다. 신라 왕실은 이 시기를 전후해서 박씨계가 위축되고 석씨계와 김씨계가 부상한다. 즉 벌휴왕의 손자로 석씨계인 조분왕이 11대 왕으로 즉위하였으며, 그의 어머니는 김씨인 옥모부인이었다. 조분왕은 10대 왕인 내해왕의 사위로, 그의 즉위에는 어머니계인 김씨세력도 영향력을 미쳤다. 그리고 조분왕의 사위이자 알지의 7대손인 미추왕이 신라의 13대 왕으로 즉위하게 된다.

미추왕은 8대 아달라이왕부터 9대 벌휴왕 대에 활약한 구도의 아들이고, 어머니는 박씨이다. 그의 왕비는 조분왕의 딸이다. 따라서 미추왕은 박씨 왕족의 외손이며, 석씨 왕족인 조분왕의 사위로, 미추의 김씨 가문이 신라 왕실의 중심축인 석씨와 박씨 왕족과 폭넓은 관계를 유지했음을 알 수 있다. 이러한 세력을 기반으로 미추왕 이후 신라는 김씨왕조의 시대를 열게 된다. 정확하게 말하면 신라의 왕위는 혁거세왕을 시작으로 4대 탈해왕을 제외하고 아달라이왕인 8대까지 박씨가 왕권을 이어받았고, 9대 벌휴왕에서 16대 흘해왕까지는 13대 미추왕을 제외하고는 석씨가 왕권을 세습했다. 그리고 17대 내물왕부터 김씨가 왕권을 세습한다. 특히 신라의 실질적인 건국이 중앙집권적 정치체제를 발전시킨 내물왕 대에 이루어졌다는 사실을 감안하면 김씨 왕족에 의해 신라의 본격적인 역사가 시작되었음을 알 수 있다.

이처럼 박·석·김을 중심으로 하는 신라 왕실이 미추왕 이후 김씨 중심으로 재편되면서 신라 왕실은 혁거세를 시조로 하는 세력집단과 탈해를 시조로 하는 세력집단의 안정적인 동맹관계를 유지한다. 그리고 신라사회는 왕족을 정점으로 그 아래 다양한 지배세력이 생겨나며, 여러 세대를 거치면서 지배세력의 중심에 있던 세력과 방계에 위치한 세력의 위상에도 변화가 일어난다. 특히 왕실이 견고해질수록 방계세력은 점차 신분적으로 왕보다 낮은 위치에 머물게 된다. 그런 점에서 알지신화는 신라의 건국신화를 구성하는 몇몇 씨족신화 가운데, 선주족이 주도적 역할을 맡아 도래민 왕족을 흡수·동화했다는 관점에서 서술한 김씨 왕족의 시조신화라는 해석이 가능하다.

주요 고전 문헌 살펴보기

『화랑세기』

신라 중대 김대문金大問이 쓴 화랑花郎들의 전기로, 저자의 가장 중요한 저술로 꼽히지만 현재 전하지 않아 구체적인 내용은 알 수 없다. 다만 『삼국사기』에서 이 책의 내용을 인용하고 있어 적어도 『삼국사기』가 찬술되었던 고려 때까지는 전해졌던 것으로 보인다. 김대문이 8세기 초에 생존했다는 사실을 감안하면 이 책에서 다룬 신라의 화랑은 가장 활약이 두드러졌던 진흥왕 대에서 통일을 완성한 문무왕 대까지의 화랑들이라고 할 수 있다. 또한 근친혼近親婚·동성애·다부제多夫制 등의 내용도 다루고 있어 고대사회의 실상을 생생하게 전한다. 1989년 필사본이 발견되고, 이후 1995년에 모본이 알려졌는데, 아직 위작 여부가 판명되지 않아 분명하게 단정 지을 수는 없으나 이것이 진본이라면 고려시대 이전에 쓰인 역사서로, 유교의 영향을 받지 않은 사서 중에 최초로 발견된 사서가 된다.

『수이전』

작자 미상의 한문설화집으로 통일신라 후기에 지은 것으로 전하며, 지은이로는 박인량朴寅亮·최치원崔致遠·김척명金陟明 등이 거론되고 있지만 현재 전하지 않아 구체적인 내용은 확인할 수 없다. '신라수이전新羅殊異傳' 또는 '신라이전新羅異傳'이라고도 하며, 『대동운부군옥』『삼국유사』『태평통재』 등에 이 책에서 뽑은 몇 개의 작품이 남아 있다. 작품의 내용은 귀신과 만나 사랑을 나누거나 도술을 부리는 등의 신비하고 초월적인 이야기가 중심이며, 신분의 차이를 넘는 백성들의 사랑이 유명한 인물보다도 높이 평가되거나 신분 간의 차이로 비극적 죽음을 맞이해야만 했던 삶의 모습 등 당시의 사회상도 부분적으로 반영되어 있어 비록 단편이지만 신라의 설화를 이해할 수 있는 귀중한 자료이다.

『가락국기』

고려 문종 때인 1075~1084년에 금관주지사를 지낸 인물이 가락국의 옛 땅인 금관주의 역사서로 이 책을 편찬한 것으로 추정하고 있다. 완전한 내용은 전하지 않지만 『삼국유사』「기이편」에 간략하게 기록되어 있어 가락국의 역사를 이해하는 데 도움이 된다. 가락국의 시조인 김수로왕의 건국설화와 허왕후와의 혼인설화 및 수로왕릉의 보존에 관련된 신이한 사례(神異事例), 그리고 신라에 합병된 이후부터 고려왕조에 이르기까지 김해 지방의 연혁과 2대 거등왕居登王부터 마지막 구형왕까지의 왕력王曆이 실려 있다. 김해 김씨 종문에서는 저자가 김해 김씨 출신인 김양감金良鑑이라고 주장하나 확실하지 않다. 또한 이 책을 편찬하게 된 역사적 배경과 사료로 이용된 문헌 등도 분명하지 않다. 그럼에도 현재 가야사에 대한 문헌 사료가 거의 전하지 않아 중국 사료인 『삼국지』의 「한전韓傳」 및 「변진전弁辰傳」과 『후한서』의 「한전」 등과 함께 가야사를 연구하는 데 대단히 귀중한 자료로 평가된다.

『신증동국여지승람』 지방의 다양한 분야를 기록한 백과사전식 서적으로, 조선 전기에 중앙집권화가 강화되면서 조정은 각지의 정보를 제대로 파악해야 할 필요성에 따라 『세종실록지리지』 등 지리지 편찬사업을 활발하게 진행했다. 이러한 분위기에 영향을 받아 중종의 명에 의해 1530년 『동국여지승람』이 새로 증보되었다. 전국 329개 지역의 연혁과 관원·군명·성씨·풍속·형승·산천·토산·성곽·관방·봉수·누정·학교·역원·불우佛宇·묘사廟社·능침陵寢·고적·명환名宦·인물의 사적과 시인詩人의 제영題詠 등이 기록되어 있다. 각 도의 지도가 모두 동서의 폭이 넓고 남북의 길이가 짧은 것이 특징이며, 북부 지역이 남부 지역보다 매우 작게 그려져 있어 변경邊境에 대한 인식이 남부 지역에 대한 인식보다 낮았음을 보여준다. 또한 토지·호구·군사의 항목이 없고, 대신 『동국여지승람』보다 인물이나 제영의 비중이 크다. 성리학 이념이 조선사회에 정착되면서 이에 충실했던 충신·효자·열녀의 행적을 전파하고, 관리나 학자들이 쓴 시문을 알려 문화국의 면모를 강조하려는 의도를 담고 있다.

7장

가야 건국, 찬란한 문화를 꽃피우다

9간, 가야제국의 초석을 다지다

제국의 건설을 위하여

소국으로 출발한 가야는 고대국가의 체제를 완벽하게 구축하지는 못했다. 그럼에도 추대방식을 통해 건국시조를 옹립함으로써 600년 역사의 문을 열었고, 가야의 탄생을 알리는 그들만의 건국신화도 전하고 있다. 이후 가야는 가야제국으로 불릴 정도로 강력한 연맹체를 유지하면서 찬란한 문화를 꽃피웠다.

가야의 건국신화와 관련해 9간九干의 존재에 먼저 주목할 필요가 있다. 9간은 가야제국을 대표하는 6가야의 왕들이 등장하기 이전부터 존재했던 선주민 집단의 우두머리를 말한다. 9간은 개국시조를 맞이하는 의례를 산봉우리에서 행하고 가락국의 수로왕을 포함해 6가야의 시조들을 맞이하였다는 점에서 신라의 6촌장처럼 각 씨족집단을 대표하는 시조신이었거나, 시조신에 대한 제사를 주관하는 제사장의 역할을 담당했던 것으로 추정되고 있다.

가락국이 개국하기 이전의 사회와 9간에 대해서 『삼국유사』에는 다음과 같이 전하고 있다.

> ▌ 천지가 개벽한 후 이 땅에는 아직 나라의 이름이 없었고, 또한 임금과 신하의 호칭도 없었다. 이윽고 아도간我刀干·여도간汝刀干·피도간彼刀干·오도간五刀干·유수간留水干·유천간留天干·신천간神天干·오천간五天干·신귀간神鬼干 등 9간이 있었다. 이들은 추장으로 백성을 다스리니 무릇 1백 호에 7만 5천이었다. 많은 사람들이 저마다 산과 들에 자리 잡고 살면서 우물을 파서 물을 마시고 밭을 경작하여 곡식을 먹었다.

이처럼 9간들이 지배하던 사회는 아직 국가체제를 갖추기 이전의 추장사회였지만, 우물을 파서 이용하고 밭을 경작하는 농경생활을 했을 정도로 높은 생활수준을 갖추고 있었다. 그리고 가야국보다 앞섰던 9간의 존재는 기원전 7세기에서 기원전 2세기까지 존속했던 것으로 추정하고 있다. 특히 가야제국을 대표했던 가락국은 청동기문화를 중심으로 농경생활을 하는 '100호 7만 5000명의 백성'을 9명의 추장들이 나누어 다스리며 연맹관계를 형성하고 있었다.

9간과 관련해서는 전하는 자료가 없어 자세히 알 수는 없다. 그럼에도 가락국이 위치했던 김해의 시내에는 7기의 고인돌이 집중적으로 분포하고 있으며, 규모도 매우 크다. 또한 김해 지역의 청동기시대 유적 분포도가 대체로 1~3킬로미터의 거리를 유지하고, 크게 7개의 권역으로 구분되어 있어 가락국이 성립되기 이전부터 이곳에 중심적인 세력을 형성했을 것으로 추정하고 있다.

또한 옛 지명의 연구나 고고학적인 연구에 의하면, 가락국 인근의 지명 중에서 부산광역시 강서구에 편입된 녹산에 있는 구랑동九郞洞도 주목받고 있다. '구랑리' 또는 '구랑촌'으로도 불렸던 이 지역은 현재 9간과 관련된 유일한 지명으로, 배가 정박하기 좋은 조건의 해안에 접하고 있어 김해만으로 들어오는 첫 번째 정박지로 추정되고 있다. 또 녹산 지역에서 전하는 '나드리'와 '너더리'라는 고개 이름의 한자 표기가 각각 '아도我刀'와 '피도彼刀'로 되어 있어 9간에 속했던 아도간이나 피도간과 연관이 있었을 것으로 보고 있다. 그리고 김해 시내의 회현리 패총과 봉황대 사이의 좁은 소로에 위치한 구릉을 '여시고개' 또는 '야시고개'라고 하여 한자 표기로 '유수留水'라고 전하는 것도 9간에 속했던 유수간과 연관된 지명이 전승된 것으로 보인다.

이외에도 중국의 『상서』와 『한서』 등에도 9간이 보이는데, 이는 순임금시대에 국정을 맡은 9개 분야의 사공司空·후직后稷·사도司徒·사士·공공共工·우虞·질종秩宗·전악典樂·납언納言을 말한다. 따라서 가야의 9간 역시 후에 왕의 통치를 보좌하는 관료조직의 기반이 되었을 것으로 추론해볼 수 있다.

9간은 신라의 6촌장과 달리 신화가 전하지 않는다. 그럼에도 단군이 고조선을 세우기 전에 환웅이 다스리던 신시가 있었고, 주몽이 졸본에 도읍하기 전에 해모수의 북부여를 비롯해서 부루의 동부여 그리고 송양의 비류국 등이 이미 존재했으며, 축약되어 있기는 하지만 신화가 전한다는 사실을 감안하면 6가야가 건국되기 이전에 이미 9간이 지배하던 영역과 그 백성들에게도 고유의 이야기가 있었을 가능성은 충분하다.

그러나 9간이 다스린 규모가 '100호에 7만 5000명이었다'는 기록은 이해하기가 쉽지 않다. 이 기록에 따르면 9간은 평균 각각 10호 내외의 가구와 7000~8000명 규모의 인구를 다스렸으며, 그렇다면 한 가구당 가족 수가 평균 750명이라는 계산이 나온다. 인류 역사상 한 가구의 평균 인구가 그 정도 규모를 유지했다는 기록은 어디에서도 찾아볼 수 없으며, 무언가 착오가 있었을 것으로 보인다. 예를 들면 '9간이 각각 100호 정도의 규모를 다스렸고, 9간이 다스린 전체 인구는 7만 5000명이었다'는 의미를 잘못 표기했거나 또는 당시 사회적 규모를 고려했을 때 9간이 다스린 규모가 각각 1000호 내외로 볼 수 있다는 점에서 '1만호에 7만 5000명의 인구를 다스렸다'는 것을 잘못 표기한 것으로 생각해볼 수도 있다. 그 당시 한 가구당 평균 인원은 7.5명 정도로 봐도 무리가 없다는 연구 결과 또한 이러한 추론에 힘을 실어주고 있다.

600년 역사의 토대를 구축하다

가야에 대해 기록한 책으로는 김해 지방의 금관주金官州 지사知事를 지낸 김양일이 1076년에 찬술한 『가락국기』가 있었으나 지금은 전하지 않아 자세한 내용은 알 수 없다. 현재까지 우리나라에서 전하는 유일한 가야의 자료는 『삼국유사』로, 수로신화와 수로왕릉의 신이한 내용이 큰 비중을 차지하고 있다. 그리고 『삼국사기』를 비롯해서 중국의 『삼국지』 「위지 동이전」과 일본의 『일본서기』 등의 자료와 고고학적 연구 성과에서 가야의 존재와 함께 찬란한 문화를 전하고 있지만, 요약된 내용만 실려 있어 가야는 우리 고대사 연구에서 가장 밝혀지지 않는 부분으로 남아 있다. 비록 축약되어 전하기는 하지만 9간에 의해 탄생한 가야의 개국시조신화는 가야사 연구에 중요한 자료이다.

가야의 개국시조신화는 신라의 신화와 유사하다. 예를 들면 가야의 개국시조 역시 부모와 관련한 이야기가 전하지 않으며, 개국시조는 9간의 추대로 왕위에 오르는 절차를 밟고 있다. 물론 여기에도 가야제국의 왕들과 9간 사이에 혈연적 관계 등 어떠한 연관성도 찾아볼 수 없다.

『삼국유사』에 의하면, 가야국의 무대는 남북으로는 해인사의 가야산에서 남해까지이고, 동서로는 낙동강 서쪽에서 섬진강이 있는 지리산까지로 전한다. 가야의 생활권과 관련하여 고고학 분야에도 낙동강 동쪽의 동래·양산·창녕 등과 섬진강 서쪽의 진안·장수·임실·남원 등에서 가야문화의 흔적들이 확인되고 있다. 특히 지리적으로 많은 산과 강으로 나누어진 이곳의 분지들은 가야국들이 독립적으로 형성되어 생활하기에는 적합했지만 통일된 왕국을 이루기에는 부적합했다. 가야국의 정치와 문화적인 공통점을 발견하기가 어렵고, 가야국의 관계가 '연맹'의 속성은 있었지만 강력한 결속력을 지닌 연맹체라기보다는 권역별로 지역적 특성에 기반한 지역연맹체를 이루었다는 것도 이러한 지리적 특성과 무관하지 않다. 그럼에도 기원을 전후한 시기부터 562년까지 존재했던 가야국들은 독립된 국가체제를 유지하면서 고구려·백제·신라와도 당당하게 경쟁을 벌일 정도로 강력한 세력을 지니고 있었다.

『삼국유사』에는 수로왕의 가락국(또는 금관가야)을 포함해 6개의 가야국이 경상남도 해안 일대를 중심으로 건국되었다고 전한다. 이 국가들을 6가야라고 한다. 그리고 가야국들의 맹주 역할을 했던 가야를 대가야라고 하며, 본가야를 제외한 나머지 가야국들을 '5가야'라고 한다. 가야제국들은 일반적으로 금관가야·아나가야·대가야 등 친숙한 국명으로 전하지만 정확한 명칭은 알 수 없다. 현재 전하는 5가야의 명칭들은 대부분 『삼국유사』의 「기이편」 5가야에서 고려시대의 행정구역명을 가야의 국명으로 붙인 것일 뿐 실제 이름과는 거리가 있다.

> 아라가야阿羅伽耶(지금의 함안咸安), 고령가야古寧伽耶(지금의 함녕咸寧), 대가야大伽耶(지금의 고령高靈), 성산가야星山伽耶(지금의 경산京山이니, [혹은] 벽진碧珍이라고도 한다), 소가야小伽耶(지금의 고성固城)이다.

중국의 『삼국지』 「위지 동이전」에 의하면 가야제국은 변한의 12국이 발전하면서 성립된 것으로 전한다. 이후 해안지대에 철기문화가 보급되면서 사회통합의 진전이 이루어지는 과정에서 변한소국들이 나타나기 시작했고, 이러한 발전 추세가 지속됨에 따라 소국 간의 통합이 한 단계 더 진행되어 2~3세기 가야제국을 대표하는 김해의 가락국을 중심으로 변한소국연맹, 즉 전기 가야연맹을 형성한다.

그러나 4세기 초반을 넘기면서 국제관계의 변화에 따라 전기 가야연맹은 약화되기 시작했고, 4세기 말에서 5세기 초에 낙랑군이 멸망하면서 한반도 내에도 변화가 일어나게 된다. 특히 고구려와 백제의 패권 다툼에서 백제를 대파하고 세력을 넓힌 광개토대왕의 고구려군이 신라를 지원하여 낙동강 하류까지 내려와 가야를 토벌함으로써 김해의 해안 지역에 위치한 가야국들은 연맹의 중심을 잃고 쇠잔의 길을 걷는다. 이후

5세기 후반에 들어서면서 가야국들 사이에 재통합의 기운이 일어났고, 그 결과 지배권력의 주체와 중심 지역이 옮겨져 고령의 대가야국을 중심으로 후기 가야연맹을 형성한다. 그러나 다시 위기를 맞은 가야제국은 562년 김해의 금관가야를 비롯한 남부 지역이 신라에 병합되면서 완전히 몰락한다.

이처럼 400년에 광개토대왕이 5만의 군대를 파견하여 가야를 공격한 시기를 기준으로 가야제국의 역사는 크게 전기와 후기로 구분할 수 있다. 가야의 건국신화가 김해 지역의 구지봉과 합천의 가야산에 얽힌 두 계통으로 전하고 있는 것도 이러한 역사와 무관하지 않다. 또한 신라에 병합된 가야의 유이민들은 뛰어난 재능을 바탕으로 다양한 분야에서 활약하며 역사에 이름을 남긴 인물들을 다수 배출했고, 신라 왕실과도 관계를 확장하는 등 귀족 가문으로 자리 잡으며 지배세력에 편입되기도 했다. 비록 가야는 멸망했지만 이들을 통해 가야의 존재가 후세에 전하게 되었다. 수로왕의 9대손이자 신라 왕실에 편입된 귀족으로 신라의 삼국통일을 주도한 김유신을 비롯하여, 뛰어난 악사로 가야금을 만든 우륵, 지금의 충주 출신으로 유학에 조예가 깊어 7세기 중엽에 중국과의 외교 문서 해독 및 제작으로 널리 이름을 떨친 강수 등이 있다.

그 밖에도 가야인들의 일부는 일본열도로 이주하여 인적·물적 기초를 제공했다. 일본의 호쿠부큐슈·오카야마·오사카·나라·시가 등에는 이러한 흔적들이 대단히 많이 남아 있다. 가야인들이 조상신을 모시면서 생활했던 '카라·아라·아야·가야' 등의 이름이 남아 있는 여러 신사들과 고분 유적 등의 수많은 유적들이 일본에서 출토되는 것도 이와 무관하지 않다.

수로왕, 가야제국의 문화를 꽃피우다

제의를 직접 주관하다

수로신화의 주인공인 수로는 우리 역사에서 가장 주목받는 인물로 꼽힌다. 그의 존재는 찬란한 가야제국의 문화를 대표하고 있으며, 민간에서도 오래전부터 그와 관련한 다양한 이야기들이 신화와는 별도로 전하고 있을 정도로 그에 대한 관심은 지속적으로 이어졌다. 그리고 그는 현재 우리 사회에서 가장 많은 후손을 둔 시조이기도 하다.

수로와 관련한 문헌 기록은 극히 한정적이어서 축약된 수로신화에 의존할 수밖에 없는 것이 아쉽지만, 다른 건국신화에 버금갈 정도로 흥미로운 내용들이 수로신화에서 발견된다는 점은 그나마 다행스러운 일이다. 수로신화는 『삼국유사』를 비롯해 『경상도지리지』 『고려사』 『세종실록지리지』 등에 전하며, 『삼국유사』에 가장 풍부한 내용이 담겨 있다.

이 자료들은 가락국의 건국시기 등 구체적인 내용에는 차이가 있기는 하지만 전체적으로는 큰 차이가 없다.

수로신화에 의하면, 수로왕의 가락국은 9간이 이끌었던 추장사회를 통합하여 건국되었고, 중국의 『삼국지』「위지 동이전」에는 가락국이 낙랑이나 일본에 철을 수출했다는 기록이 전하고 있을 만큼 철기문화를 지닌 집단으로 찬란한 문화를 꽃피웠다. 따라서 수로의 등장을 전하는 탄생담은 가야 역사의 출발점이기도 했다.

영웅의 등장을 예고하며 시작되는 수로신화는 『삼국유사』에 다음과 같이 전한다.

▌ 후한 세조世祖 광무제 건무 18년(42년) 임인壬寅 3월 계욕일에 9간과 백성들이 사는 곳 북쪽의 구지龜旨 — 이는 산봉우리의 이름인데, 마치 열 마리의 거북이 엎드리고 있는 형상이어서 이렇게 불렀다 — 에서 무엇을 부르는 수상한 소리가 나서 무리 2백~3백인이 이곳에 모였다. 사람의 소리와 같은 것이 나는데, 그 형상은 감추고 소리만 내어 말하기를 "여기에 사람이 있느냐?"라고 하였다. 9간 등이 대답하기를 "우리들이 여기 있습니다"라고 답했다. 또 말하기를 "내가 있는 곳이 어디인가?"라고 하였다. 대답하기를 "구지입니다"라고 하였다. 또 말하기를 "황천(皇天, 하느님)이 나에게 명하시기를 이곳을 다스려서 나라를 새롭게 하고 임금이 되라 하셨는데, 이러한 이유로 내려온 것이다. 너희들은 모름지기 봉우리 꼭대기에서 흙을 파서 노래 부르기를 '거북아 거북아, 머리를 내밀어라, 만약 내밀지 않으면 구워 먹겠다'고 하며 뛰면서 춤을 추면 곧 대왕을 맞이하여 기뻐서 뛰게 될 것이다"라고 하였다.

이 내용을 보면 새로운 영웅의 등장을 예고하는 것은 분명하지만, 이제까지의 신화와 달리 하늘의 뜻을 담은 신비한 색채 등 상징성이 약하다는 느낌이 든다. 반면, 신화의 주인공인 수로가 직접 하늘의 뜻을 전하며 백성들에게 자신을 맞이할 준비를 구체적으로 지시하는 등 강력한 카리스마를 전하고 있다는 점에서 특이하다. 이후 9간이 중심이 되어 하늘의 지시에 따라 수로왕의 탄생을 맞이하는 하나의 의식이 이어지고 있다. 이와 관련해서는 『삼국유사』에 다음과 같이 전하고 있다.

> 9간 등이 그 말과 같이 모두 기뻐하며 노래하고 춤추었다. 그러자 얼마 지나지 않아 우러러 쳐다보니 자색紫色의 줄이 하늘로부터 드리워져 땅에 닿아 있었는데, 줄 끝을 찾아보니 붉은 보자기에 싸인 황금빛 상자가 있었다. 열어보니 해와 같이 둥근 황금 알 여섯 개가 있었다. 무리들은 모두 놀라고 기뻐서 일어나 수없이 절하였다. 얼마 있다가 다시 황금 알을 보자기에 싸 가지고 아도의 집으로 돌아와 탁자 위에 두고 각기 흩어졌다. 다음 날 새벽에 무리들이 다시 모여 상자를 여니, 여섯 개의 알이 변화하여 사내아이가 되었는데 용모가 매우 훌륭하였다. 이윽고 평상에 앉히고 무리가 하례의 절을 올리고 극진히 공경하였다.

이처럼 수로의 지시에 따라 지상에서 9간이 보여준 행위는 하늘의 뜻을 받드는 일종의 제의적 절차에 해당했고, 동시에 풍요를 기원하는 농경문화의 상징적 의미를 담은 축제이기도 했다. 『삼국지』「위지 동이전」에 전하는 다음과 같은 내용도 그 예이다.

▌해마다 5월이면 씨뿌리기를 마치고 귀신에게 제사를 지냈다. 떼를 지어 모여서 노래와 춤을 즐기며 술을 마시고 노는데 밤낮을 가리지 않는다. 그들의 춤은 수십 명이 모두 일어나서 뒤를 따라가며 땅을 밟고 구부렸다 치켜들었다 하면서 손과 발로 서로 장단을 맞추는데, 그 가락과 율동은 탁무와 흡사했다. 10월에 농사일을 마치고 나서도 이렇게 한다.

여기서 수로가 9간에게 지시했던 행동은 마치 자신의 주관하에 하늘에 의례를 치르는 제사장의 역할도 연상된다. 이러한 의미가 담긴 건국신화에는 세속적·정치적·경제적·군사적인 면에서의 기원도 담기게 된다. 그리고 군왕의 옹립을 통해 사회 구성원의 결속력을 강화하고, 이를 기반으로 사회의 여러 모순과 갈등을 해소하여 새로운 사회질서 속에서 새로운 출발을 알린다.

이처럼 수로의 탄생 과정은 목소리로 등장하는 수로의 지시에 따라 9간이 하늘에 제의를 올렸고, 이에 신민에게 답하는 형식으로 지상에 탄생한 수로는 가락국을 건국한다. 따라서 수로의 즉위는 형식상으로는 추대로 이루어졌지만, 강력한 권력을 지닌 정복 군주의 성격도 발견된다. 수로가 이렇게 자신 있게 자신의 즉위를 주도할 수 있었던 것은 선진문화를 기반으로 하고 있었기에 가능했으며, 여기에는 신화에 담긴 종교적 성격 이외에도 강한 사회 변혁의 성격도 담겨 있었다.

하늘의 뜻을 받들다

수로의 탄생신화에도 자주색 줄과 붉은 보자기, 그리고 황금빛 상자 등 신화적 상징성을 통해 하늘의 뜻으로 영웅이 지상에 탄생하게 되었음을 강조하고 있다. 여기서 황금빛과 자주색 또는 붉은색은 모두 태양을 상징하며, 신화에 등장하는 줄 역시 하늘에서 내려오거나 하늘로 올라갈 때 하늘과 지상을 연결하는 상징적 의미로, 하늘과의 소통 능력을 보여준다. 그리고 수로가 탄생하기 이전에 알이 담겨 있던 금으로 된 상자는 탈해와 알지가 담겼던 궤짝과 동일한 의미를 지니고 있다. 또한 다른 신화에는 보이지 않던 붉은 보자기는 '천상의 신성한 비밀을 지상으로 운반하고 보자기 속의 황금 알에서 개국시조의 탄생을 알린다'는 의미로, 선진문화의 수용과 함께 신화가 대중적으로 널리 전승되었다는 사실을 보여주는 예이기도 하다.

수로신화에 등장하는 보자기는 물건을 싸는 사각형의 작은 보褓를 말한다. 우리나라에서 보자기가 언제부터 어떤 용도로 사용되었는지는 명확하게 알 수 없지만, 보자기는 물건을 가지고 다니거나 보관할 때 안전하고 편리하게 사용할 수 있다는 특징이 있다. 특히 보자기는 다양한 용도로 사용되면서 우리의 독특한 생활양식으로 자리 잡았고, 보자기의 한자 표기인 '들보 복袱'이 '복 복福'과 음이 같아서 생긴 '보자기에 싸두면 복이 간직된다'는 민간신앙도 보자기의 확장에 영향을 미쳤다. 보자기의 사용이 일상화된 조선시대에는 왕실을 포함해 양반사회에 보자기에 얽힌 일화들이 많이 전하고 있으며, 일반 백성들 사이에서도 광범위하게 사용될 정도로 대중화되어 있었다. 보자기는 고려시대 이전부터 사용했을 것으로 추정되지만, 그럼에도 수로왕의 탄생신화에 보자기가 등장하는 것은 빠른 감이 있다. 아마도 신화가 대중적으로 확장되는 과정에서 윤색된 내용으로 보인다.

봉인사 석가세존부도 사리기 비단 보자기
경기도 남양주시 봉인사의 부도암 사리탑에서 발견된 사리구를 싼 비단 보자기로, 조선시대의 유물이다.

또한 수로신화는 태양숭배라는 자연신격의 의미를 담아 '토지와 사람들에게 풍부한 결실을 맺어준다'는 믿음에서 출발하고 있다. 그리고 9간 등의 무리가 노래하고 춤을 추며 제의를 수행한 것은 하늘의 지시에 대해 이러한 기원을 전하는 절차이기도 했으며, 하늘이 이를 확인한 결과 수로의 탄생으로 이어졌다. 따라서 지상에서 수로의 탄생은 그가 이미 세상을 지배할 수 있는 능력을 갖추고 있음을 공표한다는 의미이며, 이에 9간 등의 무리는 자신들을 통치할 군왕의 등장을 맞이하면서 하늘에 절을 하며 감사의 뜻을 전하고 있는 것이다.

이처럼 수로의 탄생 과정은 마치 잔칫집 분위기가 연상될 정도로 시끌벅적하게 진행된 일종의 축제였고, 군왕을 맞이하라는 하늘의 뜻을 적극 수용하겠다는 의지를 전하는 제의이기도 했다. 일반적으로 유교적 제의에 익숙한 사람은 제의라고 하면 조용하면서도 엄숙하게 치르는 의식으로 생각하기 쉽지만, 고대사회에서 제의는 신과 인간이 접촉하고 교섭하는 과정에서 요란스럽고 장황하게 이뤄지면서도 그 속에 신성함이 담겨 있는 의식이었다. 신내림과 같은 무당굿이 그 예로, 신이 직접 인간에게 한 말을 신탁이라고 하는데, 굿에서 신이 무녀를 통해 자신의 의중을 구술하는 '공수'와 같은 성격을 수로신화에서도 발견할 수 있다. 즉 굿을 통해 신과 인간의 문답이 연극적으로 진행되는 과정에서 숨어서 소리만 내는 신의 역할을 담당한 무巫와 6가야의 시조인 황금 알을 가지고 집으로 돌아간 아도간 등 9간의 역할을 맡은 무巫가 합작으로 대왕맞이 굿을 연출하였으며, 신의 지시가 끝나는 즉시 실행에 옮겨 굿판이 벌어지듯 수로왕의 지시에 따라 구지봉에서 집단가무가 실연되었던 것이다.

거북을 협박한 이유는?

지상에서 새로운 지도자를 기원하기 전에 하늘에서 새로운 지도자를 맞이할 것을 지시하는 수로신화의 탄생신화는 다음과 같은 특이한 점이 발견된다.

첫 번째는 하늘로부터 신성한 존재를 맞이하기 위해 위협적인 내용의 노래를 부르게 했다는 것이다. 일반적으로 노래와 춤은 부정을 막고 평안을 기원하는 주술적인 힘이 포함되어 있기 때문에 위협적인 내용이 담겨 있는 경우를 찾아보기 힘들다. 그러나 고대사회에서 이러한 행위는 전혀 생소한 것이 아니었다. 거북을 위협하는 장면은 주몽신화에서 주몽이 비류국을 물바다로 만들기 위해 흰 사슴을 잡아 주술을 외게 했던 행위와 의미가 유사하며, 부여와 고구려에서는 산신에게 어떤 기원을 할 때 사슴을 잡아 나무에 거꾸로 매달아놓고 창으로 찔러가며 주술을 외었다는 의식도 전한다. 그리고 백제에서는 천신에게 기원하기 위해 매를 잡아 좁은 틀 안에 가두어두어 물과 먹이를 주지 않고 주술과 함께 노래를 불렀다고 하며, 고대 중국에서도 가뭄이 들면 무당을 핍박하여 하늘에 간절히 비를 청하기도 했다. 고대사회에서 사슴과 매 그리고 무당은 산신과 천신의 사자로, 그들을 위협하거나 괴롭히면 각각의 신들이 자신의 사자를 불쌍하게 여겨 인간의 소원을 들어준다는 믿음이 있었던 것이다. 따라서 수로신화에서 위협적인 노래를 부르게 한 것은 특별히 수로왕을 맞이하기 전에 잡신 등 주변의 부정한 것들을 물리치고 신성한 공간을 확보하려는 의도로 해석할 수 있다. 그리고 이러한 의식을 통해 천신의 혈통이 확인된 수로왕이 직접 하늘의 뜻을 받들고 지상에 내려올 것을 예고하고 있다. 잡귀의 침입을 막기 위해 불렀던 신라시대의 향가인 「처용가」도 그 예라 하겠다.

두 번째로 신성한 존재인 수로왕을 하늘로부터 지상세계로 안내한 동물이 거북이라는 점도 특이하다. 다시 말해 하늘에서 산으로 내려오는 영웅을 맞이하는 의식에 바다의 동물인 거북이 등장하고 있고, 심지어 그 거북의 모습조차 보이지 않는다는 점이 독특하다. 일반적으로 신화에 등장하는 동물은 누가 보아도 신성한 상징성을 지니고 있기 때문이다. 특히 신라의 경우 신성한 혈통을 지닌 영웅의 탄생을 알리는 동물로 백마나 계룡 또는 흰 닭이 등장하며, 이를 통해 태양숭배 등 천신신앙과 지역의 토착신앙이 결합하여 그들만의 특별한 신성함을 상징적으로 전한다.

이와 관련해 거북이 지닌 특징에 대해서 좀 더 구체적으로 살펴볼 필요가 있다. 즉 거북은 바다를 의미하는 해신海神의 사자로 전하지만, 육지와 바다 모두에서 살 수 있는 신성한 동물로 장수를 상징하기도 한다. 특히 고대사회에서 거북은 점복占卜에 사용되었을 정도로 초월적인 신성

관념과 예언적 능력을 지녔으며, 신과 인간 사이를 연계하는 사자의 역할도 담당했다. 또한 거북은 유교·불교·도교가 유입되기 이전부터 광범위한 주술 능력은 물론, 종교적으로도 토착신앙 형태로 전하기도 했다. 따라서 이러한 의미를 지닌 거북의 등장과 관련하여 수로의 탄생신화에는 시조가 있는 곳을 지시하는 존재와 시조가 하늘에서 내려와 도착하는 지상의 명칭이 동일하다는 점에 주목할 필요가 있다.

거북은 구지봉이라는 산의 산신으로, 9간 집단이 숭배하는 재래신이라는 해석이 가능하다. 즉 수로왕이 등장하기 이전에 9간이 다스리던 사회는 바다와도 인접해 있었으므로 구지봉에서 굿판을 벌이면서 거북을 위협하여 해신에게 많은 생선과 조개가 잡히게 해달라고 빌었을 가능성이 충분하다. 그리고 수로왕이 비록 선진문화를 가지고 외부로부터 들어왔지만, 가락국을 세울 때 자신을 신성화할 도구로 이러한 의미를 지닌 토착문화를 활용함으로써 9간은 거부감 없이 거북에게 자신들의 염원을 기원할 수 있었던 것이다.

이처럼 수로왕이 건국한 가락국은 '가야의 나라'를 의미하며, 가야加耶, 伽倻·금관국金官國·금관가야 등으로도 전한다. 그리고 지리적으로 남쪽에 위치하고 있어 남가야라고도 하며, 가야연맹의 맹주 역할을 했기에 대가야 또는 본가야本加耶라고도 한다.

문명의 전환을 꾀하다

수로의 탄생 이후에 대해 『삼국유사』는 다음과 같이 전한다.

> 수로왕 등이 나날이 자라서 십여 일이 지나자 신장이 9척이나 되었으니 은殷의 천을天乙을 닮았고, 얼굴은 용과 같으니 한漢의 고조高祖를 닮았으며, 눈썹의 팔채八彩는 당唐의 요堯와 같고, 눈동자가 겹으로 된 것은 우虞나라의 순임금과 같았다. 그 달 보름에 왕으로 즉위하였다. 여섯 개의 알 중에서 처음으로 나왔으므로 이름을 수로首露라 하였는데, 혹은 수릉首陵이라 하였다—수릉은 죽은 뒤의 시호諡號이다. 나라 이름은 대가락大駕洛 또는 가야국伽耶國이라 하였는데, 곧 6가야의 하나이다. 나머지 다섯은 각각 돌아가 5가야의 왕이 되었다. 동으로 황산강, 서남은 창해, 서북은 지리산, 동북은 가야산 그리고 남쪽은 바다가 나라의 끝이 되었다.

위에서 보듯 눈동자가 두 개였다는 것은 군왕으로서 뛰어난 자질을 보여준 순임금 등 동양에서 비범한 능력을 지닌 지도자를 상징하는 표현으로, 수로가 동양의 어떤 영웅과 비교해도 뒤지지 않을 정도로 특출한 인물이었다는 사실을 강조하고 있다.

또한 수로와 함께 하늘에서 황금 알로 내려와 탄생한 다섯 영웅들이 각각 군주가 되어 6가야가 건국되었고, 언어와 종교 등 비슷한 유형의 사회·문화·정치제도를 기반으로 서로 대등한 수준의 농업과 교역활동을 펼치게 된다. 그럼에도 가야제국의 신화에서 수로왕을 시조로 하는 개국신화가 제일 먼저 등장하여 가락국을 하나의 국가로 인정하고 있고,

나머지는 '5가야가 함께 건국했다'고 설명만 전하는 것은 6가야 가운데 수로의 가락국이 가장 우월한 지위에 있었음을 의미한다. 수로가 탈해를 물리칠 정도로 경쟁력 있는 선진문화를 지녔으며, 철의 생산과 수출을 통해 가락국을 고대국가의 수준으로 발전시킬 수 있었다는 역사적 사실도 이를 뒷받침해주고 있다. 그리고 수로의 성이 '쇠 금金' 자를 써서 '김' 씨가 된 것도 이와 무관하지 않으며, 가락국의 또 다른 명칭인 금관가야의 금관金官 역시 머리에 쓰는 관이 아니라 김해를 통합한 신라가 가락국의 쇠金를 관리하겠다며 붙였던 '금관군金官郡'이라는 지명에서 비롯된 것이었다.

낙동강 하류의 삼각주 지역에 위치한 가락국은 농업이 발달했고, 낙동강과 함께 남쪽으로는 바다와 접해 수운을 이용할 수 있었기에 경제적·문화적 발전에 유리한 조건을 지니고 있었다. 이러한 지리적 여건을 바탕으로 3세기 때 낙랑에서 왜로 가는 배가 가락국을 거쳐 가는 등 활발한 대외활동을 전개했으며, 여기에 일찍부터 발달된 철기문화라는 선진문화가 더해져 가락국은 화려한 문화를 꽃피웠다. 그러나 가락국이 철기문화를 독점적으로 소유하여 월등한 세력을 기반으로 하였음에도 완전한 고대국가 체제를 갖추었다고 보기에는 무리가 있다. 다만 『삼국지』 「왜인전」에서 "낙랑군과 대방군에서 교역선들이 해안선을 따라 연안항해를 하였다"라는 기록으로 보아 가락국은 지역사회 차원에서 개별적인 관문의 기능을 담당하면서도 한편으로는 경남 해안 일대의 소국들이 지리적 여건을 활용해 외부세력과 빈번하게 접촉하는 개방적인 상태를 유지했던 것으로 보인다.

이처럼 가락국의 건국은 철기문화를 통한 문명의 전환을 의미했지만, 수로왕은 9간이 이끌었던 추장사회를 일방적인 정복으로 병합했던 것이 아니라 하늘의 뜻을 내세워 9간의 추대를 받고 왕으로 옹립되는 절차를 밟았다. 건국 이후에도 그는 신라처럼 소국연맹 내의 소국들을 병합하며 나라를 확장하지 않았다.

백성의 생활에 답이 있다

수로왕은 즉위와 함께 임시 궁궐을 짓고 공식 업무를 시작했다. 특히 『삼국유사』에는 "임시 궁궐을 짓게 하여 거처하였는데, 질박하고 검소하여 지붕의 이엉을 자르지 않았고, 흙으로 된 계단은 겨우 3자였다"고 전하고 있어 즉위 초반부터 궁궐을 짓는 대공사로 백성들에게 부담을 주지 않으려는 수로왕의 검소하면서도 위엄 있는 통치 스타일을 확인할 수 있다. 이후 수로왕은 즉위한 지 2년이 지나 본격적으로 도읍을 조성하기 시작했다. 이와 관련해서 『삼국유사』에는 다음과 같이 전한다.

> 수로왕 2년 계묘(癸卯, 43년) 봄 정월에 왕이 말하기를 "짐이 도읍을 정하고자 한다"라며, 곧 임시로 지은 궁궐의 남쪽 신답평新畓坪—이는 오래된 한전閑田이었는데 새로 경작하고 있으므로 이렇게 이름하였으며 답畓은 속문이다—에 행차하여 사방으로 산악을 바라보고, 좌우의 수하들에게 말하기를 "이 땅은 협소하기가 여뀌 잎사귀와 같으나, 수려하고 기이하니 16나한羅漢이 머물 만하다. 하물며 하나에서 셋을 이루고, 셋에서 칠을 이루니, 칠성七聖이 머무를 곳은 진실로 여기에 합치된다. 강토疆土를 개척하

면 장차 좋은 곳이 될 것이다"라고 하였다. 그리고 1500보 둘레의 성 외곽과 궁궐의 전각殿閣과 여러 관청의 건물, 무기고와 창고를 건축할 터를 마련하였다. 일을 마치고 궁궐로 돌아왔는데, 국내의 장정 인부들과 공장工匠들을 두루 징발하여, 그 달 20일에 견고한 성곽을 축조하기 시작하여 3월 10일에 이르러 공사를 마쳤다. 궁궐과 옥사屋舍는 농한기를 기다렸다가 지었는데, 그 해 10월부터 공사를 시작하여 갑진(甲辰, 44년) 2월에 완공하였다. 좋은 날을 받아 왕이 새 궁궐에 들어가 모든 정사를 처리하고 서무에 힘썼다.

이처럼 수로왕의 진두지휘로 새 도읍지가 조성되었다. 특히 수로왕은 궁궐과 관청 그리고 무기고와 각종 창고를 비롯하여 적의 침략에 대비하여 성의 외곽까지 축조하는 등 국가의 중심지인 도읍이 갖추어야 할 건축물과 구조에 대해서도 각별한 신경을 썼다. 그러나 아무리 도읍 조성이 국가적으로 중차대한 일이라 해도 수로왕은 대규모 공사로 백성들의 생계에 지장을 주지 않기 위해 시기를 기다렸다가 농한기를 이용하는 등, 수로왕은 단순히 권력을 행사하는 통치자가 아닌 백성들의 삶을 중시하는 성군의 자질을 구체적으로 보여주고 있다.

수로왕은 도읍을 조성한 후 관료제의 정비 등 내용적인 면에서도 국가체제를 혁신하여 그야말로 태평성대를 구가하였다. 이와 관련해 『삼국유사』에는 다음과 같이 전한다.

▎하루는 왕이 신하들에게 말하기를 "9간들은 모두 일반 관료의 우두머리이지만, 그 직위와 명칭이 모두 미천한 촌사람들의 이름이요, 고귀한 직

위를 가진 사람들의 칭호가 될 수 없으니, 만일 외부에 알려지게 된다면 반드시 웃음거리가 될 것이다"라고 하였다. 마침내 아도를 아궁我躬으로, 여도를 여해汝諧로, 피도를 피장彼藏으로, 오도를 오상五常으로 고쳤다. 그리고 유수와 유천을 각각 유공留功과 유덕留德으로 하고, 신천은 신도神道로, 오천은 오능五能으로 고쳤다. 신귀는 음은 그대로 두고 한자를 바꾸어 신귀臣貴라 하였다. 그리고 계림의 직제를 취하여 각간角干·아질간阿叱干·급간級干의 등급을 두고 그 아래의 관료들은 주周와 한漢의 제도에 따라 나누어 정했다. 이는 옛 제도를 혁신하고 새것을 취하여 관직을 설치하고 직책을 나눈 방법이다. 이로부터 나라와 집안이 질서가 있게 되고, 백성들을 자식과 같이 사랑하니, 그 다스림은 요란스럽지 않아도 위엄이 있고, 정치는 엄하지 않아도 잘 다스려졌다.

이처럼 가락국은 일찍부터 수로왕을 정점으로 직제개편을 통해 과거 추장사회의 지배세력을 정부의 관리로 편입시키는 등 고대국가의 틀을 갖추어나갔다. 즉 정치체의 지배가 혈연적인 원리가 아니라 행정적인 원리에 의하여 이루어졌으며, "다스림은 요란스럽지 않아도 위엄이 있고, 정치는 엄하지 않아도 잘 다스려졌다"라는 평가를 받았을 정도로 수로왕은 국왕으로서 선진적인 통치질서를 구축해나갔다. 그는 군왕이 해야 할 일은 물론, 국가가 어떻게 구축되고 운영되어야 하는가에 대해 그 순서까지 이미 알고 있었던 것이다. 그런 점에서 수로왕은 '준비된 왕'이었다.

수로신화의 전승과 관련해서 또 다른 특징도 발견된다. 일반적으로 고대국가를 건국한 시조들은 하늘의 뜻에 의해 지상에 내려와 나라를 세우고, 왕으로서의 자질을 검증받는다. 그리고 이후 건국시조들의 신화는 시간이 흐르면서 내용이 축약되면서 왕의 구체적인 행적보다는 신성함이 담긴 상징적 의미들을 주로 전한다. 하지만 수로왕의 경우는 예외에 해당될 정도로 통치와 관련해서 구체적인 내용이 전승되고 있다. 그리고 이후 후세인들에 의해 통치집단에 대한 자부심과 함께 다양한 시대상이 담긴다. 예를 들면 민간에서는 신화와 별개로 17세기에 외부에서 들어온 담배의 불씨가 수로왕의 몸에 떨어져 점이 생겼다는 등 다양한 설화가 현재까지 전하기도 한다. 그리고 우리 역사와 불가분의 관계에 있는 불교적 색채를 수로신화에서 자주 접할 수 있는 것도 대표적 예로 꼽을 수 있다.

수로신화에서 16나한이나 칠성 등 불교와 관련된 용어들을 자주 접할 수 있으며, '수로왕의 왕비가 가락국에 왔을 때 석탑을 가지고 왔다'는 연기설화 등이 수로신화와 함께 전승되고 있어 기원을 전후한 시기에 이미 빈번한 해상교류를 통해 인도의 불교가 한반도 남쪽으로 유입된 것이 아니냐는 주장이 거론될 정도이다. 그리고 후세인들이 수로왕의 사당에서 '음사淫事를 행하자 신이 노여워 벌했다'며 불교에서 터부시하는 무속제의를 경계하는 이야기도 전승되고 있으며, 심지어 『삼국유사』에는 수로왕이 부처의 영력靈力으로 독룡毒龍을 퇴치하고, 어룡魚龍을 다스렸다는 이야기도 전한다. 물론 불교는 수로왕 이후에 전래되었지만 수로신화가 전승되는 과정에서 신화에 영향을 미쳤던 것이다.

이외에도 수로왕의 발언에서 "하나에서 셋을 이루고, 셋에서 칠을 이루니"라며 1-3-7의 숫자가 차례로 등장하는 내용 역시 1은 오행五行의 수水이고, 3은 목木, 7은 화火를 뜻하며, 이는 수생목水生木, 목생화木生

수로왕릉

火의 길지를 의미하는 것으로, 지세를 감정하는 풍수지리風水地理와 관련된 내용도 발견된다. 이러한 내용은 수로왕이 지리를 보는 뛰어난 안목을 지니고 있었음을 강조하고 있다.

수로신화에서 이렇듯 다양한 사회상을 발견할 수 있는 이유는 무엇보다도 수로신화가 오래도록 대중의 주목을 받았기 때문이다. 그리고 여기에는 수로왕을 추종하는 세력도 포함되어 있었다. 수릉왕묘首陵王廟를 건립하고, 매년 작물의 파종을 시작하는 3월에 제사를 시작해서 농작물을 수확하는 8월까지 네 차례의 제사가 이어지는 등 수로왕이 사망한 후에 농경신으로 제향되었고, 가락국이 신라에 병합된 후에도 신라에서 사당을 보살폈다고 전하는 것도 그 예이다. 그리고 수로왕이 가락국의 개국시조이면서 우리나라 최대 성씨인 김해 김씨의 시조라는 사실도 이와 무관하지 않다.

9간의 건의를 거절하다

수로신화는 정치적인 관점에서도 주목된다. 수로왕을 맞이하는 제의에서 9간 중 하나인 아도간이 중심적 역할을 수행하고 있는 부분, 즉 여섯 개의 황금 알이 들어 있는 금궤를 아도간의 집으로 운반하여 수로왕과 나머지 5가야의 지도자들이 태어났다는 내용은 권력의 창출을 통한 새로운 출발이 그의 집에서 시작되었음을 전하는 역사적 사건이었다. 이는 이미 촌락연맹체를 형성한 9간이 지배하던 사회에서 아도간이 이들을 대표하는 역할을 수행하고 있었기에 가능한 일이었다. 또한 가락국의 4대 왕인 거질미왕居叱彌王이 아도간 가문 출신인 아지阿志를 왕비로 맞이한 것도 가락국이 성립한 후에 아도간 집단이 왕비를 배출하는 유력한 집안으로 성장한 예라 하겠다.

그럼에도 아도간이 4대 왕 대에 와서야 왕비를 배출할 수 있었던 것은 수로왕의 왕비인 허황옥과 그녀의 측근세력과 관련이 있었다. 왕비와 함께 가락국에 들어온 신보申輔와 조광趙匡의 딸이 2대와 3대 왕의 왕비가 되었고, 그 뒤를 이어 아도간 집단에서 비로소 왕비를 배출했기 때문이다. 또한 6대 좌지왕이 관례를 깨고 미천한 출신인 용녀라는 여인과 혼인하고 그녀의 척당을 관리로 등용하면서 정치가 문란해진 일도 있었다. 당시 신라가 이 기회를 노려 가야를 공격하려고 모의했지만, 다행히 충신 박원도의 충고로 용녀를 하산도로 귀양 보내고 정치를 바로잡았다. 그런데 이 과정에서 "다른 왕비세력에게 사과하며 연합전선을 복원해 국가적 위기를 극복하게 되었다"라는 내용이 함께 전하는 점도 주목된다. 이 내용에 의하면, 아도간 집안에서 왕비를 배출한 이후 왕비를 배출한 가문들이 세력을 형성하게 된 것으로 보이기 때문이다.

이러한 현상은 근본적으로 수로왕의 통치력과도 밀접한 관련이 있었다. 수로왕의 즉위와 가락국의 건국 과정에서 수로왕은 부드러우면서도 강력한 카리스마가 느껴질 정도로 왕으로서의 위상이 대단히 확고했다. 그는 탄생에서부터 건국 이후까지 그 어떤 시련이나 통과의례도 거치지 않았고 스스로 자신의 즉위식을 거행했다. 그리고 국가의 기틀을 구축하는 일도 진두지휘하며 순차적으로 실행에 옮겼을 정도로 국왕으로서 뛰어난 리더십을 발휘했다. 이후 그는 왕비를 맞아들이는 수순을 밟았다. 따라서 수로왕의 결혼은 일반적으로 신화의 주인공들이 결혼을 먼저 하고 난 후에 왕위에 오른 것과는 반대의 경우에 해당했다. 혁거세와 탈해의 경우 건국 과정에서 왕위에 오르기 전에 혼인을 통해 기존의 토착세력이나 왕실과의 연합을 시도했다. 하지만 수로왕은 즉위 후에도 결혼을 서두르지 않았다. 『삼국유사』에 의하면, 9간이 나서서 결혼할 때가 되었다고 건의하자 다음과 같은 이유를 들어 거부했을 정도로 그는 단호했다.

▌ 건무 24년 무신(戊申, 48년) 7월 27일에 9간들이 수로왕에게 아뢰기를 "대왕이 하늘에서 내려오신 이래로 좋은 배필을 얻지 못하였습니다. 신臣들의 딸 중에서 가장 좋은 사람을 뽑아 궁중에 들여 배필로 삼게 하소서"라고 하였다. 이에 왕이 말하기를 "내가 여기 내려온 것은 하늘의 명령이다. 나의 배필로 왕후가 되는 것도 또한 하늘의 명령이니 그대들은 염려하지 말라"고 하였다.

이처럼 9간이 자신들의 딸 중에서 배필을 맞이할 것을 권하자 수로왕은 그 자리에서 거절했다. 한 나라의 왕이 자신의 배필인 왕비를 맞아들이는 일은 왕실의 안위 등 안정적인 통치기반의 구축과 관련될 정도로 국가적으로 중요한 일이었다. 그리고 지배계층의 입장에서도 왕실과의 혼인은 자신들의 세력을 유지하고 확장할 수 있는 기회라는 점에서 최대의 관심사에 해당했다. 특히 수로왕은 9간의 추대를 받아 왕위에 올랐고, 새로 건국한 가락국은 여전히 9간의 토착세력이 통치기반이 되었다. 따라서 9간의 입장에서 보면 수로왕을 추대하여 왕위에 올렸고 국가의 틀도 갖추었으니, 이제 다음 순서는 수로왕을 자신들의 사위로 맞이하는 일이었다. 그리고 수로왕의 입장에서는 비록 9간의 건의에 정치적 의도가 있었다고 해도 이들의 제안을 거절하기가 쉽지 않았을 것이다. 그럼에도 수로왕은 '자신이 하늘의 뜻에 따라 지상에 내려왔듯이 자신의 배필도 하늘이 따로 뜻을 전할 것이니 신하들이 신경 쓸 일이 아니다'라며 이들의 제안을 거절했다. 그런데 수로신화에는 수로왕이 자신의 배우자를 선택한 것이 아니라 먼 나라에서 공주가 찾아왔다고 전하고 있다. 『삼국유사』에 의하면, 수로왕은 다음과 같이 말했다.

> 짐은 나면서부터 자못 신성하여 공주가 멀리서 올 것을 미리 알고, 신하들이 왕비를 맞이하라는 청을 듣지 않았소. 지금 현숙한 그대가 스스로 찾아왔으니 내게는 다행한 일이오.

수로왕은 왕비를 맞아들이며 이렇게 말했고, 왕비를 수행한 일행들에게도 관직을 주어 국정에 참여시킬 정도로 그들을 환대했다. 즉 수로왕은 단순히 왕비를 맞아들이는 절차를 밟은 것이 아니라 그들을 자신을 보좌해줄 지원세력으로 수용했던 것이다.

왕비는 이후 곰을 얻는 꿈을 꾸고 가락국의 2대 왕으로 즉위하는 태자 거등을 낳았으며, 왕실에서는 거등의 배우자로 허황옥과 함께 온 천부경泉府卿 신보의 딸 모정慕貞을 맞아들였다. 그리고 거등의 아들인 3대 마품왕麻品王 역시 허황옥과 함께 온 종정감宗正監 조광의 손녀 호구好仇를 왕비로 맞아들여 4대 왕 거질미를 낳았다. 이처럼 허황옥과 그 일행은 가락국 초대 왕에서 3대 왕까지 왕비를 배출했을 정도로 왕실의 측근세력으로 자리를 잡게 되었다.

신화를 품다

수로왕은 왕비가 사망한 뒤 10년 후에 사망했다. 『삼국유사』에는 수로왕의 죽음을 다음과 같이 전하고 있다.

> 왕은 헌제獻帝 건안建安 4년 기묘(199년) 3월 23일에 돌아가니, 나이가 158세였다. 나라의 사람들이 마치 하늘이 무너진 듯 슬퍼하였으니, 그 비통함은 왕후가 돌아가던 날보다 더하였다. 드디어 대궐의 동북쪽 평지에 빈궁殯宮을 세웠는데 높이가 1장, 둘레가 3백 보로, 이로써 장사 지냈으며, 수릉왕묘라고 불렀다. 왕위를 물려받은 거등왕부터 9대손 구충(仇衝, 또는 구형仇衡)에 이르기까지 제향을 이 사당에서 행하고, 모름지기 매년 정월 3일과 7일, 5월 5일, 8월 5일과 15일에 풍성하고 정결한 제사 음식을 올

렸는데 대대로 끊어지지 않았다.

수로왕의 죽음에 대해 백성들의 슬픔이 어느 정도였는지를 짐작하기에 부족함이 없는 내용이다. 이 모든 것이 수로왕의 덕과 뛰어난 통치력에 기반하고 있음은 물론이다. 그런데 수로왕이 158세로 사망했다는 내용을 통해 그가 가락국을 상당히 오랜 기간 동안 평화롭게 다스리며 장수했다는 것 외에는 그의 죽음과 관련해서 어떠한 이상 징후나 신비함을 발견할 수 없는 점은 의문이다. 신화 속 영웅의 죽음치고는 너무 평범하게 느껴지기 때문이다.

물론 수로왕의 사후에는 그의 능陵과 관련해서 신라 말에 신라군 영규아간이 묘향의 전답을 빼앗아 음사를 지내다가 이유 없이 대들보가 부러져 깔려 죽고, 그 아들 준필도 벌을 받아 급사했다거나 도둑들이 보물을 훔치러 들어갔다가 사당에서 나온 갑옷과 투구를 갖춘 장수가 쏜 화살에 7~8인이 죽고, 사당 곁에서 나온 큰 뱀에게 물려서 8~9인이 죽었다는 등의 기이한 이야기가 전하고 있다. 아무리 잘 조성한 왕릉이라 해도 나라가 망하면 왕릉도 명운을 같이해 심하게 훼손되는 등의 수난을 겪기 마련인데, 수로왕릉은 고려 문종 30년까지 878년간 건재했을 만큼 조성과 보존이 남달랐다는 점은 분명 특이하다. 하지만 이러한 이야기들은 수로왕의 사망 이후의 일로, 주로 민간에서 전승되는 이야기에 해당했다. 그렇다면 수로왕의 죽음에 대한 내용이 그의 탄생담에 견줄 만한 신이한 현상이 보이지 않는 이유는 무엇일까?

일반적으로 영웅의 일대기에는 죽음의 과정이 극화되어 전체의 줄거리 및 상징적 의미에 상응하는 내용이 전한다. 또한 수로왕의 사후에 그의 능과 관련한 이야기들이 전하고 있는 것으로 보아 수로신화에서 그의 죽음과 관련한 내용이 처음부터 없었을 것으로 보이지는 않는다. 다만 『삼국유사』에서 인용한 자료의 경우 고려 문종 때 유학으로 무장한 어느 문인의 손에 의해 작성되었으므로 신화성이 거세되고, 문사류의 미사여구가 대거 삽입되는 과정에서 수로왕의 죽음과 관련한 내용 역시 대폭 축약되거나 삭제되었을 것으로 보인다. 하지만 이러한 현상은 부정적인 태도라든가 또는 특정 집단의 이익을 위해서 작위적으로 개작한 것과는 분명히 구별된다. 신화의 가변성은 늘 열려 있고, 이러한 가능성은 해당 시기의 문화적 특성과 집단적 경험에 근거하기 때문이다. 달리 말하면 신화는 우발적이거나 파격적일 수 없으며, 집단적 경험이 항상 공유된 공동 인식의 기반 위에 성립한다. 신화에서 개인의 창작물에 나타나는 파행적 양상을 거의 찾아볼 수 없는 것도 이러한 이유 때문이다.

또한 신화 속 주인공들의 죽음은 그들의 탄생과도 연관성을 지니고 있다. 이와 관련해 크게 두 가지 부류로 구분할 수 있다. 첫 번째 부류로는 단군과 주몽 그리고 탈해를 꼽을 수 있으며, 또 다른 부류는 환웅과 해모수 그리고 수로이다.

첫 번째 부류에 해당하는 단군과 주몽 그리고 탈해는 지상에서 탄생한 영웅으로, 태생적인 면에서 상대적으로 신성성이 약했다. 반면 이들은 부모를 통해 고귀한 혈통을 입증하고 있으며, 사후에 하늘로 올라가 신이 되었다고 전하는 공통점이 발견된다. 즉 단군이 아사달의 산신이 되었고, 주몽이 시신을 남기지 않고 아예 하늘로 올라가 버렸다는 것은 신격이 되었음을 의미했다. 그리고 탈해는 신라를 대표하는 동악산신이 되었다고 전한다.

특히 탈해의 경우 그의 행적과 관련해 『삼국유사』에 서로 다르게 전하고 있다는 점도 흥미롭다. 『가락국기』에는 탈해가 수로와 왕권을 놓고 변신술로 경쟁함으로써 그 신성한 의미를 보여주지만, 신라에서 탈해의 행적은 인간적 면모가 더 강하게 전하고 있다. 즉 천상에서 내려온 것이 아니라 지상의 부모로부터 출생한 존재로 인간의 성격을 강하게 보여주고 있으며, 호공의 집을 뺏는 과정에서도 변신술과 같은 대결이나 신이한 술책을 쓰는 것이 아니라 당시 사회의 정보를 활용하여 뛰어난 지략을 발휘하고 있다. 반면 그가 인군적人君的 치세를 마치고 사망한 후에는 신이 되는 신비한 현상을 보여주고 있다.

두 번째 부류인 환웅과 해모수 그리고 수로는 모두 하늘에서 직접 내려왔다. 즉 절대신인 환인의 아들로 인간 세상에 내려온 환웅과, 천제 또는 천제의 아들로 역시 하늘에서 내려왔다고 전하는 해모수, 그리고 스스로 하늘의 명에 따라 지상에 내려온 수로는 모두 신 또는 신격이라는 공통점이 발견된다. 반면, 이들의 경우 사후 이적은 특별히 언급되지 않는다. 환웅과 해모수 그리고 수로는 사후에 그들이 원래 있었던 하늘로 돌아갔다는 점에서 특별히 신이한 이적을 꾀할 필요가 없었던 것이다.

구지봉설화와 가야제국의 최후

수로왕은 사망과 관련하여 전하는 신화적 요소는 미약하지만, 구지봉과 「구지가」에서 그 존재감을 분명하게 역사에 남겼다. 그의 탄생과 관련하여 "9간이 모여 춤추고 노래 불렀다"라는 구지봉은 현재 경상남도 김해시 구산동 산 81-2번지 일대로, 가야의 건국신화와 연관이 있는 성지라는 의미에서 사적 제429호로 지정되어 있다. 봉우리의 모양이 넓은 원형으로 마치 거북이 엎드린 모습과 비슷하다고 해서 '구지봉'이라는 이름이 붙었지만, 높이가 200미터에 지나지 않아 봉峰이라고 하기에는 아주 낮은 소나무 동산이다. 그럼에도 이곳은 9간이 중심이 되어 수로를 맞이한 역사적 현장으로, 수로의 탄생이라는 건국신화를 품고 있으며, 동시에 「구지가」의 산실로 국문학사에도 중요한 위치를 차지하고 있다.

「구지가」는 「영신군가迎神君歌」「구하가龜何歌」「구지봉영신가龜旨峰迎神歌」라고도 한다. 원가는 전하지 않으며, 관련 설화와 4구체의 한문으로 번역된 내용이 『삼국유사』에 전할 뿐이다. 그럼에도 「구지가」에 대한 해석은 다양하다. 「구지가」는 원시시대부터 가창되었으나 시대의 추이에 따라 그 의미가 변화했다는 견해가 대표적인 예이다. 이 견해에 따르면, 「구지가」는 원시시대에는 자기 집단의 무한한 생명력을 기원하는 의미로 불렸던 집단창가였다가, 부족사회인 9간사회에서는 제의에서 불리는 등 고대국가 건국기의 신군을 맞이하는 의미가 더해졌고, 다시 전이 과정을 거쳐 제사에서 부르는 의식가가 되면서 주술적 성격이 첨부된 것으로 보고 있다. 그리고 「구지가」와 뜻과 표현 형식이 비슷한, 신라 성덕왕 때 바다에 사는 용에게 잡혀간 수로부인을 구출하기 위해 불렀다는 「해가海歌」라는 노래가 전하고 있는 것도 흥미롭다.

구지봉의 정상에는 최소한 2200년의 역사를 지닌 것으로 알려진 고인돌도 전한다. 청동기문화의 상징이기도 한 이 유적은 철기문화를 가지고 들어온 수로왕이 등장하기 이전에 조성된 것으로, 수로왕을 옹립한 9간의 조상들과 연관이 있다. 그러나 출토된 유물이 없어서 구체적인 축

구지봉 지석묘

조시기와 내용을 확인하기는 어렵다. 다만 인근의 내동 지석묘에서 출토된 세형동검이 기원전 4~3세기 것으로 추정되는 것으로 보아 비슷한 시기에 조성된 것으로 추측하고 있을 뿐이다. 이 지석묘는 바둑판식으로, 상석은 길이 약 2.5미터, 높이 0.6미터로 타원형에 가까우며, 하단에 3~5매의 원형 지석이 있다. 그리고 지석묘의 상단에는 명필가 한석봉의 필체로 전하는 '구지봉석'이라는 글씨도 새겨져 있다.

1908년 구지봉 정상에 수로왕의 탄생을 기념하는 「대가락국태조왕탄강지지大駕洛國太祖王誕降之地」라고 새겨진 비석이 세워졌다. 그러나 일제강점기에 일본인들이 민족의 정기를 말살하려는 의도에서 거북의 목에 해당하는 부분에 고의적으로 부산과 마산을 잇는 국도를 개설하여 본래의 거북 모양이 훼손되어버렸고, 지금은 왼쪽 숲의 구지봉과 오른쪽 숲의 수로왕비의 능 사이를 돌로 된 구름다리로 연결해놓았다. 그리고 1976년 여섯 개의 알과 아홉 마리의 돌거북으로 구성된 「천강육란석조상天降六卵石造像」을 세웠으나, 유적의 원형을 훼손한다는 비판이 제기되어 수로왕릉이 있는 곳으로 이전되었다.

수로왕이 건국한 가락국은 김해 지역을 중심으로 2세기경에 국가체제를 갖추었고, 532년까지 존속했다. 『삼국유사』에는 건국시조인 수로신화와 함께 2대 거등왕부터 10대 구형왕까지 역대 왕들의 이름이 열거되어 있으나, 그 밖의 역사에 대한 기록이 없어 가락국 역사에 대해 구체적으로 알 수 없다. 다만 『고려사』에 수로왕의 죽음과 함께 가락국의 최후에 대해 다음과 같이 기록하고 있다.

> ▌ 수로왕의 9대손 구해에 이르러 국탕(國帑, 나라의 재물과 보물)을 가지고 신라에 항복하였다. 수로 이후 거등왕·마품왕·거질미왕·이시품왕·좌지왕·취희왕·질지왕·겸지왕·구해왕—『삼국유사』에는 구충왕(또는 구형왕)으로 되어 있다—에 이르렀다. 나라가 존속한 지 491년 만에 신라 법흥왕이 항복을 받고 손님을 대하는 예의로 대우하여 그 나라를 식읍으로 삼고 금관군이라고 불렀다.

가락국은 비록 멸망했지만, 신라에 항복한 마지막 왕이었던 구해왕의 아들 무력이 백제와의 전투에서 큰 공을 세워 신라에 가야인의 존재감을 알리기도 했다. 특히 무력의 아들 서현은 성골 출신의 왕실 혈족인 만명공주와 혼인하여 신라 왕실에 편입하였고, 이후 그의 손자 김유신은 신라 왕실과의 혼인을 통해 신라의 지배세력으로 뿌리를 내린 대표적인 인물에 해당한다. 김춘추와 함께 삼국통일의 주역으로 역사에 이름을 남긴 김유신의 시조 수로왕에 대해서 『삼국사기』에는 "(수로왕은) 어디 사람인지 알 수 없는 인물이다"라며 그가 신라의 왕족 출신이 아니라는 사실을 기록으로 남겨놓기도 했다.

허황옥, 세상에 깊은 족적을 남기다

"왕이 직접 오라 해라"

허황옥은 수로왕의 왕비로, 수로신화에서 존재감을 분명하게 전하는 인물이다. 허황옥의 이야기는 수로신화에 함께 전하지만 수로신화의 절반을 차지할 정도로 상당히 구체적으로 서술되어 있어 별개의 허황옥신화로 구분할 수 있을 정도이다. 비록 아유타국의 공주로 전하는 허황옥과 수로왕의 결혼이 남신과 여신의 신혼이라는 건국신화의 요소를 완벽하게 충족하지는 못했지만, 허황옥의 부모가 동시에 꿈을 통해 신의 계시를 받았고, 이로써 그녀가 배를 타고 고향을 떠나 가락국에 도착하는 과정에서 신화적 요소가 담기게 된다.

그뿐만 아니라 그녀는 수로왕과 결혼한 후에도 한 여성으로서 주체적인 의식을 기반으로 적극적으로 활동했다. 이 때문인지 민간에서도 그녀를 주목하여 그녀와 관련한 다양한 설화들이 전승되면서 오늘날까지도 그녀의 존재감이 살아 숨 쉬고 있다. 『삼국유사』에 의하면, 허황옥의 이야기는 때를 기다리던 수로왕이 마침내 배우자를 맞이할 것을 주위에 명하면서 시작된다.

▌그 후 드디어 유천간留天干에게 명하여 빠른 배와 좋은 말을 가지고 망산도望山島에 가서 기다리게 하였다. 또 신귀간神鬼干에게 명하여 승점乘岾—망산도는 경주 남쪽의 섬이고, 승점은 임금의 수레가 닿을 만큼 가까운 언덕이다—으로 가게 하였다. 홀연히 바다 서남쪽 모퉁이에서 붉은 돛을 달고 진홍빛 깃발을 휘날리며 배가 북쪽을 향하여 오고 있었다. 유천간 등이 먼저 섬에 불을 피우고, 곧 물을 건너 육지에 내려와 앞을 다투어 달려왔다. 신귀간이 이를 보고 대궐로 달려와서 말하였다. 왕이 이를 듣고 기뻐하며, 9간 등을 보내어 목련과 계수나무로 만든 배 젓는 노를 갖추어 맞이하여 대궐로 모시도록 하였다.

이처럼 수로왕은 허황옥을 맞이하기 위해 최고의 예를 갖추었고, 신하들은 왕명에 따라 일사분란하게 움직였다. 그런데 수로왕의 명으로 허황옥을 맞이하기 위해 그녀의 배에 오른 신하들에게 허황옥은 대단히 의외의 반응을 보였다. 이와 관련해서 『삼국유사』에는 다음과 같이 전한다.

▌배에 있던 왕후가 말하기를 "나와 너희들은 평생 알지 못한 터인데, 어찌 경솔히 따라가겠느냐?"라고 하였다. 유천간 등이 대궐로 돌아와 이 말

을 전하니 수로왕이 '그렇다'고 여겨 여러 관리들을 거느리고 궁궐 서남쪽 60보쯤 되는 산의 주변에 장막으로 된 임시 궁궐을 설치하고 왕후를 기다렸다. 왕후는 산 너머의 별포別浦의 나루터에서 배를 매어두고, 육지에 올라 높은 언덕에서 쉬며, 입고 있던 비단 바지를 벗어서 폐백으로 삼아 산신령에게 바쳤다.

이처럼 허황옥은 왕명을 받들고 갔던 신하들의 배웅을 단호하게 거절했다. 신하들의 입장에서는 전혀 예상치 못한 일이지만, 허황옥이 이토록 당당하게 나온 이유는 따로 있었다. 즉 그녀는 왕과 결혼하기 위해 먼 길을 온 자신을 대신들이 아닌 당사자인 '왕이 직접 나와 맞으라'고 요구했던 것이다. 수로왕 역시 그 요구를 합당한 것으로 판단하고 직접 그녀를 마중 나감으로써 허황옥은 가락국에 상륙하게 된다.

그런데 그녀가 가락국에 첫발을 내딛으면서 '속옷으로 입고 있던 비단 바지를 벗어서 폐백으로 산신령에게 바쳤다'는 행동 또한 대단히 흥미롭다. 이러한 행동은 외래인이 새로운 지역으로 들어갈 때 지주신地主神과 같은 현지 토착신에게 행하는 일종의 의식이었다. 즉 여기에는 이방인에 대한 토착신들의 시기나 질투를 방지하려는 의도와, 불경을 저지르지 않겠다는 산신령에 대한 위무와 약속의 성격이 담겨 있었다.

또한 이러한 행동은 「연오랑세오녀설화」에서 세오녀가 짠 비단으로 해와 달을 찾은 이야기도 연상된다. 비단은 태양의 광명을 상징한다는 점에서 하늘을 부리는 권능을 뜻한다. 따라서 허황옥은 태양신과 연관이 있는 집단의 출신으로, 그녀가 가락국과 유사한 문화를 이미 경험했거나 최소한 가락국과 전혀 다른 이질적인 문화를 지닌 집단의 출신은 아니었을 것으로 보인다. 『삼국유사』에 당시 허황옥의 행동에 담긴 복합적인 의미가 이후 가락국의 풍습으로 전승되었다고 전하는 것도 이러한 추론에 힘을 실어주고 있다.

> 매년 7월 29일이면 사인이졸士人吏卒들이 승점에 올라가 장막을 쳐놓고 먹고 마시고 환호해대면서 이쪽 저쪽으로 눈길을 던져 바라보는 가운데, 건장한 청장년들이 좌우 두 편으로 갈라서 망산도로부터 세차게 말을 몰아 달리고, 서로 물에 배를 밀어 띄워서 북쪽을 향하여 고포古浦 쪽으로 다투어 달려나간다. 이것은 옛적에 유천간과 신귀간 등이 왕후의 도래함을 바라보고 급히 임금에게 알리던 일을 재현시킨 자취이다.

이처럼 가락국에서는 허황옥이 가야 도두촌渡頭村에 도착한 7월 29일에 이 지역 사람들이 모여 그녀의 가락국 도착을 기념하는 일종의 기념행사를 매년 정기적으로 열었던 것으로 전한다. 시조인 수로왕의 배우자를 맞이하는 신화의 의례적 연출이 고대사회의 제의에 해당하는 가락국의 풍습으로 자리 잡았던 것이다. 물론 여기에는 바다를 건너는 긴 여정을 무사히 통과하여 가락국의 시조모가 된 허황옥을 기리고, 하늘과 바다에 감사하는 의례를 통해 궁극적으로 자신들이 속한 공동체의 안녕과 앞날에 대한 복을 기원하는 등 복합적인 의미가 담겨 있었다.

이렇듯 후손들이 재현을 통해 신성한 의식으로 신화를 전승하면서 왕비를 시조모와 동격으로 높여 민간 차원에서 기념했다는 점도 흥미롭지만, 가락국이 위치했던 지역에서 고려시대까지 이러한 풍습이 전승되었을 정도로 그녀를 추모하는 세력이 오래도록 유지된 것도 흔한 일은 아니었다.

하늘의 명을 받들다

가락국에 상륙한 허황옥을 수로왕이 직접 맞이한 상황을 『삼국유사』에는 다음과 같이 전한다.

> 시종侍從하여 온 신하 두 명이 있었는데, 이름은 신보와 조광이라고 하였다. 그들의 아내는 각각 모정慕貞과 모량慕良이라 불렀다. 노비까지 도합 20여 명이었고, 가지고 온 각종 비단과 의복 그리고 금·은·주옥 등 각종 보물과 장신구가 다 기록할 수 없을 정도였다. 왕후가 점차 왕이 있는 행재소行在所에 가까이 오자, 왕이 나아가 맞이하여 함께 장막으로 들어갔다. 따라온 신하와 그 무리는 계단 아래에서 뵙고 곧 물러갔다. 왕은 사무를 담당하는 관원에게 명하여 따라온 신하 부부들을 인도하게 하며 말하기를 "사람마다 각방에 두고, 그 이하 노비는 한 방에 대여섯 명씩 안치시키며, 난초로 만든 마실 것과 혜초로 만든 술을 주고 무늬와 채색이 있는 자리에서 자게 하며, 의복과 비단과 보물까지 하사하고 많은 군인들을 내어 보호하게 하라"라고 하였다.

수로왕은 허황옥과 함께 온 노비들까지 신경 썼을 정도로 그녀와 일행들을 극진하게 대접했다. 그런데 여기서 허황옥이 기록으로 남길 수 없을 정도의 많은 진귀한 보물들을 배에 싣고 왔다는 내용도 주목된다. 그토록 많은 보물을 지닐 수 있었다는 것은 그녀가 당시 사회에서 귀한 신분이었음을 의미하기 때문이다. 또한 많은 보물을 모을 수 있다는 것은 단순히 재물이 많은 부자를 뜻하는 것이 아니라 상대적으로 보물을 접할 기회가 많아야 한다는 점에서 허황옥을 정복군주나 해상무역 분야에 종사하는 세력과도 연관지어볼 수 있다. 『삼국유사』에서, 허황옥이 수로왕과 함께 침전에 들어왔을 때 자신이 어디서 왔으며, 가락국에 오게 된 내력에 대해 다음과 같이 말한다.

> ▌저는 본래 아유타국阿踰陁國의 공주입니다. 성은 허許이고, 이름은 황옥으로 나이는 16세입니다. 본국에 있을 때 금년 5월 중에 부왕이 황후와 더불어 제게 말씀하시기를 "어젯밤 꿈에 우리 부부가 모두 하늘의 상제를 뵈었는데, '가락국왕 수로는 하늘이 내려보내 왕위에 올랐으니 신성함은 오직 그 사람을 두고 하는 말이다. 또한 새로 나라를 다스리나 아직 배필을 정하지 못하였으니, 그대들은 공주를 보내어 짝을 삼게 하라'는 말을 마치고 하늘로 올라갔다. 잠을 깬 후에도 상제의 말이 아직 귀에 맴돌고 있으니, 너는 이제 우리와 작별하고 그에게로 가라"고 하셨습니다. 저는 바다를 건너서 멀리 증조蒸棗를 찾아보기도 하고, 방향을 바꾸어 아득히 반도蟠桃로도 가보았는데, 이제야 보잘것없는 얼굴로 외람되게 용안을 가까이 할 수 있게 되었습니다.

허황옥이 수로왕에게 들려주는 방식으로 전하는 이 이야기는 주몽신화에서 우발수에 갇혀 있던 유화가 금와왕에게 구출된 후 자신의 사연을 이야기하는 상황과도 비교된다. 유화가 단순히 자신이 우발수에 갇히게 된 내력을 이야기했다면, 허황옥은 가락국에 오게 된 목적과 의미를 분명하게 밝히고 있다.

그녀의 말에 의하면 허황옥은 왕족 출신임에도 '수로왕과 결혼하라'는 하늘의 명을 받들어 먼 길을 떠났고, 수로왕이 사는 곳을 알 수 없어 증조, 즉 빨간 대추가 열리는 무더운 지방에서부터 3000년에 한 번 복숭아가 열리는 곳까지 시간과 공간을 초월할 정도로 곳곳을 찾아 헤맸다고 한다. 그리고 이 이야기는 마침내 수로왕과 허황옥이 만남으로써 하늘의 뜻임을 재확인하며 천신숭배의식을 담아 수로왕과 가락국의 건국에 신성함을 더해주고 있다. 특히 수로신화에는 수로왕이 하늘과 연관된 고귀한 혈통이라는 내용이 구체적으로 전하지 않는 대신, 허황옥 부모의 꿈을 통해 그가 하늘의 계시를 받은 고귀한 혈통임을 입증하고 있다. 물론 여기에는 수로왕이 새로운 터전에서 나라를 세웠다는 자부심과 우월감 등도 담겨 있었다.

이처럼 허황옥이 여인임에도 하늘이 정해준 인연을 찾기 위해 스스로 먼 길을 떠났다는 이야기는 신화적 모험담을 담고 있지만, 그녀의 출신지에 대해서는 구체적으로 알 수 없다. 허황옥이 스스로 밝힌 '아유타국'이 인도라고 하고 또는 중국이나 일본이라는 등의 다양한 견해가 있지만 현재까지 확인된 것은 없다. 따라서 아유타국이 실재하는 지명인가, 아닌가를 놓고도 여러 견해들이 제기되고 있다. 실재하는 지명이라면 특정 지명을 한자로 표기하는 과정에서 잘못되어 오자가 전승되었거나 불교적인 의미를 강조하기 위해 원래의 지명이 불교적 정서가 담긴 지명으로 윤색되었을 것으로 추정하고 있다.

수로신화가 문헌으로 정리된 것은 상당히 오래전의 일이라 구전으로 전승되던 신화가 문자로 정리되는 과정에서 잘못 표기되었을 가능성은 충분하다. 다시 말해 수로왕과 허황옥의 혼인과 관련해서 왕실을 포함해 가락국의 건국에 대한 위엄과 신성성을 강조하기 위해 불교와의 인연을 내세우는 과정에서 아유타국이라는 지명이 등장했을 가능성도 주목받고 있다.

한 예로 아유타는 고대 인도의 대서사시 '라마 왕의 일대기'라는 뜻의 『라마야나』에서 등장하는 사라유 강안에 위치한 성도聖都인 아요디아의 음차音借로, 5세기 이전에는 실존하지 않았던 신화 속의 도시로 보는 견해도 있다. 즉 신화 속의 도시가 이후 불경에 언급되면서 점차 인도와 동일시되는 의미로 알려지게 되었고, 우리나라의 경우 통일신라 이후에 불교가 일반 대중에게 확장되면서 불국토에 대한 관념이 전승되는 과정에서 아유타라는 용어가 인도와 동일한 의미로 사용된 것으로 보기도 한다.

또한 아유타국을 인도 중부 지역에 있던 고대왕국으로 보는 견해도 흥미롭다. 물론 이곳에 허황옥과 관련한 구체적인 내용은 확인되지 않지만 『대당서역기』에 의하면 아유타국은 아육왕의 유적이 있는 도성으로, 불교가 전해지는 과정에서 가락국 전설과 연계되었을 것으로 추정하고 있다. 이러한 추론은 『승만경勝鬘經』의 주인공인 승만부인이 아유타국의 왕비였다는 점에 주목하여 허황옥이 아유타국의 공주라는 근거로 제시하고 있다. 그런가 하면 허황옥의 고향으로 전하는 아유타국이 기원후 20년까지 인도에서 번성했던 불교 국가 아요디아라는 견해도 있다. 현재 김해 지역에 위치한 허황옥의 묘에 새겨진 문양과 이 지역에서 전하는 전통 문양을 현지답사로 대조해본 결과 모두 이요디아의 전통적 심벌인 '마주보고 있는 물고기 두 마리와 둥근 꽃 같은 무늬를 이루고 있는 여덟 마리의 뱀'이 공통적으로 발견되어 주목을 받고 있다. 그리고 『삼국유사』에 의하면 9인의 구법승이 인도에 갔다가 그곳에서 요절하거나 머무르게 되어 한 명만 당나라로 돌아왔다는 기록이 전하는 등, 인도를 아득히 먼 나라이면서도 성지로 동경했던 구법승들이 그곳에 직접 방문했을 가능성이 있다는 점도 이러한 추론에 힘을 실어주고 있다.

허황옥은 어디서 왔을까?

허황옥의 출신지와 관련하여 신화 속에서 참고할 만한 내용도 발견된다.

첫째, 허황옥의 배가 '5월에 출발하여 7월 29일에 가락국에 도착했다'는 내용에서 해가 바뀔 정도로 긴 항해가 아니라면 대략 석 달 정도의 항해기간이 걸렸음을 알 수 있다. 여기에 당시의 항해술과 허황옥이 수로왕을 찾아 곳곳을 찾아다녔다는 사실을 감안하면 그렇게 멀리 떨어지지 않은 곳에서 출발했을 가능성도 없지 않다. 또한 실제 존재했던 지명에 불교적 정서를 담아 윤색이 가해졌다면, 가락국을 기준으로 석 달이내의 항해기간 안에 도착할 수 있는 지역 중에서 불교와 연관이 있는 태국 등의 동남아 지역이나 발해연안 또는 제주도나 일본 등의 지명들도 검토해볼 수 있다.

둘째, 『삼국유사』에서 "이에 그들이 타고 온 배를 돌려보냈는데, 뱃

사공이 15인이었고, 각기 쌀 10석과 베 30필을 주어 본국으로 돌아가게 하였다"라는 내용도 주목된다. 허황옥과 함께 온 일행 중 일부가 배를 타고 다시 돌아갔다면, 이는 그들이 고향으로 돌아가는 뱃길을 이미 알고 있었음을 의미하기 때문이다. 이들이 돌아가는 길을 몰랐다면 무모하게 배를 타고 바다로 나아가지는 않았을 것이고, 당연히 주변에서도 이를 만류했을 것이다. 따라서 허황옥 집단이 이전부터 가락국을 방문한 경험이 있거나 최소한 어떤 형태로든 가락국에 대해 알고 있었을 가능성은 충분하다. 또한 '뱃사공이 15인이었다'면 이 정도의 인원이 부릴 수 있는 배의 규모와 항해기간을 유추해보는 것도 참고가 될 것이다.

셋째, 당시 고향으로 돌아가는 사람들에게 수로왕이 주었다는 쌀 10석과 베 30필에 대해서도 생각해볼 여지가 있다. 만약 이것을 돌아가는 길에 배에서 필요한 양식과 옷감으로 본다면, 이 정도의 양으로 항해가 가능한 거리를 추정해볼 수 있기 때문이다. 물론 수로왕이 주었다는 쌀과 베는 단순한 선물일 수도 있다는 점에서 우선적인 검토 내용은 아니다. 특히 당시 쌀의 단위로 사용된 '섬'은 우리나라에서 곡식을 담기 위해 갈대나 짚으로 엮어 만든 용기로, 석石이라고도 하며 신라 때부터 사용된 것으로 전한다. 일반적으로 성인 한 사람의 1년간 소비량 또는 장정 한 사람이 짊어질 수 있는 양이 15말 정도라고 하며, 한 섬은 10말로 쌀 두 가마니에 약간 못 미치는 양이다. 따라서 10섬의 쌀은 한 사람이 몇 년간 먹을 수 있는 양을 말한다.

또한 베는 고대사회에서 옷을 만들어 입을 수 있는 옷감 종류를 말한다. 베 한 필이 가로 32.8센티미터, 세로 16미터 38센티미터로, 조선시대의 경우 한 사람이 베 한 필을 짜기 위해 베틀에서 10일 정도 꼬

박 일해야 했다는 점을 감안하면, 베는 항해와 관련하여 배에서 사용하는 물품이라기보다는 대단히 귀한 선물에 해당했다. 그럼에도 쌀 10석과 30필의 베를 15인에게 각각 주었다면 이 정도 양을 실을 수 있는 배의 규모와 함께 쌀과 베와 연관이 있는 문화권에 속해 있는 지역을 우선적으로 참고해볼 수 있다. 이들이 쌀이나 베와 전혀 관련이 없는 문화권에 속했다면 이들을 맞이할 때부터 정성을 다했던 수로왕이 굳이 선물로서의 가치를 느끼지 못하는 쌀과 베를 선택하지는 않았을 것이기 때문이다.

넷째, 신화에서 중국과 관련된 내용이 많이 보인다는 점도 주목된다. 왕비의 이름이 허씨 성을 사용하는 허황옥이고, 그녀와 함께 온 일행들도 신보·조광·모정·모질 등 모두 중국의 한자식 이름으로 표기되어 있다. 그리고 관직명 또한 천부경·종정감·사농경과 같은 중국계 관직이 언급되고 있다. 그뿐만 아니라 자료에 따르면 허황옥 일행과 가락국 관계자들 사이에 언어 소통에 문제가 없었던 것으로 보이며, 허황옥이 가지고 온 물품을 한자 표현으로 '한사잡물漢肆雜物', 즉 중국 상점의 여러 물건이라고 언급하고 있다. 여기에 가락국 지역의 고고학적 연구 성과들도 주목된다. 당시의 출토품 중에서 상당히 선진문화에 해당하는 초기의 자료가 발견된 경상남도 창원의 다호리 1호분이 그 대표적 예이다. 여기서 발굴된 유물로 삼국시대 직전에 해당하는 기원전 1세기경의 것으로 추정되는 다섯 자루의 붓을

다호리 고분군에서 출토된 붓

비롯한 필기도구와 화폐인 오수전 등이 있다. 이러한 유물들은 당시 문자생활과 함께 중국과의 교역이 이루어졌음을 의미한다는 점에서 허황옥 일행도 중국과의 교역에 연관되었을 가능성이 있다.

이상에서 살펴본 바와 같이 허황옥의 출신지에 대해서 좀 더 구체적인 추론이 가능하다. 먼저 석 달 이내의 항해기간과, 가락국과 전혀 이질적인 문화권 출신이 아니라는 점에서 허황옥 일행은 낙랑이나 중국을 통해 들어온 유이민이었을 가능성도 있다. 또한 허황옥이 많은 보물을 배에 싣고 바닷길을 통해 가락국에 들어왔다면 그녀가 속한 집단은 일찍부터 해상활동을 하던 상인이었거나 외국과의 교류를 위해 파견된 외교사절의 성격을 갖고 있었을 수도 있고, 또는 해상무역과 외교를 겸해서 활동하는 해상세력이었을 가능성도 추론해볼 수 있다. 가락국 역시 바다를 이용해 활발한 대외 교역을 벌였다는 사실과 허황옥이 가락국에 상륙하면서 보여준 현지의 토착문화와 관련한 행위는 해상활동을 통해 가락국 등지를 왕래한 경험과도 무관하지 않은 것으로 보이기 때문이다. 그럼에도 그녀가 스스로를 아유타국 출신이라고 말한 것은 허황옥과 그녀의 가족 또는 그녀의 조상들이 어느 시기에 고향을 떠나 새로운 정착지에서 해상무역에 종사했기 때문이라는 해석이 가능하다. 또는 아유타국이란 지명은 신화적 요소를 강화하기 위한 장치로도 볼 수 있다.

이외에도 중국 사천성 가릉강 유역의 보주를 허황옥의 고향으로 보는 견해도 주목된다. 그녀의 시호가 보주태후普州太后라는 점을 감안하면 그녀는 이곳에 살던 파족巴族의 중심 가문인 허씨계열의 여인으로, 기원후 47년에 일어난 한나라에 대한 파족의 봉기가 실패로 끝난 후 강제로 추방된 계열의 하나로 볼 수 있기 때문이다.

최고의 파트너를 만나다

허황옥과 수로왕의 관계에 대해서 『삼국유사』에 다음과 같이 전한다.

> 왕후와 함께 살게 된 것은, 비유하자면 하늘에 대하여 땅이 있고, 해에 대하여 달이 있는 것과 같다. 그 공은 우임금의 아내가 하나라를 돕고, 요임금의 딸들이 순임금의 가문을 일으킨 것과 같다.

허황옥은 수로왕이 도읍을 조성하고 제도를 정비하는 등 국가의 기틀을 세우고 본격적인 통치를 시작하려는 중요한 시기에 가락국에 도착했고, 이후 수로왕과 혼인하여 정사에 참여하면서 남편을 적극 지원했다. 하나라의 우왕과 결혼한 후 나라의 기틀을 세우는 것을 지원했던 왕비나 순임금과 결혼한 후 그의 통치를 지원했던 요임금의 딸이자 후에 교씨嬌氏의 시조가 된 왕비 등 중국 역사에서 태평성대의 대명사로 불리는 요순시대의 왕비들과 비교할 만큼 허황옥은 가장 모범적인 통치를 이루었다는 평가를 받고 있다.

수로왕과 결혼한 후 허황옥은 9간의 관직명이 촌스럽다며 선진적인 의미를 담아 관직명을 개편한 것을 비롯해 선진문화에 대한 경험으로 수로왕의 통치를 지원해주었다. 즉 독립심이 강하고 주체적인 여성이었던 허황옥은 수로왕의 통치에서 최고의 파트너였다. 수로왕 역시 허황옥을 존중하고 예우했다. 『삼국유사』에 수로왕이 "왕비가 싣고 온 진기한 물건은 내고內庫에 간직하고 왕후의 일상적인 비용으로 삼았다"라고 전하는 것도 이를 잘 보여주고 있다.

수로왕에게 허황옥의 존재는, 외지인 출신으로 가락국을 방문했던 탈해와도 비교된다. 『삼국유사』에 의하면 탈해는 “완하국의 함달왕의 부인이 낳은 알에서 태어났다”라고 하여 그의 출신지가 불교와의 연관성을 보이며, 탈해가 배를 돌려 “중국으로 오가는 뱃길을 따라 계림 지역으로 갔다”라는 것으로 보아 중국으로 교통하는 뱃길을 이미 알고 있었을 것으로 보인다. 이러한 점에서 탈해와 허황옥의 유사한 면을 발견할 수 있지만, 탈해는 수로왕과 연합하여 통치를 지원하기 위해 가락국을 방문한 것이 아니라 자신이 둥지를 틀 새로운 장소를 물색했던 것이다. 즉 탈해는 수로왕의 파트너가 아니라 경쟁자였다. 따라서 탈해는 수로왕의 환영을 받을 수 없었고, 수로왕과의 대결에서 패배해 가락국에 정착하지 못하고 떠날 때에도 혹시 탈해 무리가 다시 무슨 일을 저지르지 않을까 우려한 수로왕이 500척의 배로 그 뒤를 쫓기까지 했다.

반면, 수로왕은 허황옥과 그녀의 일행에게 “나날이 주는 것을 풍부하고 넉넉하게 하였다”라고 전할 정도로 극진하게 예우했다. 그리고 돌아가기를 희망하는 사람들은 성의를 다해 돌려보냈고, 남아 있게 된 사람들을 위해서도 가락국에 안정적으로 정착할 수 있도록 지원을 아끼지 않았다. 이후 허황옥을 수행하고 온 신하들의 자녀와 수로왕 부부의 직계 후손들이 혼인을 통해 왕실의 지원세력을 형성했을 정도로 그녀의 일행은 최고의 지원세력이 되었다. 이는 결과적으로 수로왕이 허황옥 일행을 자신의 정치적 파트너로 수용했음을 의미했다. 특히 수로왕과 허황옥은 단순히 부부가 아닌 국정운영의 파트너로서 150여 년 동안 함께 가락국을 통치했으며, 대외활동을 통한 다양한 문화적 경험을 바탕으로 일찍부터 열린 역사의식을 지니고 있었고, 이를 기반으로 새로운 가치를 창출했다는 평가를 받고 있다.

깊은 족적을 남기다

허황옥은 수로왕보다 10년 먼저 세상을 떠났다. 『삼국유사』에는 왕비의 죽음에 대해서 다음과 같이 전하고 있다.

> 영제靈帝 중평中平 6년 기사(己巳, 189년) 3월 1일에 왕후가 돌아가니, 나이가 157세였다. 국인國人은 마치 땅이 무너진 것과 같이 통탄하면서 구지 동북쪽 언덕에 장사 지냈다. 그리고 왕후가 백성을 자식처럼 사랑하던 은혜를 잊지 않고자 하여 처음 배에서 내린 도두촌을 주포천이라 하고, 비단 바지를 벗었던 높은 언덕을 능현綾峴이라 했으며, 진홍빛 깃발을 달고 들어왔던 바닷가를 기출변旗出邊이라 하였다. 함께 왔던 신하 천부경 신보와 종정감 조광 등은 가락국에 온 지 30년 만에 각각 딸 둘씩을 낳았으며, 부부가 모두 1, 2년을 지나 세상을 떠났다. 그 나머지 노비들은 가락국에 온 지 7, 8년 만에 자식을 낳지 못하고, 다만 고향을 그리는 슬픔을 안고서 모두 고향 쪽으로 머리를 향하고 죽었다. 그들이 살던 빈관賓館은 한 사람도 없이 텅 비었다.

이처럼 왕비의 죽음에 대해 '나라 사람들은 땅이 무너진 듯이 탄식했다'고 할 정도로 백성들의 충격이 대단히 컸음을 알 수 있다. 그리고 왕비의 사망을 전하는 기록에 그녀와 함께 가락국에 정착했던 일행들도 이미 사망했다는 내용이 함께 전하는 것은 왕비와 그 일행이 가락국의 건국에 모든 것을 받쳤고, 덕분에 가락국이 자리를 잡았다는 의미가 담겨 있었다.

여인의 몸으로 먼 바다를 건너 가락국에 도착했고, 수로왕과 결혼하여 가락국 건국에 매진했던 허황옥의 삶은 이후 가야의 600년 역사에 고스란히 녹아들었다. 민간에서는 그녀에 대한 다양한 이야기들이 만들어져 전승되었고, 특히 불교가 유입된 후에는 불교와 관련된 허황옥 설화가 전승되었을 정도로 시대가 변해도 그녀에 대한 사람들의 애정은 각별했다. 이와 관련하여 『삼국유사』에는 다음과 같은 이야기도 전한다.

▌ 금관—지금의 김해—에 있는 호계사 파사석탑은 옛날 이 고을이 금관국이었을 때, 시조 수로왕의 비 허황옥이 48년에 서역 아유타국에서 싣고 온 것이다. 처음에 공주가 부모의 명을 받들어 바다를 건너 동으로 향했다가 바다신의 노여움을 받게 되어 가지 못하고 돌아와 부왕에게 아뢰니 왕은 "탑을 배에 싣고 가라"라고 하였다. 그제야 무사히 항해하여 남쪽 언덕에 배를 대었다. (……) 탑은 4면으로 모가 난 5층 석탑인데, 그 조각이 매우 기묘하다. 돌에는 희미한 붉은 무늬가 있고 석질이 매우 좋은데 우리나라에서 나는 것은 아니다.

이 기록에 따르면 가야에 불교가 전해진 것은 48년으로 한반도에서 가장 빠른 시기에 해당한다. 하지만 이는 실제 불교의 전래시기와는 차이가 크다. 일연은 이러한 모순에 대해 다음과 같이 기록하고 있다.

▌ 수로왕이 왕후를 맞아 같이 150여 년 동안 나라를 다스렸다. 하지만 그때까지도 해동海東에는 아직 절을 세우고 불법佛法을 신봉하는 일이 없었다. 이 지방 사람들이 불교를 믿지 않았기 때문에 절을 세웠다는 글이 실려 있지 않다. 제8대 질지왕 2년 임진년(452년)에 이르러 그곳에 절을 세우고 또 왕후사王后寺를 창건해 지금에 이르기까지 복을 빌고 있다.

이처럼 실제 가야에 불교가 전래된 시기와 관계없이 가야인들은 허황옥을 통해 불교가 전파된 것으로 믿고 이를 기념하기 위해 이야기를 창작하여 전승했음을 알 수 있다. 특히 사찰명이 왕후사일 정도로 불교와 관련한 설화들이 수로왕보다 허황옥을 시조로 하여 전승되고 있어 그녀에 대한 가야인들의 특별한 애정을 확인할 수 있다.

허황옥에 대해서는 불교에 도교적 색채가 더해진 이야기들도 전승되고 있다. 신선술을 배운 보옥선인寶玉仙人에 대한 이야기가 대표적 예이다. 보옥선인은 『삼국유사』 등에는 전하지 않지만, 설화에서 허황옥의 오빠 또는 장유화상長遊和尙으로도 전하는 인물이다. 특히 장유화상은 허황옥이 아들들을 보기 위해 자주 가야산을 찾아오자 공부에 방해가 된다며 왕자들을 데리고 지리산으로 들어갔다는 이야기와 함께, 왕자들이 보옥선인의 지도를 받아 이곳에서 성불하여 하늘로 올라갔다고 해서 지리산 반야봉에 칠불사를 세웠다는 이야기도 전한다. 그리고 김해시 장유면 불모산 정상 부근에 장유화상의 사리탑으로 전하는 8각 원당형 부도도 전한다. 이 부도의 양식이 후대에 조성된 것으로 추정된다는 사실을 감안하면 허황옥과 관련된 설화들이 후대에도 지속적으로 전승되었음을 알 수 있다.

장유화상 사리탑

조선시대 자료인 『금관고사급허성제문집金官古事及許性齊文集』에는 다음과 같은 이야기도 전한다.

> 아유타국의 공주인 허씨가 배에 탑을 싣고 배를 건너 (가양에) 이르렀다. 왕이 장막을 치고 직접 맞이하여 왕후로 삼았다. (……) (왕후의) 이름은 황옥이며 보주태후라 불렀는데 일곱 아들을 낳았다. 장자는 거등인데 태자에 봉해졌고, 차자는 어머니의 성을 좇아 허씨가 되었으며, 일곱째 아들은 모후의 동생인 보옥선인을 따라 신선술을 배워 쌍계사의 7불이 되었다.

이 내용에 따르면 장남은 수로왕의 뒤를 이어 김씨 성을 이어받았고, 차남은 허황옥의 뒤를 이어 허씨 성을 물려받아 각각 김해 김씨와 김해 허씨 가문의 시조가 되었다고 한다. 그야말로 고대판 평등 부부의 전형이라 하겠다.

또한 김해 김씨와 김해 허씨는 인천 이씨와의 인연도 전한다. 신라 경덕왕 14년(755)에 당나라에 사신으로 간 것으로 알려진 허기許寄가 안록산의 난 때문에 귀국하지 못하고 당나라 현종을 따라 촉나라로 피난했는데, 난이 평정된 후 현종이 이를 가상하게 여겨 황실의 성씨인 이씨 성을 하사한 것으로 전한다. 이때부터 허씨는 이씨와 복성을 사용하게 되었고, 김해 김씨와 김해 허씨 그리고 인천 이씨는 같은 핏줄이라고 해서 통혼하지 않는 풍습도 전한다. 현재 이들은 가락중앙종친회에 함께 소속되어 우리나라 최대의 문중을 이루고 있다. 2000년도 더 된 꽤 오래전에 가야에 도착했던 한 여인이 남긴 족적이 어느 정도인지를 잘 보여주는 예라 하겠다.

대가야, 또 하나의 신화가 탄생되다

또 하나의 시조신화

가야국의 건국과 관련한 시조신화는 지역과 시기를 달리하여 전하고 있다. 대표적으로 가락국의 수로신화와 고령高靈 대가야의 개국 시조신화가 그렇다. 하지만 수로신화가 외부에서 들어온 세력에 의한 건국신화라면, 대가야의 건국신화는 토착세력에 기반하고 있다는 차이가 있다. 그리고 대가야 건국신화에는 흥미롭게도 가락국의 시조인 수로왕의 이야기도 포함되어 있다. 또한 이 두 신화는 전·후반기에 각각 가야제국을 이끌었던 대가야의 건국신화이기도 하다. 구전되어오던 신화를 문자로 정리한 『신증동국여지승람』에는 이들 신화를 다음과 같이 전하고 있다.

> 가야산신 정견모주正見母主가 천신 이비가지夷毗訶之에게 감응되어 대가야왕 뇌질주일惱窒朱日과 금관국왕 뇌질청예惱窒靑裔 두 사람을 낳았다. 뇌질주일은 이진아시왕의 별칭이고, 뇌질청예는 수로왕의 별칭이다.

상당히 축약된 내용이지만 대가야의 시조는 산신인 정견모주를 어머니로 하고 있으며, 아버지는 천신인 이비가지로, 부모가 구체적으로 전한다. 여기서 어머니인 정견모주는 신모이고, 아버지인 천신 이비가지는 천제자로, 하늘의 천신과 땅의 지모신의 결합에 의해 개국시조가 출생하였다는 일반적인 신화의 구조를 지니고 있다. 그리고 알로 탄생하는 난생의 요소가 보이지는 않지만 고령 지역의 양전동 암각화 소재지의 지명이 알터이고, 민간에서는 "정견모주가 알을 두 개 낳아 하나는 두고 다른 하나는 낙동강 하류로 흘려보내 가락국의 시조가 되었다"라는 이야기가 전승되는 것으로 보아 처음에는 난생신화로 전승되었던 것으로 보인다.

또한 정견모주가 낳은 대가야왕 뇌질주일은 이진아시왕伊珍阿豉王의 별칭이고, 금관국왕 뇌질청예는 수로왕의 별칭으로 시조들의 이름이 해당 지역의 언어를 사용하고 있다는 점도 주목된다. 고대국가의 개국신화는 일반적으로 환인-환웅과 웅녀-단군으로 이어지는 고조선 건국신화나, 해모수와 유화 그리고 주몽으로 이어지는 고구려 건국신화처럼 단선적이고 부계 중심의 신화로 전하는 것과 차이가 있기 때문이다. 하지만 대가야의 개국시조신화는 여신인 산신이 등장하고 있으며, 가락국과 대가야의 시조가 태어났다는 복수의 건국신화에 지역의 토착신앙을 담아 전하고 있다. 그뿐만 아니라 어머니인 정견모주가 등장하여 그녀가 후에 산신이 되었다는 내력을 전하면서 토착신인 가야산신의 산신신앙도 포함하고 있다. 특히 산은 일반적으로 '하늘과 땅을 포괄하는 신화적 상징'을 담고 있으며, 가야산은 주변의 가야제국에서 중요한 성소에 해당했다는 점에서 여기에는 최고의 신성함이 담겨 있다.

그럼에도 전하는 말투로 보아 대가야 시조신화는 수로신화보다 늦은 시기에 성립된 것으로 보인다. 즉 처음에는 별개의 신화로 전승되다가 후에 합쳐졌거나, 신성함과 역사적 전통성을 강조하기 위해 대가야의 시조신화에 가야제국의 역사를 수용하는 과정에서 수로왕과 관련한 신화적 내용이 첨부되었을 가능성이 충분하다. 그리고 이러한 과정에서 고령 지방의 가야세력이 수로왕이 이끌었던 김해 지역의 금관가야를 대신하여 가야 역사의 후반기에 가야연맹을 주도했다는 대가야로서의 자부심도 담기게 된다.

또한 대가야의 건국신화는 형제신화의 요소를 지니고 있다는 점에서 백제의 소서노와 그녀의 두 아들인 비류와 온조 형제의 건국기와도 비교된다. 비류와 온조는 백제를 세운 건국시조이면서도 신화를 전승하지 못했고, 이들 형제의 어머니인 소서노 역시 두 고대국가의 건국과 밀접한 연관이 있으면서도 여신으로 추앙받지 못했다. 반면, 정견모주는 토착신앙을 기반으로 가야제국의 전·후반기에 각각 맹주 역할을 했던 두 대가야국 건국시조를 낳은 시조모로서 당당하게 신화로 전승되고 있다.

가야산과 시조신화

가야산은 대가야의 영역을 표현할 때 중심에 해당된다. 즉 대가야의 영역인 합천·고령 지방을 대표하는 산으로, 가락국의 서북쪽 경계에 위치하고 있다. 이후 가야는 신라에 복속된 뒤 처음에는 대가야군으로 불리는 등 이전에 지니고 있던 특성을 어느 정도 유지했으므로 가야산의 기원을 포함해 이 산에 위치한 해인사를 비롯하여 가야와 관련한 전승담 등 다양한 지명설화가 전하게 된다.

가야산은 '우두산牛頭山'이라고도 전한다. 산의 정상부가 소의 머리처럼 생겼기 때문이라고도 하고, 오래전부터 산의 정상부에서 행해졌던 산신제의 공물을 소에게 바치면서 소를 신성시했기 때문이라는 이야기도 전한다. 또한 가야산은 불교가 유입된 후 성지로 더욱 주목받아 불교와 관련하여 범어로 '가야'가 소를 뜻한다고 전하기도 한다. 이외에도 불교의 성지인 인도에 비유하여 약칭으로 가야산이라 부르게 되었다고도 하고, 코끼리의 머리를 닮았다고 하여 상두산象頭山이라고 했다는 이야기도 전한다.

그러나 현재 대부분 해인사와 연관된 이야기만 전하고 있어 가야산과 관련한 구체적인 내용은 알 수 없다. 가야산에 해인사라는 대사찰이 창건되면서 가야산을 중심으로 그 주변까지 번성했던 대가야의 시조신화에 불교 진흥을 위한 불교적 윤색이 가해졌기 때문이다. 물론 대가야의 시조신화를 가야산신과 결부시킨 것은 그 연원을 높이고, 불교 전래의 유구함을 강조하려는 의미가 담겨 있었다.

대가야가 가야제국의 맹주 역할을 하던 시기에는 대단히 강력한 세

지산동 고분군 정상부

력을 형성하고 있었다. 고령군 대가야읍 지산동 고분군은 쌓아올린 봉토가 매우 높아 '높을 고高'에 '무덤 총塚' 자를 써서 고총이라 부를 정도로 대단히 웅대하게 조성되었는데, 이를 통해서도 당시 대가야의 세력을 짐작할 수 있다. 이곳에는 높이 600미터에 지름이 25~27미터나 되는 초대형 고분으로 가야의 피라미드라고도 불리는 44호분을 비롯해서 약 70여 기의 대형 고분과 그 사이사이에 수백 기의 작은 무덤들이 산 능선 전체를 빽빽하게 메우고 있다. 특히 대가야의 왕릉인 44호분은 그 규모로 보아 엄청난 노동력과 비용이 투입되었을 것으로 보이며, 60여 명 이상이 함께 순장된 것으로 보아 왕의 초월적 권력 등 전성기 시절에 대가야의 세력을 짐작할 수 있다.

또한 5세기 중·후엽에 가실왕嘉實王이 우륵을 강제로 이주시켜 가야금 12곡을 작곡하게 했다는 이야기도 전한다. 당시 '12곡'에 경상남도 서부 지역 가야국의 나라 이름이 담겨 있었다고 하는데, 이는 대가야왕이 축제의 마당을 통해 가야왕들이 모인 자리에서 가야제국의 일체감을 높여 정치적 통합체를 추진하려는 의도에서 만들었던 것으로 전한다.

그럼에도 대가야가 구체적으로 어느 수준까지 발전된 국가였는지에 대해서는 의견이 나누어지고 있다. 제사장 성격이 강한 소국 단계에서 시작하여 성읍국가 또는 도시국가의 수준까지 발전했다고 보는가 하면, 연맹체 단계를 넘어서 고대국가 단계까지 진입했다고 보는 견해도 있다. 그러나 대가야의 국가체제가 상당한 수준에 이른 것은 사실이지만, 완전한 고대국가의 수준까지 발전했다고 하기에는 무리가 있다는 것이 일반적 견해이다. 그럼에도 대가야는 『삼국사기』에 의하면, 시조 이진아시왕이 42년에 개국하여 16대 도설지왕道設智王 때 신라 진흥왕 23년(562)에 멸망하기까지 520년의 역사와 함께 찬란한 문화를 자랑하고 있다.

역사에 남기다

『삼국사기』「잡지雜志」'신라 지리'에 고령군에 관한 기록이 다음과 같이 전한다.

> 고령군高靈郡은 본래 대가야국大伽倻國이 시조 이진아시왕—한편 내진주지內珍朱智라고도 이른다—에서 도설지왕까지 모두 16대 520년 이어졌던 곳이다. 진흥왕이 공격하여 멸망시키고 그 땅을 대가야군大伽倻郡으로 하였다. 경덕왕景德王이 이름을 고쳤다. 지금도 그대로 따른다. 거느리는 현(領縣)은 둘이다. 야로현冶爐縣은 본래 적화현赤火縣인데 경덕왕이 이름을 고쳤다. 지금도 그대로 따른다. 신복현新復縣은 본래 가시혜현加尸兮縣인데 경덕왕이 이름을 고쳤다. 지금은 상세치 않다.

이 기록에 의하면 고령이라는 지명은 진흥왕 대에 대가야군에서 경덕왕 16년(757)에 개칭되었다. 『삼국유사』에 의하면, 가야의 영토가 "동쪽으로는 황산강黃山江, 서남쪽으로는 넓은 바다, 서북쪽으로는 지리산, 동북쪽으로는 가야산에 이른다"라고 전하며, 특히 황산강은 가야의 동쪽 경계지점에 위치하고 있는 하천으로, 탈해왕 21년 8월에 신라와 격돌해 1000여 명이 목숨을 잃고 패배를 당한 곳이기도 하다.

또한 남해안에서 낙동강을 이용해 거슬러 올라갈 수 있는 지역에 위치한 대가야는 고령을 거점으로 거창과 함양 등 내륙 지역과 통할 수 있고, 북으로는 성주와 김천을 거쳐 추풍령을 넘어 황간과 영동으로 진출할 수 있으며, 동으로는 낙동강을 건너면 대구로 곧바로 진출할 수 있는 지리적 특성을 지닌 해상과 육지를 연결하는 교통의 요지였다. 그리고 경상북도 고령과 합천 등 경상도 내륙 산간지방에 위치하여 농업에 유리한 입지조건이었으며, 제철기술을 바탕으로 하는 새로운 문화중심지를 형성하고 있었다. 이러한 지리적 특징에 따라 대가야는 맹주국으로 성장할 수 있는 기반이 되었고, 이를 활용하여 대외적으로 적극적인 활동을 펼쳐 5세기 중기에 황강 유역 및 남강 상류지역을 포괄하는 맹주국이 되었다. 그리고 5세기 말에는 주변 지역을 대부분 간접 지배하는 영역국가화가 이루어졌고, 6세기에 들어서면서 고령에서 가까운 지역부터 직접 지배하기 시작하여 점차 그 세력을 넓혀나갔다.

그러나 대가야는 백제와 신라 사이에 위치했던 탓에 이 국가들이 강대국으로 성장하게 되면서 대립과 갈등이 심화되었다. 이러한 여건을 타개하기 위해 대가야는 군사력 확충에 큰 관심을 기울이는 한편, 적극적인 외교활동도 펼쳤다. 중국 『남제서南齊書』에는 "479년 남제에 사신을 보내 보국장군본국왕輔國將軍本國王의 작호를 받았다"라는 기록도 전하며, 『삼국사기』에 의하면 소지마립간 3년(481)에 신라·백제와 동맹을 맺고 지금의 영일군 흥해읍인 미질부를 고구려가 쳐들어왔을 때 구원병을 보내기도 했다. 그리고 6세기 초에는 서쪽으로 팽창하여 소백산맥 서쪽의 남원과 임실 지방을 공격하여 점령했다가 백제의 반격으로 다시 빼앗겼고, 백제가 대가야와 왜의 교역장이었던 섬진강 하류 지역에 위치한 하동의 영유권을 빼앗으려고 일을 꾸미자 거창 등지의 변경에 축성을 하여 세력을 정비하는 등 적극적으로 대응했다.

이후 522년에는 신라와 결혼동맹을 맺는 등 실용적인 외교활동을 통해 안정을 도모했고, 554년에는 백제와 연합하여 신라를 공격하는 등 외교와 군사력의 동원을 병행하기도 했다. 그러나 대가야는 당시 전투에서 패하여 몰락을 길을 걷게 되었고, 결국 562년 신라의 기습 공격으로 멸망한다. 『삼국사기』에는 당시 진흥왕이 "대가야가 배반했기 때문에 이사부에게 명해 사다함斯多含과 함께 쳐서 멸망시켰다"라는 내용이 전한다.

이처럼 신라가 대가야를 습격한 이유는 한때 결혼동맹까지 맺었던 대가야의 실리적인 대외활동 때문이었다. 신라의 입장에서는 대가야가 백제와 동맹을 맺는 것이 배신에 해당했던 것이다. 때문에 당시 대가야가 어떠한 군사적 행위도 먼저 취하지 않았음에도 사다함은 5000명의 기병을 이끌고 대가야의 국도까지 쳐들어갔으며, 느닷없이 신라 군대를 접한 대가야는 '너무 놀라서 미처 대처하지 못했다'고 전한다. 이로써 찬란하게 문화를 꽃피우며 우리 고대 역사의 무대에 당당하게 존재했던 가야제국은 사라지고 만다.

주요 고전 문헌 살펴보기

『라마야나』

산스크리트어로 모험담을 담은 대서사시로, 시인 발미키가 기원전 300년 이후에 쓴 것으로 추정되며, 『라마의 사랑 이야기』로도 알려져 있다. 인도 북부 지역에서는 이 시에 등장하는 사건들이 「람릴라」라는 야외극으로 해마다 한 번씩 공연되며, 인도 남부에서는 오늘날에도 서사시 『마하바라타』와 함께 말라바르의 카타칼리 무용극의 줄거리를 이룰 정도로 『마하바라타』와 쌍벽을 이루는 작품으로 평가된다. 성스러운 사랑 이야기와 함께 인생의 규범과 철학, 수행의 방법 그리고 사색적 사유 등이 세련된 문체로 작성되었으며, 인도문학은 물론 자바·말레이시아·타이·티베트·코탄 등 여러 형태로 동남아시아 전역에 전파되었을 정도로 후세의 문학과 종교 그리고 사상에 큰 영향을 미쳤다.

『대당서역기』

중국 당나라 때 승려인 삼장법사 현장이 629년부터 645년까지 서역으로 가서 법경을 구한 17년간의 행적을 정리한 기행문으로, 646년 7월에 모두 12권으로 완성되었다. 138개 국가·지구地區·도시국가의 지리·산천·성읍·교통·풍습·산물·정치문화 및 당시의 불교 상황·불교 고적·역사 전설·인물 전기 등에 관해 상세히 기술되어 있어 인도·네팔·파키스탄·방글라데시·중앙아시아 지역의 고대역사·지리·종교·문화 및 중국과 서역의 교역사 연구에 귀중한 자료이다. 명대明代의 소설 서유기에 영향을 준 것으로도 유명하며, 고고학자들은 이 책에 근거하여 궁터와 옛 성터·녹야원·고찰·아잔타 석굴·날란다 유적에 대한 탐사와 발굴로 충분한 증거 자료를 얻기도 했다.

『남제서』

양나라 소자현蕭子顯이 537년에 남조 제나라(479~502)의 역사를 편찬한 것으로, 저자의 사상도 포함되어 있다. 쓸데없는 일이 기록되어 있어 기전체의 전통에 벗어나 있으며, 「열전」에 자질구레한 일이 기록되어 있는 등의 결점이 있지만 사실을 올바르게 기재하여 숨김이 없고, 시비를 공정하게 가리는 점 등이 뛰어나다는 평을 받고 있다.

참고문헌

사전

『한국민족문화대백과사전』, 한국학중앙연구원(전 한국정신문화연구원), 1991
『한국문화상징사전 1/2』, 한국문화상징사전편찬위원회, 두산동아, 1996

논문

강명혜, 「단군신화 새롭게 읽기」, 〈동방학〉 제13집, 한서대학교 동양고전연구소, 2007
김병곤, 「고대 삼국의 시조관 성립과 변천」, 〈역사민속학〉 제29호, 민속원, 2009
김영태, 「가야의 국명과 불교와의 관계」, 〈가야문화〉 6, 1993
김영하, 「한국고대국가의 정치체제발전론」, 〈한국고대사연구〉 17, 2000
김용덕, 「가야불교 설화의 연구」, 〈한국학논집〉 제21·22합, 한양대학교 동아시아문화연구소(전 한양대학교 한국학연구소), 1992
김인배, 「'해류'를 통해 본 한국고대민족의 이동-가락국 허왕후 출자出自에 대한 기존학설비판-」, 〈역사비평〉 6, 1989
김창석, 「한국 고대 시市의 원형과 그 성격 변화」, 〈한국사연구〉 99·100합본, 1997
김태식, 「가락국기 소재 허왕후 설화의 성격」, 〈한국사연구〉 102, 1998
김화경, 「고구려 건국신화의 연구」, 〈진단학보〉 86, 1998
노중국, 「동부여에 관한 몇 가지 문제에 대하여」, 〈한국학논집〉 10, 계명대학교 한국학연구소, 1992
노태돈, 「부여국의 경역와 그 변천」, 〈국사관논총〉 4, 1989
박경철, 「고구려의 국가형성연구」, 고려대박사학위논문, 1996
무함마드 깐수, 「한국불교남래 시고」, 〈사학지〉 22, 1989
———, 「부여사 연구의 제문제」, 〈동북아시아 선사 및 고대사 연구의 방향〉, 2004

박기범, 「부여·고구려 건국신화의 계통과 형성과정-『삼국유사』 북부여조 인용 '사기古記'에 대한 분석을 실마리로 하여-」, 〈동북아역사논총〉 제34호, 동북아역사재단, 2011
박노석, 「졸본부여와 고구려의 관계에 대한 고찰」, 〈전북사학〉 26, 2003
박승범, 「부여국의 신화적 변동과 동명신화의 시·공간적 추이」, 〈한국사학보〉 제37호, 고려사학회, 2009
박찬규, 「백제의 시조 전승과 출자」, 〈선사와 고대〉 19, 한국고대학회, 2004
박현숙, 「『삼국사기』 백제본기 온조왕조의 검토」, 〈선사와 고대〉 10, 한국고대학회, 1998
———, 「백제의 건국자 온조왕의 업적과 그 위상」, 〈한국인물사연구〉 8, 2008
서대석, 「고구려신화의 성립과 민족신화적 성격」, 〈역사민속학〉 제18호, 한국역사민속학회, 2004
서영수, 「고조선의 위치와 강역」, 〈한국사 시민강좌〉 2, 일조각, 1988
———, 「광개토대왕릉비문의 정복기사의 재검토(중)」, 〈역사학보〉 199, 1988
서철원, 「건국신화의 여신 형상과 그 문화사적 의미」, 〈한민족문화연구〉 제35집, 한민족문화학회, 2010
송기호, 「부여사 연구의 쟁점과 자료 해석」, 〈한국고대사연구〉 37, 2005
연희원, 「소서노와 그녀의 정치적 역할 : 김부식의 역사철학에 대한 탈신비화」, 〈한국여성철학 Korean feminist philosophy〉 제15권, 한국여성철학회, 2011
오세정, 「한국 신화에 나타난 변신의 양상과 의미」, 〈한국고전연구〉 통권16집, 한국고전연구학회, 2007
윤철중, 「탈해전승의 석총에 대한 고찰」, 〈상명대학교논문집〉 제18호, 1986
이도학, 「『삼국사기』에 보이는 온조왕상」, 〈선사와 고대〉 19, 한국고대학회, 2004
———, 「백제 시조 온조 설화에 대한 검증」, 〈한국역사학회〉 제36집, 한국사상사학회, 2010
이복규, 「부여 건국 신화의 시대별 인식 양상」, 〈국어교육〉, 1995
이영식, 「구간사회와 가락국의 성립」, 〈가야문화〉 7, 1994
이영화, 「일제시기 단군을 둘러싼 한·일간의 공방」, 〈한국사학사학보〉 22, 2010
이　옥, 「주몽연구」, 〈한국사연구〉 7, 1972
이종욱, 「백제왕국의 성장」, 〈대구사학〉 12·13합본, 1977
이현혜, 「4세기 가야사회의 교역체계의 변천」, 〈한국고대사연구〉 1, 1988
정경희, 「동명형설화와 고대사회-종교·사회적 관점으로부터의 접근-」, 〈역사학보〉 98, 1983
———, 「단군사회와 청동기문화-사전사史前史의 복원을 위한 접근-」, 〈한국학보〉 23, 일지사, 1981
조우연, 「고구려 시조신화에 나타나는 '부여출자'의 의미」, 〈동아시아고대학〉 제22집, 동아시아고대학회, 2010
조현설, 「호공의 정체와 신화적 성격」, 〈동악어문학〉 32, 1997
———, 「건국신화의 형성과 재편에 관한 연구-티벳·몽골·만주·한국 신화의 비교를 중심으로-」, 동국대박사학위논문, 1998

주승택, 「북방계 건국신화의 문헌적 재고찰-해부루신화의 구조를 중심으로-」, 〈한국학보〉 19, 일지사, 1993
차옥덕, 「소서노에 대한 기본 자료 검토」, 〈동아시아고대학〉 제5집, 동아시아고대학회, 2002
최광식, 「건국신화와 시조신화」, 〈한국사〉 7, 국사편찬위원회, 1977
홍순애, 「근대계몽기 단군신화 담론의 서사적 재현-박은식을 중심으로-」, 〈한민족문화연구〉 제28집, 2009
황패강, 「단군신화의 한 연구」, 〈백산학보〉 3, 1967

단행본

강경구, 『고구려의 건국과 시조숭배』, 학연문화사, 2001
고려대학교 아세아문제연구소 한국사연구실, 『디지털 삼국유사 사전·박물지 시범개발 2』, 고려대학교 아세아문제연구소, 2009
김두진, 『한국고대의 건국신화와 제의』, 일조각, 1999
김병곤, 『신라 왕권 성장사 연구』, 학연문화사, 2003
김열규, 『한국민속과 문학연구』, 일조각, 1971
———, 『한국의 신화』, 일조각, 1976
김정배, 『한국민족문화의 기원』, 고려대학교출판부, 1973
———, 『한국고대의 국가기원과 형성』, 고려대학교출판부, 1986
김정배 외 3인, 『한국사 4: 초기국가 고조선·부여·삼한』, 국사편찬위원회·탐구당, 1997
김진섭, 『이야기 우리문화』, 지성사, 2016
김태식, 『가야연맹사』, 일조각, 1993
김화경, 『한국 신화의 원류』, 지식산업사, 2005
나경수, 『한국의 신화연구』, 교문사, 1993
박용운, 『고려의 고구려계승에 대한 종합적 검토』, 일지사, 2006
박경철, 『한국고대사입문 2』, 신서원, 2006
백승옥, 『가야 각국사 연구』, 혜안, 2003
부산대학교 한국민족문화연구소, 『가야 각국사의 재구성』, 혜안, 2000
———, 『한국 고대사 속의 가야』, 혜안, 2001
서대석, 『한국 신화의 연구』, 집문당, 2001
송호정, 『한국 고대사 속의 고조선사』, 푸른역사, 2003
신종원, 『삼국유사 새로 읽기 1』(기이편), 일지사, 2004
윤이흠, 『단군: 그 이해와 자료』, 서울대학교출판부, 1994

윤철중, 『한국도래신화연구』, 백산자료원, 1997
이강래, 『삼국사기 전거론』, 민족사, 1996
이광수, 『한국고대사연구』, 2003
이기백, 『한국고전연구: 삼국유사와 고려사 병지』, 일조각, 2004
———, 『단군신화논집』, 새문사, 1988
이병도, 『한국고대사연구』, 박영사, 1976
———, 『국역 삼국사기』, 을유문화사, 1977
이종욱, 『신라국가형성사연구』, 일조각, 1982
———, 『고조선사연구』, 일조각, 1993
———, 『한국사의 1막 1장 건국신화』, 휴머니스트, 2004
이현혜, 『삼한사회형성과정연구』, 일조각, 1984
일　연 지음, 이민수 옮김, 『삼국유사』, 을유문화사, 1981
장주근저작집간행위원회, 『한국의 신화 풀어쓴 한국의 신화』(신화편), 민속원, 2013
정경희, 『한국고대사회문화연구』, 일지사, 1990
정재서, 『이야기 동양 신화 중국편 1/2』, 황금부엉이, 2004년
조법종, 『고조선 고구려사 연구』, 신서원, 2006
천관우, 『고조선사·삼한사연구』, 일조각, 1989
———, 『가야사 연구』, 일조각, 1991
최광식, 『한국 고대의 토착신앙과 불교』, 고려대학교출판부, 2007
하정용, 『삼국유사 사료비판』, 민족사, 2005

참고 사이트

국사편찬위원회 한국사데이터베이스(db.history.go.kr)

사진 출처와 제공

24쪽_ 제주굿 (출처: 제주관광협회)
25쪽_「복희 여와도」(국립중앙박물관 소장)
34쪽_ 대구 동화사「칠성도」(출처: 문화재청)
47쪽_ 비파형동검 (국립중앙박물관 소장)
48쪽_ 제주굿에 쓰이는 신칼과 요령 (출처: 한국콘텐츠진흥원 컬처링[문화콘텐츠닷컴], 한양대학교)
49쪽_ 다뉴세문경, 8주령, 한국식동검 (국립중앙박물관 소장)
50쪽_ 금월리 대각 마을 짐대(솟대) (출처: 한국학중앙연구원)
57쪽_ 경상북도 칠곡군의 안배미마을 당나무 (출처: 한국학중앙연구원)
58쪽_「일월반도도 팔첩병」(국립고궁박물관 소장)
64쪽_『응제시주』(출처: 문화재청)
65쪽_『세종실록지리지』(출처: 국립문화재연구소)
71쪽_「운포필호도」(국립중앙박물관 소장)
84쪽_ 흑회식 (여성용) 삼각 화장통 (루브르박물관 소장)
87쪽_ 호산장성 (출처: Wikipedia by 立志 堂)
97쪽_ 강화 부근리 고인돌군의 탁자식 고인돌 (출처: 인천관광공사)
112쪽_ 갑사 삼성각과 내부 모습 (출처: 문화재청)
116쪽_ 각저총 (국립문화재연구소 소장)
117쪽_ 강원도 태백산의 천제단 (출처: 태백시청), 강화도 마니산의 첨성단 (출처: 문화재청)
120쪽_ 삼척 두타산 이승휴 유적 (출처: 문화재청)
129쪽_ 곡성 단군전의 단군 영정 (출처: 문화재청)
130쪽_ 1921년 8월 6일자 기사 발췌 (출처: 〈동아일보〉)
134쪽_『사기』(출처: wikipedia by Jocelyndurrey)

136쪽_『제왕운기』(출처: 문화재청)
137쪽_『규원사화』(출처: 국립중앙도서관)
150쪽_「수렵도」(출처: 동북아역사재단)
151쪽_ 제주 삼성혈 (출처: 삼성혈 홈페이지)
167쪽_「수렵도」(출처: 국립문화재연구소)
171쪽_ 오녀산성, 오녀산성에서 내려다본 고려묘자 일대 (출처: 동북아역사재단)
186쪽_ 은현리 적석총(출처: 문화재청), 예안리 고분군의 두개골 (출처: 국립김해박물관)
194쪽_『해동역사』(출처: 국립중앙도서관)
225쪽_ 안악 3호분 벽화 (출처: 동북아역사재단)
256쪽_ 제주굿에 쓰이는 북 (출처: 한국콘텐츠진흥원컬처링[문화콘텐츠닷컴], 한양대학교 문화콘텐츠학과)
268쪽_ 삼베로 지은 수의 (출처: 국립민속박물관)
293쪽_ 평양시 역포구역의 동명왕릉 (출처: Flickr by Roger Shepherd)
297쪽_『동국이상국집』(출처: 국립중앙도서관)
298쪽_『한서』(출처: 국립문화재연구소)
302쪽_ 환무천황 자화상 (엔랴쿠지延曆寺 소장)
318쪽_ 풍납토성 발굴 현장 전경 (출처: 국립문화재연구소)
327쪽_ 문학산 일대에서 출토된 백제 토기 유물 (출처: 한국학중앙연구원)
346쪽_ 숭렬전 (출처: 문화재청)
347쪽_ 남한산성 (출처: 문화재청)
348쪽_『춘추』(출처: 국립중앙박물관)
357쪽_ 표암 (출처: 문화재청)
371쪽_ 나정 석재 (출처: 문화재청)
373쪽_ 천마도 (출처: 문화재청)
378쪽_ 백제의 옹관 (출처: 국립문화재연구소)
382쪽_ 경주 오릉 (출처: 문화재청)
383쪽_ 남산 불곡 마애여래좌상 (출처: 문화재청)
384쪽_ 분황사의 돌우물 (출처: 문화재청)
389쪽_「무신도」용궁부인 (출처: 한국콘텐츠진흥원 컬처링[문화콘텐츠닷컴], 한양대학교 문화콘텐츠학과)
398쪽_「신라석탈해왕 탄강유허비」(출처: 문화재청)
406쪽_ 반구대 암각화, 천전리 각석 (출처: 문화재청)

419쪽_ 신라시대 쇠거울과 쇠손칼 (국립경주박물관 소장)

428쪽_ 토함산 (출처: 경주시청 홈페이지)

435쪽_ 계림 비각 (출처: 문화재청)

442쪽_『신증동국여지승람』(출처: 국립문화재연구소)

457쪽_ 봉인사 석가세존부도 사리기 비단 보자기 (국립중앙박물관 소장)

467쪽_ 수로왕릉 (출처: 문화재청)

476쪽_ 구지봉 지석묘 (출처: 문화재청)

488쪽_ 다호리 고분군에서 출토된 붓 (출처: 문화재청)

495쪽_ 장유화상 사리탑 (출처: 문화재청)

501쪽_ 지산동 고분군 정상부 (출처: 문화재청)

505쪽_『대당서역기』(출처: 국립문화재연구소)